JN375697

칠인정 七印亭

칠인정(경상북도 포항시 북구 흥해읍 초곡리 825번지)

칠인정과 쌍느티나무[쌍괴수雙槐樹]

입향조(휘 표彪) 묘소

입향조 묘비(高麗興義衛保勝郎將玉山張公之墓 淑夫人太原崔氏祔)

입향조 묘사(분향)

입향조 묘사(헌작)

입향조 묘사(부복)

자제위 묘사

입향조 재사(경상북도 포항시 북구 흥해읍 초곡리 459번지)

제관 일동

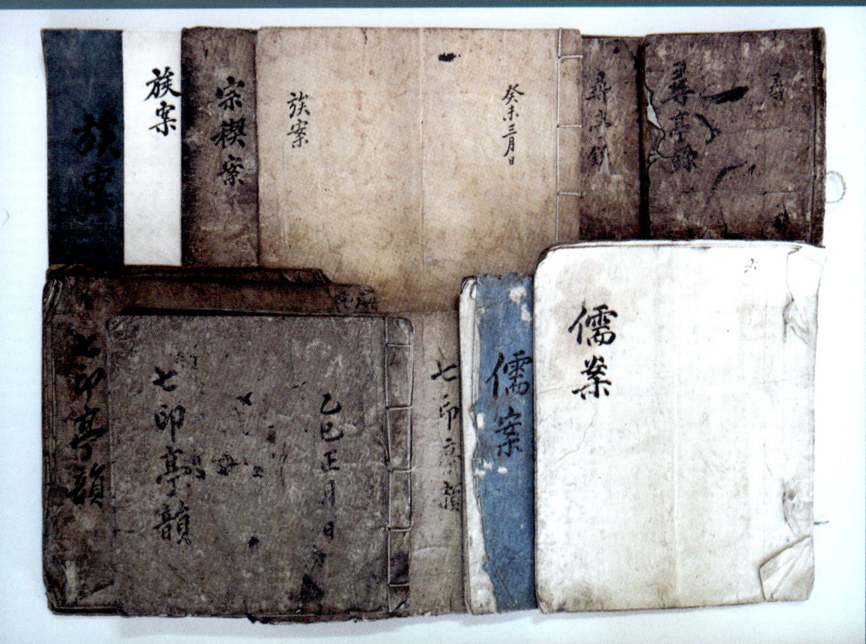

칠인정 문서

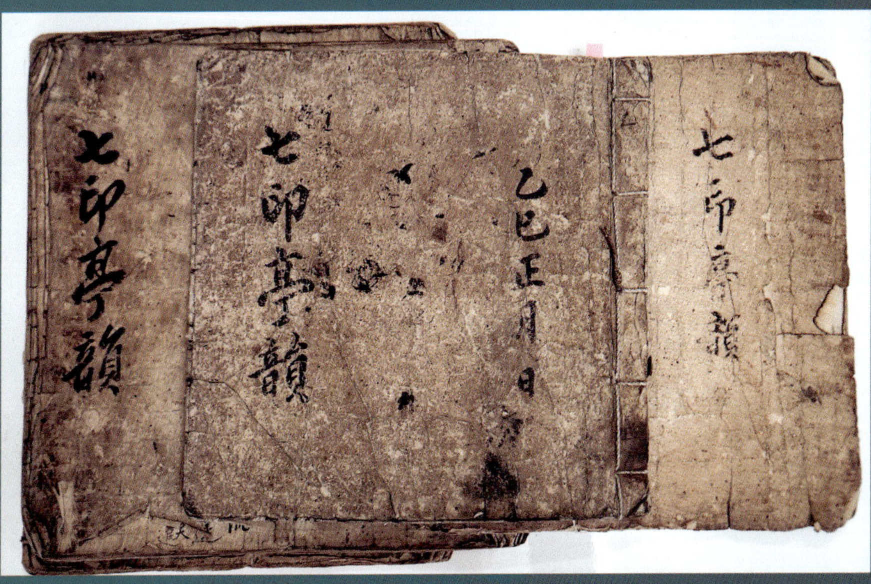

칠인정운

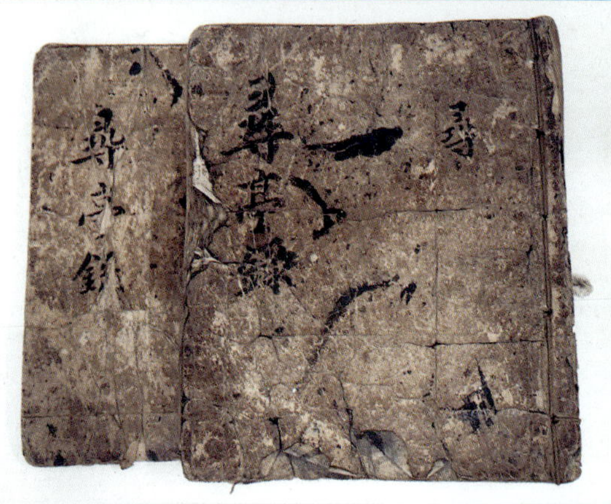

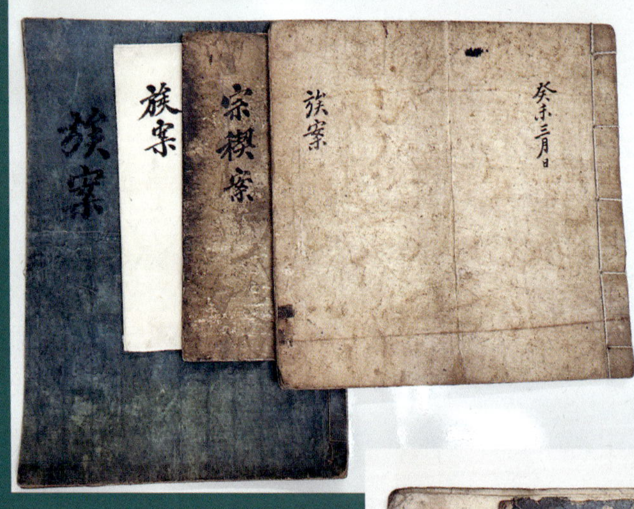

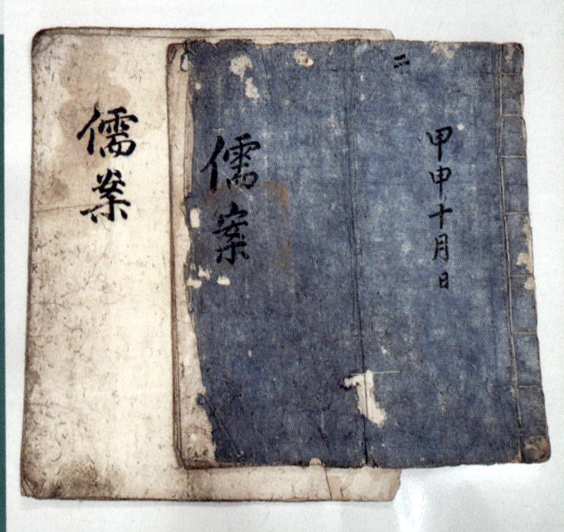

심정록, 족안, 유안

칠인정 七印亭,

그 푸른 역사와 문헌

인동장씨 흥해파 문서

김윤규 외 역주

인동장씨 흥해파 종중

국학자료원

발간사

칠인정七印亭이 있는 흥해 초곡 사일士逸마을은 저희 인동장씨 흥해파의 고향입니다.

저희는 여기 칠인정 마을에서 자랐습니다. 저희가 어릴 때는 가난하고 혼란한 시절이었지만, 집집마다 할아버지 항렬의 어른들이 계셨고, 젊은 숙항의 아저씨들은 힘차고 든든하게 저희를 길러 주셨습니다. 어른들은 저희에게 흥의공興義公 할아버지와 그 자녀분들과 그 후대 여러 자랑스러운 조상들에 대해 이야기하시면서, 너희가 그분들의 후손이라는 것을 잊지 말라고 하셨습니다. 저희는 그 말씀을 가슴에 새기고 자랐습니다.

그러나, 저희가 성장하면서 세상이 달라졌습니다. 마을의 친척들과 청년들은 학업과 직장을 따라 마을에서 떠났습니다. 고향을 떠나 공부하고 취업한 이들은 거의 모두 마을로 돌아오지 않았습니다. 해마다 명절에 겨우 한두 번씩 칠인정 앞에서 얼굴을 볼 수 있을 뿐이었습니다.

이제 존경하는 할아버지들은 조상께로 돌아가셨고, 자랑스러운 아저씨들은 도시에서 늙어가고 있으며, 마을에는 조상의 이야기를 들려줄 아이들도 없습니다. 여기 사일에는 여전히 칠인정이 우뚝하고, 초곡의 할아버지 산소는 변함이 없으시지만, 날마다 돌볼 사람조차 드물어지고 있었습니다.

제가 직업을 마치고 돌아오자 종중의 어른들이, 배운 것 없고 미련한 저에게 문중의 일을 맡으라고 하셨습니다. 저는 두려운 마음으로 이 일을 맡았지만, 자랑스러운 조상의 사적史蹟을 잘 알고 전하지 못하는 민망함을 늘 가지고 있었습니다.

그러던 중에, 조상들이 남기신 문서들이 발견되었습니다. 칠인정의 역사 실기實紀와 차운시次韻詩들이 수록된 그 문서를 보면서, 이제는 후손들에게 옛 조상의 품격을 자세히 전할 수 있다는 반가운 마음으로 가슴이 벅찼습니다. 그러나 그 문서들은 모두 당시의 한문으로 기록되어 있어서, 현대의 청소년들에게 전달하기가 너무 어려웠습니다. 저희는 이 소중한 문서의 내용을 후손들에게 잘 전하는 방법을 안타깝게 찾고 있었습니다.

그러던 중에, 마침 칠인정을 알고 방문한 김윤규金潤圭 교수께 이 문서를 보였습니다. 그리고 깊은 관심을 표하는 김교수께 현대어로 번역해 주실 것을 부탁하였고, 그는 흔쾌히 수락하고 연구원들과 함께 모든 문서를 번역하고 해설해 주셨습니다. 저희가 번역문을 읽어 보았는데, 이제는 누구에게나 쉽게 조상의 사적과 정서를 설명할 수 있게 되었습니다.

이 문서에는, 조상의 입향 역사와 묘소와 재사에 대한 기록이 모두 모여 있고, 칠인정을 건립하는 과정에서 중수하기까지 모든 사정이 다 실려 있습니다. 또, 지난 수백 년간 조상들이 자랑스러운 문중을 이루고 여러 성씨들과 교유하면서 지낸 기록도 있습니다. 그런 가운데에도, 문중의 화목함을 지키고 질서를 유지하기 위해 노력하신 기록도 있고, 특히, 칠인정을 방문한 수많은 지식인들의 시를 모두 정리하고 번역해 두었습니다. 저희는 이 책의 내용을 자세히 알게 되어 매우 다행스러워 하고 있습니다.

이제 이 책이 발간됩니다. 먼저, 칠인정을 방문하신 귀한 손님들과 그 후손께 드리고, 그분들과 저희 조상께서 가지셨던 격조높은 교우관

계를 기념하고 싶습니다. 또한, 여러 친족과 이웃의 귀한 가문들께도, 저희 조상의 사적을 설명해드리고 싶습니다.

그러나 누구보다도, 저희 가문의 청소년들에게 이 책을 선물할 것입니다. 그들이 지금 어디에 살고 있든지, 그들 자신이 바로 이 할아버지의 후손이며, 앞으로 그들을 이을 자손들도 모두 자랑스러운 칠인정의 후계자라는 사실을 알려주고 싶습니다.

세종대왕께서는 『용비어천가』에서 노래하셨습니다. "뿌리 깊은 나무는 바람에 흔들리지 않고, 샘이 깊은 물은 가뭄에도 마르지 않는다.[根深之木 風亦不扤, 源遠之水 旱亦不竭]" 이 노래가 우리 가문의 노래가 되었으면 좋겠습니다.

이 책을 내기 위해 문중에서도 많은 사람이 수고했는데, 특히 두역斗驛 족숙과 실근實根, 지화志和, 지원志元 족제들이 애를 많이 썼습니다. 이렇게 멋진 책을 만들어주신 국학자료원의 수고에도 깊이 감사드립니다.

2025년 추석에,

인동장씨 흥해파 종회장 장지헌張志憲 드림

차례

[해제]

칠인정七印亭의 사적事蹟과 기록記錄

[해제]
칠인정七印亭의 사적事蹟과 기록記錄

김윤규
(문학박사, 한동대학교 명예교수)

1. 칠인정의 유래와 역사

1) 인동장씨 흥해 세거의 역사

인동장씨仁同張氏, 玉山張氏는 경상북도 구미시 인동仁同을 본향으로 하는 성씨이다. 인동지역은 신라시대부터 현으로 있었으며, 조선시대에도 인동현仁同縣으로 현감이 다스리다가, 천생산天生山의 요새화로 인하여 1604년 인동도호부仁同都護府로 승격되어 조선 말까지 지속되었다. 1895년 인동군仁同郡으로 개칭하고, 1914년 칠곡군 인동면仁同面이 되고, 1978년 구미시에 분산 소속되었다가 1983년 구미시 인동동仁同洞이 되어 현재에 이르렀다. 옥산(玉山)은 천생산의 주산으로, 인동도호부 시절부터 인동 지명의 이칭으로 쓰였다. 그러므로 인동장씨와 옥산장씨는 같은 의미로 쓰이고 있다.

인동장씨는 상장군계와 직제학계의 두 갈래가 있는데, 대부분은 상장군계[張金用系]이다. 상장군계 인동장씨는 시조 장금용張金用의 아들 장선張善이 고려 문종 시절에 금오위 상장군을 지내고 인동에 거주하면서부터 그 후손들이 본향으로 삼았다. 고려 후기부터 조선시대에 들어와 가문이 번창하여 조선시대에 문과와 무과에서 급제자 수백 명이 나오는 등, 수많은 명현과 명관이 배출되어 혁혁한 문벌이 되었다. 직제학계[張桂系] 인동장씨는, 고려 충렬왕 시대의 학자 장계張桂가 예문관 대제학을 지내고 옥산부원군에 봉해지면서 그 후손들이 인동을 본관으로 한 데에서 시작되어 현재까지 이어지고 있으나, 전체적으로 소수이다.

2015년 인구조사에 의하면, 현재 남한에 사는 장張씨는 총 992,721명인데 그 중에서 인동仁同장씨가 666,652명으로 조사되었다. 그러므로 50여 본관을 가진 장씨 중에서 인동장씨는 가장 많은 인구를 가진 큰 성관이다. 이들은 주로 경상북도 구미, 칠곡, 김천, 문경, 안동 등 각 시군에 거주하고 있고, 경상남도, 전라남북도, 강원도 등에도 다수 세거하였는데, 현대에 와서 수도권 인구집중으로 인하여 서울과 경기도권에도 많이 분포하고 있다.

인동장씨가 홍해에 세거하게 된 것은 고려말 조선초부터이다. 문중의 기록에 의하면, 고려 말기 홍의위興義衛 보승랑장保勝郎將[1] 장표(張彪, 1349~?)가 고려가 망해가는 조짐을 보고 낙향하여 초막을 짓고 은거한 데에서 시작되었다고 한다. 장표는 옥산장씨 상장군계[張金用系] 10세[2]로, 조상 직계는 다음과 같다.

1) 홍의위(興義衛) 보승(保勝) 낭장(郎將) : 홍의위는 고려시대 6위 중의 하나인 홍위위(興威衛)의 별칭으로 보인다. 홍위위는 왕의 행차에 대한 호가(扈駕)와 사신의 송영(送迎)을 보호하는 임무를 가지고, 평상시에는 변경을 교대로 방어하는 국가상비군이었다. 보승(保勝)은 보병부대를 칭하였으며, 낭장(郎將)은 중급부대의 실무 병력을 지휘하는 장교이다.

2) 10세 : 장금용(張金用)을 시조로 기산한 세대수이다. 일반적으로 시조를 1세[一世]로 하여 이후의 세대수를 표시하는데, 칠인정 문서의 몇 곳에서 입향조에서 기산하여 기세(幾世)를 적은 경우가 있으나, 입향조 이후로는 기대(幾代)로 적는 것이 합리적인 관례이다.

張金用 - 善 - 震 - 國仲 - 信元 - 世圭 - 溫 - 漢琦 - 瑞孫 - 彪

그는 현재의 포항시 흥해읍 초곡리에 들어와 살았는데, 자신은 고려의 망국을 한탄하고 조선의 벼슬을 하지 않았으나 아들들은 그렇게 할 의리가 없다고 하여, 관직에 나아갈 것을 명했다고 한다. 그 결과 네 아들과 세 사위가 모두 관직에 임명되어 내외직을 맡아 있었는데, 장표의 생일[3]을 축하하러 와서 관인의 인끈을 느티나무에 걸었던 것이 칠인七印의 고사이다. 이때의 성황을 기념하고 조상의 유덕을 추모하여 지은 정자가 현재까지 이어져서 칠인정七印亭으로 전해지고 그 후손들의 정신적 중심을 이루고 있다.[4]

인동장씨 장표의 후손들은 흥해 지역의 사족士族으로 지도적 문벌 중 하나가 되었다. 입향조의 바로 다음 대에서부터 많은 후손이 대를 이었는데, 후손이 번영하면서 입향 5세대 이후에는 타 지역으로 이거하여 기록이 남지 않은 이들도 많다. 현재까지 흥해 인근에 거주하면서 번영하고 있는 이들은 대부분 입향조의 장남 장을제張乙濟의 장남 장윤문張允文의 장남 장맹지張孟智의 차남 장희호張希浩의 후손들이다.

장표의 10대손까지 계승된 계보와 이후의 세거지는 다음과 같다.

3) 생일 : 한문으로 된 문중 기록에서는 '쉬일(晬日)'이라고 하였다. 이 말은 일반적으로 생일을 뜻하지만, 관직에 근무하는 모든 자녀가 다 모인 것으로 보아 환갑(還甲)이었을 것으로 보인다. 문중에서도 그렇게 알고, 조선 태종 시기인 1409년에 잔치가 있었던 데에서 역산하여 그 생년을 1349년으로 하고 있다.

4) 인동장씨의 입향으로부터 세거의 과정과 현황을 기록한 문헌으로 장환규(張煥奎)의 「초곡기(草谷記)」와 「석당기(石塘記)」가 있다. 이번 번역에 포함되지 않았으나, 어렵게 찾아내어 이 해제의 3장에 수록하였다.

張彪 - 乙濟 - 允文 - 孟智 - 希載 - 友顔 - 簡 - 順遠 - 時禹 - 百紀 - 仁得 (기계 영천)

- 順迪 - 時益 - 百維 - 世榮 (기계 영천)

希浩 - 倫 - 盡諴 - 四龍 - 弘翼 - 識 - 漢卿 (흥해 용곡)

憲 - 盡誠 - 士訥 - 大翼 - 彧 - 以維 (초곡 사일)

大翰 - 湛 - 以信 (경주 서악)

大翮 - 澉 - 以仁 (포항 장기)

希軾 - 湛 - 盡忠 - 義仲 - 士益

盡孝 - 世明 - 士敏

仲智 - 世深

- 世沈 - 劉弼 - 應迪 - 興龍 - 禮宗 - 悌信 - 鶴翰 (대구 일대)

季智

乙河 - 忠節 - 德亨 - 良

德利 - 善道

乙海

乙浦 - 自寧 - 順智 - 漢老

貴寧 - 弛 - 漢佑

장표의 후손들은 처음에는 포항시 흥해읍 초곡리를 중심으로 거주하였으나, 세대가 거듭되면서 세거하는 범위가 확장되었다. 조선시대를 지나면서 흥해읍 범위를 넘어 포항시 전역과 경주시 영천군 대구시 등지에 세거하는 후손들이 늘어나다가, 현대에 들어와 전국적으로 확산되고, 지금은 수도권에도 다수가 거주하고 있다.

2) 칠인정의 건립과 유지

칠인정은 입향조 장표의 환갑을 축하하고 그의 장수를 축원하러 모인 4남3서가 모두 관직을 가지고 있어서 일곱 관인을 걸었던 것을 기념하면서 건립되었다. 건립하면서 직접 기록한 것은 남아있지 않으나, 『인동장씨흥해파보仁同張氏興海派譜』에 의하면, “(4자3서가) 동시에 관인을 차고 쌍괴수 아래에서 경연을 열었으므로, 그곳을 '칠인정七印亭'이라고 하였다. 정사년(1797)에 그 터에 정자를 건립하고 옛날처럼 편액을 달았다.[同時佩印 慶宴于雙槐下 因號七印亭 丁巳建亭遺址 仍舊扁額]"고 하였다. 이를 통해 보면, 칠인 고사 당시 혹은 입향조의 별세 후 조상이 잔치하던 곳을 칠인정이라고 불렀다는 것과, 나중에 그 자리에 정자를 지어 칠인정이라고 했음을 알 수 있다.

칠인정이 운영되는 수백년 동안 몇 번의 변화가 있었다. 처음에 보호하던 나무들은 관인을 건 지 337년 되던 을축년(1745, 영조 21) 8월 비바람에 꺾이고 무너졌다. 이때 꺾어졌던 나무는 움이 자라서 다시 아름드리 나무가 되었다고 한다. 이를 후손 장환규張煥圭는 「선조흥의위보승랑장유사先祖興義衛保勝郞將遺事」에서 "일곱 관인을 걸었던 나무는 관인을 건 지 337년 된 을축년 8월에 비바람에 꺾였다. 그 나무의 움이 돋아 점점 자라더니 지금은 수십 아름이 되었다.[七印樹 自掛印後三百三十七年乙丑八月 爲風雨所折 其粤蘖漸暢 今成數十圍]"고 기록하였다.

1797년(정조 21)에는 중창을 하였다고 했는데, 이전에 있던 초가집을 아마 전면적으로 확장하여 기와집 정자로 재건을 한 것으로 보이고, 이어서 1904년, 1986년, 1993년에도 중수하여 현재에 이르렀다. 후손들은 현대에도 칠인정에 대해 깊은 애착을 가지고 성실하게 보존하고 기념하고 있다. 지금도 문중의 회의나 중요한 결정을 위해 이 정자에서 모이며, 수많은 외래객을 이 정자에서 맞이하고 있다.

현재 정자는 경상북도 포항시 북구 흥해읍 초곡리 825번지에 있다. 건물 앞까지 잘 정비된 포장도로에서 9단의 자연석 계단을 오르면 정자 마당에 이른다. 정자는 지형을 고려하여, 앞쪽은 2층으로 올려 세우고, 뒤로 돌아가면 마루로 올라갈 수 있게 지었다. 정丁자 마루는 앞을 향하여 시원하게 열렸고, 계자각 난간을 둘러 안전과 위엄을 함께 얻었다. 전체 건물은 정면 3간 측면 2간이며, 송하松下 조윤형曺允亨이 쓴 편액은 '칠인정七印亭', 동편 방은 '경수당慶壽堂'이고 서편 방은 '효우재孝友齋'이다.

기판은 북쪽 문미에 남경희南景羲의 「칠인정기七印亭記」가 걸려 있고, 경수당 서쪽 문미에 권엄權欕의 「칠인정상량문七印亭上樑文」이, 가운데 대들보 아래에 장석룡張錫龍의 「칠인정중수기七印亭重修記」가 각각 걸려 있다. 시판은 상량문 아래에서부터 장사경張思敬, 장응걸張應杰, 장영홍張永弘, 장경홍張敬弘, 장두인張斗寅, 장태흠張泰欽, 남만리南萬里, 이정엄李鼎儼의 칠인정 차운시판이 게판되어 있다.

정자는 사방 토석 담장으로 보호되고 있다. 뒤편 담장 밖에 1간의 화장실이 있고 담장 안에는 쌍괴수雙槐樹가 있고, 담장 밖에 회화나무 3그루와 느티나무와 백일홍나무가 있다. 백일홍나무 앞에 방형 지당池塘이 있고 그 가운데에 방형 섬이 있다.

인동장씨 홍해파 문중 소유의 칠인정은 그 문화적 건축적 가치를 인정받아 1999년 경상북도 문화유산자료로 지정되었다. 이때 지정을 결정한 문서의 내용은 다음과 같다.

> 이 建物은 山間地域에 位置해 있는 亭子로서, 2個의 房과 마루로 構成되어 있다. 이는 1409年(太宗 9) 高麗末 興義衛 保勝郎將 出身의 張彪가 이 亭子를 建立하여 落成式을 擧行할 때 그의 아들 4人과 사위 3名이 모두 官人으로 在職하면서 이에 參與하여, 亭子의 앞에 있는 두 그루의 槐木에 印綬를 걸었다는 것을 記念하여 七印亭이라고 命名하였다. 또 이 建物은 朝鮮王朝 後期인 18世紀 後半에 重創된 亭子로서, 山間地域으로 移住해 갔던 在地士族들의 삶의 一面을 보여주는 것으로 原形이 比較的 잘 保存되어 있다. 1986年에 重修하였지만 原形의 變形은 없고 亭子에 附屬되어 있

었던 寮舍는 撤去되었으며, 1993年에 地方費의 支援으로 기와, 담, 장벽 等의 重修作業이 이루어졌다. 亭子의 前面에는 雙槐樹에서 흐르는 細淸水를 담았다 하여 오래전부터 이 마을 藥水터로 由來되고 있는 方池가 하나 있고, 亭子는 못 뒤의 다소 높은 垈地에 正南向하여 자리 잡고 있다. 亭子의 四圍에는 한식 土石담장을 둘렀으며, 亭子앞에는 雙槐樹라 부르는 巨木이 자리 잡아 亭子의 韻致를 한 層 더하여 주고 있다.

(경상북도홈페이지, 지정유산, 칠인정)

이렇게 지정되면서 이 정자의 유지 관리에 경상북도와 포항시의 공공 노력이 더해지고, 지역사회에서 많은 관심을 가지게 되어 많은 방문자들이 견학하는 장소가 되었다.

3) 칠인정의 지역적 위상

칠인정은 조선시대 전 시기에 흥해지역 상층문화의 한 핵이 되었다. 칠인정을 보유한 인동장씨 문중은 매 세대마다 지역에서 손꼽히는 문인 학자를 낳았고 그들은 흥해지역의 문화창달과 향촌질서에 기여하였다.

조선시대에 관청 또는 향교에서 발행하던 『유안儒案』은, 당시의 지배적 씨족과 그들의 인적 구성을 보여주는 공적 자료이다. 칠인정에 보관되어 있는 1764년과 1781년의 『유안』에는, 당시 흥해의 사족士族 중에 인동장씨가 가장 많이 수록되어 있다.

칠인정이 자리잡은 초곡리는 조선시대 흥해군에 속해 있으면서 흥해군 치소에서 15리 좀 넘는 거리에 위치해 있었다. 이런 위치 때문에, 흥해에 부임하는 수령은 관내를 순시하면서 거의 모두 칠인정을 방문하였을 것이고, 흥해를 유람하는 문인들도 대부분 칠인정을 방문한 것으로 보인다.

조선시대에 외지로부터 방문한 사람들은 방문기록을 남기는 것이 관례였다. 이런 기록은 당해 시설물이 가진 사회적 중요도와 문화적 영향력을 증언하는 기능으로 후대에까지 전달되었다.

칠인정에도 이와 같은 기록이 남아 있어서, 이 정자에 원근의 많은 방문자가 왔다는 것을 알게 하고 있다. 그것은 『심정록尋亭錄』이라는 제목을 가진 두 권의 책자로 편집되어 현재까지 전하고 있다. 그중에서 1800년대에 기록된 것으로 보이는 한 권에는 841명의 성명이 남아 있으며, 1900년대에 기록된 다른 한 권에는 321명의 성명과 생년, 지역 등이 남아 있다. 방문자들의 기록을 조사하면, 가까운 흥해 청하 연일 기계 지역도 있고, 경주 영천 영덕 등 인근 군현 지역도 있으며, 멀리는 인동 안동 상주 등과, 경상남도 지역과 서울에서 오는 방문자들도 있었다. 이렇게 총 1천 명이 넘는 방문자들이 칠인정을 방문하고 기록을 남긴 것은, 조선 후기에서 근대에 이르기까지 칠인정이 이 지역에서 중요한 문화자산으로서의 기능을 가지고 있었다는 것과, 이를 건립하고 수호하는 인동장씨 문중의 교유범위가 그만큼 넓었다는 것을 보여주고 있다.

또한, 문중의 자손과 친척을 포함한 현지인과 방문자는 서로 시를 주고받는 문화가 있었는데, 그중에 가장 흔한 방식이 차운次韻이었다. 칠인정에서 지어진 일련의 차운시가 언제 시작되었는지는 확실하지 않으나, 『칠인정실기七印亭實紀 하下』에는 「칠인정을 창건한 후 시를 읊어 감회를 담음[七印亭創建後賦詩寓感]」이라는 장사경(張思敬, 1756~1817)의 시가 실려 있고, 같은 '亭靑屛庭星' 운으로 지어진 창화시 102수가 수록되어 있다. 그 중간에 「중수운重修韻」이라는 제목으로 '時宜巵期遲'를 운자로 쓴 시 4수가 실려 있고, 말미에 「흥의공묘도입석시운興義公墓道立石時韻」이라는 제목으로 '門原存孫言'을 운자로 쓴 시 14수가 수록되어 있다. 중수운은 칠인정 중수시에 지은 원운에 차운한 것으로 보이고, 창작자들의 생년을 감안하면, 1904년경에 지어진 것으로 보인다. 묘도입석시운도 묘비명 작성자의 생졸년을 감안하면 1913년경에 지어진 것으로 보인다. 이 창화시의 지은이들 중에는 입향조 장표의 직계 후손들도 있고, 인동장씨의 친척 방문자들도 많았지만, 특히 원근 각 가문의 학자들과 지역에 부임한 수령들도 많았다.

이러한 차운시가 최근세까지도 여러 편이 있었다는 것은, 20세기 초까지도 이 가문의 문화적 영향력이 여전하였으며, 그 중심에 칠인정이라는 정자와 그 창설자에 대한 존중이 상존하고 있었음을 보이는 증거라 할 수 있다.

2. 칠인정 문헌의 상황

1) 『칠인정실기七印亭實紀』의 기록들

한지 필사본 『칠인정실기七印亭實紀』의 개요는 다음과 같다.

제목	필사자	면수	가로 세로	행수 자수
七印亭實紀	張泰欽	112	19.6*28.0	대체로 18자 10행

필사자 장태흠(張泰欽, 1871~1940)은 자가 윤중允中이고 호는 취연翠淵 또는 복재復齋라 하였는데, 향학의 정성을 가지고 면우俛宇 곽종석郭鍾錫과 회당晦堂 장석영張錫英의 문하에 출입하였다고 한다. 그가 만년에 문중의 기록들을 정리하여 한 권의 필사본으로 묶은 것이 『칠인정실기七印亭實紀』이다. 기록물의 내용은 다음과 같다.

유사류 : 1건(先祖興義衛保勝郎將遺事)
기문류 : 4건(興義公草幕齋舍重建記 草幕齋舍重建記(중복) 七印亭記 七印亭重修記 草幕齋記)
상서류 : 1건(請諡啓狀)
비문류 : 4건(興義公墓道碑銘 通政大夫張公墓碑銘 神道碑銘 嘉善大夫張公墓碑文)
고유문 : 1건(立石告由文)
시문류 : 3종(七印亭創建時賦詩寓感 77수 重修韻 4수 興義公墓道立石時韻 14수)

「선조 흥의위 보승랑장 유사先祖興義衛保勝郎將遺事」는 홍해 입향조 장표張彪의 생애와 업적을 종합하여 요약한 글이며 지은이 장환규(張煥奎, 1753~1876)는 육일재六一齋 장응설張應卨의 증손자이다. 이 실기의 다른 기록들이 거의 전적으로 장표의 일생과 덕목에 집중되어 있는 것과 달리, 이 유사에는 그의 선대와 후대에 대한 기록이 많고 회화나무가 꺾어지고 그 움이 자라서 지금의 나무가 되었다는 기록도 이 유사에서 나타난다.

기문(記文)들은, 건물의 건립과 중건 순서의 관례로 보면, 칠인정기 - 칠인정중건기 - 초막재기 - 초막재중건기 순으로 보아야 하겠지만, 기문이 저작된 시기와 수록순서가 각각 다르고 기문을 모아서 수록하지도 않았다. 특히 「초막재사중건기」는 「초막재기」보다 먼저 지어졌다.

「칠인정기七印亭記」는 병조좌랑을 역임한 치암癡庵 남경희(南景羲, 1748~1812)가 1811년에 지은 글이다. 이 기문은 칠인정의 유래와 현황에 대해 기술하였는데, 1797년에 칠인정을 중수한 기록까지 담고 있으므로 사실상 칠인정 중수기에 해당하지만, 칠인정 초창기의 기문이 없으므로 이 글이 칠인정 기문의 역할을 하고 있다.

「칠인정중수기七印亭重修記」는 경주부윤을 지낸 유헌遊軒 장석룡(張錫龍, 1823~1908)이 1907년경에 지은 글이다. 여기에도 입향조의 사적과 칠인정의 유래를 설명하고 1905년에 중수하였다는 사실을 기록하였다.

'초막草幕'이라는 말은 입향조가 처음 은거하여 지은 집을 가리키는 말로 처음 나오지만, '초막재草幕齋'라는 말은 그의 묘소를 수호하기 위해 지은 재사를 가리키는 말로 쓰이고 있다. 「홍의공초막재사중건기興義公草幕齋舍重建記」는 유헌 장석룡이 1907년에 지은 글이다. 여기에는 초막골의 유래와 이곳에 입향조를 장사지냈다는 것과, 초옥 재사를 보존하다가 1905년에 기와집으로 중건하였다는 사실을 기록하였다. 이 책에는 이 글이 2회 중복 필사되어 있다.

「초막재기草幕齋記」는 입암에 살던 동몽교관 하산何山 권병락(權丙洛, 1873~1956)이 1921년에 지은 글이다. 이 기문에 의하면, 처음 초막재를 지었을 때에는 기문이 없었고, 나중에 다시 지으면서 기문을 부탁받고 지었다고 하였다.

상서上書류로는, 「시호를 청하는 계장[請諡啓狀]」 1건이 있다. 이 글은 지은이와 지은 연대를 알 수 없지만 지역의 선비들이 연명한[5] 것으로 보이는데, 고려 홍의위 보승낭장 장표張彪의 생애와 덕망을 설명한 뒤에, 그와 유사한 다른 고려 충신들에게 관작과 시호를 추증한 것과 같이, 그에게도 관작과 시호를 내려주어서 충성과 절개를 포상해 줄 것을 요청하였다. 말미의 내용으로 보아, 왕의 행차에 아뢰고자 한 듯하나, 실제로 올렸다는 기록은 없다. 문장의 거의 전량은 한문으로 작성되었으나, 조선시대의 문서규

5) 선비들이 연명한 : 장심학(張心學)의 문집인 『강해문집(江海文集)』 5권에 「홍의위보승낭장청시계장(興義衛保勝郎將請諡啓狀)」이라는 제목으로 수록되어 있다. 제목 다음에 '경상도 유생 신 이재소 류찬조 이만송 등 300여 사람[本道儒生臣李在韶柳贊祚李晩松等三百餘人]'이라고 부기되어 있다.

정에 따라서 저[矣身] 이삽고[是白乎] 하삽제[爲白齊] 바라와살외누온일[望良白內臥乎事] 등 일부는 이두로 작성되었다.

비문(碑文)은 4건이 있는데, 「가선대부 행동지중추부사 장공묘비문嘉善大夫行同知中樞府事張公墓碑文」은 장세건(張世鍵, 1666~1737)의 묘비문(곽종석 작)이며, 「통정대부 첨지중추부사 장공묘비명通政大夫僉知中樞府事張公墓碑銘」은 장호(張鎬, 1707~1791)의 묘비명(김규화 작)이다. 장세건은 이 실기의 필사자 장태흠의 종7대조이고 장호는 5대조이다. 이 2건은 칠인정 설명에서 언급할 내용이 아니므로, 번역본에서는 제외하였다.

입향조 장표에 대한 비문은 「흥의공묘도비명興義公墓道碑銘」과 「신도비명神道碑銘」 두 건이다. 둘 모두 의금부도사를 지낸 소초小楚 김규화(金奎華, 1837~1917)가 지었다. 두 글 모두 장표의 행적과 절개를 기술하면서, 장태흠이 글을 청했다는 사실을 부기하였다.

「입석고유문立石告由文」은 지은이를 알 수 없으나, 조상의 시대로부터 멀어지는데 묘소에 비석이 없으므로 안타까워서 비석을 세우니 영원히 무너지지 않기를 바라는 마음을 묘소에 아뢰는 글로 되어 있다.

시문詩文은, 칠인정을 창건할 때의 시, 칠인정을 중수할 때의 시, 묘도에 입석할 때의 시로 3묶음이 있다.

장사경(張思敬, 1756~1817)의 「칠인정창건후부시우감七印亭創建後賦詩寓感」에서 시작된 칠인정 차운시는 '亭青屛庭星' 운으로 총 41수가 필사되어 있으며, 이 중에서 38수는 「칠인정운七印亭韻」에 수록되어 있고, 3수는 미수록, 1수는 일부분 중복 수록되어 있다.

칠인정 중수시의 차운시는 「중수운重修韻」이라는 제목에 '時宜巵期遲' 운으로 4수가 수록되어 있다. 이 시들은 모두 「칠인정운」에 수록되어 있다. 「칠인정운」에는 이 시들 외에도 16수를 더하여 21수가 수록되어 있다.

묘도 입석시의 차운시는 「흥의공묘도입석시운興義公墓道立石時韻」이라는 제목에 '門原存孫言' 운으로 14수가 수록되어 있다. 이 중에서 6수가 「칠인정운」에 수록되어 있으며, 8수는 이 책에만 수록되었다.

2) 『유안儒案』과 『족안族案』의 좌목들

(1) 향촌의 질서, 『유안』

'유안儒案'은 유학자의 명단이라는 뜻이다. 원래는 성균관과 향교에 비치된 학생의 명부였는데, 그 기능이 확대되어 지방관을 도와 질서를 유지하고 풍속을 교화하는 기능을 하던 향청鄕廳, 향교鄕校, 서원書院에서도 지역의 사족士族으로 흠이 없는 사람의 명단을 작성하였는데, 이를 유적儒籍, 향안鄕案, 청금록靑衿錄 등으로도 불렀다. 이 유안에 의해 지역사회에서 향약이나 향음주례에 참여할 수 있었고, 향시나 과거에 응시하는 데에도 이 신분증명이 반드시 있어야 했다. 이러한 유익 때문에 후기에 명단 작성이 문란해지자 관청에서 직접 유안 작성에 개입한 경우도 있었다.

칠인정에는 두 건의 유안이 전해오고 있다. 문서들의 개요는 다음과 같다.

표지 제목	기록시기	가로 세로	내용면수	수록인원	비고
儒案 二	갑신(1764) 10월	30.3*34.8	13	62	1명 삭제
儒案 六	신축(1781) 2월	31.4*38.5	8	65	

이 책들의 '유안儒案'이라는 제목 곁에 작은 글자로 2二 또는 6六이라고 쓴 것은, 책의 분량으로서의 숫자가 아니라, 동일한 책을 배포하면서 일련번호를 붙인 것으로 보인다. 그러므로 이 두 유안을 '갑신년 유안' '신축년 유안'으로 지칭한다.

갑신년 유안은 『儒案』이라는 제목 곁에 작은 글자로 '二' 아래에 '甲申十月日'이라고 쓰인 한지 필사본이다. 전체 13면에 계선 없이 성명만 각 면 5인을 기준으로 수록하였다.

본문 첫 면에 '유안儒案'이라고 쓰고 시작하여 4인을 수록하였고, 다른 모든 면에는 5인 기준으로 성명이 기록되다가, 13면에 3인을 기록하고 '원原' 자를 쓰고 마쳤다. 모든 인명은 정갈한 해서로 기록되었는데, 중간에 삭거한 사람이 한 명 있고, 성자가 탈락한 곳이 한 군데 있다. 첫 면의 '유안'에 관인을 찍었고 모든 면 사이에 관인으로 계인하였다. 관인은 인면이 불명확하여 읽기 어려우나, 자세히 뜯어보니, '홍해군수지인興海郡守之印'인 듯하다. 아래 신축년 유안에서 '관官'을 쓰고 서압한 것을 보아, 홍해군수가 공식적으로 작성하여 배포한 유안인 듯하다.

신축년 유안은 『儒案』이라는 제목 곁에 작은 글자로 '六'자가 쓰여 있는 한지 필사본이다. 전체 8면에 계선 없이 성명만 수록하였다.

본문 첫 면에 '신축 이월 일 유안辛丑二月日儒案'이라고 한 행에 쓰고 5인을 수록하였고, 2~4면에 각 7인씩, 5~8면에 각 8인씩, 제9면에 7인을 수록하였다. 7면 말미에 '원原'을 쓰고, 위쪽 난외에 '관官'을 쓴 후에 수결로 서압하였다. 모든 인명은 정갈한 해서로 기록되었고, 각 면의 가운데쯤에 관인을 찍었고 면 사이에 관인으로 계인하였다.

이 유안이 칠인정에 있는 것은, 당시에 초곡의 인동장씨가 가지고 있던 지역사회 영향력을 보여주는 증거이다. 유안은 관청에서 직접 또는 관청의 감독하에 정확하게 작성되고 배포되었으므로, 일종의 양반 신분과 활동 등록서였다. 이 유안에 명단이 오른 것만으로도, 지역사회에서 지도적 가문의 인물임이 증명되었다. 당시의 지역사회 지도적 문중을 확인하기 위해 이 두 권의 유안을 성씨에 따라 정리하면 다음과 같다. 다만 유안에는 본관을 표시하지 않았으므로, 성씨만을 집계하였다.

분류	李	張	鄭	蔡	陳	柳	崔	金	黃	기타
갑신년 유안	21	11	7	7	5	4	2	1	1	3
신축년 유안	26	10	7	4	6	3	2	2	1	4
합계	47	21	14	11	11	7	4	3	2	7

이 집계에 의하면, 장張씨는 21명으로 이李씨 47명 다음으로 2위에 해당한다.

그러나 당시에 이 지역의 이씨는 다양한 본관을 가지고 있었다. 『영일읍지迎日邑誌』에 의하면, 흥해에 거주하는 이씨는 곡강曲江 여주(驪州-백산 거주) 학성(鶴城-장성 거주) 영천永川 경주慶州 청안(淸安-동부 거주) 한산(韓山-남산 거주) 등 7본관이 있으므로, 이씨 중에서 단일 본관이 많은 인원을 차지할 수는 없었다. 그러나 장씨는 인동(仁同-초곡 이곡 거주) 단일 본관뿐이었으므로, 모든 장씨는 인동장씨였다.(『영일읍지迎日邑誌』, 1929, 天 , 권2, 受貫姓氏 居住姓氏, 1~3면)

그러므로 인동장씨는 단일 성관으로는 가장 많은 수가 유안에 수록되어, 당시의 지역적 세력과 문중의 역량을 보여주고 있었다.

(2) 문중의 규범, 『족안』

칠인정 문서 가운데 족안族案에 해당되는 것은 4건이다. 그 경개는 다음과 같다.

표지제목	기록시기	가로 세로	내용면수	인원	비고
族案	계유(1813) 2월	29.6*42.0	21	120	권두 서문, 권말 절목 있음
族案	계미(1883) 3월	33.7*33.3	14	155	권말 절목 있음
宗稧案	기해(1899) 1월	30.6*27.7	9	90	
族案	정묘(1927) 1월	27.5*28.0	13	71	권두 절목, 권말 절목 있음

'기록시기'라고 잡은 것은, 표지나 서문에 쓰인 연월일을 기준으로 한 것이다. 일반적으로 기록이 시작된 시기에서 한참 후에 기록이 끝나므로, 마지막이 언제인지는 확정하기 어렵다. 또한, 권차를 기록해 놓지 않았으므로, 현존 기록 이전에 족안이 있었는지도 알 수 없다. 일단, 현존 기록을 중심으로 특징을 살피되, 시기에 따라 1~4권으로 칭하기로 한다.

1권은 푸른 물 들인 표지에 『族案』이라고 쓰인 한장 5침 필사본이다. 본문 글씨는 방정한 해서이며, 권두에 장응걸張應杰이 계유년 2월 18일에 쓴 「중종계안중수서中宗稧案重修序」라는 서문이 있다. 이 서문에는, 후손들이 멀어지고 조상의 제사에 소홀할까 하여, 임인년에 재물을 모아 위답을 장만하였고, 병술년에서 정유년 사이에 재물이 증식되어 제수와 장학의 재물로 쓰게 되었다고 하였다.

본문은 '서차序次'라고 표시한 뒤 명단을 수록하였다. 각 면에 6행을 계선으로 구분하고, 각 난에 성명을 기록하고 작은 글자로 자字와 생년의 간지를 표시했다. 장선(張銑, 1742~1815)에서 시작하여 기록했는데, 사망한 경우 난외에 '선仙'자를 부기하였다. 6면까지 기록한 뒤 7면 1행에 '원原'자를 쓴 것으로 보아, 여기까지 35인이 첫 족안에 수록된 인원이었던 것으로 보인다. 이어서 끝까지 85인이 추가로 기록되었는데, 앞부분에 비하면 글씨의 방정함이 느슨해지고, 자나 생년이 빠진 경우도 많고 개명한 기록도 자주 보이는 특징이 있다.

좌목이 끝난 뒤 맨 마지막 장에 '癸巳正月日節目'이라는 글이 수록되어 있다. 내용은, 문중의 재물이 탕잔蕩殘하므로 이제부터 초상 부조는 3냥씩으로, 건대巾帶는 1냥으로 정한다고 기록하였다. 같은 면에 이어서 '丁酉二月日'이라고 쓴 글은 절목의 개정문이다. 내용은, 문중 재물이 탕잔하여 남은 것이 없으므로 이제부터 초상 부조는 1냥으로 하고 건대는 거론하지 말자고 하였다.

2권은 채색 없는 한지 표지에 『族案』이라고 쓰고 오른쪽에 '癸未三月日'이라고 쓴 한장 5침 필사본이다. 각 면을 12행의 계선으로 구분하여 각 난에 성명을 쓰고 작은 글자로 자와 생년간지를 썼다. 서문은 없으며, 첫 장 서두에 '좌차座次'라고 쓰고, 맨 처음 장석(張錫, 1772~1854)부터 수록하기 시작하고 사망한 경우 '선仙'자를 난외에 부기하였다. 1면에 11명을 수록하고 제5면 중간까지 52명을 수록하고 '원原'자를 쓰고 '癸未三月日'이라고 썼다. 이어서 80명을 수록하고 다시 '원原'자를 썼으며, 이어서 3면에 23명을 수록하였다. 글씨는 앞부분에서 방정했으나 뒤로 가면서 서체가 일관되지 않았으며, 개명이나 삭거 기록도 많이 나타나고 있다.

좌목이 끝난 뒤 맨 마지막 장에 '癸巳正月日'이라는 절목이 수록되어 있다. 내용은, 문중의 재물이 탕잔하므로 이제부터 부조 1냥을 혁폐한다고 하고, 문중 재물을 빌려 쓸 때는 1~5월은 장리長利로 쓰고, 6월 이후에는 월리月利로 내라고 하였다.

3권은 물들이지 않은 한지에 『宗稧案』이라고 쓰고 '己亥正月十八日'이라고 부기한 한장 5침 필사본이다. 각 면은 11행으로 계선을 치고 각 난에 성명을 쓰고 자와 생년간지를 작은 글자로 기록하였으며, 사망한 경우에는 난외에 '선仙'자를 부기하기도 하였다.

본문에는 서문이나 절목이 없으며, 첫 면은 '좌차座次' 다음에 장원학(張元學, 1831~1908)부터 바로 명단이 수록되어 있다. 명단의 앞부분은 자와 생년간지가 생략된 경우가 많으나, 뒤로 갈수록 자와 생년간지를 다 기록한 경우가 많아지고 있다. 이 제3권의 경우, 2권이 기록되고 20년 이내에 3권이 또 기록되었으며, 책명이 전과 달리 '종계안'으로 되어 있으며, 최종 수록자 장지철(張志鐵, 1898~1954) 시기의 연대가 4권과 겹치는 등, 일상적인 족안과 다른 사정이 있었던 것으로 보인다.

4권은 채색 없는 한지 표지에 『族案』이라고 쓰고 '丁卯正月日'이라고 쓴 한지 묶음 필사본이다. 글씨는 표지부터 끝까지 한 사람이 쓴 방정한 해서이다.

본문 첫 3면에 걸쳐서 '중수족안절목重修族案節目' 5개항이 수록되어 있다. 내용은, 좌목은 옛 족안 3책에 따라 구성하며 구안에 있던 분으로 생존한 분은 다 기록하고, 홍의공 자손이면 원하는대로 수록하되 20전씩 수납한다고 하였다. 끝으로, 문중 규약을 어기거나 조상께 득죄한 자는 종중 의논에 부쳐 성토한다고 하였다.

좌목은 맨 앞에 '좌차座次'라고 쓴 뒤 맨 처음 장두인(張斗寅, 1864~1946)부터 명단을 수록하였다. 각 면은 6행으로 하고, 성명 아래에 자와 생년간지를 쓴 것은 전과 같으나, 첫 면 이외에는 성명만 기록하였고, 일부는 성과 항렬자만 기록된 경우도 있다.

좌목이 끝난 뒤 2면에 걸쳐서 '癸酉三月 日'이라고 부기한 '종중절서절목宗中絶誓節目' 7항을 수록하였다. 여기서는, 이전에 정한 대로 득죄한 이를 성토하며, 족안에서 삭제하고 문중에서 교유하지 말 것을 결의하였다.

칠인정 문중의 족안은 '족안'이라는 제목으로 3건, '종계안'이라는 제목으로 1건이 있다. 원래 문중에서 좌목을 정리하는 것은, 문중의 질서를 확립하고 예의와 염치를 유지하면서 가문의 발전을 도모하려는 의도로 행해진 것이었다. 유교사회 조선에서는 향촌의 모범을 세우고 그 모범을 따라 행하게 하기 위해 향안을 기록하게 하고 각 가문에도 족안을 정리하게 하였다.

장씨들은 족안을 정리하면서 문중의 약속인 절목節目도 공유하였다. 그런 점에서 칠인정 장씨들의 족안에는, 조상의 덕업을 이어받고자 하는 덕업상권德業相勸과 예속상교禮俗相交, 환난상휼患難相恤의 전통이 남아 있고, 특히 조상께 득죄한 이에게 문벌을 시행하는 과실상규過失相規의 엄격함도 남아 있다.

(3) 『심정록尋亭錄』의 손님들

일반적으로 명승 고적을 방문하는 사람들은 심방록尋訪錄을 남기는 것이 선비사회의 문화였다. 서원을 방문하면 심원록尋院錄이나 알묘록謁廟錄 또는 첨배록瞻拜錄을 남겼고, 묘소를 참배하면 참배록參拜錄 등을 남겼다. 칠인정처럼 명성이 높은 정자를 방문했을 때에도 예외없이 심정록尋亭錄을 남기는 관례가 있었다.

현재 칠인정에는 두 권의 『尋亭錄』이 있다. 그 개요는 다음과 같다.

제목	기록시기	가로 세로	내용 면수	수록 인원	기록특징
尋亭錄	1804~1900경	19.4*22.7	72	841	관직, 지역을 가끔 부기함
尋亭錄	1902~	21.0*21.3	35	321	관직, 생년, 자, 지역을 부기함

'기록시기'라고 잡은 것은 기록된 첫 방문자와 마지막 방문자의 생몰년을 찾아서 추정한 것이다. 책에 권차를 기록해 놓지 않았으므로, 현존 기록 이전이나 이후에 심정한 기록이 있었는지도 알 수 없다. 일단, 현존 기록을 중심으로 특징을 살피되, 임의로 시기에 따라 1권 2권으로 칭하기로 한다.

1권은 『尋亭錄』이라는 제목이 쓰여 있는 한장 5침으로 묶인 필사본이다. 각 면은 계선 없이 대체로 10인을 기준으로 하되, 처음에는 각 면당 10명 2행으로 20명을 수록했으나, 제14면에는 1행 14명 2행 3명으로 17명이 기록되었고, 제15면부터는 1행 10명을 기준으로 기록되었다. 이후 말미 제4면부터는 2행체제로 대체로 20명이 기록되었다.

본문은 채규(蔡奎, 1736~1804)와 정경(鄭炅, 1741~1807)의 방문 기록에서 시작된다.

처음에는 성명만 기록하였으나, 가끔 거주지를 기록하는 관례가 나타나다가, 나중에는 거의 대부분 거주지를 기록하는 것으로 진행되었다. 기록에 의하면, 친척 방문자가 가장 많은 곳은 인동仁同이며, 가까운 지역으로는 포항지역 이내로부터 경주慶州, 영천永川, 영덕盈德. 좀 먼 지역으로는 자인慈仁, 칠곡柒谷, 의흥義興, 평해平海, 청송靑松, 안동安東, 예천醴泉, 상주尙州. 꽤 먼 곳으로는 청도淸道, 밀양密陽, 의령宜寧, 함양咸陽, 산청山淸. 멀리는 청주淸州, 경기京畿, 경京, 양주楊州, 춘천春川에 이르기까지 다양한 방문자가 기록되어 있다.

2권은 표지에 『尋亭錄』이라 쓰고 오른쪽에 '壬寅正月日'이라고 쓰인 한 장 5침 필사본이다. 내표지에는 『尋亭錄』 '壬寅二月日'이라고 쓰여 있으며, 그 다음 면부터 방문자의 기록이 시작되어 있다. 각 면은 계선 없이 면당 1행 10명을 기준으로 수록했으며, 성명을 쓰고 생년간지와 자字를 쓴 다음에 출신지를 군명 읍면명까지 기록하였다. 만약 방문자가 공식 시험에 합격하였거나 공직을 가진 경우에는 이름 위에 그 사실을 기록하였다.

본문에 기록된 인물 중에서 박준성(朴準成, 1874~?)이 홍해군수에 재직한 것이 1902년(고종 38)부터 1903년이니, 이 방문 기록은 그 사이에 작성된 것으로 보인다. 그렇다면 표지의 '壬寅'은 1902년이다. 마지막 쯤에 장직상(張稷相, 1883~1959)의 이름이 있지만, 언제 방문했는지는 기록되어 있지 않다.

방문자는 1권처럼 경상북도 인동(仁同 : 소지명 南山 當大 吳山 竹谷 長谷 華池 新月 眞平 覺山 鳳山 新谷 三鶴洞 若木 角山 磻溪 黃桑洞 栗里 鼎山 臨洙 竹田 中里 省谷 新洞 吳太 板谷)에서 온 이들이 많았으며, 그 외에도 경기京畿, 황성皇城 등지에서 온 이들도 있었다. 충청도 영동永同에서 온 장씨들의 방문도 있었고, 충청남도 논산論山, 부여扶餘에서 온 이들도 있었으며, 특이하게 함경남도 정평定平 사람이 방문하기도 하였다. 아마 각지에서 여행이나 유랑 중에 방문한 듯하다.

이 기록들에 의하면, 칠인정은 경상좌우도 선비들에게 두루 잘 알려진 탐방지였으며, 전국적으로도 기회가 되면 방문하여 시를 짓고 교유를 나누는 명소로서의 기능을 했던 것을 알 수 있다.

3) 칠인정의 차운시들

(1) 차운시의 수록 상황

칠인정 관련 차운시들은 세 가지가 있다. 시기적으로 보아, 『칠인정운七印亭韻』은 장사경(張思敬, 1756~1817) 시기에 시작하여 가장 오랫동안 가장 많은 작품이 지어져 네 권으로 수합되었고, 「칠인정중수운七印亭重修韻」은 장경홍(張敬弘, 1821~1893) 시기에 지어져 『칠인정운』 4권에 수록되었고, 「흥의공묘도입석시운興義公墓道立石時韻」도 장경홍의 시대에 지어져 『칠인정실기』에 수록되었다. 문중에 보관되지 않은 문인의 문집도 번역 과정에서 조사하였는데, 칠인정운 6수와 중수운 1수를 발견하여 함께 정리하였다. 이를 정리하면 다음과 같다.

서책명	총 작품수	칠인정운	중수운	입석운	총계
七印亭韻 1	61인 65수	65			
七印亭韻 2	27인 31수	31			
七印亭韻 3	57인 67수	59(67-중복 8수)			
七印亭韻 4	118인 127수	106	17(21-중복 4수)		
七印亭實紀	인원중복 95수	3(77-중복 74수)	4(전량 중복)	14(전량 단독)	
개인 문집		6	1		
계		270	22	14	306

이렇게 보면, 『칠인정운』 1·2·3권에는 모두 칠인정 원시와 차운시만 실려 있고, 4권에는 칠인정 차운시와 21수의 「칠인정중수운」이 실려 있다.

『칠인정실기』에는 77수의 칠인정 차운시가 실려 있는데, 74수는 『칠인정운』과 중복되고, 3수(張源鶴·金炳燮·金在憲)는 단독 수록되었으며 1수(觀學)는 일부만 중복되고 있다. 또한 『칠인정실기』에는 『칠인정운』 4권에 실린 중수운 21수 중에서 4수가 중복 수록되어 있고, 「홍의공묘도입석시운」은 14수 모두 『칠인정실기』에만 실려 있다. 이로써 칠인정 창화시는 '시삼백수詩三百首'의 성황을 이루었다.

칠인정 정자를 언제부터 시로 읊기 시작했는지, 그 시의 원운原韻이 누구의 작품인지는 기록되어 있지 않다. 시기적으로 이전 시기에도 작품이 있었을 가능성은 있으나, 현재 문중에 보관된 문헌에는 장사경의 생존 시기인 18~19세기 정도에 지어진 작품부터 수집되어 있다. 또한 『심정록尋亭錄』에 기록된 방문자의 생년을 참고하여도 18세기를 거쳐 19세기 정도에 가장 많은 작품이 지어진 것으로 보인다.

칠인정 정자를 방문한 시의 운자韻字는 '亭青屛庭星'으로 구성되어 있고, 모든 차운시들은 예외없이 이 운자를 준용하고 있다. 그 결과, 차운시의 내용도 '정자에서, 청사에, 병풍처럼, 가정에서, 별' 등의 의미망을 벗어나지 않고 있다. 가끔 특이한 비유를 사용하기도 하지만, 타인 또는 타문중의 정자에서 그 조상을 추모하는 작품이 가진 존경과 축원의 주제를 창의적으로 표현한 작품이 주류이다. 칠인정시의 총수는 264수인데, 그중에서 74수가 칠인정실기에 중복 수록되었으며, 칠인정운에 없이 실기에만 수록된 작품은 3건(張源鶴·金炳燮·金在憲)이 있으며 일부만 중복된 작품도 1건(張觀學)이 있고, 그 외에 개인문집에서 발견된 경우도 6수가 있다.

칠인정을 중수한 것은 장석룡(1823~1908)의 시기였으니, 19세기 말이었던 듯하다. 이 중수를 축하하는 시의 운자는 '時宜巵期遲'로 구성되었고, 차운시도 이대로 준용하였다. 그러므로 시의 내용도 '때에, 적합한, 술잔을,

기대하며, 느릿한' 등의 범주를 지키게 되었고, 이를 활용한 창의적 표현을 구하게 되었다. 이 중수운은 광범하게 창작 수집되어 21수가 지어졌고 『칠인정운』 4권에 수록되었다. 그 중에서 장경홍張敬弘, 이매구李邁久, 장두인張斗寅, 장태흠張泰欽 4수는 『칠인정실기』에도 동일한 내용으로 수록되어 있다.

장표張彪의 묘도에 비석을 세우고 신도비를 세운 것은 1913년 전후인 듯하다. 그의 묘소에 입석할 때에 그 일을 기념하여 기념시와 차운시들이 창작되었다. 이 시의 운자는 '門原存孫言'으로 구성되었고, 이에 따라 이 시들의 의미망은 '문중, 동산, 보존됨, 후손, 말하리' 등으로 표현되었다. 이 차운시 14수(張泰維, 金奎華, 李中久, 曺孝濬, 柳瀵郁, 崔鉉弼, 張泰欽, 張斗杓, 黃相旭, 蔡鎭禹, 鄭奎一, 權大震, 張奭弘, 張贊奎)는 『칠인정운』에는 실리지 않고 『칠인정실기』에만 수록되었다.

(2) 주인과 손님의 시, 『칠인정운七印亭韻』

칠인정을 방문한 이들이 창화한 작품을 모아 놓은 것이 「칠인정운七印亭韻」이다. 지난 시기 방문자들은 당시의 관례에 따라, 앞서 지어진 작품을 감상하고, 감흥이 일어나는 데 따라서, 원운의 운자를 따라서 새로운 시를 지었다. 이를 차운시次韻詩라고 하였다. 칠인정시의 운을 따라서 지었을 경우에는 '차칠인정운次七印亭韻'이 되었다. 대부분의 명승에서는 이런 차운시를 모아서 차운시첩을 만들어 두었는데, 칠인정에서도 이런 관례에 따라 「칠인정운七印亭韻」이라는 이름으로 4권을 엮어서 보관하고 있다.

현재 전하고 있는 4권의 책은 권차를 써두지 않았으며, 수록된 방문자의 생몰년에 따라서도 확실하게 순서가 구분되지는 않는다. 그러나 번역을 위하여 순서를 정하면서 수록인원 중에서 홍해 본손을 기준으로 차례를 대강 잡아서 임시로 1~4권으로 편차를 정하였다. 그러나 이 순서가 확정된 것은 아니며, 실제로 4권의 경우 책의 뒷부분에 여러 장의 백지가 남아 있어서, 수록을 완결하지 않고 계속 수록하려 했다는 것도 보여주고 있다.

칠인정운의 지은이들 중에서, 원운을 제시하고 가장 성실하게 차운을 창작한 이들은 입향조의 후손들이다. 입향조의 13대손 장사경張思敬, 14대손 장응걸張應杰에서 시작하여 20대손 장지윤張志胤에 이르는 직계 후손들은 자신들의 조상이 남긴 전통과 유적에 대한 긍지와 감회를 시로 남겼다.

현재로서는 원운原韻으로 추정되는 장사경과 장응걸의 시는, 칠인정을 유지하고 조상을 기념하며 전통을 잇는 후손으로서의 느낌을 정직하게 표현한 교과서적 작품이다.

先祖遺墟起是亭　선조께서 남긴 터에 이 정자를 세우니
亭前某樹至今青　정자 앞의 그 나무는 지금도 푸르네
盤渦水石璐鳴瑟　소용돌이의 수석은 거문고 소리로 울리고
疊巘烟霞繞作屛　첩첩 높은 산의 연무는 둘러서 병풍이 되었네
細柳陰垂容駟巷　가는 버들은 널찍한 마을 길에 그늘을 드리우고
脩篁影覆舞斑庭　긴 대나무 그림자는 효성의 정원을 덮었네
追惟孝友名齋義　방 이름을 효우라고 지으신 뜻 생각하니
慚愧雲仍忝聚星　후손들이 빛나는 조상을 욕되게 했을까 부끄럽네 (張思敬)

青山舊宅起新亭　푸른 산 옛집 자리에 새 정자를 지었으니
我愛青山萬古青　나는 청산이 만고에 푸르름을 사랑하네
孤竹風淸成翠幕　백이 숙제 같은 맑은 풍모는 푸른 초막이 되고
三槐陰密擁蒼屛　세 그루 홰나무 짙은 그늘은 푸른 병풍 둘렀네
雲仍幸得藏修地　후손들은 다행히 학문에 전념할 곳을 얻었고

鄕里咸稱孝友庭　고을 사람들은 모두 효우의 가정이라 칭송했네
慶壽堂前偏感慕　경수당 앞에선 오로지 감동과 흠모의 마음뿐이니
起看南極老人星　일어나 남극의 노인성을 쳐다보네 (張應杰)

첫 시는 조상이 남긴 터에 지은 정자를 바라보는 후손의 입장에서 정서를 일으키고 있다. 그 터에 그 집에 그 나무가 지금까지 푸른 빛으로 서 있으니, 그 푸른 빛이 가문의 오랜 전통으로서의 푸른 담요[靑氈]을 상징한다는 것으로 수련首聯을 구성하였다. 정자 앞을 흐르는 물은 조상들에 대한 칭송으로 받아들이고, 병풍처럼 둘러 선 산봉우리들을 조상들의 음덕으로 표현하여 함련頷聯이 되었다.

그 배경 가운데에서, 후손들이 화목하고 단란하게 살아갈 수 있는 것이 바로 조상의 음덕이며, 그 자손들이 조상께 재롱부리는 뜰을 이루었다는 것은 경련頸聯이다. 여기서는 마을에 덮인 조상의 버드나무 그늘이 바로 대나무 그림자로 활성화되는 효과도 보이고 있다.

그러나 이 시의 주제는 당연히 미련尾聯에 있다. 이 부분의 중심 언어는 추모함[追惟]과 죄송함[慚愧]이다. 조상의 명성과 뛰어난 행적에 비해, 현재 후손들의 성취와 명성은 현저히 부족한 것을 깨달은 것이다. 그래서 시의 결말에서 빛나는 조상들[聚星]을 욕되게 하고 있음[忝]을 고백하고 있는 것이다.

이후에 지어진 본손들의 시는 이 시의 태도를 그리 벗어나지 않고 있다. 여전히 조상을 자랑스러워하고 사모하는 마음이 변함없지만, 현재의 후손들은 못나고 잔약하여 송구하다는 기본적인 태도를 가지고, 그러면서도 다음 시대를 기약한다는 소망을 표현한 작품이 많았다.

칠인정고사를 자랑스러워하고 그 인물들을 추모한다는 점에서 입향조

의 직접 후손이 아닌 방계 후손들도 유사한 태도를 보이면서도, 비교적 확대된 시상을 보이고 있다.

대체로 방계 후손들은 거의가 첫 방문이기 때문에, 경치에 대한 감탄이나 친척들의 자랑스러운 성취에 대한 칭송이 있기도 하지만, 서로 친밀하게 만나지 못하고 그리워만 하는 감정을 나타낸 시어가 자주 나타나고 있기도 하다. 현재 수록된 시 중에서 최근작인 장우원(張右遠, 1875~1955)의 시에서 이런 감정을 잘 볼 수 있다.

遺芬千載起思亭	남은 향기 천년에 사모하는 정자를 세우니
惻後猶存喬木青	환란 후에도 아직 교목에는 푸르름이 남았구나
僻處皆稱名以印	궁벽한 고장에서 모두 칠인의 이름을 칭송하면서
佳筵恨未繪爲屛	좋은 잔치를 병풍으로 못 그린 일 안타까워하네
孤臣去國家無地	임금을 떠난 외로운 신하는 집 지을 곳도 없더니
賢婿臨門子在庭	어진 사위가 문에 임하고 자식도 뜰에 있구나
大陸桑瀾今亦古	대륙의 상전벽해는 지금도 옛날이나 같은데
登斯多感滿參星	여기 오르니 많은 감회가 삼성에 가득하네

이 시는 방계 조상의 업적을 칭송하고 그 전통이 현재까지 남아 있음을 찬양하는 데에서 시작하였다. 그리고, 당시의 일을 회상하면서 눈으로 보는 듯이 전하는 이야기를 들으니, 그 생생함이 지금도 느껴진다는 감회를 말하면서, 그 당시의 장면 중에서 가장 감격스러운 그림을 대신 일깨워주고 있다. 미련에서는, 본손과 방손들이 자주 만나지 못하고 그리워만 하는 감정이, 동방의 상성商星과 서방의 삼성參星처럼 아득하게 느껴짐을 표현하였다.

또한 방계에서는 국가적으로나 역사적으로 명성이 높은 이들도 많이 방문하였다. 이를테면, 「시일야방성대곡是日也放聲大哭」의 우국지사 장지연

(張志淵, 1864~1921)도 이 정자를 방문하고 차운시를 남겼다. 그는 이 시에서 선인들의 명성을 그리워하면서도 후손들이 영락한 데 대한 안타까움도 표현하였다.

방문자의 창화시들은 직계나 방계 후손들보다 더욱 확대된 안목을 보이고 있다. 방문자들은 초기에는 고을 안에서나 인근 지역에서 오다가, 나중에는 경상도 전체, 또는 심지어 서울과 다른 도에서까지 방문하고 있었다. 그러므로 이들은 일단 칠인정 고사에 대해 호기심을 가지고 있고, 이어서 그 고사와 현재의 후손들 상황에 감동하고, 후일의 번영에 대해 축원하는 시상에 이르곤 하였다. 영양에 살던 조성기(趙誠基, 1890~1939)의 시는 이런 관례를 잘 실현한 작품이다.

七印芳名萃一亭	칠인의 아름다운 이름 한 정자에 모였고
海山秀色入欄靑	바닷가 산 빼어난 빛이 난간에 들어와 푸르네
澄潭蘸月寒侵壁	맑은 못에 달이 잠겨 찬 기운이 벽을 뚫고
碧樹和烟彩繞屛	푸른 나무 안개와 어울려 채색 병풍 둘렀네
韻士棊朋常在座	시짓는 선비와 바둑두는 벗이 늘 자리에 있고
佳孫才子滿趨庭	고운 손자와 재주 있는 아들이 뜰 가득 달리고 있네
遠客如今那易到	먼 나그네 지금처럼 어찌 쉽게 다시 올까
離樽留照少微星	이별의 술잔에 소미성이 머물러 비추는구나

수련에서 경치를 노래하고 함련에서 시선을 끌어오는 것은 일반적인 기법이다. 이 시에서 주목되는 곳은 경련에 나타난 현재의 성황과 미련에서 보이는 서정적 태도이다. 경련에 의하면, 정자 위에는 여행 중에 방문한 시인이 있고 마침 바둑을 두던 벗들이 있는데, 그 뜰에는 재주 있는 자손들이 어른을 모시고 배우는 풍경이 펼쳐져 있음을 그리고 있다. 결구는 이 풍경

을 내면으로 수렴하는 기법을 보이고 있다. 좀처럼 오지 못하는 명승에 다시 올 기약은 없는데, 하늘에는 소미성이 머무르라고 비추고, 정자에는 다정한 주인이 나그네를 붙잡는 광경으로 마무리하였다.

(3) 추모와 축하의 시, 「칠인정중수운七印亭重修韻」과 「흥의공묘도입석시운興義公墓道立石時韻」

「칠인정중수운」은 『칠인정실기』에 수록된 장경홍(張敬弘, 1841~1913), 이매구(李邁久, 1841~1927), 장두인(張斗寅, 1864~1947), 장태흠(張泰欽, 1871~1940) 4인을 포함하여 『칠인정운』 4권에 수록된 20인의 21수이다. 지은이들의 생몰연대를 보아, 1904년 중수할 때와 그 후에 지어진 것으로 보인다.

중수시의 운자는 '時宜巵期遲'로, 어느 시가 원운인지는 기록되지 않았다.

후손들의 시에서는, 중수하는 일이 늦어졌음을 송구하게 생각하고 앞날의 수호를 다짐하는 것이 주조를 이룬다. 조상들의 업적은 관인을 걸던 일[掛印]과 축수하면서[慶壽] 흥겹게 즐기던 일[絃歌]들로 표현되고, 후손들의 자칭은 못난 후손[孱孫]이라는 표현으로 겸손히 나타나고 있다. 모든 시의 주제는 조상의 뜻을 즐겁게 계승하며[肯構] 그 전통을 어기지 말고 계승하며[勿替] 앞날을 기약하겠다는[後仍期, 永世期, 前期]로 표현되었다.

지역의 지식인이 지은 시는, 아름다운 유적에 더 잘 중수하였음을 축하하면서, 그 건물과 경치와 여운이 아름답다는 서정시 형태로 지어졌다. 이들은 특히 이 정자에 늦게 온[遲]것을 미안해 하면서, 땅거미가 천천히 지는데[日影遲] 돌아갈 길이 늦어졌다[去路遲]고 노래하는 서정성을 결구에 담았다.

여기에 수집되지 않은 중수운도 더 있었던 것으로 보인다. 일례로, 안동의병장 척암拓菴 김도화(金道和, 1825~1912)의 문집에서도 칠인정중수운에 차운한 시가 발견된다. 이 시에서는 원시와 같은 운을 사용하되 순서는 지켜지지 않았다. 당시에 먼 곳에 사는 명사에게 차운시를 구하는 과정에서 운자를 정확하게 전달하지 못했던 것으로 보인다. 이 시는 『칠인정실기』에 수합되지 않았으므로, 여기에 수록한다.

銅章墨綬一堂奇	금동 관인 검은 인끈이 한 집에서 특별했더니
報施天心發不遲	하늘 마음의 보답하심이 늦지 않게 드러났네
花樹三春韋氏祚	종친들에게 화창한 봄은 위씨의 복과 같고
風流一代習公池	당대에 풍류를 즐김은 습공의 연못과 같네
如今肯構追先志	지금 즐겨 집을 지음은 선대의 뜻을 따름이니
自昔貽謨遇晟時	예로부터 지혜를 전하여 전성시대를 만났네
幸使箕弓能勿替	부디 자손들이 능히 바꾸지 않을 수 있으면
綿綿慶福永無期	이어지는 경사와 복이 영원토록 기한 없으리

(『척암선생문집(拓菴先生文集)』 권2 「차칠인정운(次七印亭韻)」)

「홍의공묘도입석시운」은 비석이 세워진 1913년에 지어진 것으로 보인다. 당시에 총 몇 수가 지어졌는지는 알 수 없으나, 현재 『칠인정실기』에는 14수가 수록되어 있다. 지은이는, 후손으로는 장태유(張泰維, 1845~1915)부터 장태흠張泰欽, 장두표張斗杓, 장석홍張奭弘, 장찬규張贊奎 5인이고, 타성은 김규화金奎華, 이중구李中久, 조효준曺孝濬, 유양욱柳瀁郁, 최현필崔鉉弼, 황상욱黃相旭, 채진우蔡鎭禹, 정규일鄭奎一, 권대진權大震 9인이다.

특히 타성의 인사들 중에, 의금부도사이며 이 비문을 지은 김규화, 홍문관교리 이중구, 승문원정자 최현필 등 이 지역에서 문명을 날린 당대의 명인들이 차운시에 참여한 것을 볼 수 있다. 이 시의 운자는 '門原存孫言'을 사용하였다.

후손이 지은 시들의 특징은, 조상의 유덕을 칭송하고, 세상을 떠난 지 수백년이 되도록 아직 묘소에 비석에 세워지지 않았던 데 대해 안타깝고 송구한 마음을 표시하는 것이 주조를 이루었다. 그 결과 쓰인 용어는 남기신 풍모[遺風], 아름다운 사적[懿蹟] 등의 구절과 함께, 못난 후손[孱孫], 부끄러운 후손[愧後孫], 미처 할 겨를이 없어서[未遑] 등이 자주 나타나고 있다.

타성의 인사들은 좀 더 넓은 의미망의 글자들을 사용했다. 그의 지조를 가리켜서, 자신을 깨끗이 함[自靖], 외로운 충성[孤忠], 백이숙제의 수양산[雷首], 고사리를 캐먹던 절개[採薇] 등으로 그를 추앙하였으며, 특히 후손들의 효심이 다함이 없음[孝思不匱], 충효가 전하는 집[忠孝傳家], 전통을 대대로 이은 후손[傳後孫] 등으로 후손들을 칭송하는 말도 자주 등장하고 있다.

3. 칠인정의 문화적 정경

칠인정이 있는 초곡리 사일마을 일대는 포항시 흥해읍 도음산 동북쪽에 있는 경치 좋은 터전이다. 여기에 고려 말에 장표張彪가 은거하고 그 후손들이 대를 이어 살면서 자손이 번창하고 문화가 전승되었다. 이 마을에는 서쪽에서 용트림하며 흘러온 작은 시내가 남쪽에서 온 개울과 칠인정 앞에서 합류하는 빼어난 경치가 있다.

이 마을 인동장씨들은 조선시대 내내 흥해의 지도적 문중으로 자리잡고 인재를 배출하여 지역문화를 주도해 갔다. 마을의 자제들은 항상 학문적으로 성장할 것과 인격적으로 수련될 것을 요구받았으며, 그 결과 수많은 학자와 인격자들이 이 마을에서 배출되었다. 그 후손들 중 학행이 현저한 이들만도 다음과 같다.

장표의 8대손 장시익(張時益, 1538~1630)은 호가 죽와竹窩로 한강寒岡 문인이며, 12대손 장운한(張雲翰, 1735~1811)은 대산大山 문인이었다. 13대손 장사경(張思敬, 1756~1817)은 호가 이계耳溪로 풍토지風土誌와 농서農

書를 포함한 문집을 남겼고, 이계의 손자 강해江海 장심학(張心學, 1804~1865)은 무과에 급제하여 통진부사를 지내고 문집을 남겼다. 14대손 장응걸(張應杰, 1763~1819)은 호가 외암畏庵으로 문집을 남겼고, 육일재(六逸齋) 장응설(張應卨, 1782~1868)은 학행이 있었으며, 육일재의 증손자 해일재海逸齋 장환규(張煥奎, 1853~1876)도 문장과 행의로 칭송을 받고 문집을 남겼다.

이들 중에서 문집이나 유집을 낸 이들은, 개인의 학문적 성과를 수록하기도 했고, 초곡의 경치나 정서를 읊은 시를 수록하기도 했다. 그러한 시들은 거의 모두 칠인정의 경치와 교훈을 노래했고 자연 속에 살아가는 삶의 생생한 장면을 시로 표현하였다. 그러나, 한국국학진흥원에서 번역된 『이계집』, 『강해집』을 제외한 문집이 보전되지 않았다는 것은 매우 안타까운 일이다. 지금이라도 후손이나 인근 문중에서 과거의 문집들이 발견될 수 있다면, 후손들과 지역사회의 큰 행운이 될 것이다.

국립중앙도서관에서 찾은 장환규張煥奎의 『해일재문집海逸齋文集』에는 입향으로부터 후손에 이르는 문화적 정경과, 당시의 칠인정 및 석당의 풍경이 상세하게 기록되어 있다. 이 중 하나를 번역하면 다음과 같다.

> 조상이 남기신 정자 앞에는 꽃을 심은 섬돌이 있고, 섬돌 아래에 돌로 쌓은 연못이 있으니, 이는 선조께서 노닐며 감상하시던 곳이다. 여러 번 전쟁과 재난을 겪으면서 뽕밭이 바다가 되는 동안, 연못은 허물어져 평지가 되었고 꽃 섬돌은 무너져 채소밭이 되었으니, 진실로 개탄할 일이었다.
>
> 정묘년 여름에 증왕고 호군공(護軍公)[6]께서 비로소 재물을 모아 다시 수선하셨고, 또 항상 섬돌을 갖추고 연못을 수축하실 뜻이 있었는데, 불행히 증왕고께서 세상을 버리셨으므로 마침내 성취하지 못했다. 또한 한탄

6) 증왕고 호군공 : 장환규의 증조부 장응설(張應卨, 1782~1868)이다. 자는 관경(寬敬)이며 호는 육일재(六逸齋)이다. 충신하고 정직하였으며 수직으로 통정대부 부호군에 임명되었다.

할 일이었다. 이에 종숙부 괴와공(槐窩公), 영홍(永弘)[7]께서 문중의 젊은 이들과 마침내 돌 연못을 수축하셨다. 조상의 정자가 이로부터 모양을 갖추게 되었다. 아아, 우리 증왕고께서 성취하지 못하신 일을 일조에 의논하여 이루신 것이었다. 그러니, 우리 집의 다행이기만 한 것이 아니라, 또한 우리 가문의 행운이다.

내가 좋은 계절 길한 날에 꽃 섬돌의 위에서 거닐고 돌 연못가를 서성이노라면, 은빛 비늘을 가진 고운 물고기가 연잎에 기대어 마음껏 활발히 노닐고, 우는 오리와 친근한 물새는 수면에 떠 있으면서 사람을 미혹하니, 참으로 사람 세상에 있는 신선의 경치이다. 자손된 사람들이 어찌 감동하는 마음이 없을 수 있겠는가. 이것으로 공경히 지문으로 삼는다.

(『해일재문집(海逸齋文集)』 권2, 「석당기(石塘記)」)

서정적인 면에서는 장사경(張思敬, 1756~1817)의 「인정쌍계구곡印亭雙溪九曲」과 「쌍계십영雙溪十詠」을 기억할 만하다. 그의 연작시들은 바로 초곡리 사일 마을의 구체적인 경치들에 하나하나 이름을 붙이고 의미를 부여하여 지은 시들이다. 장사경과 한 문중의 장응걸(張應杰, 1763~1819)도 같은 소재로 시를 주고받았으며, 당시 지역의 문장가인 일재逸齋 이효상(李孝相, 1774~1851)이나 감화甘華 이정익李鼎益[8]이 차운시를 붙이기도 하였다.

자신이 거주하는 곳이나 조상에게 물려받은 경물에 구곡九曲을 설정하고 각각에 시를 짓는 전통은, 주자의 무이구곡武夷九曲을 본받아서 조선시대 후기에 크게 융성하던 문화적 풍경이었다. 장사경이 칠인정 인근에 설정한 쌍계구곡은 쌍계雙溪, 하송계下松溪, 약수봉藥水峯, 초곡草谷, 목령木嶺, 반태동盤泰洞, 안양사安養寺, 서당록書堂麓, 정동正洞, 성지동性智洞으로 설정되어 있는

7) 괴와공 영홍 : 장환규의 종숙부 장영홍(張永弘, 1838~1900)이다. 자는 정숙(正叔)이다. 장응설의 차남인 장은학(張殷學)의 장남이다.

8) 이정익(李鼎益) : 1753~1826. 본관은 여강이고 자는 중겸(仲謙)이며 호는 감화(甘華)이다. 경주 양동에 살았으며 1804년 진사시에 합격하고 후학을 가르치는 것으로 일과를 삼았다. 저서 『감화집』이 있다.

데, 첫 수인 「쌍계」는 서시에 해당되고 나머지 9수가 9곡을 노래하여 총 10수의 7언절구로 구성되어 있다. 서시는 다음과 같다.

쌍계(雙溪)

檻外雙溪九曲流	난간 밖에 쌍계가 아홉 굽이로 흐르고
雙溪風物顯而幽	쌍계의 경치는 빼어나고 그윽하구나
世人欲識雙溪樂	세상 사람들 쌍계의 즐거움을 알려면
須向雙溪最上頭	반드시 쌍계의 첫 머리로 가야 하리

이후에 이어진 시 중에서 3곡 초곡과 7곡 서당록에 대해 지은 시는 다음과 같다.

초곡(草谷)

三曲溪流勢漸長	삼곡은, 계류의 기세 점점 아득하고
村多水竹野多桑	마을엔 수죽이 많고 들엔 뽕나무 가득
雙槐咫尺餘陰覆	지척에는 한 쌍 홰나무가 그늘을 드리웠고
雨過庭蘭幾處香	비 지나간 뜰의 난초 몇 곳에서 향기로운지

서당록(書堂麓)

七曲尋芳到水邊	칠곡은, 꽃을 찾아 물가에 이르니
澄潭得月極圖圓	맑은 못에 달이 비쳐 태극도처럼 둥글구나
繞汀春草皆書帶	물가에 자란 봄풀은 모두 서대초[9]이니
今古溪山各有緣	고금에 산과 시내는 각각 인연이 있다네

「쌍계십영雙溪十詠[10]」은 도음산禱陰山, 대양산對陽山, 쌍계雙溪, 서주西疇,

9) 서대초(書帶草) : 서한(西漢) 때 정현(鄭玄)의 제자들이 책을 맬 때 썼다는 길고 질긴 풀 이름이다.

10) 쌍계십영 : 장사경의 『이계집(耳溪集)』에는 「또 10곳을 노래함[又十詠]」이라고 되어 있

석당石塘, 칠인정七印亭, 도태동道泰洞, 사일촌士逸村, 간반송澗畔松, 주전석洲前石으로 구성되어 있다. 이 연작시는 앞의 9곡시처럼 주자의 명명법을 이어받는다는 전제는 없이, 좀 더 자유로운 시상을 전개하고 있다. 경물은 쌍계 외에는 모두 쌍계구곡과 다른 경물을 지정하였고, 시의 형식도 5언절구로 경쾌한 율동감을 가지고 있다.

쌍계(雙溪)

細看分合處	나뉘고 합해지는 곳 자세히 보니
吾道在其間	우리의 도가 그 사이에 존재하고
流動活天機	흘러 움직이는 천기가 활발하니
陰陽不暫閒	음과 양은 잠시도 쉬지 않네

「쌍계십영」의 작품들은 마을 가까이에 있는 친근한 경물들을 직접 소재로 하여 시를 지었고, 현재도 존재하는 구체적인 사물들이 시를 짓던 당시의 정서를 생생하게 전달하는 효과를 보이고 있다. 이 시들에도 이효상의 차운시가 있으나, 원시 중 일부만을 인용한다.

칠인정(七印亭)

先靈宛復臨	조상의 영령께서 완연히 다시 임하시어
怵惕如將見	곧 뵈옵는 듯 두렵고 조심스럽구나
爲感弄雛誠	새새끼로 재롱떤[11] 정성에 감동하듯이
開簾納乳鷰	주렴을 걷자 어린 제비 날아 들어오네

으나, 바로 앞에 「인정쌍계구곡」이 있어서 '또'라고 한 것이니, 독립적인 원제는 「쌍계십영」로 부르는 것이 타당할 것으로 생각된다. 여기에 이효상은 「화칠인정제영(和七印亭諸詠)」이라는 제목으로 창화시 7수를 지었다.

11) 새 새끼로 재롱떤 : 원문의 농추(弄雛)는, 초(楚)나라의 효자인 노래자(老萊子)가 70세가 되어서 두 어버이를 즐겁게 해드리기 위해서 어린애처럼 색동저고리를 입고 새 새끼를 가지고 장난을 하며 놀았다는 고사에서 유래했다.

석당(石塘)

欲訪廬山路　　여산가는 길을 찾으려 하면
緣何北渡爲　　어떻게 해야 북으로 건너갈까
方營橋此水　　이 강에 다리를 막 놓으려는데
未就已成詩　　시작도 전에 시는 벌써 지었네

사일촌(士逸村)

好是逸民居　　은둔하는 사람들 살기 좋은 곳
村如太古靜　　마을은 태곳적처럼 고요하네
黃花君種不　　이 국화 그대가 심었던가 아닌가
風雪我懷永　　바람과 눈 속에 내 그리움 깊어지네

간반송(澗畔松)

歲暮蒼髥古　　세모에 푸른 솔 늙은 수염
軒然長者風　　헌헌 장자의 풍모로구나
何如桃李樹　　어찌 복숭아 자두나무가
灼灼媚園中　　뜰에서 아양떠는 것과 같으랴

주전석(洲前石)

流水徘徊處　　물길이 이리저리 흐르는 곳
平錯一面苔　　한 면에 이끼 고르게 펴졌네
與君高枕好　　그대와 높은 베개 베기 좋아서
石上可同來　　돌 위로 같이 올라와 보았네

장사경보다 7년 연하로 같은 문중에서 활동했던 장응걸 역시 칠인정의 10경에 대해 5언으로 시를 지은 것으로 보인다. 현재 장응걸의 문집으로 확인하지는 못했지만, 그가 지은 「인정십경印亭十景」에 대한 차운시가 이정익李鼎益의 문집 『감화집甘華集』에 「화장유백인정오언십영和張儒伯印亭五言十詠」이라는 제목으로 수록되어 있다. 이 차운시로 보아서, 장응걸의 원시에서는 도음령禱陰嶺, 태양산太陽山, 쌍계수雙溪水, 서주西疇, 칠인정七印亭, 석당石塘, 도태동道泰洞, 사일촌士逸邨, 간반송澗畔松, 만두석灣頭石으로 구성되어 있었던 것으로 보인다.

이정익의 문집에는 또 「7언시 26절구에 화답한 시[又和七言二十六絶]」가 실려 있는데, 이를 통해서 장응걸의 원시에서는 「사립문[柴扉]」, 「채전밭[菜圃]」, 「개살구[山杏]」, 「국화울[菊籬]」 등 훨씬 일상적인 소재들이 편안하게 시로 지어진 것을 짐작할 수 있다. 다만, 차운한 시는 있는데 원래의 시를 찾을 수 없는 것이 안타깝다.

칠인정의 산문과 시문들에는 당시 칠인정 지식인들이 가졌던 서정성과 격조가 잘 드러나고 있다. 특히, 현재도 잘 보전된 칠인정과 석당 같은 경물에서는 당시의 문화적 향기를 공감할 수 있고, 지금 없어지는 경물을 보고 변화의 쓸쓸한 감회도 느낄 수 있다.

마을 입구에 있는 간반송澗畔松은 수십 수백년의 세월 동안 이 마을과 문중을 지키다가 뜻밖에 재선충의 해를 입으면서, 2025년 현재 여러 그루가 고사하는 과정에 있다. 칠인정 하류에 있는 주전석洲前石은 쌍계 물가에 있는 큼직한 바위로, 오랜 세월동안 마을 어른들의 소풍거리가 되었었지만, 길을 넓히고 포장하는 과정에서 거의 다 묻히고, 일부만 도로변 하천가에 드러나 있어서 옛날 번영하던 시절을 그리워하게 한다.

4. 칠인정 문화의 소망

칠인정 가문과 그 문화는 한 시대를 아름답게 장식한 선비문화의 성과였다. 칠인정 역사와 가문은 그들 자신만의 자랑이 아니라, 광범한 지역의 지식인들이 공유하는 상식이었으며 시대를 넘어서는 흠모와 호기심의 대상이었다.

칠인정에 대한 기록이 후손들에 의해서 정리된 것만이 아니라, 당대의 문장가들에 의해 정리되고 기술되었다는 것은, 그 후손들의 정성으로 인한 것이기도 하지만, 칠인정 고사와 명성이 전국적인 확산을 이루었다는 증거로도 볼 수 있다. 「칠인정기七印亭記」는 병조좌랑 남경희南景羲에 의해 기술되었고, 『치암선생문집癡庵先生文集』 권6, 「칠인정상량문七印亭上樑文」은 병조판서 권엄權檿이 지었으며, 「칠인정중수기七印亭重修記」는 공조판서 장석룡張錫龍에 의해 기록되었다.(『유헌선생문집遊軒先生文集 』권8)

또한 칠인정 후손으로 명망이 높은 분들의 행적도 신임 있는 기록자들에 의해 기술되었다.

입향조의 11대손 장세건張世鍵의 「가선대부동지중추부사장공묘비嘉善大夫同知中樞府事張公墓碑」는 면우俛宇 곽종석郭鍾錫이 지었고(『면우선생문집俛宇先生文集』 권148), 13대손 장호張鎬의 묘비명은 서홍 김규화金奎華가 지었으며, 13대손 이계耳溪 장사경張思敬의 「이계장공행장耳溪張公行狀」은 척암拓庵 김도화金道和가 지었고(『척암선생문집拓菴先生文集』 권34), 14대손 육일재六逸齋, 장응설張應禼에 대해서는 남공수南公壽가 「호군장공행록護軍張公行錄」을 기록하였다.(『영은문집瀛隱文集』 권6) 강해江海 장심학張心學의 「통정대부통진부사장공묘갈명通政大夫通津府使張公墓碣銘」은 장석룡張錫龍이 지었으며(『유헌선생문집』 권10), 장석규張奭奎에 대해서는 회당晦堂 장석영張錫英이 「장공공언묘갈명張公公彦墓碣銘」을 지었다.(『회당선생문집晦堂先生文集』 권40)

이는 아주 현저한 몇몇 예일 뿐이다. 이 외에도 칠인정 역사와 문화에 대한 수많은 기록과 창화시들이 그 풍성했던 정경을 증언하고 있다.

그러나 지금은 이전에 비해 쓸쓸한 모습을 보이고 있다. 시대의 변화에 따라 많은 후손들이 도시로 이주해 갔으며, 쌍괴수 그늘에 앉아 있는 몇몇 사람들도 대부분 연로한 이들이다. 빠른 사회적 속도와 함께 마을 가까운 곳까지 도시가 팽창해 오고, 거대한 주택단지가 인근에 건설되었다. 이로 인해서, 마을을 찾아오는 몇몇 사람들조차 옛 이야기를 궁금해하지도 않고, 심지어 젊은 후손들조차 조상의 아름다운 명성과 가르침을 잊어가고 있다.

그렇지만 칠인정은 아직도 우뚝하고 쌍괴수는 여전히 푸르다. 비록 지금 시대가 달라지고 있지만, 칠인정 문화는 한 시대의 선비 가문이 이루어 낸 품격 있는 풍경으로 전혀 변함이 없다. 다행히 칠인정 일원이 문화재로 지정되어 공적인 보호와 홍보를 받고 있으며, 많지는 않으나 몇몇 문헌이 남아서 당대의 성황을 증언하고 있다. 다만 문헌이 오래되고 낡은 데다가 모두 한문으로 되어 있어서 읽을 수 있는 이들이 많지 않았다. 이제 칠인정 문헌이 번역되었으니, 많은 이들에게 읽히고 알려져서, 칠인정이 가문의 유적을 넘어 지역과 국가의 명승이 되기를 기대한다.

제1부

칠인정실기七印亭實紀

『칠인정실기』 편집 범례

『칠인정실기』의 현재 편제

興義公草幕齋舍重建記(1907)	張錫龍	2면
先祖興義衛保勝郎將遺事(1876경)	張煥奎	10면
七印亭記(1811)	南景羲	5면
七印亭重修記(1907경)	張錫龍	5면
草幕齋舍重建記(중복)	張錫龍	3면
七印亭上樑文(1800경)	權灖	5면
請諡啓狀(미상)	미상	8면
七印亭創建時賦詩寓感	張思敬외	25면
重修韻	張敬弘외	2면
興義公墓道碑銘(1913경)	金奎華	2면
(張鎬墓碑銘)	金奎華	4면
興義公墓道立石時韻	張泰維외	6면
神道碑銘(1913)	金奎華	5면
立石告由文(미상)	미상	1면
(張世鍵墓碑文)	郭鍾錫	6면
草幕齋記(1921)	權丙洛	2면

『칠인정실기』를 재편성한 편제

1.1 선조의 사적
- 1.1.1 유사[先祖興義衛保勝郎將遺事]
- 1.1.2 시호를 청하는 계장[請諡啓狀]

1.2 묘소와 비석
- 1.2.1 묘도비명[興義公墓道碑銘]
- 1.2.2 입석 고유문[立石告由文]
- 1.2.3 신도비명[神道碑銘]

1.3 재사의 건립과 중건
- 1.3.1 초막재기[草幕齋記]
- 1.3.2 초막재사 중건기[興義公草幕齋舍重建記]

1.4 칠인정의 설립과 중수
- 1.4.1 칠인정기[七印亭記]
- 1.4.2 칠인정 상량문[七印亭上樑文]
- 1.4.3 칠인정 중수기[七印亭重修記]

칠인정실기(七印亭實紀)

1. 선조의 사적

1) 선조 흥의위 보승랑장 유사(先祖興義衛保勝郎將遺事)

부군의 휘는 표彪이다. 성 장씨張氏의 상조는 고려 개국좌명공신 태사 고창군 포음圃蔭 선생 휘 정필貞弼이다. 무릇 우리 장씨의 계통은 중국에서 나왔는데, 휘 백익伯翼에서 5세 포음 선생에 이르러 도덕과 문장으로 중국 조정에 드러나 한림학사가 되었다. 그 후에 직간을 하였다가 나랏일을 맡은 사람에게 거슬려서 우리나라로 쫓겨나서 갈대밭에 자리잡고 살았으니, 바로 지금의 인동부仁同府이며, 고려 시대에 옥산玉山이 되었다. 포음선생은 고려 태조가 창업하던 초기에 나라에 큰 공훈을 세워서 공신으로 기록되고 관직이 태사에 이르렀으며 옥산부원군玉山府院君에 봉해졌으므로 자손이 이어서 그곳에 살았다. 공훈과 문벌의 사적은 방선조인 문강공文康公 여헌旅軒 선생 휘 현광顯光의 족보에 상세히 실려 있다.

3세를 이어서 휘 지현之賢이 있었으니, 바로 세상에서 송계松溪 선생이라고 일컫는 분이다. 다섯 아들을 낳았는데, 옥산玉山, 완산完山, 순천順天, 단양丹陽, 울진蔚珍에 봉해졌다.

5세에 휘 경敬이 있었는데, 관직이 이부상서이며 시호는 정의공定懿公이었다. 사적이 고려 역사에 실려 있으니 징험할 수 있다.

9세에 휘 상겸尙謙이 있었는데, 광록대부 지추밀사였다. 다섯 아들이 있었는데 세 아들이 또 봉군을 받았으니, 홍산興山, 화산花山, 결성結城이 그것이었다. 무릇 8파로 인동을 본관으로 하는 자는 포음 선생의 종중 후예이다. 이 말은 결성종친 판결사공이 다섯 족보를 모은 서문에 실려 있다.

그 후에 휘 금용金用이 있었는데, 관직은 삼중대광 신호위 상장군에 이르렀다. 이분이 휘 선善을 낳으니 금오위 상장군이었고, 이분이 휘 진震을 낳으니 교위였으며, 이분이 휘 국신國伸을 낳으니 내사령이었고, 이분이 휘 신원信元을 낳으니 급제하여 관직이 2품에 이르렀다.

이분이 네 아들을 낳았는데, 장남 휘 세림世林은 봉어직장이었으니 바로 문강공文康公의 14세조이다. 다음은 휘 백림百林이며, 다음 휘 세규世圭는 직장으로 영동정이었으니, 바로 부군의 고조이다. 다음 휘 세재世梓는 영동정이다.

증조 휘 온溫은 중랑장이며, 조고 휘 한기漢琦는 통례원 판부사이다. 선고 휘 서손瑞孫은 신호위 보승산원으로, 원나라 순제 지정至正 9년 기축(1349)에 옥산 옛집에서 부군을 낳으셨으니, 바로 고려 충숙왕 18년[1)]이다.

부군은 문충공 권근權近 등 여러 현인들과 홍무洪武 기유년(1369)의 과거에 급제하였다. 당시 권문충공은 연령이 18세였고 부군은 연령이 21세였으므로, 소년 등과라고 모두들 칭송하였다.

홍무 신해년(1371)에 문하주서에 임명되었고, 곧이어 홍의위 보승랑장에 임명되었다.

부군은 항상 말하기를, "국가에 신돈辛旽[2)]이 궁중에 들어온 뒤로 나라의

---

1) 고려 충숙왕 18년 : 고려 충숙왕은 1314년(갑인)에 즉위하여 1331년(신미)에 충혜왕에게 양위하고 1332년(임신)에 복위하여 1339년(경진)에 졸하였다. 전체 재위기간은 26년이었으나, 재위중에 기축년이 없다. 앞 구절의 '원나라 순제 지정 9년'은 기축년이며 1349년이다.

2) 신돈(辛旽) : ?~1371. 고려 말기의 승려이다. 이름은 편조(遍照)이고 자는 요공(耀空)이며

기강이 문란해지고 왕의 정사가 마침내 해이해졌다. 조정의 신하로 중임에 있는 사람은 그 책임에서 벗어나지 못할 것이다"라고 하였다. 이로부터 다시 벼슬에 나아갈 뜻이 없었다. 홍무 갑인년(1374)이 되자 마침내 홍최洪崔의 변[3]이 있고, 이인임李仁任이 신우辛禑[4]를 멋대로 옹립하였다. 부군은 나라의 근본에 위태함이 임박한 것을 보고 옥산 첫 집으로 물러나 수양하였다.

우리 조선의 태조가 하늘의 뜻에 의해 천명을 받게 되자, 부군은 종친 덕녕부윤 충정공忠定公 휘 안세安世와 함께 자신을 깨끗하게 하려는 뜻을 가지고 있었다. 충정공은 태조가 왕위에 오르기 전부터 친교가 있었으므로, 여러 번 왕의 편지가 내려와 불렀으나 응하지 않았다.

부군은 처자를 거느리고 영남의 의창군義昌君(홍해의 옛 이름)에 들어와 군의 서쪽 도음산禱陰山 아래에 초가 정자를 짓고, 밭갈고 나무하는 것으로 스스로 감추고 살았다. 매번 지난 왕조의 기일을 당하면, 반드시 산에 올라 통곡하면서 송경松京을 바라보며 4배 하였다. 일찍이 낚시로 물고기를 잡다가 곡강曲江[5]에 이르자 고려봉高麗峰[6]에 올라 사방을 바라보며 방황하

호는 청한거사(淸閑居士)이다. 공민왕의 신임을 받고 사부(師傅)가 되어 국정을 맡아 지배층의 반발 속에서도 토지 개혁, 노비 해방 등의 개혁 정치를 실시하였다. 그러나 점차 오만해지고 방탕하여 역모를 계획하다 발각되어 처형되었다. 여기서 '두타(頭陀)'란 불교를 숭상하는 사람을 뜻하는 말이다.

3) 홍최(洪崔)의 변 : 홍륜(洪倫, ?~1374)과 최만생(崔萬生, ?~1374)를 함께 이른 말이다. 홍륜은 공민왕 시절에 자제위로 왕을 모시던 자이고, 최만생은 환관이었다. 공민왕이 홍륜의 불륜을 알고 죽이려 하자 둘이 공모하여 공민왕을 시해하고, 잡혀 거열형으로 죽었다.

4) 신우(辛禑) : 고려 우왕(禑王, 재위 1374~1389)을 낮춰 부른 것이다. 1365년 공민왕의 외아들로 태어나 한동안 공민왕의 측근인 신돈의 집에서 자랐다. 신돈이 죽은 후 입궐하여 강녕부원대군에 봉해졌고, 공민왕 사후에 이인임의 지지를 받아 왕으로 즉위했다. 1388년 위화도 회군으로 집권한 이성계에 의해 1389년 폐위되어 25세에 처형되었다. 이성계 등은 우왕과 창왕이 왕씨가 아니라 신돈의 자식이라고 하여 '신우(辛禑)', '신창(辛昌)'이라고 불렀다.

5) 곡강(曲江) : 경상북도 포항시 흥해읍에 있는 강이다. 남송리 옛 곡강서원 앞으로 난 길을 따라 진입하면 강 양안의 경치가 아름다워서, 시인과 유람자의 방문이 많았다.

6) 고려봉(高麗峰) : 경상북도 포항시 흥해읍 칠포리 칠포해수욕장의 등이 되는 산의 현대 이

고 「서리黍離」 편[7]을 다 읊은 뒤에 마침내는 바다를 바라보며 크게 울고 돌아오고는 종신토록 문밖에 나가지 않았다.

아들 넷이 있었는데, 우리 조정에 벼슬하라고 명하였다. 네 아들이 모두 부군의 생신날에 관인을 차고 왔고, 세 사위도 동시에 정자 앞의 두 그루 느티나무에 관인을 걸었던 것이, 이 정자를 칠인정七印亭이라고 이름 지은 이유이다.

이어서 술잔을 받들어 올리며 장수를 축원했는데, 부군은 문득 안색을 고치며 말했다.

"내가 태어난 날은 고려시대였다. 지금 나라는 깨어지고 왕은 망했는데, 끝내 목숨을 바치지 못하고 구차히 생명을 연장하고 있다. 오늘 이 일은 사람의 자식으로 부모를 영화롭게 하기에는 족할 것이다. 그러나 다만 내 마음의 감개무량한 느낌은 어버이께서 돌아가셨을 때보다 갑절인데, 어떻게 축수를 받겠느냐."

이어서 눈물을 흘리니, 자리에 가득한 이들이 모두 그를 위하여 슬퍼하기를 그치지 않았다.

임종하실 때에 이르자, 관복을 갖춰 입고 단정히 앉아 여러 아들에게 경계하였다.

"우리 집은 태사공으로부터 고려 조정에 벼슬하여 나라의 은혜를 두텁게 입었다. 또한 불초한 나에게 이르러서도, 선조의 가업을 대강 계승하여,

---

름은 '곤륜산'이다. 그러나 전에는 '고령산'이라고도 불렀다는 기록이 있다.(곤륜산(崑崙山) : 176m, 일명 高靈山, 『浦項市史 下』, 686면, 포항시사편찬위원회, 1999) 이 이름이 '고려봉'이라고도 불렸던 것으로 보인다.

7) 서리(黍離)편 : 『시경(詩經)』 왕풍(王風)의 편명이다. "기장이 무성하고, 피싹도 돋았네. 맥없이 걷는 걸음, 마음이 흔들리네. 나를 아는 이는, 내마음에 근심 있다 하고, 나를 모르는 이는, 무엇을 찾느냐 하네. 유유한 창천이여, 이게 무슨 사람인가[彼黍離離 彼稷之苗 行邁靡靡 中心搖搖 知我者 謂我心憂 不知我者 謂我何求 悠悠蒼天 此何人哉]"라는 내용이다. 나라가 망한 뒤 궁궐 터에 기장이 무성한 것을 보고 탄식하는 노래이다.

오직 왕을 섬긴다는 한 생각만으로 나의 평생 신조로 삼았다. 안타깝게도 나라의 운명이 고난에 빠지고[8] 천명은 향하는 곳이 있었으니, 내가 장차 어디로 가야 하겠느냐.[9] 그러니, 옛사람이 동해로 걸어간 것[10]을 본받아 죽는 것, 이것이 나의 평소 뜻이다. 지금 죽을 것이니, 마땅히 옛 관복으로 지하에서 선왕을 알현할 것이다. 너희는 이미 새 조정에 몸을 바쳐[11] 섬기고 있으니, 또한 나의 선대에서 고려를 섬기시던 마음을 너희 마음으로 삼으면, 신하로서의 절조를 다하는 것이며 가문의 업적도 추락하지 않을 것이다."

말씀을 마치자 유연하게 별세하였다. 홍해군의 서쪽 초막동 오향 언덕에 장사지냈다.

부군은 태원최씨에게 장가들었는데, 문하시중 배제점 중경仲卿의 따님

---

8) 고난에 빠지고 : 본문의 '건둔(蹇屯)'은 어려운 상황이라는 말이다. 『주역』「건괘(蹇卦) 단(彖)」에 "건은 어려움이니 험함이 앞에 있다.[蹇難也 險在前也]"라고 하였고, 『주역』「둔괘(屯卦) 단(彖)」에 "준은 강과 유가 처음 사귀어 어려움이 생겨났다.[屯 剛柔始交而難生]"라고 하였다.

9) 내가 장차 … 하겠느냐 : 백이(伯夷)와 숙제(叔齊)는 고죽군(孤竹君)의 두 아들로, 주(周)나라 무왕(武王)이 은(殷)나라를 멸망시키자, 주나라 곡식을 먹을 수 없다 하여 수양산(首陽山)에 들어가서 고사리를 캐 먹다가 죽음에 임박하여 노래를 지어 부르기를, "저 서산에 올라가서 고사리를 캐도다. 폭력으로 폭력을 바꾸면서 자기의 그릇됨을 모르도다. 신농과 우순과 하우가 홀연히 죽고 없으니, 나는 어디로 돌아갈거나. 아! 나는 죽을 것이로다, 명이 쇠하였구나.[登彼西山兮, 採其薇矣. 以暴易暴兮, 不知其非矣, 神農虞夏忽焉沒兮, 我安適歸矣? 于嗟殂兮, 命之衰矣.]"라고 한 데서 인용한 것이다. 『史記 伯夷列傳』

10) 동해로 걸어간 것 : 중국 전국(戰國) 시대 제(齊)나라의 고사(高士)인 노중련이 조(趙)나라에 가 있을 때 진(秦)나라 군대가 조나라의 서울인 한단(邯鄲)을 포위했는데, 이때 위(魏)나라가 장군 신원연(新垣衍)을 보내 진나라 임금을 천자로 섬기면 포위를 풀 것이라고 하였다. 이에 노중련이 "저 진나라가 방자하게 천자를 참칭하고 주제넘게 천하에 정사를 편다면 나는 차라리 동해를 밟고 빠져 죽을지언정 차마 그의 백성이 될 수 없다.[彼即肆然而爲帝, 過而爲政於天下, 則連有蹈東海而死耳, 吾不忍爲之民也.]"라고 하니, 진나라 장군이 이 말을 듣고 군대를 후퇴시켰다는 고사에서 온 말이다. 『史記 魯仲連列傳』

11) 몸을 바쳐 : 원문의 '위질(委質)'은, '책명위질(策名委質)'의 준말이다. 『춘추좌씨전』 희공(僖公) 23년의 "자식이 벼슬할 나이가 되면 아버지가 충성을 가르치는 것이 옛날의 제도이다. 간책(簡策)에 이름을 기록하여 신하가 되기로 하였다가 변심을 품는 것은 죄이다. [子之能仕, 父敎之忠, 古之制也. 策名委質, 貳乃辟也.]"라고 하였다.

이다. 숙부인의 묘소는 같은 무덤이다.

아들 넷이 있는데, 장남 휘 을제乙濟는 봉화현감이며, 다음 휘 을하乙河는 운봉현감이고, 다음 휘 을해乙海는 중림찰방이며 다음 휘 을포乙浦는 청하현감이다. 세 사위는, 봉상대부 군기소윤 유연봉柳延鳳과, 강진현감 이읍李浥과, 영동정 이현실李玄實[12]이다.

을제의 아들 윤문允文은 대정현감으로, 왕을 따라 왜적을 토벌하여 원종호성공신原從扈聖功臣이다. 딸은 곡강만호 황준黃浚에게 시집갔다.

을하의 한 아들은 충절忠節이다.

을해는 후사가 없다.

을포의 두 아들 중에서, 장남 자녕自寧은 참봉이고, 다음은 귀녕貴寧이다.

이현실의 두 아들 중에서 장남은 보흠甫欽[13]이다. 경태 정축년(1457)에 금성대군과 순흥 임소에서 순절하였으므로 이조판서에 증직되고 시호가 충장공忠莊公이다. 다음 보관甫欵은 진사이다.

윤문의 세 아들 중에서, 장남 맹지孟智는 훈련 참봉이고, 다음 중지仲智는 사직이며, 다음 계지季智는 훈장이다.

충절의 두 아들 중에서, 장남 덕형德亨은 참봉이고, 다음은 덕리德利이다.

자녕의 두 아들은 순지順智와 의지義智이다.

귀녕의 한 아들은 이弛이다.

---

12) 이현실(李玄實) : 본관은 영천이고 부친은 보문각 대제학 이석지(李錫之)이다. 조선조에 부사직을 지냈다. 관직을 물러난 뒤 용인으로부터 영천 대전리로 돌아와 살았다. 부인은 인동장씨 장표(張彪)의 따님이다. 인명사전에는 이보흠의 아버지가 이현보(李玄寶)라고 되어 있으나, 영천이씨 대동보와 고전자료에 의하면 이현실(李玄實)로 기록되어 있다.

13) 보흠(甫欽) : 이보흠(李甫欽, ?~1457)이다. 본관은 영천이고 자는 경부(敬夫)이며 호는 대전(大田)이다. 1429년 문과에 급제하여 집현전 박사를 역임하고 명나라에 서장관으로 다녀왔다. 이후 외직을 맡아 사창(社倉)제도를 시행하여 선정이 있었고, 장령과 직예문관을 지내고 순흥부사로 부임하였다. 1457년 순흥에 유배중인 금성대군과 단종 복위운동을 했다가 유배되어 사형되었다. 정조 때에 이조판서에 추증되었고, 시호는 충장(忠莊)이다.

맹지의 세 아들 중에서, 희재希載는 충순위이고, 희호希浩는 충찬위이고, 희식希軾이다.

진사의 한 딸은 권달충權達忠에게 시집갔다.

덕형의 한 아들은 량良이다.

덕리의 한 아들은 선도善道이다.

순지의 한 아들은 한로漢老이다.

이의 세 아들은 한우漢佑 한침漢沈 한좌漢佐이다.

희재의 한 아들은 우안友顔이고, 한 딸은 진사 이울李鬱에게 시집갔다.

희호의 두 아들 중에서, 윤倫은 참봉이고 헌憲도 참봉이다.

희식의 한 아들은 담湛이다.

아아, 부군은 곧고 밝은 덕과 넓고 굳센 도량으로, 역사가 변천하는 때에 태어나셨다. 기강이 문란하고 정치가 해이해진다는 탄식과, 왕에게 충성하고 나라를 사랑하는 정성이, 말씀 가운데 여러 번 나타났었다. 그러나 여러 흉인들이 비방하고 악을 기르고 있었으니, 한 치의 아교로 탁한 강물을[14] 구제할 수는 없었다. 그러므로 끝내 그 능력을 크게 베풀지 못하였으니, 이른바 기미를 살펴서 일어난다[15]는 것이 부군에게 있었던 것이다.

우리 왕조가 일어나자 다시 바다를 따라 동으로 내려 왔으니, 자잘하게 관록과 이익에 매달리지 않고 내가 좋아하는 것을 따르려는 것이었다.

아아, 지금은 거의 오백년이 되었다. 집에 보관한 문헌들은 쓸어버린 듯하여 증거가 없고, 다만 '칠인七印' 두 글자만이 지금까지 정자 처마 위에 걸

---

14) 한 치의 아교로 탁한 강물을 : 물이 마치 황하(黃河)처럼 흐려서 마실 수가 없다는 말이다. 『포박자(抱朴子)』 가둔(嘉遯)에 "얼마 안 되는 아교(阿膠)로는 흐린 황하를 맑게 할 수가 없다.[寸膠不能治黃河之濁]"라 한 것을 인용하였다.

15) 기미를 살펴서 일어난다 : 원문의 '견기이작(見機而作)'은 『주역』 「계사전(繫辭傳)」에 나온다. "군자는 기미를 보고 일어나서 하루가 다하기를 기다리지 않는다.[君子見幾而作, 不竢終日.]"라고 되어 있고, 그 주에 이르기를 "군자는 기미를 보기 때문에 지나침에 이르지 않는다.[君子見於幾微, 故不至於過也.]"라고 하였다.

려 있으니, 이로써 간절히 추모하는[16] 곳이 되었다. 뜰에 있는 두 그루의 느티나무는 아직도 옛날과 변함이 없이, 온 뜰 가득히 그늘을 펼치고 있었다. 자손들은 반드시 사랑하고 보호하며 북돋우고 가꾸면서, 매번 손으로 가리키며 말하기를 "우리 선조께서 심은 나무이다."라고 하였다. 또 이 때문에 이름을 '칠인수七印樹'라고 하였더니, 관인을 건 지 337년 된 을축년(1745) 8월에 비바람에 꺾였다. 그 나무의 움이 돋아 점점 자라더니 지금은 수십 아름이 되었다.

정조 정사년(1797)에 다시 정자를 수선하고 옛 이름을 그대로 따랐다. 그러면서 왼쪽 방을 '경수당慶壽堂'이라 하고 오른쪽 방은 '효우재孝友齋'라고 하였다. 이 일은 부군의 외손인 이조판서 이충장공[17] 실기實記와 본군의 읍지邑誌에 실려 있다.

지금 옛 보첩을 구하여 삼가 살펴보고, 감히 성계姓系 관벌官閥 지사志事를 따라서 위와 같이 서술하여, 당대에 글을 잘 짓는 군자를 기다린다.

후손 환규煥奎[18] 삼가 씀

先祖興義衛保勝郎將遺事

府君諱彪 姓張氏 上祖高麗開國佐命功臣太師古昌君 圃蔭先生諱貞弼也 蓋我張氏 系出中國 諱伯翼 五世而至圃蔭先生 以道德文章 顯于中朝 爲翰林學士 後以直諫 爲當國者所忤 竄于東國 卜居蘆田 卽今之仁同府 在高麗時爲玉山 圃蔭先生 當

16) 간절히 추모하는 : 원문의 '갱장(羹墻)'은 성인을 그리워한다는 뜻인데, 여기서는 돌아가신 조상에 대한 그리움을 뜻하는 말로 쓰였다. 요(堯) 임금이 세상을 떠난 뒤 순(舜) 임금이 3년 동안 요 임금을 그리워하여 앉아 있을 때는 담장[墻]에서 요 임금의 모습을 보고 식사할 때는 국[羹]에서 요 임금의 모습을 보았다는 고사에서 나왔다.『後漢書 卷93 李固列傳』

17) 이충장공(李忠莊公) : 이보흠(李甫欽)을 가리킨다. 앞의 주 참조.

18) 환규(煥奎) : 장환규(張煥奎, 1853~1876)이다. 본관은 인동이고 자는 경찬(景燦)이며 호는 해일재(海逸齋)이다. 육일재(六逸齋) 장응설(張應卨)의 증손자이며, 통덕랑 장주학(張周學)의 손자이다. 저서『해일재유집』2권이 있다.

麗祖刱業之初 建大勳於邦家 錄功臣爵太師 封玉山府院君 子孫因居焉 勳閥事蹟詳載於傍先祖文康公旅軒先生諱顯光譜 系三世有諱之賢 卽世所稱松溪先生 生五子封玉山完山順天丹陽蔚珍 五世有諱敬 官吏部尙書謚定懿公 事載麗乘可徵 九世有諱尙謙 光祿大夫知樞密事 有五子而三子亦有受封君 興山花山結城是也 凡八派而貫仁同者 圃蔭先生之宗裔也 語載結城宗公判決事聚五譜序 其後有諱金用官至三重大匡神虎衛上將軍 生諱善 金吾衛上將軍 生諱震校尉 生諱國伸內史令生諱信元及第仕至二品 生四子 長諱世林奉御直長 卽文康公十四世祖也 次諱百林 次諱世圭直長令同正 寔府君高祖 次世梓令同正 曾祖諱溫中郞將 祖諱漢琦通禮院判府事 考諱瑞孫神虎衛保勝散員 以元順帝至正九年己丑 生府君于玉山舊第卽麗忠肅王十八年 府君與權文忠公近諸賢 登洪武己酉科 時權文忠公年十八 府君年二十一 以少年登科咸稱之 洪武辛亥 拜門下注書 尋拜興義衛保勝郎將 府君常曰 國家辛頭陀入內之後 邦綱稍紊 王政遂弛 朝臣在重任者 不得逃其責矣 自是不復有仕進之意 及洪武甲寅 遂有洪崔之變 李仁任等倡立辛禑 府君見國本濱危退修玉山初第 逮夫我太祖膺天受命 府君與宗公德寧尹忠貞公諱安世 俱有自靖之心 忠貞公以太祖潛邸之交 累降玉札 徵之不應 府君挈妻子 入嶺南之義昌郡興海舊號 縛草亭于郡西禱陰山下 以耕樵自晦 每遇前朝國忌 必登山痛哭 望松京四拜嘗漁釣至曲江登高麗峰 彷徨四眺 吟黍離訖 遂望海大哭而歸 終身不出門 有四子命之仕本朝 四子皆以府君之晬日 佩印而來 有三壻 亦同時掛印于亭前雙樹槐 此亭之所以名七印也 因奉觴稱壽 府君輒愀然曰 我生之日卽麗代也 而今國破君亡未克效死 苟延性命 今日此事 爲人子 榮親之資則足矣 而但吾心之感慨 又倍於親沒之時 何以壽爲 因泣下 滿座爲之於邑不已 及其考終也 具公服端坐 戒諸子曰 我家自太師公 仕麗朝厚蒙國恩 亦越我不肖 粗紹先業 惟以事君一念 爲吾終身符 嗟夫 國步蹇屯 天命有歸 吾將安適乎 則效古人蹈東之義以終 此吾素志也 今則死矣當以舊服 謁先王於地下矣 爾等旣委質於新朝 亦惟以吾先世事麗之心爲心 則人臣之節盡矣 而家業抑勿墜矣 言訖逌然易簀 葬于郡西草幕洞午向之原 府君聘太原崔氏 門下侍中陪提點仲卿女 淑夫人墓同封 四子 長諱乙濟奉化縣監 次諱乙河雲峯縣監 次諱乙海重林察訪 次諱乙浦淸河縣監 三壻 奉常大夫軍器少尹柳延鳳康津宰李浥 令同正李玄實 乙濟子允文 以大靜縣監 從上討海寇 爲原從扈聖功臣女適曲江萬戶黃浚 乙河一子忠節 乙海無嗣 乙浦二子 長自寧參奉 次貴寧 李玄實二子 長甫欽 景泰丁丑 與錦城大君殉節於順興任所 贈吏曹判書謚忠莊公 次甫欵

進士 允文三子 長孟智訓鍊參奉 次仲智司直 次季智訓將 忠節二子 長德亨參奉 次德利 自寧二子 順智義智 貴寧一子弛 孟智三子 希載忠順衛 希浩忠贊衛 希軾 進士一女權達忠 德亨一子良 德利一子善道 順智一子 漢老 弛三子漢佑漢沈漢佐 希載一子友顔 一女李鬱進士 希浩二子 倫參奉 憲參奉 希軾一子湛 嗚乎 府君以貞亮之德 弘毅之度 生際迍邅 綱紊政弛之歎 忠君愛國之誠 屢發於言辭 而群凶方且稔惡 寸膠不能救濁河 故竟未大厥施泉 所謂見機而作 府君有焉 聖朝之龍興也 復遵海而東 不屑屑於祿利 以從吾所好 噫 至今近五百禩矣 家藏文獻 蕩然無徵 只七印二字 至今揭在亭楣上 以之爲羹墻 二株庭槐 尙依舊不改 餘陰滿庭 子孫必愛護焉封植焉 每指之曰 吾先祖之所種 又因而名之曰 七印樹 自掛印後三百三十七年乙丑八月 爲風雨所折 其甹蘖漸暢 今成數十圍 正廟丁巳 重繕亭 仍舊號 而左曰慶壽堂 右曰孝友齋 事在府君之外孫 吏判李忠莊公實記 及本郡邑誌 今得謹按古牒 而敢次叙姓系官閥志事梗槪如右 以俟當世秉筆之君子云 後孫煥奎謹書

2) 시호를 청하는 계장(請諡啓狀)[19]

위에 이름을 적은 신 저희[20]는 삼가 아뢰옵니다.

엎드려 생각하면, 착함을 드러내고 아름다움을 알리는 것은 사림의 공의입니다. 충성을 표창하고 절의를 장려하는 것은 국가의 밝은 전례인 바입니다.[21] 주나라에서 상용의 집에 정표한 것[22]과 송나라에서 도잠의 시호를

---

19) 청시계장(請諡啓狀) : 이 글은 장심학(張心學)의 문집인 『강해문집(江海文集)』 5권에 「흥의위보승낭장청시계장(興義衛保勝郎將請諡啓狀)」이라는 제목으로 수록되어 있다. 제목 다음에 '경상도 유생 신 이재소 류찬조 이만송 등 300여 사람[本道儒生臣李在韶柳贊祚李晩松等三百餘人]'이라고 부기되어 있다. 이 필사본과 비교하니 몇 군데 출입이 있으나, 중요한 차이는 아니다.

20) 신 저희 : 조선 시대에 공용문서 소지문서에는 반드시 이두문을 섞어 쓰도록 했다. 사람을 표기할 때에도 의(矣)자 이두문을 섞어서 '의몸[矣身]'이라고 썼는데, 자신을 낮추는 어법이었다.

21) 인 바입니다 : '시백호소(是白乎所)'를 이두문 독법으로 읽으면 '이삽하온 바'에 가깝다.(是 하나는 중복된 듯하다.) '전례이삽하온 바'는 현대어로 '전례인 바입니다.'에 해당한다. 이하 따로 설명하지 않고 현대어에 가깝도록 번역하였다.

22) 상용의 집에 정표한 것 : 상용(商容)은 은(殷)나라 주(紂) 임금 때의 대부(大夫)로 직간하다가 귀양 갔는데, 주(周)나라 무왕(武王)이 은을 치러 갈 때 은나라 어진 신하의 동네라고 해서 경

추증한 것[23]처럼, 지난 왕조의 신하들은 아직도 인멸되지 않았습니다. 그리하여 우리 조정에서 고려의 선비들에게 증직하는 데 이르면, 문정공文靖公 이색李穡[24], 정평공靖平公 유구柳珣[25], 문간공文簡公 조견趙狷[26], 충정공忠靖公 우현실禹玄實[27] 등 제현들로 일일이 다 들 수 없습니다. 그러나, 우리 조정에 벼슬하지 않았다고 소원하거나, 또한 벼슬이 낮았다고 소략히 하지 않았고, 벼슬이나 시호로 그 절의를 표창하는 것은, 대개 밝은 시대에 풍기를 수립하려는 것이며 뒷사람에게 충성을 장려하려는 것이었습니다.

신 저희들은 고려조의 한 의로운 사람이 포상의 전례에서 누락된 일 때문에, 발을 싸매고 천리를 달려 와 대가의 깃발[28] 아래에서 일제히 부르짖사옵니다.

바로 고려 홍의위 보승랑장 장표張彪는 바로 고려 개국공신 태사 정필貞

의를 표하였으며, 나라를 세운 뒤에 정문(旌門)을 세워 포양하였다. 『서경(書經) 무성(武成)』

23) 도잠의 시호를 추증한 것 : 동진(東晉)의 도잠(陶潛)의 자는 연명(淵明)이다. 도잠은 유유(劉裕)가 동진을 멸망시키고 송(宋)나라를 개국하자 벼슬하지 않고 의리를 지켜 송나라로부터 '정절(靖節)'이라는 시호를 받았다.

24) 이색(李穡) : 1328~1396. 본관은 한산이고 자는 영숙(穎叔)이며 호는 목은(牧隱)이다. 찬성사 이곡(李穀)의 아들이다. 원나라 국자감에서 성리학을 연구하고 교육하였다. 1353년 고려 과거에 합격하고 원나라 회시와 전시에도 합격하였다. 공민왕의 개혁정치를 도와 중요한 역할을 했다. 위화도회군 이후에 섬에 유배되었다가 석방되고 죽었다. 시호는 문정(文靖)이다.

25) 유구(柳珣) : 1335~1398. 본관은 진양이다. 문과에 급제하여 감찰어사가 되었다. 여러 관직을 거쳐 경상도암렴사 우산기상시 등을 지냈다. 조선이 건국되고 정당문학 참찬문하사부가 되었다. 효성과 충성으로 이름이 났으며, 시호는 정평(靖平)이다.

26) 조견(趙狷) : 1351~1425. 본관은 평양이고 자는 종견(從犬)이며 호는 송산(松山)이다. 조준(趙浚)의 아우이다. 1392년 이성계 추대에 참여하여 개국공신이 되었고, 이후 많은 관직을 역임하였다. 그러나 은거했다는 설도 있다. 시호는 평간(平簡)이다.

27) 우현실(禹玄實) : 우현보(禹玄寶, 1333~1400)의 오기이다. 『강해문집』에는 우현보라고 되어 있다. 본관은 단양이고 자는 원공(原功)이다. 1355년 문과에 급제하여 여러 관직을 지냈으나 1388년 위화도 회군을 방어하다가 파직되었다. 이후 복직되었으나 다시 유배되었고, 제2차 왕자의 난 이후에 공신에 책봉되었다. 시호는 충정(忠靖)이다.

28) 대가의 깃발 : 원문의 '우모(羽旄)'는 대가(大駕)에 세우는 꿩의 깃과 들소의 꼬리로 만든 깃발로, 임금이 행차할 때 앞세우는 의장을 이른다.

弼의 후손이며, 삼중대광 신호위상장군 금용金用의 10세손입니다. 대를 이은 공훈과 문벌은 고 선정신 문강공 장현광張顯光의 보계에 있사옵니다.

장표는 국운이 끝날 때를 당하여 옥산의 집으로 물러나 은거하였습니다. 우리 태조께서 하늘의 뜻에 응하여 천명을 받으실 때에 이르자, 지난 왕조 충의의 선비들은 사방으로 흩어져 갔습니다. 더러는 두문동으로 들어갔고 더러는 벽란진을 건너갔고 더러는 수양산에서 고사리를 캤고 더러는 밭갈고 소치면서 은거하였습니다. 장표는 그 종손 충정공 안세安世와 함께 자신을 깨끗이 지키려는 마음을 가지고 있었던 바이온데, 안세는 태조가 잠저에 계실 때의 옛 친분이 있어서 여러 번 불렀지만 일어나지 않았습니다.

표彪는 처자를 거느리고 영남의 홍해군으로 들어와 도음산 아래에 초막을 엮고 밭갈고 나무하는 것으로 자신을 숨겼습니다. 그러나 매번 지난 왕조의 제삿날을 당하면 반드시 산에 올라가 통곡하고, 송경을 바라보며 네 번 절하였습니다. 일찍이 물고기를 잡다가 곡강曲江에 이르러, 고려봉에 올라 서성이며 사방을 둘러보다가, 상전벽해의 눈물을 참지 못하고 마침내 바다를 바라보며 크게 곡하고 돌아와, 종신토록 동구 밖으로 나가지 않았습니다.

아들 네 사람이 있었는데, 모두 부친의 명으로 우리 왕조에 벼슬하였으니, 또한 감히 주나라 곡식으로 돌아가 봉양하지 않으려던 것이옵니다.

우리 태종 즉위 9년 을축(1409) 가을에, 네 아들과 세 사위가 표彪의 생일에 인끈을 차고 모두 모여서, 술잔을 올리며 장수를 축원하였는데, 표彪가 정색하며 말했습니다.

"내가 태어나던 날은 바로 고려의 시대였다. 그러나 지금은 나라가 깨어지고 임금이 망하였는데도, 왕촉王蠋의 죽음[29]을 본받지 못하고 구차히 생

29) 왕촉(王蠋)의 죽음 : 왕촉은 전국 시대 제(齊)나라 획읍(畫邑) 사람으로, 연(燕)나라 장수 악의(樂毅)가 제나라를 파하고서 왕촉이 어질다는 소문을 듣고는 군사로 하여금 획읍을 포위하게 하고 예를 갖추어 왕촉에게 항복을 청하니, 왕촉이 사양하고 가지 않으며 말하기를 "충신은 두 임금을 섬기지 않고 열녀는 두 남편을 섬기지 않는다." 하고, 마침내 목

명을 연장하였으니, 오늘의 비통함은 어버이가 돌아가신 때보다 갑절이다. 어떻게 장수를 빌겠느냐."

하고 이어서 눈물을 흘리니, 온 자리에 있던 사람들이 그를 위하여 감개하고 슬퍼하였습니다.

그가 임종하던 날을 당해서는, 관복을 갖춰 입고 앉아서 그 자손에게 경계하여 말했습니다.

"우리 집은 10대를 고려에 벼슬하여 나라의 은혜를 두텁게 입었다. 불행히 지금에 이르러 나라가 망한 슬픈 감회를 당하였다. 나는 마땅히 옛 관복을 입고 지하에서 선왕을 배알할 것이다. 너희는 이미 새 왕조에 몸을 맡겼으니, 마땅히 임금을 섬기는 데에 힘을 다하여, 우리 선조께서 고려를 섬기던 마음으로 너희 마음을 삼으면, 집안의 명성을 떨어뜨리지 않을 것이다."

말을 마치자 졸하였습니다.

후에 사람들이 그가 살던 곳을 초막동草幕洞이라 이름짓고, 그 마을을 사일촌士逸村이라 불렀습니다. 자손들이 그 터전을 따라 정자를 지어 생일날의 일을 기념하면서, 편액을 달기를 칠인정七印亭이라 하였습니다. 고 판서 신 권엄權欕이 상량문을 지어 건 일은 군지郡誌에 실려 있고, 이 일들은 고 증이조판서 충장공忠莊公 이보흠李甫欽의 실기 가운데 실렸습니다. 보흠甫欽은 표彪의 외손으로 금산錦山[30]과 순절하였습니다. 표彪의 손자 윤문允文은 왕을 따라 바다 도적을 토벌하여 원종공신으로 대정현감이 되었습니다. 그 공훈과 절조가 온 곳을 따져 본다면 표彪가 남긴 가르침이었습니다. 대개 표彪의 곧은 충심과 드높은 절개가 해와 별처럼 빛나니, 비록 백이伯夷가 고사리를 캐던 것과 문산文山[31]이 송나라를 지킨 것이라고 해도, 어찌 이보다 더하겠습니까.

을 매어 자결하였다.『사기(史記) 전단열전(田單列傳)』

30) 금산(錦山) : 금성대군(錦城大君, 1426~1457)이 순흥 부사(順興府使) 이보흠(李甫欽)과 함께 단종 복위를 모의했다 하여 반역죄로 처형당한 일이 있는데, 이 일을 가리킨다.

31) 문산(文山) : 송나라 문천상(文天祥)의 자는 송서(宋瑞), 호가 문산이고, 시호는 충렬(忠烈)

그가 가족을 이끌고 바닷가로 들어온 것을 논한다면, 조의생曺義生[32]이 갓을 걸어두고 문을 닫고 은거한 의리입니다. 나라의 제삿날에 우러러보며 곡한 것은 김오륜金五倫[33]이 삭망에 곡하며 절한 예입니다. 마을 이름을 초막이나 사일로 한 것은 변숙邊肅[34]의 물굴촌勿屈村이나 김약金瀹[35]의 불항리不降里나 신안申晏[36]의 배록동排祿洞과 한 가지입니다. 아들로 하여금 벼슬하게 내보낸 것은 길재吉再[37] 채귀하蔡貴河[38] 김영비金英庇[39] 이수생李遂生[40]의 뜻과 같습니다. 공복을 입고 임종한 것은 조승숙趙承肅[41]이 관복으

이다. 1255년(고종42) 진사시에 수석으로 합격하여 벼슬길에 나갔다. 1275년 의용군을 조직하여 수도 임안(臨安)을 지키며 원(元)나라 군대에 대항하였다. 1278년 적에게 사로잡혔으나 항복을 거부하였고, 원나라 수도 북경으로 이송되어 3년 동안 억류되어 있으면서 온갖 회유와 협박에도 자신의 절개를 굽히지 않다가 시시(柴市)에서 처형되었다. 『송사(宋史) 문천상열전(文天祥列傳)』

32) 조의생(曺義生) : 1337~?. 고려 말의 충신이다. 본관은 창녕이며 호는 원촌(遠村)이다. 고려 말에 태학사를 지냈으나, 고려가 망한 뒤 조선 태조(太祖)의 부름에 응하지 않고 두문동 72현 중 한 사람이다.

33) 김오륜(金五倫) : ?~?. 『목은집(牧隱集)』 등에 의하면 전오륜(全五倫)의 오기인 듯하다. 고려 말의 충신이다. 본관은 정선이며 호는 채미헌(採薇軒)이다. 두문동 72현 중 한 사람이다.

34) 변숙(邊肅) : ?~?. 고려 말의 충신이다. 본관은 원주이며 호는 모려당(慕麗堂)이다. 두문동 72현 중 한 사람이다.

35) 김약(金瀹) : ?~?. 고려 말의 충신이다. 본관은 광산이며 호는 불항(不降)이다. 두문동 72현 중 한 사람이다.

36) 신안(申晏) : ?~?. 고려 말의 충신이다. 본관은 평산이며 호는 황의옹(黃衣翁)이다. 두문동 72현 중 한 사람이다.

37) 길재(吉再) : 1353~1419. 고려 말~조선 초의 학자이다. 본관은 해평이고 자는 재보(再父)이며 호는 야은(冶隱)이다. 이색과 정몽주에게 학문을 익히고 성균관 박사와 문하주서를 역임하였다. 고려가 망하자 선산으로 낙향해 조선의 부름을 거절하고 금오산 기슭에서 후학을 길렀다. 저서 『야은집』이 있고 시호는 충절(忠節)이다.

38) 채귀하(蔡貴河) : ?~?. 고려 말의 충신이다. 본관은 인천이며 호는 다의당(多義堂)이다. 정몽주와 공부하여 문과에 급제하고 호조전서에 이르렀다. 고려가 망하자 두문동에 들어갔다가 평산 다의현에 옮겨갔다. 저서 『다의당실기』가 있고 시호는 정의(貞義)이다.

39) 김영비(金英庇) : ?~?. 고려 말에 강계만호를 지낸 기록이 있다. 조선 태종 때의 좌명공신 김우(金宇)의 아버지이다.

40) 이수생(李遂生) : ?~?. 고려 말의 충신이다. 본관은 수안이며 호는 존암(尊庵)이다. 두문동 72현 중 한 사람이다.

로 염을 하고 장례를 한 것과 같은 마음입니다.

이런 점으로 살펴본다면, 장표張彪의 열렬한 피와 충성스러운 간담은 부조현不朝峴[42]의 의사들과 똑같습니다. 그러나 이들 여러 현인들은 모두 현창 포장을 입었사옵는데, 홀로 표彪만은 텅 빈 산 거친 풀 가운데 묻혀 있어도 아직까지 칭송됨이 없습니다. 이는 바닷가 지방이 궁벽하고 먼 것과, 자손이 쇠미하고 영세한 탓이라고 하겠지만, 풍속을 수립하고 절개를 장려하는 도에 있어서는 어찌 개연 탄식하며 아까워하지 않겠습니까.

신등은 추로鄒魯의 고장에서 나고 자라서 요순堯舜의 교화에 몸을 적셨으므로 충정忠貞이 아름다운 것과 절의節義가 가상한 것을 대강 알고 있습니다. 그러므로 더욱 장표張彪의 혁혁하여 기록할 만한 사적의 광채가 묻히거나 깎이지 않기를 바라옵니다.

이에 감히 서로 이끌고 임금의 수레가 지나가시는 앞에서 일제히 부르짖어 아뢰옵니다. 엎드려 비오니 거룩하고 자애로우신 임금께서 굽어보시고 살펴 헤아리시어, 고려조의 보승랑장 장표張彪에게 특별히 관작官爵과 시호諡號를 내려주심으로써, 충성을 포상하고 절개를 장려하는 바탕으로 삼으시기를 비옵니다.

엎드려 임금의 은혜를 입고자 하여 소망을 묶어 아뢰오니, 차례를 갖추어 잘 아뢰어 주십사고 바라옵는 일입니다. 삼가 아룁니다.

請諡啓狀

右謹啓臣矣段 臣矣臣等 伏以 颺善闡休 士林之公議 褒忠奬節 國家之彧典是白乎

---

41) 조승숙(趙承肅) : 1357~1417. 고려 말~조선 초의 학자이다. 본관은 함안이며 자는 경부(敬夫)이고 호는 덕곡(德谷)이다. 정몽주의 문인으로 문과에 급제하고 원나라를 사행하였으나, 조선이 개국하자 은거하여 후학을 양성하였다. 시호는 문경(文敬)이다.

42) 부조현(不朝峴) : 조선이 망하자 고려에 충성하는 신하들이 조선에 벼슬하지 않겠다는 뜻으로 관복을 벗어 걸어두고 떠났다는 고개이다. 현재 북한의 개성직할시 개풍군 광덕면 광덕산의 서쪽 골짜기에 있다고 한다.

所 周表商容之閭 宋追陶潛之諡 勝國遺臣 尙矣不泯 而至若本朝之貤贈麗士者 如文靖公李穡 靖平公柳珣 文簡公趙狷 忠靖公禹玄寶 等諸賢 枚不可勝擧 而不以罔僕而疏之 亦不以官微而略之 以爵以諡 彰其節義者 盖欲樹風於昭代 奬忠於後人也 臣矣身等 以麗朝一義之見漏於褒典事 裹足千里 齊籲於羽旄之下爲白齊 故高麗 興義衛保勝郎將張彪 卽高麗開國功臣太師貞弼之後 而三重大匡神虎衛上將軍金用之十世孫也 奕世勳閥 詳載於故先正臣文康公張顯光譜系是白如乎 張彪當運訖之時 退修玉山私第 及我太祖應天受命 前朝忠義之士 散而之四 或入杜門洞 或渡碧瀾津 或采於首陽 或隱於耕牧 而張彪與其宗孫忠貞公安世 俱有自靖之心是白乎所 安世以太祖潛邸之舊 累徵不起 彪挈妻子 入嶺南之興海郡 結草幕于禱陰山下 以耕樵自晦 而每遇前朝國忌 則必登山痛哭 望松京四拜 嘗漁釣至曲江 登高麗峰 彷徨四眺 不禁滄桑之淚 遂望海大哭而歸 終身不出洞門 有子四人 皆以親命仕本朝 亦不敢以周粟歸養是白如乎 我太宗卽位九年乙丑之秋 四子三壻 以彪之晬日 佩綬咸集 稱觴爲壽 彪愀然不樂曰 我生之日 卽麗代之春秋也 而今國破君亡 不能效王蠋之死 苟延性命 是日之悲痛 又倍於親歿之後 何以壽爲 因泣下霑襟 滿座皆爲之感慨悽惻 及其臨終日 具公服而坐 戒其子孫曰 我家十世仕麗 厚蒙國恩 不幸及此 而遭黍離之感 我當以舊服 謁先王於地下矣 爾等 旣委質新朝 當竭力於事君 以吾先祖事麗之心爲心 勿墜家聲也 言訖而卒 後人名其居曰草幕洞 號其里曰士逸村 子孫因其址而亭焉 以志晬日之事 而扁之曰七印亭 故判書臣權𢡟 作楔頌而揭之 事在郡誌 此載故贈吏曹判書忠莊公臣李甫欽實記中 甫欽以彪之外孫殉節錦山 彪之孫允文 從上討海寇 以原從勳 守大靜縣 究其勳節之所自來 則彪之遺訓也 盖彪之貞忠卓節 炳如日星 雖伯夷之採薇 文山之樓宋 何以加此 若論其挈家入海 則曹義生掛冠杜門之義也 望哭國忌 則金五倫朔望哭拜之禮也 里名草幕及士逸者 邊肅之勿屈村 金瀹之不降里 申晏之排祿洞一也 教子出仕者 吉再蔡貴河金英庇李遂生之志同焉 臨終公服者 亦趙承肅朝衣斂殯之心也 由是觀之 則張彪之烈血忠膽 均是不朝峴義士 而此等諸賢 擧蒙顯褒是白乎矣 獨彪湮沒於空山荒草之中 至今無稱焉 寔緣海壖之僻遠 雲仍之衰替 而其在樹風奬節之道 寧不慨然歎惜哉 臣矣臣等 生長鄒魯之鄉 沐浴堯舜之化 粗識忠貞之爲美 節義之可尙 而尤於張彪 赫赫可記之蹟 不欲埋光而鏟采是白乎等 以乃敢相率 齊籲於法駕之前爲白去乎 伏乞聖慈 俯賜鑑諒 麗朝保勝郎將張彪 特贈爵諡 以爲褒忠奬節之地 伏蒙天恩爲白良 結望良白去乎 詮次善啓向敎是事 望良白內臥乎事是亦在 謹啓

2. 묘소와 비석

1) 흥의공 묘도비명(興義公墓道碑銘)

공의 성은 장씨張氏이고 휘는 표彪이며 옥산玉山의 계통이다. 고려 개국 좌명공신 휘 정필貞弼의 후손이며, 삼중대광 신호위상장군 휘 금용金用의 10세손이다. 대광이 휘 선善을 낳았으니 금오위상장군이었다. 이분이 휘 진震을 낳았으니 교위였다. 이분이 휘 국신國伸을 낳았으니 내사령이었다. 이분이 신원信元을 낳았으니 문과에 급제하여 관직이 2품에 이르렀다. 이분이 휘 세규世圭를 낳았으니 영동정이었는데, 바로 공의 고조이다. 증조 휘 온溫은 중랑장이었고 조부 휘 한기漢琦는 통례원사였다.

선고 휘 서손瑞孫은 신호위 보승랑장이었는데, 충숙왕 18년 기축[43]에 옥산 옛 집에서 공을 낳았다. 어려서부터 용모가 준수했고 총명한 지혜가 영민했다. 13세[44] 때에 백이전伯夷傳을 읽고 감동하여 탄식하면서 말했다.

"만고에 군신의 의리가 여기에서 수립되었구나. 이후의 군자들이 불행히 백이와 같은 시대를 당하고 백이의 마음을 가지고 있지 않은 자는 무엇으로 세상에 서겠는가."

공의 빛나고 빛나는 큰 절개가 어린 시절부터 축적된 것이었다.

성장하자 우뚝하게 크고 뛰어났으나, 한 가지 움직임과 멈춤에 규율을 성실히 지키니 사람들이 감히 범하지 못하였다.

문충공 권근權近과 함께 홍무 기유년(1369)의 문과에 급제하였는데, 당시 21세였다. 신해년에 문하주서 흥의위보승랑장에 제수되었다. 이때 신돈

---

43) 충숙왕 18년 기축 : 고려 충숙왕은 1313~1330, 1332~1339년에 재위하였다. 그 기간에는 기축년이 없고, 1349년이 기축년이었는데, 고려 충정왕 원년이었다.

44) 13세 : 원문의 '무작(舞勺)'은 13세를 가리킨다. 『예기(禮記)』「내칙(內則)」에 "13세가 되면 음악을 배우고 시가(詩歌)를 읊으며 작시(勺詩)에 맞추어 춤을 춘다.[十有三年, 學樂誦詩舞勺.]"라고 한 말에서 유래하였다.

辛旽이 궁중에 출입하면서 나라의 기강이 쇠퇴해 무너지고 왕의 정사가 날로 문란해졌다. 공은 분개하고 한탄하여 벼슬에 나아갈 마음이 없었다.

갑인년에 이르러 홍최洪崔의 변이 있었는데, 이인임李仁任 등이 신우辛禑를 세우려고 모의하자, 공은 마침내 벼슬을 버리고 남쪽으로 돌아왔다.

우리 태조께서 왕조를 세우기에 이르자 공은 바다로 들어갈 뜻을 가지고 의창군 도음산 아래에 들어와 풀을 엮어서 초막을 짓고 자취를 감추고 밭 갈고 나무했다. 매번 고려조의 제삿날을 당하면 반드시 산에 올라 송악을 바라보며 종일 통곡하고 네 번 절하였고, 고기잡고 낚시하다가 곡강에 이르면 고려봉에 올라 서성이면서 눈물을 흘렸다.

네 아들과 세 사위가 모두 우리 왕조에 벼슬하였는데, 공의 생일에 함께 와서 축수의 잔을 올리면서, 정자 앞의 두 그루 느티나무에 관인을 걸었었다. 공은 얼굴빛을 고치고 말했다.

"내가 망한 나라의 대부가 되어, 어찌 차마 너희가 축수하는 잔을 받겠느냐."

마침내 눈물을 흘려 소매를 적시니, 온 자리에 앉은 이들이 그를 위하여 슬퍼하였다. 임종하기에 이르자 관복을 갖춰 입고 자손을 경계하여 말했다.

"나는 나라의 두터운 은혜를 입었다. 불행히 여기에 이르렀으나 마땅히 옛 관복을 입고 지하에서 선왕을 뵈올 것이다. 너희는 이미 새 왕조에 몸을 맡겼으니, 왕실의 일에 힘을 다하여 가문의 명성을 떨어뜨리지 마라."

말씀을 마치자 임종하였다. 유언에 명한 데 따라서 초막동 부감원에 장사하였다.

배위 태원최씨는 배제점 중경仲卿의 따님으로, 아름답고 순복하여 여인의 덕이 있었다. 묘소는 부군과 같은 무덤이다.

아들 넷을 낳았는데, 장남 을제乙濟는 봉화현감이고, 다음 을하乙河는 운봉현감이며, 다음 을해乙海는 중림찰방이며, 다음 을포乙浦는 청하현감이다. 세 딸의 남편으로 유연봉柳延鳳은 군기소윤이고, 이읍李浥은 강진현감이며, 이현실李玄實은 영동정이다.

을제의 아들 윤문允文은 대정현감으로, 태종을 따라 바다 도적을 토벌하여 호성공신에 녹훈되었다. 딸은 만호 황징黃澄에게 시집갔다.

을하의 아들은 충절忠節이다.

을해는 후사가 없다.

을포의 아들 자녕自寧은 참봉이고 다음은 귀녕貴寧이다.

이현실의 아들 보흠甫欽의 호는 대전大田인데, 장릉莊陵을 위한 절개에 죽었으므로 이조판서에 증직되었고 시호는 충장忠莊이다. 다음 보관甫欵은 진사이다. 증손 현손 이하는 다 싣지 못한다.

아아, 공의 정충 대절은 야은冶隱 운곡耘谷과 같은 마음으로 관철되었으니, 족히 백세 이후에도 완악한 자를 청렴하게 하고 게으른 자를 일으킬 수 있다. 그러므로 치암癡庵 남경희南景羲의 칠인정기七印亭記와 섭서葉西 권엄權襹의 상량문과 일도 유생이 시호를 청하는 상소장에 이미 갖추어 서술되었다.

하루는, 공의 후손 태흠泰欽[45]이 주손 두인斗寅[46]이 지은 가장을 가지고 삼백리 거리를 어렵게 달려와[47] 비문에 새길 시를 청하였다. 나는 진실로 그 일을 할 만한 사람이 아니지만, 높은 풍모를 우러러 흠모하는 마음으로 감히 사양하지 못하고, 삼가 요약하여 서술하고, 이어서 명을 지었는데, 명문은 아래와 같다.

---

45) 장태흠(張泰欽) : 1871~1940. 본관은 인동이고 자는 윤중(允中)이며 호는 취연(翠淵) 또는 복재(復齋)이다. 곽종석(郭鍾錫)과 장석영(張錫英)에게 수학하였다. 『복재유집』 2권이 있다.

46) 장두인(張斗寅) : 1924~2006. 본관은 인동이고 자는 원익(元翼)이며 호는 죽오(竹塢)이다. 장표(張彪)의 장남 장을제(張乙濟)의 고손자 장헌(張憲)의 15세 주손이다.

47) 어렵게 달려와 : 원문의 '발섭(跋涉)'은 행로(行路)의 어려움을 말하는데, 잡초가 우거진 길을 가는 것을 발(跋), 물을 건너는 것을 섭(涉)이라 한다. 『시경』 「용풍(鄘風) 재치(載馳)」에 이르기를, "대부가 행차하니 내 마음이 시름겹네.[大夫跋涉, 我心則憂.]"라고 하였다.

孰不好懿	누군들 아름다움을 좋아하지 않으랴만
鮮能爲忠	능히 충성을 행하는 사람은 드물었네
利誘勢怵	이익이 유혹하고 세력이 위협하니
遂喪其衷	마침내 그 충정이 손상되었네
烈烈惟公	열렬하신 우리 공께서는
早判魚熊	일찍이 옳고 그름을 판단[48]하셨네
迺全天界	이로써 하늘의 본성을 온전케 하니
物莫我奪	사물이 내 본성을 빼앗지 못하였네
時惟王國	당시에 우리 왕국이
凛如一髮	위기일발로 불안했는데
志在存荊	뜻은 형나라가 보존되는 데[49] 있었고
義切罔僕	의리는 남의 종이 되지 않기에 절실했네
蹇蹇匪躬	자신이 아니라 나라를 위해 충성을 바쳤고[50]
腔血涕赤	가슴에 피가 맺혀서 붉은 눈물이 흘렀네
迺受其敗	마침내 그 망국을 받아들이고
迺遯于鄉	끝내 고향으로 은둔하였었네

48) 옳고 그름을 판단 : 삶과 죽음 사이에서 옳고 그름을 판단한다는 뜻이다. 『맹자』「고자 상(告子上)」에 "어물도 내가 원하는 바요 웅장도 내가 원하는 바이지만, 이 두 가지를 겸하여 얻을 수 없다면 어물을 버리고 웅장을 취하겠다. 삶도 내가 원하는 바요 의(義)도 내가 원하는 바이지만, 이 두 가지를 겸하여 얻을 수 없다면 삶을 버리고 의를 취하겠다.[魚我所欲也, 熊掌亦我所欲也, 二者不可得兼, 舍魚而取熊掌者也; 生亦我所欲也, 義亦我所欲也, 二者不可得兼, 舍生而取義者也.]"라고 한 데서 온 말이다.

49) 형나라가 보존되는 데 : 소식(蘇軾)의 「왕중보애사(王仲甫哀辭)」 중에 '已知穀豹均爲死 未識荊凡定孰存'이라는 구를 따다가 몇 자를 바꾸어 쓴 것이다. 형범(荊凡)은 국명(國名)으로, 서주(西周) 때의 초(楚)나라와 범(凡)나라이다. 『장자』「전자방(田子方)」에 "초왕(楚王)이 범군(凡君)과 앉았을 때 초왕의 좌우가 '범나라가 망할 것이다.'라고 세 차례 말하자, 범군이 '범나라가 망하더라도 나의 보존을 멸망시킬 수는 없다. 나의 보존을 멸망시킬 수 없다면 초국의 보존도 그 보존을 보장할 수 없다. 이로써 본다면 망한다 해서 망하는 것이 아니고 보존된다 해서 보존되는 것이 아니다.' 하였다."는 날을 인용하였다.

50) 나라를 위해 충성을 바쳤고 : '건건비궁(蹇蹇匪躬)'은 자신의 몸을 돌보지 않고 오직 나라를 위해 충성을 바치는 것을 말한다. 『주역』「건괘(蹇卦) 육이(六二)」에 "왕의 신하가 충성을 다 바치려고 하는 것은 자신의 몸을 위해서가 아니다.[王臣蹇蹇 匪躬之故]"라고 하였다.

斂晦自靖	자취를 거두어 스스로 평안하며
我獻我王	나는 내 왕께만 몸을 바치리
喬梓并輝	아버지와 아들[51]의 나란한 빛이
百世彌焯	백세가 되어도 더욱 빛나네
刻之貞珉	이 빗돌에 새겨 두어서
爲人臣式	신하된 자의 법도로 삼으리

통사랑 행의금부도사 서흥 김규화金奎華[52] 삼가 지음

興義公墓道碑銘

公姓張氏 諱彪 玉山之世也 高麗開國佐命功臣太師 諱貞弼之后 三重大匡神虎衛上將軍 諱金用之十世孫也 大匡公生諱善金吾衛上將軍 生諱震校尉 生諱國伸內史令 生諱信元文科官至二品 生諱世圭令同正 寔公高祖 曾祖諱溫中郎將 祖諱漢琦通禮院事 考諱瑞孫神虎衛保勝散員 以忠肅王十八年己丑 生公于玉山舊第 幼容貌俊秀 聰慧明敏 舞勺之年 讀伯夷傳 感歎曰 萬古君臣大義 自是立焉 後之君子不幸當伯夷之世 不有伯夷之心者 容何立於世乎 公之炳炳大節 蓋自幼少畜績也 及長 魁偉傑傲 而一動一靜 愨遵規矩 人不敢犯 與權文忠公近 登洪武己酉文科 時年二十一 辛亥除門下注書興義衛保勝郎將 時辛旽出入宮禁 國綱頹圮 王政日紊

---

51) 아버지와 아들 : '교재(喬梓)'는 부자(父子)를 뜻하는 말이다. 주(周)나라 때 백금(伯禽)이 숙부인 강숙(康叔)과 함께 아버지 주공(周公)을 세 번 찾아뵈었는데 세 번 모두 주공에게 매를 맞았다. 상자(商子가 말하기를 "남산(南山) 남쪽에 나무가 있으니, 그 이름이 교(喬)이다. 그대들은 가서 보라." 하였다. 가서 보니 과연 교라는 나무가 있었다. 상자가 말하기를 "교는 부도(父道)이다. 남산의 북쪽에 재(梓)라는 나무가 있으니, 그대들은 다시 가서 보라." 하였다. 가서 보니 과연 재라는 나무는 낮게 고개를 숙이고 있었다. 상자가 말하기를 "재는 자도(子道)이다." 하였다. 이에 두 사람이 다음 날 주공을 찾아뵙고 공경한 자세로 무릎을 꿇고 앉으니, 주공이 머리를 쓰다듬으며 위로하고 음식을 주며 말하기를 "네가 어디서 군자(君子)를 만났느냐?" 하였다. 『상서대전(尙書大全) 권4』

52) 김규화(金奎華) : 1837~1917. 본관은 서흥이고 자는 문직(文直)이며 호는 소초(小楚)이다. 거주지는 고령(高靈)이며, 아버지는 김석보(金錫輔)이다. 1874년에 증광시(增廣試) 진사(進士) 3등(三等) 6위로 합격하여 의금부도사를 지냈다. 이후 경상남도 창녕군 고암면에 살았다. 저서로는 『소초유집(小楚遺集)』이 있다.

公憤惋 無仕進意 至甲寅 有洪崔之變 李仁任等謀立辛禑 公遂棄官南歸 及我太祖龍興 公有蹈海之志 入義昌郡禱陰山下 結草爲幕 晦跡耕樵 每當麗朝國忌 必登山望松嶽 終日痛哭四拜 漁釣至曲江等高麗峰 彷徨下淚焉 四子三壻俱仕我朝 公晬日同來獻壽 掛印於亭前雙槐 公愀然曰 我爲亡國大夫 何忍受汝輩觴乎 遂泣下沾襟 滿座亦爲之悽然 及其臨終 具公服戒子孫曰 我受國厚恩 不幸至此 當以舊服 謁先王於地下 汝等旣委質新朝 竭力王室 勿墜家聲 言訖而終 以遺命 葬於草幕洞負坎原 配太原崔氏 培提點仲卿之女 婉順有婦德 墓同封 生四男 長乙濟奉化縣監 次乙河雲峯縣監 次乙海重林察訪 次乙浦淸河縣監 三女 柳延鳳軍器少尹 李浥康津縣監 李玄實令同正 乙濟子允文 以大靜縣監 從太宗討海寇 錄扈聖功臣 女萬戶黃澄 乙河子忠絶 乙海無嗣 乙浦子自寧參奉貴寧 李玄實子甫欽號大田 爲莊陵死節贈吏判諡忠莊 甫欵進士 曾玄以下不盡載 嗚乎公之貞忠大節 與冶隱耘谷同一心轍 足以廉頑立懦於百世之下 而南癡庵景羲七印亭記 權葉西䌮樑頌 道儒請諡疏狀 已備述之矣 日公之後孫泰欽 持冑孫斗寅所撰家狀 跋涉十舍 請以顯詩 我固非其人 而景仰高風 不敢以辭 謹撮以敘之 係以銘 銘曰

孰不好懿 鮮能爲忠 利誘勢怵 遂喪其衷 烈烈惟公 早判魚熊 迺仝天畀 物莫我奪 時惟王國 凜如一髮 志在存荆 義切罔僕 蹇蹇匪躬 腔血涕赤 迺受其敗 迺遯于鄕 斂晦自靖 我獻我王 喬梓并輝 百世彌焯 刻之貞珉 爲人臣式

通仕郎行義禁府都事瑞興金奎華謹撰

2) 입석 고유문(立石告由文)

於維我祖	아아, 우리 할아버님께서는
運値麗季	국운이 고려 말을 당하자
罔僕自靖	망복의 의로 자신을 지키시니
耘冶同志	운곡 야은과 같은 뜻이었습니다
哭臨國忌	나라 제삿날에는 곡하며 오르시어
遙望崧陽	멀리 송도 개경을 우러러보셨고
潛蹤海曲	바닷가에 자취를 감추셔서
耕樵相羊	밭 갈고 나무하며 서성이셨습니다[53)
年代曠遠	연대가 아득하게 멀어지는데

墓道無刻	묘도에 아직 비석이 없어서
春雨秋霜	봄비 가을 서리에 성묘하면서
遺裔愴惻	남은 후손들은 슬퍼하였습니다
載磨樂石	좋은 빗돌[54]을 깎고 갈아서
擇吉以竪	길일을 받아 이를 세웁니다
劵臺生色	산소[55]에는 더욱 빛이 나니
庸寓遐慕	이로써 선조께 대한 사모를 담았습니다
載禋載蠲	제사를 지내고 성묘를 할 때마다
陳此精虔	여기서 정성과 경건으로 진설하리니
不騫不崩	기울지도 무너지지도 않아서
於永斯年	영원한 햇수에 이를 것입니다

3) 신도비명(서문과 함께, 神道碑銘 并序)

공의 성은 장씨張氏이며 휘는 표彪이고 본래 옥산玉山의 계통이다. 고려 개국좌명공신 태사 정필貞弼의 후손이며, 삼중대광 신호위상장군 휘 금용金用의 10세손이다. 대광이 휘 선善을 낳았으니 금오위상장군이었고, 이분이 휘 진震을 낳았으니 교위였다. 이분이 휘 국신國伸을 낳았으니 내사령이었고, 이분이 휘 신원信元을 낳았으니 문과에 급제하여 관직이 2품에 이르렀다. 이분이 네 아들을 낳았는데, 장남 휘 세림世林은 봉어직장 영동정이었는데, 바로 문강공의 14세조였다. 다음은 휘 백림百林이었는데 참봉이었

---

53) 서성이셨습니다 : 원문의 '상양(相羊)'은 상양(相佯)으로 소요, 배회를 뜻한다. 초(楚)나라 굴원(屈原)의 「이소(離騷)」에 "약목의 가지를 꺾어 태양이 지지 못하게 후려쳐서, 잠시 동안 여기저기 한가하게 소요해 보리라.[折若木以拂日兮, 聊逍遙以相羊.]"라고 하였다.

54) 좋은 빗돌 : 원문의 '악석(樂石)'은 비석을 말한다. 「역산비문(嶧山碑文)」에 "악석에 새긴다."라고 하였다. 『서경』「우공(禹貢)」에 "역산 양지쪽에 홀로 선 오동나무와 사수(泗水) 가의 부경(浮磬)이 있다."라고 하였으니, 사수 가에 있는 돌로 경쇠를 만들 수 있음을 말한 것이다. 진 시황(秦始皇)이 역산에 새긴 비석은 바로 이 경석(磬石)을 사용한 것이므로 '악석'이라 하였는데, 그 뒤에 일반적으로 비석을 두고 말하게 되었다.

55) 산소 : 원문의 권대(劵臺)는 무덤 앞의 지기(地氣)가 모이는 곳을 가리키는 말이다.

고, 다음은 휘 세규世圭이고 직장 영동정이었는데, 바로 공의 고조부이다. 다음 세재世梓는 영동정이었다. 증조 휘 온溫은 중랑장이었고, 조부 휘 한기漢琦는 통례원 판사였다. 선고 휘 서손瑞孫은 신호위 보승산원으로, 원나라 순제 지정9년 을축에 옥산 옛 집에서 공을 낳았다.

어려서부터 용모가 단아하고 총명과 지혜가 명민하였다. 13세가 되었을 때 백이전伯夷傳을 읽었는데, 감탄하면서 서문을 지었다.

"만고에 군신의 의리는 이로부터 수립되었다. 이후에 신하된 자로서, 불행히 백이와 같은 시대를 만나도 백이의 마음을 가지지 못한 자는, 무엇으로 세상에 서겠는가."

글의 뜻을 상상해 보면, 공의 빛나고 빛나는 큰 절개가 어릴 때부터 축적된 것이었다.

성장하게 되어서는, 용의와 모습이 큼직큼직하고 뛰어나게 대범하여 일동일정에 얽매이지 않았고, 규례를 성실하게 지키니 남들이 감히 범하지 못하였다.

공은 문충공 권근權近과 홍무 기유년 문과에 급제하였는데, 공의 나이가 21세였다. 소년등과라고 해서 사람들이 모두 칭송하고 축하하기를 그치지 않았다. 홍무 신해년에 문하주서 홍의위 보승랑장에 임명되었는데, 항상 탄식하며 말했다.

"신돈辛旽이 입궐한 뒤로 나라의 기강이 무너지고 왕의 정치가 날로 문란해졌다. 조정에서 중한 책임을 가진 사람이 능히 배척하여 쫓아내지 못한다면, 어찌 그 책임에서 벗어날 수 있겠는가."

무릎을 치면서 분개하였으며, 다시 벼슬에 나아갈 마음을 가지지 않았다. 홍무 갑인년에 홍륜과 최만생의 변이 있었고 이인임이 신우辛禑를 멋대로 옹립하였다. 공은 나랏일이 날로 그릇되어 가고 기강이 날로 무너지는 것을 보고, 벼슬을 버리고 남쪽으로 내려 와 옥산의 옛 집에서 수양하였다.

우리 태조께서 나라를 세우시기에 이르자, 공은 바다에 들어갈 마음을 가지고 처자를 이끌고 의창군 도음산에 들어와 광채를 감추었으니, 야은冶隱이나 운곡耘谷과 같은 마음으로 일관하였다. 산에서 나무하고 들에서 밭을 갈면서 자취를 감추고 감회를 담았다. 매번 고려조의 나라 제삿날을 당하면 반드시 산에 들어가 송악을 바라보며 종일 통곡하다가 네 번 절하였다. 물고기잡고 낚시하다가 곡강에 이르러 고려봉에 오르면, 서성이고 머뭇거리며 차마 내려오지 못하였다. 스스로 나라가 망한 탄식과 상전벽해의 눈물을 금하지 못하여, 문을 닫고 출입하지 않아서 다시는 해를 보지 않았다.

네 아들은 각자에게 맡겨서 우리 왕조에 벼슬하게 하였다. 일찍이 경계하여 말했다.

"우리 가문이 태사공때부터 고려를 섬겨서 나라의 은혜를 후하게 입었다. 너희도 조상의 사업을 잘 이어받아서, 임금에게 충성하는 것을 평생의 맹세로 삼아라."

네 아들과 세 사위가 동시에 관인을 차게 되었는데, 마침 생일날을 맞아 함께 와서 정자 앞의 두 그루 느티나무에 관인을 걸고 술잔을 올리며 장수를 축원하였다. 공은 정색하고 즐거워하지 않으며 말했다.

"나는 고려에서 나서 지금은 망국의 대부가 되었다. 어찌 차마 너희의 잔을 받겠느냐."

마침내 눈물이 흘러 소매를 적시니, 자리에 가득한 사람들이 그를 위하여 슬퍼하며 근심하였다. 그가 임종할 때가 되어서는 관복을 갖춰 입고 자손에게 경계하여 말했다.

"나는 나라의 두터운 은혜를 받았는데 불행히 여기에 이르렀다. 마땅히 옛 관복으로 지하에서 선왕을 알현하겠다. 너희는 이미 새 왕조에 몸을 맡겼으니 왕실의 일에 힘을 다하여 가문의 명성을 떨어뜨리지 마라."

말을 마치자 임종하였다. 유언으로 명한 데 따라서 거닐던 곳에 장사하였으니, 바로 군의 서쪽 대양산 산록 남향의 언덕이었다.

배위 태원최씨는 배제점 중경仲卿의 따님으로, 아름답고 순종하는 부덕이 있었다. 묘소는 공과 한 무덤이다.

4남 3녀를 낳았는데, 장남 을제乙濟는 봉화현감, 다음 을하乙河는 운봉현감, 다음 을해乙海는 중림찰방, 다음 을포乙浦는 청하현감이었다. 딸은 유연봉柳延鳳 봉산소윤, 이읍李浥 강진현감, 이현실李玄實 영동정에게 각각 시집갔다.

아아, 공의 곧은 충성과 큰 절개는 백세가 되도록 썩지 않을 것이다. 치암 남경희南景羲의 칠인정기七印亭記와 섭서 권엄權欕의 상량문과 도道 유생들이 시호를 청하는 상소장에 이미 다 갖추어져 있다.

하루는 공의 후손 태흠泰欽이, 주손 두인斗寅이 지은 가장家狀을 가지고 삼백 리 험한 길을 달려 와서 비석의 명銘을 청하였다. 나는 합당한 사람이 아니다. 그러나 그 높은 풍모와 큰 의리를 우러러 사모하므로 감히 사양하지 못하고, 삼가 가장의 대개를 서술하고 순서를 잡은 것이 위와 같다. 이어서 명을 지었다.

忠爲國紀　　충성은 나라의 기강이 되니
寔扶綱常　　이로써 기강과 윤리를 세우네
烈烈張公　　열렬하신 우리 장공께서는
罔僕沉藏　　망복의 의로 자신을 감추었네
山同國號　　산과 나라의 이름이 같아서
登臨永傷　　오를 때마다 길이 상심했네
歲踰五百　　세월이 벌써 오백년이 되니
懿跡茫茫　　아름다운 자취도 아득해지네
謹考家乘　　삼가 가문의 역사를 살피고
用闡遺芳　　향기로운 자취를 떨치게 하네

凡百過者　　무릇 모든 지나가는 이들이여
視此銘章　　이 비석 명문을 꼭 볼지어다

계축년(1913) 2월 하한 통사랑 행 의금부도사 서흥 김규화金奎華 삼가 지음

神道碑銘 并序

公姓張氏 諱彪 本玉山之世也 高麗開國佐命功臣太師諱貞弼之后 三重大匡神虎衛上將軍諱金用之十世孫也 大匡公生諱善金吾衛上將軍 生諱震校尉 生諱國伸內史令 生諱信元文科官至二品 生四子長諱世林奉御直長令同正 寔文康公十四世祖 次諱百林參奉 次諱世圭直長令同正 寔公高祖 次諱世梓令同正 曾祖諱溫中郎將 祖諱漢琦通禮院判府事 考瑞孫神虎衛保勝散員 以元順帝至正九年己丑 生公于玉山舊第 是高麗忠肅王十八年也 幼而容貌端雅 聰慧明敏 舞勺之年 讀伯夷傳感歎作序曰 萬古君臣大義 自是立焉 後之臣子 不幸當伯夷之世 不有伯夷之心者 容何立於世乎 想象文義 公之炳炳大節 自幼少畜積也 及長 儀形魁偉 傑傲倜儻 不羈一動一靜 愨遵規矩 人不敢犯 公與權文忠公近 登洪武己酉文科 公年二十一 以少年登科 人皆稱賀不已 洪武辛亥 除門下注書興義衛保勝郎將 常歎曰 辛頭陀入闕之後 國綱頹圮 王政日紊 在朝重任之人 不能排擯斥去 安能逃其責耶 擊節憤慨不復有仕進之意 及洪武甲寅 有洪崔之變 李仁任等倡立辛耦 公見國事日非 綱紀日頹 棄官南歸 修玉山舊第 及我太祖龍興 公有蹈海之志 挈妻子入義昌郡禱陰山韜光鏟彩 與冶隱耘谷 同一心轍 山樵野耕 晦跡寓懷 每當麗朝國忌 必入山望松嶽終日痛哭四拜 漁釣至曲江登高麗峯 彷徨躅躑不忍下 自不禁黍離之歎 滄桑之淚杜門屛處 復不見日 四子任他 仕於本朝 嘗戒曰 吾家自太師公事麗 厚蒙國恩 汝曺亦紹述先業 以忠於君爲終身之符 四子三壻 同時佩符 適當晬日 同來掛印於亭前雙槐 稱觥獻壽 乃太宗卽位九年 公輒愀然不樂曰 我生於麗 今爲亡國大夫 何忍受汝輩之觴乎 遂淚下沾襟 滿座亦爲之悽然悒悒 及其臨終 具公服而戒子孫曰 我受國厚恩 不幸及此 當以舊服 謁先王於地下 汝等旣委質新朝 竭力王室 不墜家聲 言訖而終 以遺命葬於杖屨之所 卽郡西大陽山麓負坎原 配太原崔氏 培提點仲卿之女 婉順有婦德 墓同封 生四男三女 長乙濟奉化縣監 次乙河雲峯縣監 次乙海重林察訪 次乙浦淸河縣監 女柳延鳳奉常少尹 李浥康津縣監 李玄實令同正 嗚乎 公之

貞忠大節 亘百世不朽 而南癡(菴)景義 七印亭記 權葉西纖楪頌 道儒諡狀 已備悉矣 日公之後孫泰欽 持胄孫斗寅所撰家狀 跋涉十舍之地 請碑銘 我非其人 耄荒不敢當是役 而景仰高風大義 不敢以辭 謹叙家狀大槩 序次如右 係之以銘曰

忠爲國紀 寔扶綱常 烈烈張公 罔僕沉藏 山同國號 登臨永傷 歲踰五百 懿跡茫茫 謹考家乘 用闡遺芳 凡百過者 視此銘章

昭陽赤奮若仲春下澣 通仕郎行義禁府都事瑞興金奎華謹撰

3. 재사의 설립과 중건

1) 초막재기(草幕齋記)

바로 군의 서쪽 10리 도음산 아래에 초막草幕이라는 산이 있으니, 고故 고려 보승랑장 장공張公선생의 유해[56]를 장사한 곳이다. 이는 그 윗대에 고려의 사직이 말기를 당했을 때, 공이 망복의 의리로 벼슬을 버리고 남쪽으로 돌아와 이 산에 은거하면서 풀을 엮어 초막을 지었기 때문이다. 산이 이 이름을 얻은 것은 이때가 시작이다.

일찍이 들으니, 공은 산에 들어온 이후로 죽기를 각오하고 은거하였으므로, 발자취가 다시 산 밖에 한 발짝도 나간 적이 없었다고 한다. 초막 하나의 골짜기가 은殷나라의 수양首陽과 진晉나라의 시상柴桑[57]과 함께 아름다움의 짝이 되고 나란히 빛이 났다.

때때로 충성스러운 감회가 격렬하고 비분한 마음이 절로 일어나면, 술병을 들고 높은 곳에 올라가 송악을 바라보며 통곡하였다. 대개 그 마음은 두문동 제현들이 자신을 깨끗하게 하던 마음이었다. 게다가 그가 궁벽한 산에 홀로 살면서 곧은 괴로움을 홀로 지키는 것은 도리어 더 어려운 것이었다.

공이 이미 이곳에서 자취를 감추었고 이곳에서 생명을 마쳤으므로, 그 체백體魄을 맡길 곳으로, 어찌 여기를 버리고 다른 곳에서 찾겠는가. 마땅히 그 효성스러운 자손들이 반드시 남기신 뜻을 체휼하여, 지척의 한 형국 안에 묘소를 받들어 모시고 나무를 심을 것이다. 풍수가[58]들이 길한 운수

---

56) 유해 : 원문은 '의석(衣舃)'으로 옷과 신발을 뜻하는 말이지만, 고전에서 죽은 사람의 유해(遺骸)를 가리키는 말이다.

57) 진나라의 시상(柴桑) : 동진(東晉)의 고사(高士) 도잠(陶潛, 365~427, 자 연명(淵明), 호 오류선생(五柳先生))은 강서성 시상(柴桑) 출신으로, 일찍이 팽택 영(彭澤令)이 된 지 겨우 80여 일 만에 벼슬을 버리고 전원으로 돌아가 시와 술을 벗 삼아 살았다. 안제(安帝) 때 저작랑(著作郎)에 임명되었으나, 역시 나아가지 않아 정절(靖節) 선생이라 일컬어졌다.

에도 또 애쓰지 않고도 맞아들어가니, 이는 하늘의 도움이 있어서, 충신의 후세로 하여금 그 음덕을 받게 하려는 것이다.

지금 산의 위아래를 둘러 보면, 거주하는 사람이 모두 공의 후손 현인들이요, 풀 하나 나무 하나도 그 가문의 애호가 이르지 않은 것이 없다. 그러니, 두문동 제현들에게 모두 이런 일이 있었는지는 모르겠다.

재사齋舍를 처음 지은 것이 무릇 네 간이었는데, 옛날에는 기문이 없었으므로, 공의 16세손 태흠泰欽씨가 병락丙洛에게 뜻밖에 부탁했다. 병락이 어찌 감히 그것을 하겠는가. 그러나 항상 공의 명성과 절개가 융성하심을 생각하면서, 실제로 먼 세대이지만 산처럼 우러러보며 감동한 지가 오래 되었는데, 지금 이 일로 인하여 그 문설주 끝에 이름을 붙이는 것만도 진실로 이미 영광이다. 그리고 또 생각하면, 사람의 큰 윤리는 충과 효이다. 보승공께서 충忠 한 글자로 앞서서 주춧돌과 준비물이 되셨으니, 뒤이어 따르며 소술하는 효성으로도, 이름난 조상의 가문 사람으로 부끄럽지 않을 것이다. 이것이 바로 병락이 늘 돌아보고 즐겨 칭송하는 까닭이며, 또 특별히 이름을 붙이는 영광에만 그치지 않는 것이다.

전傳[59]에, "충신을 효자의 집에서 구하라."고 했으니, 효를 충에서 구하는 것도 절로 일치하는 것이 마땅하다. 장씨의 후예들도 대대로 그 아름다움을 이을 것[60]이며 즐겨 그 조상을 계승할[61] 것이다.

---

58) 풍수가 : '감여(堪輿)'는 주로 풍수의 길흉(吉凶)을 보아 묘지를 잡는 것을 뜻한다. 원래 '감여'는 천지(天地)를 지칭한다. 『문선(文選)』에 양웅(揚雄)의 「감천부(甘泉賦)」 중 이선(李善)이 허신(許愼)의 말을 인용하여, "감(堪)은 천도(天道)이고, 여(輿)는 지도(地道)이다. [堪, 天道也, 輿, 地道也.]"라고 하였다.

59) 전(傳) : 『후한서(後漢書)』 권56 「위표전(韋彪傳)」에 "공자(孔子)가 이르기를, '어버이를 효도로 섬기기 때문에 충성을 임금에게 옮길 수 있나니, 그러므로 충신은 반드시 효자의 가문에서 구하는 것이다.'라고 하였다." [孔子曰; "事親孝, 故忠可移於君, 是以求忠臣, 必於孝子之門.]"라고 한 것을 말한다.

60) 그 아름다움을 이을 것 : 『춘추좌씨전』 문공(文公) 18년 기사에 "후세가 그 아름다움을 이어 그 명성 떨어뜨리지 않네. [世濟其美, 不隕其名.]"라고 하였고, 공영달(孔穎達)의 소(疏)

신유년(1921) 4월 하한 영가후인 권병락權丙洛[62] 삼가 지음

草幕齋記

直郡西十里 禱陰之下 有山曰草幕 故高麗保勝郎將張公先生 衣舃之藏 盖在其上 當麗祚旣屋 公以罔僕之義 棄官南歸 隱居玆山 結草爲幕 山之得名 自此始也 嘗聞 公自入山之後 矢死長往 足跡不復出山外一步地 一幕洞天與殷之首陽 晉之柴桑 匹美齊光 有時忠肚激熱 悲憤自發 則携酒登高 望崧岳而痛哭 盖其心卽 杜門諸賢 自靖之心 而其獨處窮山 孤守貞苦 則抑又難矣 公旣晦跡於斯 畢命於斯 則體魄之 托 豈容舍此而他求也哉 宜其孝子慈孫之必體遺志 奉而封樹於一局咫尺之內 堪 輿吉運 又不謀而叶 此則天有以相之 俾忠臣之後世 受其蔭也 今巡山上下 而居者 皆公雲仍之賢 而一草一木 罔非自家愛護之所及 則未知杜門諸賢亦盡有是乎 齋 舍之草創凡四間 而舊無記 公之十八世孫泰欽氏 謬囑於丙洛 丙洛何敢焉 而每想 公之名節之盛 實有曠世山仰之感 久矣 今因是役 附名楣端 固已榮矣 而且竊伏念 人之大倫 惟忠與孝是耳 保勝公 以忠一字 爲基礎坏璞於前 而後承追述之孝 無愧 爲名祖家人 此丙洛所以眷眷樂道 而又不特附名之榮已也 傳曰 求忠於孝 孝之求 於忠 自亦一致也 宜乎 張氏之後 世濟其美 肯構而肯堂也

歲辛酉秀葽節下澣永嘉後人權丙洛謹記

2) 흥의공 초막재사 중건기(興義公草幕齋舍重建記)

옛말에, “뿌리가 깊은 나무는 가지가 무성하고, 근원이 먼 강은 흐름이

에 “세제기미(世濟其美)는 후대가 전대의 아름다움을 잇는 것이다.[世濟其美, 後世承前世之美.]”라고 한 것을 인용하였다.

61) 즐겨 그 조상을 계승할 : ‘긍구긍당(肯構肯堂)’에서 나온 말로, 자손이 선대의 유업을 잘 계승하는 것을 뜻한다. 『서경(書經)』「대고(大誥)」에 “만약 아버지가 집을 지으려 작정하여 이미 그 규모를 정했으면 그 아들이 기꺼이 집의 터도 만들려 하지 않으면서 하물며 기꺼이 집을 지으랴?[若考作室, 旣底法, 厥子乃不肯堂, 矧肯構?]”라고 한 대목에서 온 말이다.

62) 권병락(權丙洛) : 1873~1956. 본관은 안동이고 자는 항길(恒吉)이며 호는 하산(何山)이다. 포암(逋菴) 권주욱(權周郁)의 손자로, 포항 입암에 살았다. 문장이 뛰어나 이름이 났으며, 동몽교관과 유릉참봉을 역임하고, 1929년『영일읍지』발간을 주도하였다. 저서『하산집』이 있다.

길다.”고 하였다. 흥의위 보승랑장興義衛保勝郎將은 고려 태사공 휘 정필貞弼의 후손이며, 삼중대광 신호위상장군 금용金用의 10세손이다. 휘 선善은 금오위 장군이며, 휘 진震은 교위이며, 휘 국신國伸은 내사령[63]이다. 휘 신원信元은 문과에 급제하였고, 휘 세규世圭는 직장이며, 휘 온溫은 중랑장이다. 휘 한기漢琦는 통례 지후이고, 휘 서손瑞孫은 신호위 보승이며, 휘 표彪가 홍의공이다.

우리 태조가 왕조를 일으킬 때에 처자를 데리고 홍해 읍치의[64] 도음산 아래에 들어와 초정을 짓고 이어서 초막草幕이라고 이름지었다. 이때 친척인 덕녕부윤德寧府尹 안세安世[65]는 태조가 잠저에 있을 때 옛 친분이 있었으므로 왕의 편지가 여러 번 내려와서 벼슬로 불렀으나 일어나지 않았다. 공도 또한 스스로 물러나 지키는 의리로 바닷가에 거처하였다. 그 절개는 백이伯夷가 서산에 오른 것[66]과 유사하였고, 그 의리는 노중련魯仲連이 동해로 걸어간다던[67] 것과 다르지 않았다.

---

63) 내사령(內史令) : 필사본에는 ‘내사(內史)’라고 되어 있고, 같은 글을 중복 수록한 「초막재사중건기(草幕齋舍重建記)」에는 ‘내사령(內史令)’이라고 되어 있으므로 보충하였다. 이와 비슷한 정도의 출입이 더 있으나 문맥상 중요한 차이는 아니다.

64) 읍치의 : 필사본에는 ‘興海治之禱陰山下’라고 되어 있고, 중복 수록한 「초막재사중건기」에는 ‘興海治之西禱陰山下’라고 되어 있다. 그렇다면, 홍해 읍치의 ’서쪽‘ 도음산 아래라는 뜻이 된다.

65) 장안세(張安世) : 생몰년 미상. 본관은 인동이고 호는 송은(松隱)이다. 고려 말기 정헌대부 덕녕부윤으로 치수공사를 완수하는 등 선정한 업적이 있었다. 조선이 개국하자 향리로 돌아가 은거하면서, 태조가 여러 번 불렀으나 응하지 않았다. ‘두문동 72현’에 16번째로 기록되어 있다. 『송은실기(松隱實記)』가 있으며 시호는 충정(忠貞)이다.

66) 백이(伯夷)가 서산에 오른 것 : 백이(伯夷)와 숙제(叔齊)가 주(周)나라 무왕(武王)이 은(殷)나라 주왕(紂王)을 정벌하는 것을 반대하여 간하다가 듣지 않자 수양산(首陽山)으로 들어가 고사리를 캐며 노래하기를 “저 서산에 올라 고사리를 캐노라. 포악함으로 포악함을 바꾸면서도 그 그른 줄을 모르는구나.”라고 하였다. 『사기(史記) 백이열전(伯夷列傳)』

67) 노중련(魯仲連)이 동해로 걸어간다던 : 전국 시대 제나라의 고사(高士)인 노중련(魯仲連)이 조나라에 가 있을 때 진(秦)나라 군대가 조나라의 서울인 한단(邯鄲)을 포위하였는데, 이때 위(魏)나라가 장군 신원연(新垣衍)을 보내 진나라 임금을 천자로 섬기면 포위를 풀 것이라고 하였다. 이에 노중련이 “진나라가 방자하게 천자를 참칭(僭稱)한다면 나는 동해

자신은 망복罔僕의 지조[68]가 있지만 자식은 벼슬을 하지 않을 의리가 없으므로, 아들들에게 명하여 벼슬하게 하였다. 봉화현감 을제乙濟와 중림찰방 을해乙海와 청하현감 을포乙浦와 운봉현감 을하乙河는 아들들이고, 봉상소윤 유연봉柳延鳳과 강진현감 이읍李浥과 주부 동정 이현실李玄實은 사위들이다.

네 아들과 세 사위가 일시에 관인官印을 차고 공의 생일잔치에 술잔을 올려 축하하면서 뜰의 느티나무에 관인을 걸었으므로, 당시 사람들이 칠인정七印亭이라고 불렀다. 앞에서 이른바 '뿌리가 깊은 나무는 가지가 무성하고, 근원이 먼 강은 흐름이 길다.'는 것이었다.

모년에 침실에서 별세하여, 초막동 오향원에 장사하였다. 배위 태원최씨太原崔氏는 배제점陪提點[69] 중경仲卿의 따님으로, 묘는 같은 언덕이다.

이때부터 오백여 년간 초옥 대여섯 간을 수호하였는데, 흉년이 든 해를 당하기도 했고 비바람이 치면 매번 무너졌다. 을사년 봄에 기와집으로 바꾸고 옛 이름 그대로 이름지었다. 나에게 기문을 청하였는데 어둡고 늙었다고 사양할 수 없어서, 약간 손대고 고친 것이 위와 같다.

종친 후학 숭정대부 행 공조판서 겸지경연춘추관 지의금부사 동지성균관사 홍문제학사 기사당상 궁내부특진관 장석룡張錫龍[70] 지음

를 밟고 빠져 죽겠다."라고 하니, 진나라 장군이 이 말을 듣고 군사를 30리 후퇴시킨 일을 이른다. 『사기(史記) 노중련열전(魯仲連列傳)』

68) 망복(罔僕)의 지조 : 망국의 신하로서 의리를 지켜 새 왕조의 신복이 되지 않으려는 절조를 말한다. 은(殷)나라가 망하려 할 무렵 기자가 "은나라가 망하더라도 나는 남의 신복이 되지 않으리라.[商其淪喪, 我罔爲臣僕.]"라고 한 데서 유래한 말이다. 『서경(書經) 미자(微子)』

69) 배제점(陪提點) : '제점(提點)'은 고려 때 서운관(書雲觀) 사의서(司醫書)의 정3품(正三品), 또는 사온서(司醞署) 사선서(司膳署) 사설서(司設署) 자운방(紫雲坊)의 정5품 벼슬이다.

70) 장석룡(張錫龍) : 1823~1908. 본관은 인동이고 자는 진백(震伯)이며 호는 유헌(遊軒)이다. 장학추(張學樞)의 아들로 태어나 1846년 문과에 급제하여 사헌부 지평, 사간원 정언,

1907년(정미) 2월 상한

興義公草幕齋舍重建記

古語曰 根深而枝茂 源遠而流長 興義衛保勝郎將 高麗太師公諱貞弼之後 而三重大匡神虎衛上將軍金用十世孫也 諱善金吾衛將軍 諱震校尉 諱國伸內史 諱信元文科 諱世圭直長 諱溫中郎將 諱漢琦通禮祗候 諱瑞孫神虎保勝 諱彪興義公 及我太祖龍興 挈妻子 入興海治之禱陰山下 縛草亭仍號草幕 時宗公德寧府尹安世 有太祖潛邸時之舊 而屢降玉札 徵召不起 公亦以自靖之義 遁海而處 其節則有似乎伯夷之陟西山 其義則無異於仲連之蹈東海也 身爲罔僕之操 子無不仕之義 故命子而仕之 奉化縣監乙濟 重林察訪乙海 淸河縣監乙浦 雲峯縣監乙河 子 奉常少尹柳延鳳 康津縣監李浥 主簿同正李玄實 壻也 四子三壻 一時佩印 稱觴於公之晬宴掛印於庭槐 時人名之以七印亭 前所稱根深而枝茂 源遠而流長也 某年易簀于寢室 葬于草幕洞午向原 配太原崔氏 陪提點仲卿之女 墓同封 由來五百餘年 草屋五六間守護 歲値歉荒 每頹風雨 乙巳春 易之以開瓦 仍名舊號 請記於予 不可以昏耄辭 略加隱括之如右

宗後學 崇政大夫行工曹判書兼知經筵春秋館知義禁府事同知成均館事弘文提學士耆社堂上宮內府特進官 張錫龍記

丁未仲春上澣

홍문관 교리 등을 지냈다. 이후 대사간, 경주부윤, 공조판서를 지내고 궁내부특진관에 임명되었다. 저서 『유헌집』이 있으며 시호는 문헌(文憲)이다. 경상도관찰사 장승원(張承遠, 1853~1917)의 양부이며 국무총리 장택상(張澤相, 1893~1969)의 조부이다.

4. 칠인정의 건립과 중수

1) 칠인정기[71](七印亭記)

옛날에 백이伯夷 숙제叔齊가 주나라의 곡식을 먹지 않았으나 채미가採薇歌는 경전에 보이지 않는다. 공자께서, "인仁을 구하여 인을 얻었으니 무엇을 원망하겠는가."[72]라고 하셨다. 나는 이를 믿는다. 저 주나라의 곡식은 어진 사람의 곡식이며, 그 조정도 성인의 조정이다.[73] 백이는 일신으로 만세에 군신이 지킬 큰 의리를 세웠으므로, 그 조정에 서고 그 곡식을 먹기를 즐기지 않았던 것이며, 그 의리는 백이 자신에 그치는 것이다. 나는 백이 숙제의 자손이 어떻게 했는지는 모르지만, 대대로 주나라 곡식을 먹지 말라는 것이 어찌 그 마음이겠는가. 그 마음은 대개 이런 것이다.

'군신의 의리는 폐할 수 없다. 나는 은나라 사람이므로 주나라 곡식을 먹을 수 없다. 내 자손은 주나라 사람이므로 주나라에 벼슬하지 않으면 의리가 없는 것이다.'

무릇 이와 같은 연후에 청백한 사람의 도량을 볼 수 있고 주나라의 덕이 융성함도 볼 수 있는 것이다.

우리 태조께서 왕조를 창립하실 때에 천운이 응하고 인심이 따르는 것을 만물이 모두 보았으므로, 선비들은 그 조정에 서기를 원하지 않는 이가 없

---

71) 칠인정기(七印亭記) : 이 글은 남경희의 『치암집』 「권6 기記」에 수록되어 있는데, 이 필사본과는 약간의 출입이 있다. 중요한 차이가 없으므로 필사본에 준하여 번역하고 약간의 설명을 붙였다.

72) 공자께서 … 원망하겠는가 : 『논어』 「술이(述而)」에 수록된 자공(子貢)과 공자의 대화이다. "'백이와 숙제는 어떠한 사람입니까?' '옛날의 현인이다.' '원망하였습니까?' '인을 구하여 인을 얻었으니, 또 무엇을 원망하였겠는가.'['伯夷叔齊何人也?' 曰'古之賢人也.' 曰'怨乎?' 曰'求仁而得仁. 又何怨.']"라고 하였다.

73) 그 조정도 성인의 조정이다 : 필사본의 '其朝亦聖人之朝也'를 번역한 것이다. 그러나 『치암집』에는 '그 조정이 어찌 악인의 조정이겠는가[其朝豈惡人之朝也]'라고 되어 있다.

었다. 다만 두세 의사들로 길야은吉冶隱[74] 원운곡元耘谷[75] 같은 이와 보승랑장 장표張彪공 같은 이는 홍해의 도음산 아래로 은거하여 초정을 엮고 몸을 마쳤다. 그 마음은 백이의 마음이지, 어찌 우리 왕조가 벼슬하지 못할 나라라는 것이겠는가. 그러므로 야은은 그 아들을 벼슬하게 했던 것이다.

장공에게는 네 아들이 있었는데, 그들에게 벼슬하도록 명했다. 을제乙濟는 봉화현감, 을하乙河는 운봉현감, 을해乙海는 중림찰방, 을포乙浦는 청하현감이 되었고, 봉상소윤 유연봉柳延鳳, 강진현감 이읍李浥, 주부 영동정 이현실李玄實은 그 사위이다. 영락 7년(1409) 가을에, 네 아들과 세 사위가 공의 생일[76]에 잔을 올려 모두 관인을 차고 와서 뜰앞의[77] 두 그루 느티나무에 걸었다. 정자의 이름이 칠인七印인 것은 이 때문이다.

을제의 아들 윤문胤文이 바다의 도적을 토벌하고 공신이 되었고, 맹지孟智와 중지仲智[78]를 낳았는데 모두 관직이 있었으므로 또 삼세三世에 칠인七印[79]이 되었다. 그러나 공의 세대에는 한 시대의 융성한 일이 되었지만 관

---

74) 길야은(吉冶隱) : 길재(吉再, 1353~1419)이다. 본관은 해평이고 자는 재보(再父)이며 호가 야은 또는 금오산인(金烏山人)이다. 이색 정몽주 권근의 문하에서 배웠으며, 1383년에 과거에 합격하였다. 성균학정과 성균박사를 지냈고 문하주서에 임명되었으나, 왕조가 기울자 선산 봉계로 돌아왔다. 조선에서 여러 벼슬로 불렀으나 나가지 않았다. 저서 『야은집』이 있으며, 시호는 충절(忠節)이다.

75) 원운곡(元耘谷) : 원천석(元天錫, 1330~미상)이다. 본관은 원주이고 자는 자정(子正)이며 호가 운곡이다. 1360년에 진사가 되었고 이방원의 스승이었으나 고려가 망해감을 보고 치악산으로 은퇴하였다. 이방원이 태종이 되어 찾아갔으나 만나주지 않았다. 저서 『운곡행록』이 있다.

76) 생일 : 원문의 '현호지일(懸弧之日)'은 태어난 날을 이르는 말이다. 『예기』 「내칙(內則)」에 "자식이 태어나면 남자는 문 왼쪽에 뽕나무 활을 걸고, 여자는 문 오른쪽에 수건을 건다. [子生, 男子設弧於門左, 女子設帨于門右.]"라고 한 데서 유래하였다.

77) 뜰앞의 : 『치암집』에는 정자 앞[亭前]이라고 되어 있다.

78) 중지(仲智) : 『치암집』에는 중지가 없고 계지(季智)가 있다.

79) 삼세에 칠인 : 할아버지 장표(張彪)를 이어서, 네 아들 장을제(張乙濟) 장을하(張乙河) 장을해(張乙海) 장을포(張乙浦)와, 장을제의 아들 장윤문(張胤文)과, 그 아들 장맹지(張孟智) 장계지(張季智)를 합하여, 3대에 관직을 가진 사람이 7인이라는 뜻이다.

인을 걸었던 나무는 그대로 있으니, 나무가 정정하게 유허에 우뚝 서 있어서 사람들이 사랑하고 아끼는 것은 감당甘棠의 유적[80]에 비견할 것이다.

을축년(1745) 가을에 비바람에 꺾어졌는데, 관인을 건 때로부터 337년이었다. 이에 12세손[81] 운한雲翰[82], 유한有翰과 13세손 호鎬[83], 한瀚[84], 익釴[85]이 다시 나무를 심고서, 정자가 없을 수 없다고 하면서 마음을 다하여 조상의 모범을 따라 지으려 하였다. 재목이 다 모였을 때 호와 한이 죽었으므로, 아우 기錡[86]와 재종제 연沇[87], 용鎔[88]이 그 자취를 이어서 완성했으니 정사년(1797) 봄이었다.

정자는 옛 이름을 그대로 쓰고 왼쪽을 경수당慶壽堂 오른쪽을 효우재孝友齋라고 하고 경희景羲에게 기문을 구하였다. 대개 당시의 자취에 근거하여 전하여 장씨의 가법家法이 된[89] 것은 당堂과 재齋에서 돌아볼 수 있다. 그러

---

80) 감당(甘棠)의 유적 : 『시경』「소남(召南) 감당(甘棠)」에 "무성한 저 감당나무 가지를, 자르지 말고 베지도 말라, 소백이 머무시던 곳이니라."라고 한 데서 온 말이다. 「감당」은 남국(南國)을 순행하면서 문왕(文王)의 정사를 편 소공의 덕을 추모하여 부른 노래인데, 전하여 지방관의 선정(善政)을 의미한다.

81) 세손(世孫) : 조상과 후손의 대수를 기록할 때에는 몇 대조[幾代祖], 몇 대손[幾代孫]을 쓰고, 시조로부터의 세대수를 표시할 때에는 제몇세[第幾世]를 쓰는 것이 관례이다. 그런데 이 책에는 몇 세손[幾世孫]이라는 표시가 많고, 가끔 동일 세대에 다른 세손을 쓰는 착오도 있다. 번역에서는 원문을 존중하고, 설명에서는 대손(代孫)을 쓴다.

82) 장운한(張雲翰) : 1735~1811. 본관은 인동이고 자는 자응(子應)이며 호는 외암(畏庵)이다. 대산 이상정(李象靖)의 문인이며 이계(耳溪) 장사경(張思敬, 1756~1817)의 아버지이다.

83) 장호(張鎬) : 1707~1791. 본관은 인동이고 자는 숙경(叔京)이다. 수직으로 통정대부 첨지중추부사에 임명되었다.

84) 장한(張瀚) : 1727~1786. 본관은 인동이고 자는 숙장(叔章)이다.

85) 장익(張釴) : 1727~1800. 본관은 인동이고 자는 숙화(叔華)이다. 『치암집』의 기록에는 빠져 있다.

86) 장기(張錡) : 1731~1802. 본관은 인동이고 자는 숙문(叔文)이다.

87) 장연(張沇) : 1731~1817. 본관은 인동이고 자는 덕여(德汝)이다. 장우상(張遇相)의 아들로 태어나서 숙부 장우대(張遇大)의 후사를 이었다.

88) 장용(張鎔) : 1734~1812. 본관은 인동이고 자는 윤보(潤甫)이다. 통덕랑을 지냈다.

89) 전하여 장씨의 가법이 된 : 『치암집』에는 '장씨의 가법으로 전한[傳之張氏家法]'이라고 되어 있다.

나 경희가 더욱 깊이 유념하는 것[90]은 공의 큰 절개이다.

단지 일곱 개의 관인만을 보면 모두 우리 왕조의 은택이다. 공은 지난 왕조[91]의 남은 신하이면서 맑은 복을 앉아서 누렸으니, 성내고 따지는 사람의 입장에서 말한다면, 장차 손을 저으며 쫓으면서 그가 자신을 더럽힐까 겁낼 것이다. 오직 맑은 사람만이 인仁을 구하여 인仁을 얻지만, 원망이 없는 도량은 그렇지 않다. 자신으로서는 두 임금을 섬기지 않은 지조가 있지만, 자식으로서는 벼슬하지 않을 의리가 없다. 각자 그 마땅함을 따른 것이니, 넉넉한 범위 안에 밝은 시절의 일곱 관인을 포용할 수 있었으면서도, 야은이나 운곡처럼 되기에 해가 되지 않았던 것이다.

나는 여기에서 우리 왕조 조종의 거룩하심을 알 수 있고, 공 또한 따지고 성내는 한 가지 절조의 선비가 아니었음을 알 수 있었다. 다만 괴이한 것은, 세상에서 절의에 대해 말하는 저 사람들이, 오직 길야은, 원운곡 두 군자만 숭상하고, 공에게까지 이르지 않는 것이다. 어찌 드러나고 감춰지는 것에도 운수가 있는 것이겠는가. 그러므로 내가 밝히 드러내어서, 이 정자에 유람하는 사람들에게 알리는 것이니, 이는 『춘추春秋』에서 숨겨진 것을 천양하는[92] 의리이다.

---

90) 더욱 깊이 유념하려는 : '삼치의(三致意)'를 번역한 것이다. 이 말은, 『사기(史記)』「굴원전(屈原傳)」에 "군주를 보호하고 나라를 일으키며 그것을 반복하려거든 한편 가운데 깊이 마음을 쓸 것이니라.[其存君興國, 而欲反復之, 一篇中, 三致意焉.]"라고 한 데서 유래하였다.

91) 지난 왕조 : 원문의 '승국(勝國)'은 지금 왕조의 바로 앞 왕조를 가리키는 말이다. 『주례(周禮)』「지관사도(地官司徒)」 매씨(媒氏)의 주(註)에 "승국은 멸망한 나라이다.[勝國 亡國也]"라고 하였다.

92) 숨겨진 것을 천양하는 : 『주역』「계사전 하(繫辭傳下)」에 "역은 과거를 드러내고 미래를 보여 주며, 은미한 것을 드러내고 숨겨진 것을 밝혀 준다.[夫易 彰往而察來 而微顯闡幽]"라는 말을 인용한 것이다.

신미년(1811) 7월 상한 영양 남경희南景羲[93] 지음

七印亭記

昔伯夷叔齊 不食周粟 採薇歌 不見於經 孔子曰 求仁得仁 又何怨乎 吾斯之信焉 夫周之粟 仁者之粟 其朝亦聖人之朝也 伯夷以一身立萬世君臣之大防 故不肯立其朝食其粟 其義止於伯夷之身而已 吾未知伯夷叔齊子若孫之爲如何 而世世不食周粟 豈其心哉 其心盖曰 君臣之義不可廢 吾殷人也 不可以食周粟 吾子孫周人也 不仕於周無義 夫然後見淸者之量 而周德之盛 亦可見也 我聖祖之龍興也 應天順人 萬物咸覩 士莫不願立於其朝 獨二三義士不肯 若吉冶隱元耘谷 保勝郎將張公彪 亦隱於興海之禱陰山下 縛草亭以終身 其心盖伯夷之心 而豈聖朝非仕國哉 故冶隱使其子仕 張公有四子命之仕 乙濟知奉化縣 乙河知雲峯縣 乙海知重林郵 乙浦知淸河縣 奉常少尹柳延鳳 康津宰李浥 主簿令同正李玄實 其壻也 永樂七年秋 四子三壻稱觴於懸弧之日 皆佩印而來 掛於庭前雙槐樹 亭之名七印以此 乙濟子胤文討海寇爲功臣 生孟仲季智皆有官 亦爲三世七印 然及公世而爲一時盛事 掛印之樹在 樹亭亭特立於遺墟 爲人所愛惜 比跡甘棠 歲乙丑秋 折於風雨 距掛印時爲三百三十七年 於是十二世孫雲翰有翰 十三世孫鎬澣釴 更植樹 且曰不可無亭 銳意肯搆 材旣集 鎬卒 弟錡與再從弟沇 踵而成之 丁巳春也 亭因舊號 而左曰慶壽堂 右曰孝友齋 求記於景羲 盖據當日之跡 傳之爲張氏家法 則堂若齋可顧 而景羲之三致意者 公之大節也 但七印皆聖朝恩澤 而公以勝國遺臣 坐享淸福 自悻悻者言之 將靡而去之 恐其浼己 惟淸者求仁得仁 無怨之量不然 身有罔僕之操 子無不仕之義 各從其所宜 恢恢然容明時七印於範圍之內 而不害爲冶隱耘谷 吾以是知我朝祖宗之聖 而公亦非悻悻一節之士也 獨恠夫世之談節義者 惟吉元二君子是尙 而未有及於公 豈顯晦有數歟 吾故表而出之 以告遊斯亭者 盖春秋闡幽之義也

歲辛未孟秋上澣英陽南景羲記

---

93) 남경희(南景羲) : 1748~1812. 본관은 영양이고 자는 중은(仲殷)이며 호는 치암(癡庵)이다. 경주에 살았으며 대산 이상정(李象靖)의 문인이다. 1777년 문과에 급제하고 성균관 전적, 사헌부 감찰, 사간원 정언, 병조좌랑 등을 역임하고 경주 보문리로 돌아와 묵헌 이만운(李萬運) 등의 사우들과 교유하고 후학을 양성하였다. 저서 『치암집』이 있다.

2) 칠인정 상량문(七印亭上樑文)

壽又多子	장수하고 아들이 많은 이
人間完福之家	인간 중에 복이 완전한 집이요
貴而榮親	귀하게 되어 어버이를 영화롭게 하니
海上勝宴之地	바닷가에 멋진 잔치자리로다
而江山不改其舊	그래도 강산이 옛 모습을 바꾸지 않으니
惟臺榭重建于今	오직 정자는 지금 와서 중건하도다
盖自鼻祖上將軍 玉山世貫	비조 상장군부터 대대로 옥산이 관향이며
逮至賢孫興義衛 海郡移去	어진 후손 흥의위 때에 흥해군에 이거했네
臨水背山 莫地理若	배산임수하니 이만한 땅이 없고
晝耕夜讀 有天翁知	주경야독하니 하느님도 알았었네
由來世德之有源	그때부터 대를 이은 덕에 근원이 있었으니
宜其遐福之永享	마땅히 심원한 복을 길이 누리리라
有四男三壻之貴 並策名於淸朝	4남3서가 귀히 되어, 맑은 조정에 이름을 나란히 하고
爲一時百里之官 齊稱壽於晬日	일시에 지방관이 되어, 생신날 함께 장수를 축원했네
皀盖聯翩於梓里 榮動溪山	수레 덮개[94] 고향[95]에 이어지니, 영화로 산하가 춤추고
彩服羅列於萱堂 慶祝海屋	채색 옷[96]이 어버이 앞에 늘어서서, 장수[97]를 경축하네

94) 수레 덮개 : 원문의 '조개(皁蓋)'는 흑색의 수레 덮개라는 뜻으로, 지방 장관을 가리킨다. 『후한서(後漢書)』 권39 「여복지(輿服志)」에 "중이천석(中二千石)과 이천석(二千石)은 모두 수레 덮개를 흑색으로 한다.[中二千石、二千石皆皁蓋.]" 하였다.

95) 고향 : 원문의 '재리(梓里)'는 가래나무가 서 있는 마을로, 고리(故里) 또는 선산을 말한다. 『시경』 「소아 소반(小弁)」에 "어버이가 심어놓으신 뽕나무와 가래나무도, 반드시 공경해야 하는 법이다. 그런데 하물며 우러러뵐 분으로는 아버지 말고 다른 사람이 없으며, 의지할 분으로는 어머니 말고 다른 사람이 없는 데야 더 말해 무엇 하겠는가.[維桑與梓, 必恭敬止. 靡瞻匪父, 靡依匪母.]"라고 하였다.

96) 채색 옷 : 채복(彩服)은 효자가 입은 옷이다. 노래자는 나이 70이 되어서도 부모님을 즐겁게 해 드리기 위해 항상 오색의 옷을 입고 어린아이처럼 춤추고 노래하며 재롱을 떨었다고 하였다. 『초학기(初學記) 효자전(孝子傳)』

97) 장수 : 원문의 '해옥(海屋)'은 신선이 사는 집으로, 소식(蘇軾)의 『동파지림(東坡志林)』 권7에, 세 노인이 만나 서로 나이를 물었는데 한 노인이 "바다가 변해서 뽕밭으로 변할 때마

遂將七顆腰印	마침내 일곱 개의 관인을 허리에 차고
掛在雙樹庭槐	뜰앞의 두 그루 느티나무에 걸었었네
旣洩洩瀜瀜爲子止孝	자식이 효도를 실천함이 이미 화락하고 즐거우니[98]
何累累若若以吾名亭	우리 정자의 이름은 어찌나 거듭 치렁치렁한지
德門貴人上應北斗星象	덕문의 귀인들은 위로 북두칠성에 응하고
遐鄕晟事後傳南國風謠	먼 고향 빛난 일은 나중에 남국의 노래가 되네
歷數世而重襲其遺芳	여러 대를 지나도 그 아름다움을 이어받았고
卽故址而無替乎嘉號	옛 터전에 나아가 아름다운 명성을 잃지 않았네
物理之盛衰 固有悠悠三百年間	사물의 성쇠는 진실로 유유히 삼백년이 흘렀지만
世業之保守 惟勤綿綿幾十代後	세업을 지킴은 몇십 대가 되도록 오직 근실하였네
嗟乎人非而物是	아아, 사람은 틀려도 사물은 옳아서
顚木之甹蘖尙存	나무가 쓰러져도 움싹이 아직 있듯이
漠然山高而水淸	아득한 산은 높고 물은 맑아서
故家之雲仍自在	옛 가문에는 자손이 절로 있구나
家詩而戶禮	집집마다 시례를 공부하니
門闌屬重恢之幾	문중이 다시 회복될 기미가 있고
世遠而跡陳	세대가 멀고 자취가 무너지니
墟落起永慕之忱	폐허에서 사모하는 마음이 일어나네
肆後裔 發揮前烈	후예들에게 지난 열성을 드러내고자
於舊址 經始新亭	옛 터전에서 새로운 정자를 경영하네
仍貫如之何	전처럼 하는 것이 어떠하겠는가
不必圭臬之卜吉	반드시 길일을 점칠 것도 없고
苟完而已矣	그저 완성하면[99] 될 뿐이니

다 나는 산가지 하나를 집에 놓았는데, 그 산가지가 이미 10칸 집을 채웠다."라고 한 해옥첨주(海屋添籌)의 이야기가 있다.

98) 화락하고 즐거우니 : 『춘추좌씨전』 은공(隱公) 원년에, 정(鄭)나라 장공(莊公)이 아우 공숙단(共叔段)의 반란을 평정한 뒤에 그와 공모(共謀)한 어머니 강씨(姜氏)를 성영(城潁)에 유폐하고 다시 안 만나겠다고 했다가, 영고숙(潁考叔)의 충언을 듣고 땅굴을 통해 들어가서 강씨를 만났는데, 그때에 장공이 노래하기를 "대수 안에 그 즐거움이 화락하네.[大隧之中, 其樂也融融.]" 하였고, 그 어머니가 나와서 노래하기를 "대수 밖에는 그 즐거움이 퍼지도다.[大隧之外, 其樂也洩洩.]"라고 하였다. 여기에서 '예예융융(洩洩瀜瀜)'이 나왔다.

斯可堂構之述先	여기 선대를 따라 집을 지으면 되리
鳥斯翬斯 五樑之制度突兀	웅장하고 화려하도다[100], 다섯 들보의 제도가 우뚝하고
古有今有 七印之亭號因循	옛날에 있던 집 지금도 있도다, 칠인정 이름도 그대로라
桑亦必恭 舊田無至變海	조상의 고향[101]을 공경하리, 옛터는 바다가 되지 않았구나
槐有繼植 新陰可復滿庭	느티나무를 이어 심으리, 새 그늘이 뜰에 다시 가득하리라
斯爲孝道之遹追	이것이 효도를 뒤따름이 될 것이며
亦斯榮塗之重闡	이 또한 영화의 길을 다시 열 것이라
草幕中善行旣積	초막의 선행이 이미 쌓였으니
曾已三牲之供廚	일찍이 봉양의 음식[102]을 바쳤으며
芸編上學業方勤	서적[103]으로 공부함이 한창 근면하니
何難五馬之繫樹	수령이 되기[104]에 무엇이 어려우며

99) 그저 완성하면 : 『논어』 「자로(子路)」에, "공자가 위(衛)나라 공자(公子) 형(荊)을 평가하기를, '그는 집안 살림을 아주 잘하는 사람이다. 처음 살림을 나서 재물을 소유하게 되자, 「이만하면 모였다.」라고 하였고, 조금 더 장만하게 되자, 「이만하면 충분히 갖추었다.」라고 하였고, 부유하게 되자, 「이만하면 충분히 훌륭하다.」 하였다.' [子謂衛公子荊, 善居室. 始有曰苟合矣, 少有曰苟完矣, 富有曰苟美矣.]"라고 한 것을 인용하였다.

100) 웅장하고 화려하도다 : 원문 '조사휘사(鳥斯翬斯)'는 '휘비조혁(翬飛鳥革)'의 뜻으로, 웅장하고 화려한 건물을 비유할 때 쓰는 말이다. 『시경』 「소아(小雅) 사간(斯干)」에, "공중에 우뚝 선 건물의 모양은 마치 새가 깜짝 놀라서 날개를 펴는 듯하고[如鳥斯革], 화려하게 장식된 추녀는 마치 꿩이 날아오르는 것 같다.[如翬斯飛]"라고 하였다.

101) 조상의 고향 : 뽕나무와 가래나무는 조상의 고향을 뜻한다. 『시경』 「소아(小雅) 소반(小弁)」에 "부모님이 심은 뽕나무와 가래나무도 반드시 공경해야 한다.[維桑與梓, 必恭敬止.]"라고 하였다.

102) 봉양의 음식 : 원문의 '삼생(三牲)'은 소·양·돼지 등 세 가지 희생(犧牲)으로 성대한 음식을 마련하여 부모를 봉양함을 말한다. 『효경(孝經)』 전(傳) 7장(章)에, 어버이를 섬기는 자는 남의 윗자리에 있으면서 교만하지 않고, 아랫사람이 되어서 어지럽지 않으며, 동료들과는 다투지 않아야 한다는 내용 뒤에 "만약 이 세 가지를 없애지 않는다면, 비록 날마다 세 종류의 짐승을 잡아서 봉양한다 하더라도 오히려 불효가 된다.[三者不除, 數日用三牲之養, 猶爲不孝也.]"라고 하였다.

103) 서적 : 원문의 '운편(芸編)'은 서적을 가리킨다. 운(芸)은 향초(香草)인데 책장에 이 풀을 끼워 넣어 좀을 막았기 때문에 이러한 명칭이 생겼다.

104) 수령이 되기 : '오마(五馬)'는 말 다섯 필이 끄는 수레인데, 태수가 타는 수레이다. 『옥대신영(玉臺新詠)』 「일출동남우행(日出東南隅行)」에 "사군이 남쪽에서 오더니 오마를 세우고 머뭇거리네.[使君從南來 五馬立踟躕]"라고 하였다.

無聲而聽 苗裔百代興懷	소리 없어도 듣는 것은, 후예들 백대에 일어나는 감회요
有翼然臨 洞壑一倍生色	날개 돋듯이 우뚝 임하니, 골짜기가 갑절로 빛이 나도다
玆陳張老之頌	이에 장로의 노래[105]를 지어 불러
庸助倕氏之工	이로써 수씨의 일[106]을 도우리라

兒郎偉抛樑東	어영차, 동쪽에 들보를 세우세
烏島蒼蒼印海中	오도[107]는 푸르고 푸르러 바다에 비치도다
鰲山如舞群龍戱	오산[108]은 춤추면서 뭇 용을 놀리는 듯
朝日照之光彩籠	아침 해 비쳐오니 광채가 덮였구나[109]

兒郎偉抛樑西	어영차, 서쪽에 들보를 세우세
禱蔭鎭邑群山低	도음산[110]이 고을을 지키니 뭇 산이 나직하다
古菴金神光照井	옛 암자에 금불상 빛이 우물에 비치니
崇蘭繞庭叢竹齊	고운 난초[111] 뜰을 감싸고 대나무가 나란하다

兒郎偉抛樑南	어영차, 들보를 남쪽에 세우세

105) 장로(張老)의 노래 : 진(晉)나라 문자(文子)가 집을 낙성하자, 대부인 장로(張老)가 그 으리으리한 규모를 보고 칭송하기를 "아름답구나, 높고 큼이여. 아름답구나, 많고 많음이여. 여기에서 제사 지내며 노래를 부르고 여기에서 곡을 하며, 국빈과 종족이 여기에서 모일 것이다.[美哉輪焉, 美哉奐焉. 歌於斯, 哭於斯, 聚國族於斯.]"라고 하였는데, 여기에서 온 말이다.『예기(禮記) 단궁 하(檀弓 下)』

106) 수씨의 일 : 공수(工倕)는 순(舜) 임금 때의 뛰어난 명장(名匠)이다.『맹자』「이루 상(離婁上)」에 "공수자의 솜씨로도 그림쇠나 곱자를 쓰지 않으면 네모와 원을 이룰 수 없다.[公輸子之巧, 不以規矩, 不能成方圓.]"라고 하였다.『장자(莊子)』

107) 오도(烏島) : 경상북도 포항시 흥해읍 오도리에 있는 섬의 이름이다. '오도리 주상절리'라는 이름으로 2023년 8월 17일 천연기념물 575호로 지정되었다.

108) 오산(鰲山) : 경상북도 포항시 흥해읍 남송리에 있는 산이다.

109) 광채가 덮였구나 : 좌사(左思)의「위도부(魏都賦)」에 '흰 태양이 꽃을 새긴 창문을 덮어 빛나네.[皦日籠光於綺寮]'라고 하였던 것을 활용하였다.

110) 도음산(禱陰山, 禱蔭山) : 경상북도 포항시 흥해읍 학천리에 있는 산이다.

111) 고운 난초 : 원문의 '숭란(崇蘭)'은 인품과 덕성이 고상한 사람을 비유하는 말이다.『초사(楚辭)』「초혼(招魂)」에 "광풍은 혜초를 흔들고 저 언덕의 난초를 움직인다.[光風轉蕙, 氾崇蘭些.]"라고 하였다.

兄山對立兄江湛	형산은 마주 서고 형산강은[112] 맑구나
如蓋如麾遠相拱	덮개처럼 휘장처럼 멀리 서로 공경하고
有雲其上青於藍	그 위에 구름 있으니 쪽풀보다 푸르다
兒郎偉抛樑北	어영차, 들보를 북쪽에 세우세
長川繚繞陽山側	긴 강은 굽이굽이 양산 곁에 흐르네
古槐垂陰淸晏堂	옛 느티가 청안당[113]에 그늘을 드리우니
絃歌儒化莫非極	풍류와 유학의 교화가 모두 지극하구나
兒郎偉抛樑上	어영차, 들보를 위쪽에 세우세
洞天窈窕雲日朗	아름다운 골짜기에 구름 걷힌 해가 맑다
屋角林梢鳴聲聞	지붕 처마 나무 끝에 새 소리 들리는데
子烏母鵲知其養	까막까치 어미새끼[114]도 봉양할 줄 아는구나
兒郎偉抛樑下	어영차, 들보를 아래에 세우세
桑麻十里旋開野	십리 농토가 휘둘러 들판을 열었네
源泉流遠灌平田	근원의 샘이 멀리까지 흘러 농토를 적시고
每年登熟曾孫稼	해마다 곡식이 익으니 후손들이 농사짓네
伏願上樑之後	엎드려 원하오니, 상량한 뒤에는
海山如畵	그림처럼 바다와 산의 수복을 누리시고
草木長春	풀과 나무처럼 늘 봄날이소서
滿堂襟紳 無非克家之華胄	집에 가득한 선비들은 모두 가문을 이은 후손들
盈門簪紱 摠是需世之英才	문에 가득한 관원들은 모두 세상에 쓰일 영재들

---

112) 형산은 … 형산강은 : 형산(兄山)은 경상북도 포항시 연일읍에 있는 산이다. 제산(弟山)과 바로 마주 보고 있다. 형산강(兄山江)은 형산과 제산 사이를 흐르는 강이다.

113) 청안당(淸晏堂) : 조선시대에, 경상도 흥해군 관아에 있던 정당(政堂)의 이름이다. 지금은 없다.

114) 까막까치 어미새끼 : 반포지정(反哺之情)을 뜻한다. 반포는 먹이를 돌려준다는 말인데, 까마귀 새끼는 다 자라고 나면 자기 어미에게 먹이를 물어다 준다하여 예로부터 효조(孝鳥)로 알려졌다. 그래서 까마귀를 자오(慈烏)라고 일컫기도 한다. 『습유기(拾遺記)』

奉歡庭闈	어버이께 기쁨을 드리니
家家列五鼎而養	집집마다 오정[115]을 두고 봉양하고
出遊京國	서울을 떠나 벼슬하더니
人人佩六印而歸	사람마다 육인[116]을 차고 돌아오리
勉後輩之善繼善承	후배들이 잘 계승하도록 권면하여
覽斯亭者起敬起孝	이 정자를 보는 이들에게 공경과 효심을 일으키리라

資憲大夫前行兵曹判書兼知義禁府春秋館事五衛都摠管權𢢜撰

자헌대부 전행 병조판서 겸지의금부춘추관사 오위도총관 권엄[117] 찬

3) 칠인정 중수기[118](七印亭重修記)

서울에서 동쪽으로 천리 먼 길을 달리면 곡강曲江이라는 곳이 큰 바닷가에 자리잡고 있다. 오도烏島는 하늘에 붙었고 도음산禱陰山은 땅에서 솟았는데, 깊고 넓으며 맑고 정숙한 기운이 구불구불 상서로운 기운이 세상의 먼지쌓인 생각을 끊어지게 한다. 생각건대, 고고한 종적으로 자신을 깨끗이 하는 선비는 반드시 거기에서 편히 깃들여 살면서 늙어갈 것이다. 그러

---

115) 오정(五鼎) : 소, 양, 돼지, 생선, 순록의 다섯 가지 고기를 다섯 솥에 각각 담아 먹는 것을 이르는 말로, 전하여 고관 귀족의 대단히 호사스러운 진찬(珍饌)을 뜻한다. 『의례(儀禮) 소년궤식례(少年饋食禮)』

116) 육인(六印) : 육인(六印)은 육국(六國) 재상의 인끈이고, 이경(二頃)은 두 이랑의 적은 논밭이다. 전국(戰國) 시대 소진(蘇秦)이 합종책(合從策)으로 육국의 재상이 된 뒤에, "가령 내가 낙양(洛陽)의 성곽 근처에 밭 두 이랑만 있었던들, 내가 어찌 육국 재상의 인끈을 찰 수 있었겠는가." 하였다. 『사기(史記) 소진열전(蘇秦列傳)』

117) 권엄(權𢢜) : 1729~1801. 본관은 안동이고 자는 공저(公著)이며 호는 섭서(葉西)이다. 1765년 문과에 급제하여 사헌부 지평, 충청도와 전라도 관찰사, 사간원 대사간, 공조와 병조판서를 역임하였다. 1775년 12월 20일 홍해군수에 임명되어 1776년 1월 3일에 부임하였다.

118) 칠인정중수기(七印亭重修記) : 이 글은 장석룡의 『유헌집 권8』 「기(記)」에 수록되어 있으며, 이 필사본과는 약간의 출입이 있다.

니, 우리 종친 칠인정七印亭 장씨들의 선조 홍의공興義公 휘 표彪가[119] 실로 그 중에서 드러나게 칭송되는 분이다.

공은 나의 선조 충정공忠貞公[120]의 가까운 친척이었는데, 절개를 지키는 점도 같았다.[121] 고려 사직이 망하는 때를 당하자 처자를 이끌고 바닷가에 들어가 초막 몇 간을 짓고 여기에서 평안히 지내면서 높은 연세를 누렸다.[122] 그 일편단심은 시종 한결같아서 지난 왕조의 완전한 신하가 되었지만, 그 아들들에게는 우리 왕조에 나아가 벼슬할 것을 명하였다.

공의 생신날이 되었을 때 네 아들과 세 사위가 동시에 관인을 차고 와서, 뜰앞의 느티나무에 치렁치렁[123] 걸었다. 그 문간의 광경이 천년 뒤에도 아직도 흠모하고 칭송할 일인데, 하물며 후손 중에도 3대에 7인으로 이어졌음이겠는가. 그러니 정자의 이름을 칠인정이라고 한 것이, 다만 당시에 융성하던 일을 뜻하는 것만이 아니라, 또한 앞날의 발걸음이 상서로운 자취에 부합한다는 것이었으며, 홍의공의 아름다운 계획과 의로운 도리[124]가 무성히 뻗어가는[125] 아들 손자들에게 넉넉히 드리웠던 것이어서, 그들이

---

119) 우리 종친 … 휘 표가 : 필사본에는 '吾宗人七印亭張氏 先祖興義公諱彪'라고 되어 있으나, 『유헌집』에는 '고 홍의 장공 휘 표가[故興義張公諱彪]'라고 하였다. 의미상의 차이는 없다.

120) 충정공(忠貞公) : 장안세(張安世)를 가리킨다. 앞의 주 참조.

121) 절개를 지키는 점도 같았다 : 필사본에 '而秉節同'이 있으나 『유헌집』에는 없다. 의미상 중요한 차이는 없다.

122) 평안히 지내면서 … 연세를 누렸다 : 필사본에는 '安於斯 而壽享大耋'라고 되어 있으나, 『유헌집』에는 '여기서 노년을 마쳤다[終老於斯]'고 하였다. 의미상 중요한 차이는 없다. 이하 사소한 차이는 열거하지 않는다.

123) 치렁치렁 : 원문의 '약약(若若)'은 인끈이 드리워진 모양을 표현한 것이다. 『한서(漢書)』 권93 「영행전(佞幸傳) 석현(石顯)」에 "도장은 어찌 그렇게 주렁주렁 매달고, 인끈은 어찌 그렇게 치렁치렁 늘어뜨렸는가.[印何纍纍 綬若若邪]"라고 하였다.

124) 의로운 도리 : 의방(義方)을 풀이한 말이다. 춘추 시대 위(衛)나라 장공(莊公)의 아들 주우(州吁)가 방자하게 굴자 현대부(賢大夫) 석작(石碏)이 장공에게 "자식을 사랑한다면 그에게 올바른 도리로 가르쳐서 삿된 길로 빠져들지 않게 해야 한다.[愛子, 教之以義方, 弗納於邪.]"라고 충간한 데에서 온 말이다. 『춘추좌씨전(春秋左氏傳) 은공3년』

125) 무성히 뻗어가는 : 원문의 '담시(覃施)'는, 『시경』 「주남(周南) 갈담(葛覃)」에 "칡덩굴이

다 학문이 우수하고 기량이 큼직하여 수령의 직분126)으로 칭송되었을 것은 당연한 것이다. 어찌 융성하지 아니한가.127)

전에 내가 과거에 합격한 초기에 먼 길을 돌아서 이 정자에 올라 화수의 정을 따뜻하게 나누었었다. 여러 종친들은 모두 순박하고 공경하며 독실히 행하였다. 통진부사 심학心學128)은 문장으로 이름을 날리며 바람을 타고 물결을 일으키는 사람이었는데, 나와 좋아하는 정이 깊었다. 일곱 관인의 고사를 역력히 말하면서 시판의 붉은 글자들을 가리키면서 낭랑히 읽기도 하고 굽어보고 쳐다보기도 하였다.

그것이 이미 60여 년이 되었다. 가끔 생각이 여기에 이르면 아득하기가 유완劉阮이 천태天台129)를 지나간 경지를 말하는 것 같았다.

그런데 내가 마침 지방관을 맡아서130) 달성부에서 봉양을 하도록 취임하

뻗어감이여! 골짜기 가운데에 널리 퍼졌네. 잎이 무성하거늘, 이에 베며 이에 삶노라. 고운 갈포를 만들고 거친 갈포를 만드니, 입음에 싫음이 없도다.[葛之覃兮 施于中谷 維葉莫莫 是刈是濩 爲絺爲綌 服之無斁]"라고 한 데에서 인용한 것이다.

126) 수령의 직분 : 원문의 '백리직(百里職)'은 지방관을 맡는 것을 말한다. 후한(後漢) 왕환(王奐)이 "탱자와 가시나무는 난새나 봉황이 깃들 곳이 아니니니, 백 리쯤 되는 작은 고을이 어찌 큰 현인이 있을 고을이겠는가.[枳棘非鸞鳳所棲, 百里豈大賢之路?]"라고 한 고사에서 나왔다.『후한서(後漢書)』

127) 홍의공의 아름다운 … 융성하지 아니한가 : 필사본의 '而莫非興義公嘉謨義方 垂裕覃施之子之孫 並皆優於學 而恢於器 稱百里職也必矣 曷不盛矣乎'을 번역한 것이다.『유헌집』에는 이 부분이 실려 있지 않다.

128) 심학(心學) : 장심학(張心學, 1804~1865)이다. 본관은 인동이고 자는 재중(在中)이며 호는 강해(江海)이다. 문과에 응시했다가 실패하고 다시 무과에 응시하여 급제해 오위장 총융장 통진부사를 역임하였다. 저서『강해집』이 있다.

129) 유완의 천태 : 후한(後漢)의 유신(劉晨)이 일찍이 완조(阮肇)와 함께 약초를 캐러 천태산(天台山)으로 들어갔다가 길을 잃어 버렸다. 한참을 헤매다 우연히 도원동(桃源洞)으로 들어가 두 명의 선녀를 만나 반년 동안 함께 살다가 돌아왔더니, 이미 수백 년의 세월이 흘러 7대손이 살고 있었다는 고사가 전한다.『태평어람(太平御覽) 권41』

130) 지방관을 맡아서 : 원문의 '판여(板輿)'는 푹신한 부들방석을 깐 수레로, 주로 노인을 태울 때 쓰는바, 지방관으로 부임해서 늙은 어버이를 맞이하여 봉양함을 말한다. 진(晉)나라 반악(潘岳)이 장안 영(長安令)으로 옮겼다가 박사(博士)로 제수되자, 벼슬을 버리고「한거부(閑居賦)」를 지었는데, "태부인을 마침내 판여에 모시고 가벼운 수레에 올라, 멀

였는데, 멋지게 머리가 허연 두 사람이 옛 가문의 복색을 하고 명함을 넣고 인사를 하는데, 바로 곡강의 종친 경홍敬弘[131]과 태유泰維[132]였다. 안부를 나누기를 마치자 곧 다시 꿇어앉아 말했다.

"조상의 정자가 세월이 오래되어 퇴락하여 무너졌습니다. 여러 자손들이 한 마음으로 힘을 다하여 수리하였더니, 폐해졌던 옛 모습은 이제 없습니다.[133] 이를 위하여 미더운 글을 빌고자 추위를 무릅쓰고 먼 길을 건너 왔습니다."

내가 말했다.

"어질구나, 여러분이여. 조상을 이어 지키기가 어렵다는 것은 옛사람들이 탄식한 일인데, 여러분은 능히 하였단 것인가. 오늘날의 경박한 풍속을 돌아보면, 비록 힘이 조상의 일을 넉넉히 하기에 충분하여도, 오히려 던져두고 범연히 보고 있는 자들을 어찌 한정이 있겠는가. 유독 장씨들은 흉년이 들었음에도 불구하고 떨쳐 일어나 지붕을 덮고 수리하니, 이는 가히 원근 지방에 모범이 될 것이다.[134]"

마침내 혼미하고 귀어둡다고 사양하지 않고, 던져두었던 벼루를 닦아서 전말을 지어 썼다. 그러니 어쩌면, 장씨의 길하고 경사로운 가운이 장차 정자와 함께 새로워져서, 팔뚝에 황금 관인을 차고[135] 허리에 자줏빛 인끈을

리는 왕기를 구경하고 가까이는 집의 동산을 돌았다.[太夫人乃御板輿, 升輕軒, 遠覽王畿, 近周家園.]"라고 했다.『진서(晉書) 권55』

131) 장경홍(張敬弘) : 1821~1893. 본관은 인동이고 자는 경숙(敬叔)이며 호는 괴천(槐泉)이다.

132) 장태유(張泰維) : 1845~1915. 본관은 인동이고 자는 치일(致一)이며 호는 천재(泉齋)이다. 수직 통정대부였다. 장두표(張斗杓)의 아버지이고 장지윤(張志胤)의 조부이다.

133) 옛 모습은 이제 없습니다 : 필사본에는 '已無廢後觀'이라고 되어 있으나,『유헌집』에는 이 부분이 삭제되어 있다. 그 뒤의 '而衝寒涉遠'도 삭제되어 있다.

134) 오늘날의 경박한 … 모범이 될 것이다 : 필사본의 '顧今澆俗 雖力足以綽綽於先事 猶置而泛視者何限 獨張氏不拘歉匱 奮起葺修 此可以範楷於遠近矣'은『유헌집』에 실려 있지 않다.

135) 팔뚝에 금인을 차고 : 진(晉)나라 왕돈(王敦)이 반란을 일으켰을 적에 상서 좌복야(尙書左僕射) 주의(周顗)가 좌우 사람들에게 말하기를 "금년에 도적놈들을 죽이기만 하면 말

두른 이가 후일에는 다만 일곱 사람만이 아닐 것이다. 나를 믿지 못할 것 같으면, 어찌 뜰의 나무 그늘이 번성함을 보지 않는가.

종친 후학 숭정대부 원임공조판서 의금부사 홍문학사 석룡 지음

七印亭重修記

道京師東走千里而遠 曰曲江 濱于大海 烏島黏天 禱山秡地 瀜淑之氣 蜒蜿扶輿 絶埃壒想 意者 高蹈自靖之士 必棲遲終老於其間 而吾宗人七印亭張氏 先祖興義張公諱彪 實表表著稱者也 公於我先祖忠貞公爲懿親 而秉節同 當麗社之屋 公挈妻子入海上 縛草幕數間 安於斯 而壽享大耋 其赤心終始如一日 爲勝國完臣 命其子出仕明朝 迨公稱壽之辰 四子三壻 同時佩綬 掛若若於庭前雙槐樹 門楣光景 千載之下 猶可欽賞 而況後舅之繼有三世七印者乎 然則 亭名七印 非徒當日之志盛事而已 抑亦來武之符祥休也 而莫非興義公嘉謨義方 垂裕覃施之子之孫 並皆優於學 而恢於器 稱百里職也必矣 曷不盛矣乎 粤余釋褐初 逶迤登斯亭 款叙花樹諸宗幷醇愘篤行 通津倅心學鳴於詞 而乘風破浪者也 與我情好深 歷歷說七印古事 指板上紅霰 而浪讀之俛仰之頃 已洽六十星霜 有時念及 茫然若劉阮之說天台過境 而余適以板輿 就達府之養 有休休皤髮者二人 帶古家色 投刺而拜 乃曲江宗人敬弘泰維也 叙寒暄畢 輒復跪曰 先亭歲久頹圮 衆子孫同心竭力治之 則已無廢後觀 爲乞信筆 而衝寒涉遠 余曰 賢哉諸君 嗣守之難 古人所歎 而諸君能之乎 顧今澆俗 雖力足以綽綽於先事 猶置而泛視者何限 獨張氏不拘歉匱 奮起葺修 此可以範楷於遠近矣 遂不以昏瞶辭 拭廢硏撰叙顚末 而抑又有張氏吉慶之運 其將與亭俱新 肘黃金腰紫綬者 不翅七人於他日矣 如我不信 盍視庭樹之繁陰也

宗後學 崇政大夫原任工曹判書義禁府事弘文學士 錫龍記

만큼 큰 금인을 팔뚝에 차리라.[今年殺諸賊奴, 取金印如斗大繫肘.]"라고 하였다. 『진서(晉書) 권69』

제2부

족안族案과 유안儒案

족안과 유안

1. 족안 族案

『족안』의 개요

표지제목	기록시기	가로 세로	내용면수	인원	비고
族案	계유(1813) 2월	29.6*42.0	21	120	권두 서문, 권말 절목 있음
族案	계미(1883) 3월	33.7*33.3	14	155	권말 절목 있음
族案	정묘(1927) 1월	27.5*28.0	13	73	권두 절목, 권말 절목 있음
宗稧案	기해(1959) 1월	30.6*27.7	9	90	

1) 족안 권1

표지 族案

서문

中宗稧案重修序

宗而修稧 亶由於奉先裕昆之義也 粤我入鄕始祖 有庭下七綏之慶 歷三世 簪纓

繼繼 何其盛哉 今我雲仍零替 旣無文獻之講述 又乏爵祿之榮享 是亦門運時數之所關耶 世代漸遠 派序旣分 而昔在中葉 爲慮後裔之漸疏 又恐香火之或闕 歲壬寅 略收斗穀 辦備位畓十餘斗 以爲參奉先祖以下諸墳山 及四時祭需之具 而財力旣少 尙未成樣 在丙戌 先伯父若諸從父 與吾先考 一心合議 別立新規 香火則輪回自備 本位畓穀物則逐年取殖 至丁酉年間 土廣財殖 用是而爲四節之奠墓祀之羞 推餘而爲送終之賻奬學之資 玆豈非奉先裕昆之義耶 凡吾諸宗勿墜先緖 其各惕念 曾子曰 愼終追遠 民德歸厚 程叔子曰 收宗族厚風俗 今吾宗稧 其亦厚之本也 從今以後 上述先代之志 下裕後進之業 永久遵行 永久敦睦 則亦豈非厚之至耶 玆於修案之日 書諸卷首 聊以相勉云爾

歲癸酉二月十八日後孫應杰序

종중의 계안을 중수하는 서문

종중에서 계를 수립하는 것은, 오로지 조상을 받들어 자손에게 덕을 넉넉히 전하려는 의에서 비롯되었다.

옛날 우리 입향 선조께는 그 슬하에서 일곱 인끈의 경사가 있었고, 3대를 지내면서 영화로운 지위가 계계승승하였으니, 그 얼마나 융성하였던가.

지금 우리 후손이 미약해지면서, 이미 문헌을 강술하는 일이 없어졌으며 또 관직의 영화로움도 부족해졌다. 이 또한 가문의 운명과 시대의 운수에 관련된 것인가.

세대가 점점 멀어지고 계파와 서차가 이미 나누어졌으므로, 지난 중엽에는 후예들이 점점 멀어지는 것을 염려하고 또한 조상의 제사를 혹시 빠뜨릴까 두려워하였다. 임인년에 간략하게 몇 말의 곡식을 거두고 제위답 십여 두락을 마련하여 이로써 참봉선조(휘 憲) 이하 여러 위의 산소와 사시 제수를 갖추기로 하였으나, 재물과 힘이 부족하였으므로 아직도 격식을 이루지는 못했었다.

병술년(1766)에 선백부와 여러 숙부들과 내 선고께서 한 마음으로 의논을 모아서 따로 새로운 규약을 세웠다. 제사는 돌아가며 지내되 스스로 장만하고, 본위의 논에서 나는 곡물은 해마다 이자를 늘리기로 하였다. 정유년(1777)간에 이르자 농토가 넓어지고 재물이 늘었으므로 이것으로 사계절에 묘사를 올릴 제수로 쓰게 하고, 그 나머지를 늘려서 장례의 부조와 장학의 자금으로 쓰기로 하였다. 이것이 어찌 조상을 받들고 후손에게 넉넉히 전하는 의가 아니겠는가. 무릇 우리 여러 종친들은 선조의 유업을 실추하지 말고 각자 두려워하며 명심해야 할 것이다.

증자께서는, "죽음을 신중히 모시고 먼 조상을 추모하면 백성의 덕이 후덕한 데로 돌아간다."고 하셨고, 정숙자께서는, "종족을 거두어주고 풍속을 두텁게 한다."고 하셨다. 지금 우리 종친의 계는 그 또한 두텁에 하는 근본이 아니겠는가. 이제부터 이후로, 위로는 선대의 뜻을 이어받고 아래로는 후진의 사업을 넉넉하게 하여 영구히 준행하고 영구히 돈목한다면, 또한 어찌 두텁게 함의 본뜻이 아니겠는가.

이에 계안을 중수하는 날에 책의 머리에 쓰고, 이로써 서로 권면하고자 한다.

계유년(1813) 2월 28일 후손 응걸應杰 서문을 씀

본문

각 면을 6계선으로 나누고, 한 난에 '성명 자 생년'을 기록함(별세하면 성명 위에 '仙'자를 씀)

제1면 : '序次' 다음에 5인

제2~6면 : 각면 6인, 제7면에 '原'을 씀

합 35인(張銑1742생~張應軫1774생)

제7면 : '原' 다음에 5인

제8~20면 : 각면 6인

제21면 : 2인

합 85인(張敏學1794생~張南圭1824생)

권1 수록인원 : 120인

뒷표지 내면

癸巳正月 日 節目
門物蕩殘 故自今爲始 初喪賻儀則三兩式爲定是遣 巾帶則一兩式爲定爲去乎 若無至親帶服者 則隨所入許給事

계사년(1833) 정월 일 절목
문중의 재물이 흩어지고 잔약하므로, 이제부터 시작하여 초상의 부의는 3냥씩으로 정하고, 상복비용은 1냥씩으로 정하기로 하는데, 만약 상복을 입을 지친이 없는 경우에는 그가 부담한 것에 따라서 지급하기를 허락할 것

丁酉二月 記
門物蕩殘無餘 故自今爲始 初喪賻儀則一兩五戔式爲定是遣 巾帶則勿爲擧論事

정유년(1837) 2월에 기록함
문중의 재물이 흩어지고 잔약하여 남은 것이 없으므로, 이제부터 시작하여 초상의 부의는 1냥 5전씩으로 정하고, 상복비용은 거론하지 말 것

2) 족안 권2

표지 : 族案 계미년(1883) 삼월 일

본문

각 면을 12계선으로 나누고, 한 난에 '성명 자 생년'을 기록함(별세하면 성명 위에 '仙'자를 씀)

제1면 '座次' 다음에 11인

제2~4면 각면 12인

제5면 5인, 6행에 '原' 7행에 '癸未三月 日'

제5면 4인

제6~11면 각면 12인

제12면 4인, 5행에 '原'

제12면 7인

제13면 12인

제14면 4인

권2 수록인원 : 155인(張錫1772생~張在鳳改泰翼1851생)

뒷표지 내면

癸巳正月 日
門物蕩殘 故自今爲始 賻錢一兩 革弊事
一 門中蕩殘無餘 自今爲始 債錢用時 自正月至五月 以長利錢用之是遣 自六月以後 月利出用事
卷之門議革議事

계사년(1893) 정월 일
문중의 재물이 흩어지고 잔약하므로, 지금부터 시작하여 부조전 1냥을 혁폐할 것
문중이 흩어지고 잔약하여 남은 것이 없으므로, 지금부터 시작하여 빌린 돈을 쓸 때에 정월에서 5월까지는 장리돈으로 쓰고, 6월부터 이후에는 달별 이자로 내어 쓸 것
책권에 있는 문중 의논은 혁폐할 것

3) 족안 권3

표지 : 族案 **정묘년**(1927) 正月 日

서문

重修族案節目
一 座目節次 一遵舊案三册例規 準行事
一 舊案記載氏名 現今生存 重複記錄事
一 今甲子族譜中先祖興義公雲裔 無論遠近 依願謄錄事
一 附案錢 每員貳拾戔式爲定 而但初記者收入事
一 此案 敦宗族厚本意 而若或反戾門規 爲祖先得罪事 則大宗中回議 削案聲討事

족안을 중수하는 절목
좌목의 절목과 차서는, 옛 족안 3책을 한결같이 따라서 준행할 것
1. 옛 족안에 기재된 씨명으로, 지금까지 생존한 분은 중복하여 기록할 것
1. 지금 갑자년 족보에서 선조 흥의공의 자손은, 멀고 가깝고를 논하지 말고 원하는대로 기록에 올릴 것
1. 족안에 올리는 비용은 매 인원당 20전씩으로 정하고, 처음 기록되는 사람에게만 거둘 것
이 족안은 종족이 돈목하고 근본을 두텁게 하려는 뜻이니, 만약 혹시 문중의 규약을 어기고 조상께 득죄하는 일에 대해서는, 대종중의 의논에 붙여서 족안에서 삭제하고 성토할 것

본문

각 면을 계선 없이 6간으로 나누고, 첫 사람만 '성명 자 생년'을 기록함

제1면 : '座次' 다음에 5인
제2~12면 : 각면 6인
제13면 : 2인

권3 수록인원 : 73인(張斗寅1864생~張斗道1912생, 張斗鎰1912생)

뒷표지 내외면

癸酉三月十一日
宗中絶誓節目

一. 舊族案節目依 反戾門規爲祖先得罪 則大宗中削案聲討事 施行事
一. 今以 鵲田仙塋位畓詐欺事 張斗禾 削案名付罰事
一. 先塋墓祭 及先亭宗會席 切不參席事
一. 吉凶事 宗中老少 切不相問事
一. 上項事 宗中下人 切不使用事
一. 三人 門規反戾 故上項三條 同罰施行事
一. 勿論誰某 宗中老少 不遵絶誓者 與犯科者 同罰事

계유년(1933) 3월 11일
종중에서 단절하기로 맹세하는 절목
1. 옛 족안에서, 문중 규약을 어겨서 조상께 득죄하면 대종중 족안에서 삭제하고 성토한다는 것을, 시행할 것
1. 지금 작전 선영 위답을 사기한 사람은 족안에서 이름을 삭제하고 처벌에 붙일 것
1. 선영의 묘제와 조상 정자의 종회 자리에 절대 참석하지 못하게 할 것
1. 길흉사에 종중의 노소는 절대 상문하지 말 것
1. 위 항의 일에 종중의 하인을 절대 부려 쓰지 못하게 할 것

1. 그 외의 세 사람도 문중 규약을 어겼으므로 위 세 항목과 같은 벌을 시행할 것
1. 누구를 막론하고 문중의 노소 중에 단절하는 맹세를 따르지 않는 자는 죄를 범한 자와 같이 벌할 것

4) 족안 권4 종계안

표지 : 宗稧案 기해년(1959) 正月 十八日

본문

각 면을 11난으로 나누고, 한 난에 '성명 자 생년'을 기록함(별세하면 성명 위에 '仙'자를 씀)
제1면 : '座次' 다음에 10인
제2~8면 : 각면 11인
제9면 : 2인 다음에 '原'

권4 수록인원 : 90인(張元學1831생~張志鐵1897생)

2. 유안 儒案

『유안』의 개요

표지 제목	기록시기	가로 세로	내용면수	수록인원	비고
儒案 二	갑신(1764) 10월	30.3*34.8	13	62	1명 삭제
儒案 六	신축(1781) 2월	31.4*38.5	8	65	

1) 갑신년 유안 2

표지 : 儒案 甲申(1764) 十月 日 (상부에 '二'가 쓰여 있음)

본문

각면을 계선 없이 5간으로 나누고 성명을 기록함
제1면 : '儒案' 다음에 4인
제2~12면 : 각면 5인
제13면 : 3인 다음에 '原'

갑신년 유안 2 수록인원 : 62인

특기사항

제1면에 두 곳, 이후 각 면과 면 사이에 한 곳씩 관인을 찍음
제14면에 '官'자 아래에 署押함
제10면 '李遂馥'을 삭거했다가 다시 붙인 흔적 있음

제11면 '○贊祖'를 삭거했다가 다시 붙인 흔적 있음
제12면 성명미상을 삭거함

儒案 二 甲申(1764) 十月 日

儒案
1면 崔宗錫 鄭基延 李成彙 張緯天
2면 張鎔 陳弘德 鄭光爀 鄭相振 陳舜繼
3면 李翔龍 李穎彙 陳舜模 李琥 張濬
4면 陳舜元 李奎徵 陳舜後 張在天 李斗應
5면 張應天 黃离昌 張遇翼 柳壽演 鄭焜
6면 張銖 李仁彙 蔡啓元 李珙 張義天
7면 張範天 李箕應 柳壽海 李遂煒 張景天
8면 李遂馨 崔基錫 李允卿 李㽕蕃 蔡思默
9면 鄭燆 李思義 李瓘 柳葂 金宗鍊
10면 李好仁 李遂馥 鄭相夏 鄭相禮 李遂炯
11면 琴會心 蔡思沈 蔡啓亨 柳宜常 ○贊祖
12면 蔡宗說 張銑 蔡思喆 ○○○ 蔡思齊
13면 李成龍 李學魯 李益華
原

2) 신축년 유안 6

표지 : 儒案 (상부에 '六'이 쓰여 있음)

본문

각면을 계선 없이 나누고 성명을 기록함

제1면 : '辛丑二月儒案' 다음에 5인

제2~4면 : 각면 7인

제5~7면 : 각면 8인

제8면 : 7인 다음에 '原' 다음에 '官' 아래에 署押함

신축년 유안 6 수록인원 : 65인

특기사항

제1면에 네 곳, 이후 각 면과 면 사이에 세 곳씩 관인을 찍음

제8면 말미에 '原' 다음에 '官' 아래에 署押함

儒案 六 辛丑(1781) 二月 日 儒案

1면 陳師德 鄭烋 鄭碩弼 李奎應 黃胤憲

2면 蔡思赫 李仁源 陳基德 李敏芳 張澗 李師源 陳舜相

3면 李敏秀 張凝復 陳厚德 張應祿 李孝源 柳寅祿 張應奎

4면 李琠 鄭羽弼 蔡堉 李琨 李軫應 李基孝 張應禎

5면 張應祜 李敏亨 李珏 李敏惇 張應杰 李敏迪 崔慶岳 柳寅徽

6면 鄭相稷 李星應 李貞德 鄭翼弼 柳寅徵 鄭震弼 崔慶岱 李師龍

7면 李汝綱 張思敬 張思軒 李彥龍 張九翰 柳寅喆 陳履德 李敏澈

8면 蔡思煥 李宅魯 陳東弼 鄭宅休 金宗說 蔡思裕 李遇春 李師惇

9면 辛脩德 李瑞龍 李種德 權得正 辛宅衡 李廷新 金冑海

原

官 (押)

제3부

심정록尋亭錄

심정록

『심정록』의 개요

제목	기록연도	가로 세로	내용 면수	수록 인원	기록특징
尋亭錄	1804~1900경	19.4*22.7	72	841	관직, 지역을 가끔 부기함
尋亭錄	1902~	21.0*21.3	35	321	관직, 생년, 자, 지역을 부기함

1. 심정록 권1

표지 : 尋亭錄

1면 18인

蔡奎 鄭炅 蔡塡 李箕應 陳師德 蔡思沈 黃胤憲 黃再憲 黃時憲 鄭羽弼 張義遠 張炳翊 孫相駿 金在河 孫耆永 孫秀翰 張澈相 張瑃遠

2면 19인

鄭烋 柳稷 柳寅徽 陳厚德 崔慶基 鄭熈 陳基德 李基大 李基元 李東應

張任鶴 李起瑄 趙胤振 趙鉉明 趙鉉耉 洪文周 鄭致翰 鄭鎭漢 李中久

3면 18인

李鼎益 李孝源 李萬源 李宅中 柳稶 李宅運 蔡思珏 李宅鼎 權寧 李宅師
張濬相 孫周永 金萬凞 金疇洛 張敏喜 宋泰欽 李貞和 孫達洙

4면 20인

李宅觀 鄭傳弼 鄭禹弼 孫書九 柳光烈 申膺洛 南景義 南景愚 蔣逸民 蔣逸彦
張義表 張運表 張時休 張履遠 張錫冕 李章奎 鄭致五 李東久 李錫英 李能泓

5면 20인

陳東發 鄭迪休 孫星岳 鄭夏源 陳東傑 柳穰 柳稕 柳秀 李宅敏 李一源
李轍榮 李章淵 張極模 張有相 李能馥 姜遠馨 李相標 張昌遠 孫秀馹 張斗杜

6면 20인

李宅杜 金宗説 張鳳周 崔宗坤 朴仁俊 楊應時 鄭汝弼 鄭良弼 鄭光照 孫應復
張紀遠 安允濟 張志淵 張龍駿 張禹洪 鄭晟儉 李能祐 張柄喬 洪秉璿 洪秉漢

7면 20인

南是陽 孫星昇 李在坤 李宇鎭 孫星宇 李遇仁 李孝永 李老永 李基弘 李基閏
申和植 權周翊 權錫翰 李玟久 張錫璜 張基益 朴濟鉉 李康植 張基學 張道文

8면 19인

崔炳 陳東達 陳東哲 陳羲哲 李在極 李台相 李濟商 李濟益 李基東 李基仁
安鎔禹 張檍 張栻 張杰 黃萃英 李在日 李在紳 張斗海 張斗夏

9면 21인

蔡得洛 蔡得河 鄭光烈 鄭炫 蔡天休 蔡得淵 蔡得沂 張羽成 李錫龜 柳穭
權錫疇 權鎰 權準獻 權準卨 李能琦 李能弼 李源久 鄭轍載 申尙浩 孫晉洙 孫晉濂

10면 21인

黃鍾律 黃鍾禹 楊始元 李老祥 鄭夏濟 李達仁 鄭漢弼 柳秉 鄭相卨 李孝相
孫濟翼 丁敦燮 丁后燮 李用華 洪晩佾 李承遠 李泰陽 洪宅鳳 崔尙汶 金厚鍾 李錫光

11면 19인

崔宗洛 金洛寶 孫鍾恊 南有鳳 權稑 孫鍾諭 李基元 李宅鎭 鄭東潤 閔基赫
皇甫洪 李泰九 李在九 李基鎬 金炳馹 朴秀晩 張道漢 張來壽 都秉洪

12면 19인

申麟趾 金汝鍊 申範錫 申坤 申坽 申麟萬 趙胤錫 趙基孚 申伯重 申胤錫

張有鎭 張景根 鄭之彦 黃鍾岐 李德圭 張泰鉉 張敦鉉 金鍾晩 金秉七

13면 18인

申在重 鄭夏璋 權彩雲 張有齡 金龜寶 權尙徹 李萬恊 李仁興 陳師錫 皇甫褘

孫秀東 柳道兢 孫蘭秀 張錫鼎 張憲 李時采 孫文秀 李鍾鎬

14면 13인

皇甫福 李之翰 李元祥 孫鍾岱 李樹榮 孫星近 張周燮 申膺慶 趙㣓 黃景憲

張九鏞 張榮睦 張福樞

15면 10인

李載珪 鄭夢弼 楊始永 李之元 權龍休 權達休 李鼎儼 李淵祥 張奎 李震國

16면 10인

吳致壽 張洛龜 張以濟 張彦鐸 趙宗文 申郁＋土 李寀祥 鄭夏汲 蔡必彦 蔣世春

17면 10인

蔡必邦 李元根 李在鎬 張聖瀷 李宅元 辛宅貞 權宗溥 張致榮 李命實 朴祥五

18면 9인

張壽璧 李達源 李之源 崔世命 李在榮 李宗學 孫永復 李胤錫 張宜汲

19면 9인

李秉燦 李達源 金洪韻 鄭裕道 金禹鍊 權奎秉 申壕 李耆祥 張昌德

20면 10인

張羽邦 張羽振 申錫奎 新鼎勳 張焉矩 張國模 申漢相 張鉉武 鄭若欽 李運埴

21면 10인

金泌璟 金最重 李奎凝 李秉元 李度祥 辛宅魯 張晉龍 張五寀 李貞增 金致一

22면 10인

南魯陽 張應龍 李根祥 孫鍾韻 孫鍾健 李瀷祥 李禮祥 李愽祥 李瓚祥 李在坤

23면 10인

李在基 李宅夏 李禹冕 孫翼星 張國敬 張彦赫 張錫漢 張世漢 張晉龍 張彦矩

24면 10인

申膺鼎 權東楫 張○樞 李在正 金河晶 李陽燮 趙晩煜 趙升煜 趙永煜 趙基秀

25면 9인

李元燮 李蓮祥 韓元鎭 河鉐 趙基臣 張有豊 張澄 張興燮 孫相昊

26면 11인

申大元 張天鶴 張大周張禹永 張仁籌 張昱 兪膺煥 張遇石 張著籌 張浩能 張益祥

27면 10인

李樹敎 李堅 張石籌 張守正 張光五 張守義 張時漢 張斗模 張有鍾 張秉哲

28면 10인

李晉祥 張斗斌 張啓豊 張必翼 柳廷睦 李在澣 徐文海 鄭裕誠 張○○ 張南矩

29면 10인

張行矩 張奕矩 崔玠 孫鍾澤 孫鍾淑 崔瀷 李在樸 李在億 李在伋 孫永運

30면 10인

朴徹煥 南溟翼 孫鍾說 李復圭 李復林 李厚元 李寅華 李琥延 南岳 張永睦

31면 10인

李鼎茂 李奎說 趙達煜 趙居煜 李殷相 崔鴻遇 李鼎應 柳斗顯 鄭憲一 黃鍾夔

32면 10인

黃鍾大 李塤相 李在吉 李在振 蔡仁休 鄭直弼 鄭耆弼 鄭蘭弼 李在興 李在膺

33면 10인

金夏鐸 金聲鐸 李鉉祥 李甲煥 李寅煥 皇甫堅 皇甫根 琴應商 李亨祜 李在韶

34면 10인

李在七 李在瓊 張東翼 鄭周顯 李在信 孫鍾泰 崔雲八 趙基仁 金禹成 李在立

35면 10인

孫志魯 孫相煜 孫永獻 孫永晉 孫宅祚 孫永燮 張龍逵 張演植 張俊英 李龍在

36면 10인

李能燮 李能亨 李休永 權斐煥 李弼永 權致敏 李樹文 李奎凝 金時益 李樹章

37면 10인

孫周九 孫星休 柳汝模 柳汝楷 趙海振 曺執圭 張洙燮 李在赫 李凞祥 蔣周胤

38면 10인

李在龍 蔣周永 曺重海 蔣周雲 李在演 金南壽 張世鐸 吳碩凞 全孟春 李延祥

39면 10인

孫星佐 孫星佶 孫相宅 孫相定 李能憲 李能坽 孫宗元 李在寬 孫友錫 孫達錫

40면 10인

張尙奎 孫鍾述 洪之遠 李在龜 李在儀 李在信 權致能 李在奭 李能麟 金性淵

41면 10인

任致湜 孫星佑 孫永澤 孫相倫 孫相宇 任必學 孫永進 李能德 李能容 李魯振

41면 10인

鄭禮暾 孫宗龜 孫宗圭 孫宗杜 孫秀鵬 孫顯謨 孫相懿 孫周祚 孫永瓚 孫永穆

43면 10인

孫永旻 孫永極 張龍瑀 楊瑞雨 李裕祥 李道祥 李書祥 李說祥 李在巖 李在勳

44면 10인

趙宅祜 趙象祜 李琮杓 李枝華 金時鐸 孫晉奎 李能柄 金養鎭 李湜 李瀓

45면 10인

孫鍾元 孫鍾權 孫永準 權萬運 李豊祥 李在三 蔣世玉 申弘軾 朴勉奎 朴龍祜

46면 10인

李魯衡 金淑根 孫永謨 李哲修 孫星佾 申達道 申以道 孫星沂 趙始穆 趙宗元

47면 10인

趙宗範 都文圭 吉太榮 申文教 孫鍾洪 崔世尹 崔世復 李公祥 崔世璞 崔世應

48면 10인

李采祥 張以睦 張天翼 張文灝 都永籌 李能錫 金亨瓚 金亨億 李擎日 張希道

49면 10인

張興灝 張源鶴 李琮杓 李凞祚 申得龍 琴聲一 孫永老 孫永晉 孫永咸 孫永德

50면 10인

孫之九 申曾道 申程道 李翼春 申弘軾 張兌昭 張載緯 張遊灝 皇甫檍 張錫模

51면 10인

張峻源 李在謩 李在龥 金晟昊 張龍元 鄭致禎 鄭鑽 李能咸 權致博 權致懿

52면 10인

李泰慶 金龍喜 李能亨 鄭基元 奇範 孫星滮 孫星浚 孫永琥 柳春澤 權暻運

53면 10인

柳進鳳 鄭箕錫 李濟救 金騏鎰 辛泰成 權致克 洪秉衎 李在善 崔永基 權永休

54면 10인

鄭在獜 張錫駿 李楨赫 李在城 李在謩 李乙祥 南履夏 張弘奎 孫鍾聖 孫相璞

55면 10인

李運昌 吉羲榮 韓基昊 李在時 李載楨 李在欽 李能愚 李能善 李能栻 李能河

56면 10인

權興運 鄭文益 魚命九 張南九 李啓華 張龍翼 孫益祚 李德樹 金遠鎭 趙基民

57면 10인

金麟祥 權魯煥 朴堯春 吳尙立 張軫璞 崔世坤 李在潤 張秉益 權宜運 權秉均

58면 10인

權度賢 孫相坤 孫永瓚 鄭裕五 鄭裕川 鄭老永 金河鎭 張貞燮 張祜燮 李木祥

59면 10인

李在懋 權浩運 權○○ 孫相倫 李義煥 成○○ 成○○ 李聖元 李在彙 李在誾

60면 10인

南公壽 南羲永 徐宅俊 西亳俊 徐覺俊 南有獜 權致炳 皇甫彬 金琪演 陳羲

61면 10인

崔振華 李能咸 孫星佾 金奎漢 金光福 金鳴漢 張龍興 張仁遠 李在城 張福遠

62면 10인

孫相璞 成宗濂 金○○ 李相牧 孫永明 孫相奭 孫秀昌 孫晉錫 孫晉逵 孫晉孝

63면 10인

金準 李大奎 李溊祚 李溊祐 張貞爕 張以睦 朴顯哲 朴顯章 朴顯謨 洪秉軾

64면 10인

崔世顯 李能佑 孫健錫 李奎璇 李賢在 李脩 金○○ 張茂杓 張軾遠 鄭龍憲

65면 10인

李○○ 趙基任 南泰樺 金道熈 南泰楹 金亨漸 金相瀅 孫友永 李能燮 李在圭

66면 10인

李慶祥 李在原 孫永烈 孫永珏 崔龜壽 崔世郁 崔世東 李裕祥 李在瓚 李在懋

67면 10인

權致能 李徽永 權致克 權致欽 徐元海 張斗雲 權致璜 權致磬 李○○ 李○○

68면 10인

李鼎○ 李鼎運 金○○ 孫奎瓚 孫肇奎 張有璞 張瑛爕 張龍璣 宋錫來 李奎楠

69면 12인

權斐煥 李奎凝 李禮祥 黃東觀 李在協 李在懋 金琪 金應燮 金在東 金孟晉
南萬里 張敎赫

70면 21인

張錫浩 張有鉉 李逑祥 李在誾 李在聃 李能默 金鎭垕 金鎭昺 金鎭𤏡 申永粲

李基赫 李春赫 李道彬 李容圻 李中和 李斗和 曺秉瑨 曺喜守 曺喜宇 張九燮 張景泰

71면 19인

張希直 李瑾 張慶遠 張柄翼 南朝河 鄭來謙 崔世烈 孫永烈 辛永洙 辛養中

金濟東 金疇洛 張潤翼 李正學 鄭顯載 金疇洛 張潤翼 金肯壽 張佑睦

72면 21인

張斗華 張聖湖 張鳳樹 崔世覺 鄭基休 鄭裕翰 鄭裕麟 李憙久 李南壽 李東壽 朴來軾

張鳳九 張敎憲 張宜遠 張潤異 金疇洛 張學沌 鄭宇載 孫永洛 許鍛 李在山

2. 심정록 권2

표지 : 尋亭錄 壬寅 正月 日(1902년 기록 시작)

1면 尋亭錄 壬寅 二月

1면 10인

張禮相 張台遠 李錫佑 柳壽翊 金普榮 張鎭泰 洪箕燮 李萬均 權淞 張相容

2면 10인

朴準成 張吉相 張執遠 張永八 張永一 張斗學 張奎相 張奎煥 朴泰炳 張瀅相

3면 10인

趙重翊 張潤鉉 張遠 李斗玉 張錫憮 洪載九 洪璟燮 李源道 朴疇植 洪章燮

4면 10인

蔡鍾大 權有鉉 禹址煥 李學魯 張永岐 李能權 申百休 柳興敎 張成鎭 李能春

5면 10인

李坰性 張錫珷 張圭浩 李集龜 李起昌 裴相坤 金夏榮 張炳祚 鄭在衡 朴應秀

6면 10인

金道鉉 朴春翰 張善鶴 金東鎭 金思鎭 金世榮 鄭肅朝 趙敬祜 孫憮錫 柳晉宣

7면 9인

李能紳 李元休 韓晩愈 都秉圻 孫晉河 張景根 洪承益 張龍圭 張基璿

8면 9인

李章夏 呂師範 張東燮 金榮淑 尹奎善 李泰魯 張基夏 權重植 洪萬鍾

9면 10인

金萬周 金榮周 朴昇東 朴最東 朴海鎭 朴海勳 朴海鉉 李圭晟 曺秉夏 孫晉蕃

10면 9인

辛堪承 辛重夏 辛達夏 李圭濬 李鍾韶 李重洛 金丙熈 李弘洛 李鋙

11면 9인

權鵬峻 張泓遠 張源植 李圭畧 李源護 李周榮 鄭民奭 金昌國 權成夏

12면 10인

孫秀東 李植榮 孫永五 孫晉鎔 孫晉哲 嚴柱垞 李光穆 李和榮 李光爀 李承奎

13면 10인

柳東烈 李章杜 司空璛 曺秉華 張禧永 李錫彙 李錫僖 李龍鎬 吳秉麟 柳道弼

14면 10인

李能修 柳鶴榮 李翼久 李景久 孫暻秀 鄭德一 柳權重 宋啓欽 權錫奎 趙鏞純

15면 10인

趙鏞珌 孫達年 趙鎭容 姜氵+馥 申晶錫 權永羽 趙誠基 洪鳳燮 洪麟燮 張希道

16면 9인

李淳赫 朴齊範 李聖久 張相冕 張柄愚 金在權 申達均 金時國 李程久

17면 6인

宋宗翼 李炳久 鄭顯載 李周年 權錫翰 曺相徽

18면 6인

李基升 李道厚 李學魯 許鉀 李承馨 崔廷華

19면 8인

李中業 孫晉昌 孫晉洙 孫晉璀 孫晉蕃 尹道辰 張漢相 柳仁模

20면 9인

李能琬 李大源 李泰坤 張基相 張敎殷 許垸 張永彙 李震榮 張應灝

21면 8인

崔鉉弼 朱在鐪 鄭民奭 權大咼 張啓勳 張龜相 李潤久 鄭致溫

22면 7인

洪斗欽 洪明佑 洪友欽 洪泰修 權錫洪 鄭載祺 張昌洙

23면 9인

朱相朝 朱相進 權錫瓚 李泰坤 李和坤 李尙坤 張敬薰 金永圭 張鉉濟

24면 10인

李榮鎬 李觀鎬 李東洛 許鎭宇 金柑鉉 鄭郁和 鄭在憲 鄭基煥 尹成鶴 姜大鎬

25면 9인

金楨澤 張弼相 張志五 張龍昇 卓榮鎬 卓基武 徐載恊 孫璋燮 金相仁

26면 9인

李源植 李台魯 張相岐 張相弼 張在煥 許壚 許墉 李用久 張基翼

27면 9인

李能誠 南浩良 金亨玡 李鉉庸 李羲稙 李道求 李弼求 張寅濩 金始東

28면 9인

李鍾彦 李圭怙 南孝承 張斗楗 李相昇 白赫遠 白樂遠 李貞雨 張志洵

29면 10인

鄭淵在 李奎煥 柳道庠 張之遠 黃鎭台 朴源秀 朴載慶 張瑨遠 朴鳳秀 朴寬秀

30면 9인

張繼遠 張麒燮 張秉懃 張武植 張濬植 張永轍 柳喆佑 鄭鎭業 鄭道和

31면 10인

張一相 朴坤復 李源益 崔鳴鎬 南友淳 南典淳 南龍佑 張武應 李善求 李會求

32면 10인

許璉 張壽熙 李中啓 張炳斗 金鎭洙 蔡洪穆 張右遠 孫夏翼 李源護 李齡鎬

33면 10인

李天馥 尹桉 張斗燁 張建植 李大淳 李浩百 許大由 吳圭錫 孫國 鎬李鍾澤

34면 10인

李源澤 洪寬修 張稷相 張世東 張元愚 金熙秀 南炳基 李正赫 李鎭奎 李鎭達

35면 8인

李鉉文 權泰源 孫晉洪 孫承翼 孫榮秀 李錫璪 張昌熙 張仁植

제4부

칠인정七印亭 차운시次韻詩

칠인정 차운시

『칠인정운』 편집 범례

1. 『칠인정운』 네 권에는 권차가 없으나, 수록된 지은이의 생몰년을 참고하여 임의로 1~4권으로 칭하였다.
2. 『칠인정운』에 있고 『칠인정실기』에 중복 수록된 시는 『칠인정운』에만 수록하였다.
3. 『칠인정운』에 없고 『칠인정실기』에만 수록된 「칠인정운」 4수는 권외로 수록하였다.
4. 권3의 「칠인정운」 8수는 권1에 중복 수록되었으므로, 권1에만 수록하였다.
5. 권4의 「칠인정중수운」 21수는 권4에서 빼서 별도로 권말에 수록하였다.
6. 『칠인정실기』에 수록된 「홍의공묘도입석시운」은 전량 권말에 수록하였다.
7. 『칠인정운』과 『칠인정실기』 이외의 개인 문집에서 찾은 칠인정 관련 시들은 각 시의 말미에 수록하였다.

4.1 칠인정운 권1

장유학 仁同 張有學
김면석 金寧 金冕錫 拜稿
윤정한 蔚珍 尹鼎漢
장사경 十三代孫 思敬
장응걸 十四代孫 應杰 2수
장경학 十五代孫 敬學
정　경 生員 烏川 鄭炅 2수
이정익 進士 驪江 李鼎益
손응복 月城 孫應復
장우학 十五代孫 愚學
장시학 十五代孫 時學
장수학 十五代孫 守學
장사학 十五代孫 思學
정하원 烏川 鄭夏源
권　녕 安東 權寧
조관욱 咸安 趙觀煜
이정엄 進士 驪江 李鼎儼
진동발 慶州 陳東發 2수
이정관 驪江 李鼎寬
이익상 驪江 李翊祥
구　장 具樟

강정환 姜鼎煥
이지한 驪江 李之翰
조거욱 咸安 趙居煜
이택관 外裔永陽李宅觀 2수
진동걸 外裔 慶州 陳東傑
권호병 主倅 安東 權虎秉
류　수 瑞山 柳秀
조종문 漢陽 趙宗文
이재호 完山 李在鎬
오학범 外裔 高敞 吳學範
장재홍 十六代孫 載弘
장덕홍 十六代孫 德弘
이악상 驪江 李岳祥
장진룡 仁同 張晋龍
손성수 外婿 月城 孫星受
손종원 一直 孫宗元
이우면 外裔 星州 李禹冕
권익정 安東 權翊鼎
장이섭 傍裔 張爾燮
정　희 烏川 鄭熙
정부필 外婿 烏川 鄭傅弼

정여필 烏川 鄭汝弼
장　석 十三代孫 錫
장성로 傍裔 張星老
장경호 稽山 宗人 張敬昊
장지남 稽山 宗人 張之南
장인목 十四代孫 寅睦
민치경 閔致慶
이재소 進士 驪江 李在韶
이수경 李秀慶
이정호 主倅 李鼎鎬
조시목 漢陽 趙始穆
길태영 善山 吉太榮
장상규 永興 宗人 尙奎
장원학 宗人 張源鶴
신　형 靈山 辛瀅
정우필 烏川 鄭禹弼
김용희 楊州客 金龍喜
김재성 外裔 進士 金寧 金在性 謹稿
이재기 進士 驪州人 李在基 謹稿

4.2 칠인정운 권2

조동희 外裔昌寧曺東曦 2수
김병섭 壯洞 金炳燮
김시묵 蓮洞 金時默
장진환 傍裔 璡煥
이재선 外裔 驪江 李在善
장규영 宗人 義城 張奎永
조성연 昌寧 曺聖淵
손규현 月城 孫奎顯
어명구 京城上黨魚命九 2수
이택로 永陽 李宅潞

이세엽 屛山 客 李世燁
이형일 月城 李亨一 2수
이재건 驪江 李在謇
이재공 驪江 李在公
이은상 永陽 李殷相
권　　安東 權
권　　安東 權
임계만 安東 林桀萬
남희목 英陽 南熙穆
정기권 烏川 鄭基權

장복원 傍裔 前參奉 仁同 張福遠
김기진 慶州 金基軫
이술상 驪江 李述祥
이종완 本倅 鐵城 李種完
권비환 安東 權斐煥
손영민 月城 孫永敏 2수
하필관 晋州 河必觀

4.3 칠인정운 권3

장관학 十五世孫 觀學
장응설 十四世孫 應卨
김희영 前參奉 月城 金凞永
장영홍 十六世孫 永弘
장의원 傍裔 張義遠
문봉래 南平 文鳳來
손근수 進士 密陽 孫瑾秀
장경홍 十六世孫 敬弘
채필수 仁川 蔡必壽
황보두 永川 皇甫斗
조현명 漢陽 趙鉉明
조현구 漢陽 趙鉉耈
김진민 聞韶 金鎭民
이해근 星山 李海根 2수
(8수는 1권에 중복 생략함)
정훈일 烏川 鄭勳一 2수
장태유 十八代孫 泰維
송태흠 冶城 宋泰欽
이정화 順天 李貞和
손인수 月城 孫仁秀

손달수 一直 孫達洙
장태용 十八代孫 泰容
장지연 傍裔 進士 張志淵
손진창 月城 孫晉昌
장지복 傍裔 注書 張志馥
장두표 十九代孫 斗杓
류재중 瑞山 柳在重
장태문 十八代孫 泰文
손영오 月城 孫永五
김제동 善山 金濟東
이기학 安城 李基鶴
최우의 月城 崔羽儀
임시재 豐川 任時宰
장태래 十八代孫 泰來
장병교 傍裔 張柄喬
박영조 密陽 朴泳祚
김재헌 金寧 金在憲
장도현 傍裔 張度鉉
장교은 傍裔 張敎殷
박재만 錦城後人 朴載萬

손만익 月城 孫萬翼
조성호 咸安 趙性鎬
손수항 月城 孫秀恒
권상현 安東 權尙鉉
류양욱 瑞山 柳瀁郁
이석휘 驪江 李錫彙
김기문 月城 金沂文
신화식 平山 申和植
이광삼 驪江 李光三
권재하 安東 權在夏
이재신 巴陵散人 李在紳
권대익 安東 權大翼
손태영 月城 孫泰永
이영주 清安 李永疇
장용각 傍裔 張龍珏
최현일 月城后人 崔鉉一
최기영 後生 月城 崔基榮
謹稿
최필원 月城 崔弼遠

4.4 칠인정운 권4

남만리 本倅 南萬里
이능수 驪江后人 李能修
권영우 安東 權永羽
홍경섭 洪璟燮
황상혁 懷德 黃相爀
이종호 李鍾鎬
김도현 一善 金道鉉
김상용 月城 金相鏞
이시채 尙州 李時采 2수

정성검 前郡守 鄭晟儉
신정석 參奉 申晶錫
권영우 安東後人 權永羽
조성기 漢陽後人 趙誠基
권상호 安東後人 權相鎬
김규화 瑞興 金奎華
장석홍 十六代孫 奭弘
정규일 烏川 鄭奎一
이태곤 韶州居李泰坤本眞城

박준성 本倅 朴準成
박봉수 務安后人 朴鳳秀
장계원 傍裔 張繼遠
장영철 傍裔 仁同 張永轍
류철우 柳喆佑
남전순 英陽 南典淳
남용우 英陽 南龍佑
남우순 英陽 南友淳
박제범 辛亥 梧月 前郡守 朴

손문수 尙州 孫文秀
손진수 月城 孫晉洙
손진렴 月城 孫晉濂
손제익 月城 孫濟翼
홍승익 南陽 洪承益
이태로 全義 李泰魯
조경호 趙敬祜
정두채 迎日 鄭斗采
성수진 外裔 昌寧 成壽鎭
홍기섭 軍威 洪箕燮
장진태 軍威 張鎭泰
배선찬 裵璇燦
김계추 金季鄒
이기호 眞城 李基鎬
남만철 韶州 南萬喆
장영팔 傍裔 仁同 張永八
장대현 十八代孫 垈顯
이중탁 載寧 李中鐸
신태종 寧海 申泰宗
신백휴 寧海 申百休
이홍락 議官 李弘洛
최재휘 永陽後人 崔在翬
조병화 昌寧 曺秉華
(중수시 21수 후미로 옮김)
오종근 海州後人 吳宗根
조진용 漢陽後人 趙鎭容
강 복 進士 姜

장영휘 傍裔 仁同 張永彙
이진영 廣陵 李震榮
장응호 傍裔 仁同 張應灝
최현필 前正字 月城 崔鉉弼
정민석 烏川 鄭民奭
권병락 永嘉后人 權丙洛
권석찬 安東后人 權錫瓚
홍우흠 缶林 洪友欽
홍명우 缶林 洪明佑
허 용 進士 許墉
장상기 傍裔 張相岐
허 숙 參奉 許⿰土肅
장재환 傍裔 張在煥
장상필 傍裔 張相弼
장재환 傍裔 張在煥
신조한 申朝漢
조성태 咸安 趙性台
장인호 傍裔 張寅濩
신필휴 寧海 申弼休
김시동 參奉 瑞興 金始東
손수동 月城 孫秀東
정진백 烏川 鄭鎭伯
송종익 冶城 宋宗翼
최재두 月城 崔載斗
장기상 傍裔 玉山 張基相
장지윤 二十代孫 志胤
남장하 英陽 南長夏

齊範
손수경 月城 孫秀暻
박승동 朴昇東
박최동 參奉 順天 朴最東
박해훈 朴海勳
조병성 曺秉晟
이규성 李圭晟
신중하 辛重夏
신달하 辛達夏
신기승 辛堪承
이규준 李圭濬
이중락 李重洛
송계흠 冶城 宋啓欽
이정우 月城 李廷雨
이원호 驪江 李源護
손하익 月城 孫夏翼
정종호 烏川 鄭宗浩
손영명 月城 孫永明
장시표 張時杓 幷小序
장우원 傍後裔 右遠 拜稿
최기영 月城 崔基榮
최필원 月城 崔弼遠
정태호 烏川 鄭兌浩
최명호 曲江 崔溟暭
박수곤 密陽 朴綏坤
조희익 曺喜益 謹呈 拙稿

4.5 칠인정운 권외 (『칠인정실기』 및 개인문집)

장원학 傍裔 仁同 張源鶴
김병섭 安東 金炳燮
김재연 金在珚
이재강 李在康

장관학 十五世孫 觀學
김재헌 金寧 金在憲
김재성 金在性
김구락 金龜洛

이지한 李之翰
정 경 鄭炅

4.6 칠인정중수운(七印亭重修韻) (『칠인정운』 4권 및 개인문집)

장경홍 十六代孫 敬弘
이매구 前郡守 驪江 李邁久
장두인 十九代孫 斗寅
장태흠 十八代孫 泰欽
조경호 咸安 趙敬祜
한만유 韓晩愈
도병기 都秉圻
신태종 申泰宗

조동희 外裔 昌寧 曺東曦
조효선 外裔 昌寧 曺孝璿
이장주 永陽後人 李章柱
사공숙 軍威後人 司空璛
장두표 十九代孫 斗杓 2수
정민석 烏川 鄭民奭
권석찬 安東后人 權錫瓚
홍우흠 缶林 洪友欽

홍명우 缶林 洪明佑
장인호 傍裔 張寅濩
김시동 參奉 瑞興 金始東
박제범 辛亥 梧月 前郡守 朴齊範
최재휘 崔在翬

4.7 흥의공묘도입석시운(興義公墓道立石時韻) (『칠인정실기』 소재)

장태유 十八世孫 泰維
김규화 行義禁府都事 瑞興 金奎華
이중구 校理 驪江 李中久
조효준 昌寧 曺孝濬

류양욱 瑞山 柳瀼郁
최현필 前正字 月城 崔鉉弼
장태흠 十八世孫 泰欽
장두표 十九世孫 斗杓
황상욱 懷德 黃相旭

채진우 仁川 蔡鎭禹
정규일 烏川 鄭奎一
권대진 安東 權大震
장석홍 十六世孫 奭弘
장찬규 十七世孫 贊奎

1. 칠인정운 권1

인동 장유학[1] 仁同 張有學

一派吾宗七印亭	우리 종친 한 파에 칠인정이 있어서
晩年嗟惜訪東青	만년에 탄식하며 동쪽의 푸르름을 찾았네
簪纓綿赫山爲玉	높은 관직 혁혁히 이어지듯 산은 옥이 되고
杖屨逍遙石作屛	머무신 자취를 둘러보니 돌은 병풍이 되네
古宅琴書千載址	고택은 거문고와 책의 천 년 전한 땅
華楣孝友百年庭	효우재[2] 빛나는 문미의 백 년 된 가정
雙槐餘蔭分花樹	두 홰나무 남은 음덕이 자손[3]들에게 나누어져
慶壽堂高照福星	경수당[4] 높은 집에 복성이 비쳐오네

김녕 김면석 삼가 지음 金寧 金冕錫 拜稿

大海東頭壓小亭	큰 바다의 동쪽 끝에 작은 정자가 내려다보고
靈區物色畵中青	빼어난 구역의 물색은 그림 속에 푸르구나
竹枝亂牖風生院	대나무 가지 창문에 흔들리니 바람이 집에서 일며
槐蔭入軒月映屛	홰나무 그늘이 마루에 드니 달은 병풍에 비취네
七組榮名相樂地	일곱 인끈의 영광된 이름이 서로 기뻐한 곳이자
一家詩禮共傳庭	한 가문의 시례[5]가 함께 전해진 가정이라

---

1) 장유학(張有學) : 1824~1898. 자는 성여(聖汝)이다. 장언인(張彦寅)의 손자이며 장용모(張龍模)의 아들이다.

2) 효우재(孝友齋) : '효성과 우애의 방'이라는 뜻으로, 칠인정의 서쪽 방 이름이다.

3) 자손 : 원문의 '화수(花樹)'는 당(唐)나라 때 위씨(韋氏) 가문의 친족들이 꽃나무 아래에서 모임을 열자 잠삼(岑參)이 「위원외가화수가(韋員外家花樹歌)」를 지어 칭송한 데에서 유래한 말로, 종족의 모임을 이른다. 이 책에서 화수(花樹)라는 말은 '꽃과 나무'라는 뜻과 '후손들' 또는 '친족의 모임'으로 중의적으로 쓰였다.

4) 경수당(慶壽堂) : '장수하심을 경하하는 집'이라는 뜻으로, 칠인정의 동쪽 방 이름이다.

5) 시례(詩禮) : 집안 대대로 전수되는 학문을 가리킨다. 진항(陳亢)이 공자(孔子)의 아들 백어(伯魚)에게 부친으로부터 특별한 말을 들은 것이 있느냐고 묻자, 백어가 "특별한 것은

夤緣幸得登臨日　　인연으로 요행히 정자에 올라 볼 날을 얻어
起看洞天耀德星　　일어나 이 골짜기에 덕성이 빛나고 있음을 보네

울진 윤정한 蔚珍 尹鼎漢

北斗以南七印亭　　북두 이남에는 칠인정이 있고
曲江秀氣滴嵐青　　곡강의 빼어난 기운에 푸른 산빛 방울지네
百年泉石安心處　　일백 년 자연 속에 마음을 놓을 땅
萬朶槐花種德庭　　일만 송이 홰나무 꽃이 덕을 심은 정원
一門榮慶高陽社　　한 가문의 영광과 경사는 고양[6]의 모임이요
九曲幽居是隱屏　　아홉 구비의 그윽한 거처는 은자의 병풍이라
一草一花遺後宅　　풀 한 포기 꽃 한 송이도 후손에게 남긴 집이라
逢人猶說降奎星　　만나는 이마다 아직도 규성[7]이 내려왔다 하네

13대손 사경[8] 十三代孫 思敬

先祖遺墟起是亭　　선조께서 남긴 터에 이 정자를 세우니

없고, 부친께서 뜰에 홀로 서 계실 때에 제가 종종걸음으로 뜰을 지나가자, 부친께서 시(詩)를 배웠느냐고 물으셨습니다. 제가 배우지 못했다고 대답했더니, 시를 배우지 않으면 말을 할 수가 없다고 하셔서 물러 나와 시를 배웠습니다. 다른 날 또 혼자 서 계실 때에 종종걸음으로 뜰을 지나자, 예(禮)를 배웠느냐고 물으시기에 배우지 못했다고 했더니, 예를 배우지 않으면 설 수가 없다고 하셔서 물러 나와 예를 배웠습니다."라고 대답한 데에서 나온 말이다.『논어(論語)』「계씨(季氏)」

6) 고양(高陽) : 동한(東漢) 때 순숙(荀淑)의 아들 여덟 명이 모두 재주가 뛰어났기에, 상고(上古) 시대 제왕인 고양씨(高陽氏) 전욱(顓頊)의 재주가 뛰어난 아들 여덟 명에 비겨서 그가 살던 마을을 고양리(高陽里)라고 부른 것에서 유래했다.『후한서(後漢書)』권62「순숙열전(荀淑列傳)」

7) 규성(奎星) : 별자리 28수(宿)의 하나인 규성(奎星)의 자리로, 그 모양이 문자의 형태를 이루고 있다 하여, 문장(文章) 혹은 문운(文運)을 주관하는 것으로 인식되었다.

8) 장사경(張思敬) : 1756~1817. 조선 후기의 유학자이다. 본관은 인동(仁同)이고 자는 경부(敬夫)이며 호는 이계(耳溪)이다. 거주지는 경상북도 영일(迎日)이다. 부친은 장운한(張雲翰)이다. 성품이 고상하고 문장이 뛰어나 영남(嶺南)의 8대 문장가의 일인으로 일컬어졌다. 정조 12년(1788) 향시(鄕試)에 합격했으나 회시(會試)에서 낙방했다. 정조 13년(1789년) 다시 회시에 응하려 하였으나 모친상으로 응시하지 못했다. 이후 학문에 전념했다. 저서로는 광무 10년(1906년) 증손 장익홍(張翊弘)이 간행한『이계선생문집(耳溪先生文集)』등이 있다.

亭前某樹至今青	정자 앞의 그 나무는 지금도 푸르네
盤渦水石瑲鳴瑟	소용돌이의 수석은 거문고 소리로 울리고
疊巘烟霞繞作屛	첩첩 높은 산의 연무는 둘러서 병풍이 되었네
細柳陰垂容駟巷	가는 버들은 널찍한 마을 길에 그늘을 드리우고
脩篁影覆舞斑庭	긴 대나무 그림자는 효성[9]의 정원을 덮었네
追惟孝友名齋義	방 이름 효우라고 지으신 뜻 생각하니
慚愧雲仍忝聚星	후손들이 빛나는 조상을 욕되게 했을까 부끄럽네

14대손 응걸[10] 十四代孫 應杰

吾祖當年縛草亭	그때 우리 선조께서 풀로 정자를 엮으시니
亭前槐樹亘雲青	정자 앞의 홰나무는 구름에 닿게 푸르네
村疑復闢高陽里	마을은 고양의 마을이 다시 열린 듯하고
山似重環大隱屛	산은 큰 은자의 병풍을 거듭 두른 것 같네
七綬專城留勝蹟	일곱 인끈의 수령들은 훌륭한 자취를 남기고
數椽臨壑護先庭	몇 간 정자는 골짜기에 임하여 조상의 뜰을 지키네
恭惟赫赫簪纓樂	삼가 혁혁한 관원의 즐거움을 생각하니
上應文明北斗星	위로 문명의 북두성과 호응하네

青山舊宅起新亭	푸른 산 옛 집 자리에 새 정자를 지었으니
我愛青山萬古青	나는 청산이 만고에 푸르름을 사랑하네
孤竹風淸成翠幕	백이 숙제[11] 같은 맑은 풍모는 푸른 초막이 되고

---

9) 효성(孝誠) : 원문의 '반의정무(斑衣庭舞)'는 색동옷을 입고 뜰에서 춤을 추어 부모님을 기쁘게 해드린다는 말로, 춘추 시대 초(楚)나라의 은사(隱士)로 효성이 지극했던 노래자(老萊子)가 70세에 어린아이처럼 색동옷을 입고 늙은 부모 앞에서 재롱을 피워 기쁘게 해드렸다는 고사에서 온 말이다.

10) 장응걸(張應杰) : 1763~1819. 자는 유백(儒伯)이고 호는 외암(畏庵)이다. 증 통정대부 장우방(張遇邦)의 손자이며 장기(張錡)의 아들이다. 과거 응시를 그만두고 학문에 정진하였다. 유집이 있다. 경와(耕窩) 장수학(張守學)의 아버지이다.

11) 백이 숙제 : 원문의 '고죽(孤竹)'은 고죽군(孤竹君)의 두 아들인 백이(伯夷)와 숙제(叔齊)를 말한다. 고죽군은 백이와 숙제가 왕위를 버리고 떠났던 나라 이름으로, 중국 난주(灤州)에 있다. 이 책에서 고죽(孤竹)이라는 표현은 '외로운 대나무'와 '백이숙제'의 중의적 표현이다.

三槐陰密擁蒼屛	세 그루 홰나무[12] 짙은 그늘은 푸른 병풍 둘렀네
雲仍幸得藏修地	후손들은 다행히 학문에 전념할 곳을 얻었고
鄕里咸稱孝友庭	고을 사람들은 모두 효우의 가정이라 칭송했네
慶壽堂前偏感慕	경수당 앞에선 오로지 감동과 흠모의 마음뿐이니
起看南極老人星	일어나 남극의 노인성[13]을 쳐다보네

15대손 경학[14] 十五代孫 敬學

樹印榮名揭此亭	인끈 건 영예로운 이름이 이 정자에 걸리고
溪山物色四圍靑	시내와 산의 물색은 사방으로 푸르네
泉藏古壁琤琤瑟	샘에는 옛 절벽의 울리는 소리가 들어있고
雲擁遺墟疊疊屛	구름은 유허를 감싼 첩첩의 병풍이라
好韻風來脩竹院	좋은 운치의 바람이 긴 대나무의 집에 불어오고
芳陰春入兩槐庭	고운 그늘은 봄에 두 홰나무의 정원에 들어오네
穉孫未獻斑衣舞	못난 후손들은 아직 색동옷의 춤 올리지 못하고
慶壽堂前仰七星	경수당 앞에서 북두칠성을 우러러보네

생원 오천 정경[15] 生員 烏川 鄭炅

荒松老竹擁孤亭	거친 소나무와 묵은 대나무가 외로운 정자 감싸고

---

12) 세 그루 홰나무 : 원문의 '삼괴(三槐)'는 삼공(三公), 즉 재상을 가리키는데, 송(宋)나라 때 병부시랑(兵部侍郎)을 지낸 왕우(王祐)가 재상의 덕망이 있었으나 직언(直言)을 했던 까닭에 끝내 재상이 되지 못하자, 뜰에 세 그루의 홰나무를 심고는, "내 자손 가운데 반드시 삼공이 되는 이가 있을 것이다."라고 했는데, 과연 그 아들인 왕단(王旦)이 재상이 되었다는 고사가 있다.

13) 노인성(老人星) : 수명을 주관하는 별 이름으로 남극노인성(南極老人星) 남극성(南極星) 노인성(老人星)이라고도 부른다. 나라가 태평하게 다스려지고 전쟁이 일어나지 않으면 추분(秋分) 무렵에 남쪽 하늘에 나타난다고 한다. 『후한서(後漢書)』「천문지(天文志)」

14) 장경학(張敬學) : 1760~1816. 자는 사극(士克)이다. 수직 통정대부 장호(張鎬)의 손자이며 장응량(張應良)의 아들이다.

15) 정경(鄭炅) : 1741~1807. 본관은 영일(迎日)이고 자는 회이(晦而)이며 호는 호와(好窩)이다. 부친은 정상정(鄭相鼎)이다. 정조 7년(1783)에 증광시에 생원으로 급제했다. 문집으로는 『호와집(好窩集)』이 있다.

草幕槐陰未了青　　초막의 홰나무 그늘은 아직 푸르름 다하지 않았네
雨過前溪開寶鑑　　비 그친 앞 시내에는 보배로운 거울이 열리고
春回遠峀展蒼屛　　봄 돌아오니 먼 산봉우리는 푸른 병풍을 펼치네
至今臨壑三間屋　　지금까지 골짜기에 임하여 세 칸 집이 있고
依舊專城七印庭　　옛날처럼 고을 다스린 일곱 인끈의 뜰이 있네
肯搆仍存捿息計　　조상을 이어 지은 집[16]에 깃들어 살 계획 있어
德門爭覩耀文星　　덕 있는 가문에 빛나는 문곡성을 다투어 보겠네

白雲深處倣思亭　　백운 깊은 곳에서 사정[17]을 본받아
徙倚危欄眼拭青　　가파른 난간에 기대어 눈 비비니 푸르네[18]
花發前山開錦帳　　꽃은 앞산에 피어 비단 장막을 펼치고
鳥鳴深谷擁歌屛　　새는 깊은 골짝에서 울어 노래 병풍을 둘렀네
從今地闢文章洞　　지금부터 땅은 문장의 골짜기를 열 것이며
自古人傳孝友庭　　예로부터 사람들은 효도와 우애의 뜰이라 전했네
豊獄早知埋寶劒　　풍성의 옥사[19]는 보검 묻힌 것 미리 알았으니

---

16) 조상을 이어 지은 집 : 원문은 '긍구(肯構)'로, 긍구긍당(肯構肯堂)의 준말이다. 『서경』「대고(大誥)」에 "만약 아버지가 집을 지으려 작정하여 이미 그 규모를 정했는데도 그 아들이 기꺼이 당기(堂基)를 마련하지 않는데 하물며 기꺼이 집을 지으랴.[若考作室, 旣底法, 厥子乃弗肯堂, 矧肯構.]"라고 한 대목에서 온 말로, 자손이 선대의 유업을 잘 계승하는 것을 뜻한다.

17) 사정(思亭) : 북송의 진사도(甄師道)가 지은 「사정기(思亭記)」에 "진군(甄君)이 부모와 형제의 장사를 치른 다음 그 곁에다 집을 지어 놓고 나에게 이름을 지어 달라고 하기에 사정이라고 지어 주었다. 그 이유는 부모를 잊어서는 안 되기 때문이다."라고 하였다. 『고문진보 후집(古文眞寶後集)』 권10

18) 눈 비비니 푸르네 : 원문의 '안식청(眼拭青)'은 진(晉)나라 완적(阮籍)이 못마땅한 사람을 보고 백안시(白眼視)하다가 반가운 친구가 오자 청안(青眼)으로 보았다는 데에서 유래하여, 반갑다는 뜻으로 쓴 말이다. 『진서(晉書)』 권49 「완적전(阮籍傳)」 이 책에서 '식안청(拭眼青)'을 사용한 시어는 실제로 푸른 경우와 반가운 경우의 중의로 쓰였다.

19) 풍성(豊城)의 옥사(獄舍) : 원문의 '풍옥(豊獄)'은 풍성의 옥사에서 옥으로 만든 검을 찾은 것을 말한다. 진(晉)나라 때 뇌환이 풍성령(豐城令)으로 있으면서 하늘의 두우성(斗牛星) 사이에 이상한 광채가 쏘아 비치는 것을 보고 풍성 옥사(獄舍)의 옛터를 발굴하여 용천(龍泉)과 태아(太阿) 두 보검을 찾아냈다는 고사에서 유래했다. 『진서(晉書)』 권36 「장화열전(張華列傳)」

龍光夜射斗牛星	용천검의 빛이 밤에 북두성과 견우성을 쏘았다네[20]

진사 여강 이정익[21] 進士 驪江 李鼎益

窈窕溪山闢小亭	아름다운 시내와 산에 작은 정자를 여니
華門百代舊氈青	백대에 번창한 집안의 옛 유물[22] 이라네
石家內史趨閭巷	석씨 집안의 내사[23]는 고향 마을에서 배우고
周室全材作翰屛	주 왕실 문무겸전의 인재는 나라의 큰 병풍 되네
愛日誠深晬日觶	애일[24]의 성심이 깊어 생신의 술잔을 드니
朱衣勝似彩衣庭	관원의 붉은 옷이 뜰의 색동옷보다 나은 듯하네
踈槐古里傳遺響	성긴 홰나무와 옛 마을은 남긴 전통을 전해오니
海上何年聚德星	바닷가에 어느 해에 덕성이 모였던가

---

20) 용천검(龍泉劍) … 쏘았다네 : 용천(龍泉)과 태아(太阿)라는 두 보검이 땅속에 묻힌 채 자기(紫氣)를 하늘의 두우성 사이에 내쏘고 있다가 마침내는 발굴되기에 이르렀다는 전설이 있다.

21) 이정익(李鼎益) : 1753~1826. 조선 후기의 문신이다. 본관은 여주(驪州)이고 자는 중겸(仲謙)이며 호는 감화(甘華)이다. 회재(晦齋) 이언적(李彦迪)의 후손이고, 부친은 이헌경(李憲經)이다. 순조 4년(1804년) 갑자식년사마시(甲子式年司馬試)에서 진사 2등으로 합격했다. 『주서절요(朱書節要)』·『심경(心經)』 등의 책을 깊이 연구했다. 구암서사(龜巖書舍)를 지어 후학을 양성했다. 경주부윤(慶州府尹) 이덕현(李德鉉)이 그를 불러서 향약(鄕約)을 제정했다. 문집으로는 『감화문집(甘華文集)』이 있다.

22) 유물 : 원문의 '전청(氈青)'은 '청전(青氈)'의 도치된 말로, 선대(先代)로부터 전해진 귀한 유물을 가리킨다. 진(晉)나라 왕헌지(王獻之)가 누워 있는 방에 도둑이 들어와서 물건을 모조리 훔쳐 가려 할 적에, 그가 "도둑이여, 그 푸른 모포는 우리 집안의 유물이니, 그것만은 두고 가는 것이 좋겠다.[偸兒 青氈我家舊物 可特置之]"라고 하자, 도둑이 질겁하고 도망쳤다는 고사가 있다. 『진서(晉書)』「왕헌지열전(王獻義之列傳)」

23) 석씨 집안의 내사 : 원문의 '석가(石家)'는 한(漢) 나라 때의 명신(名臣) 석분(石奮)과 그의 네 아들 건(建) 갑(甲) 을(乙) 경(慶)을 말한다. 당시 이들 오부자(五父子)는 효도와 공손함으로 명망이 높았다. 막내 석경(石慶)이 내사(內史)의 직을 지냈다. 『사기(史記)』 권103

24) 애일(愛日) : 시간을 아끼며 부모에게 효도함을 말한다. 한나라 양웅(揚雄)의 『법언(法言)』「효지(孝至)」에 "이 세상에서 오래 가질 수 없는 것은 어버이를 모실 수 있는 시간이다. 따라서 효자는 어버이를 봉양할 수 있는 동안 하루하루 날을 아낀다.[不可得而久者 事親之謂也 孝子愛日]"라는 말이 나온다.

월성 손응복 月城 孫應復

碩士敬夫詠古亭	큰 선비 경부[25]께서 옛 정자를 읊으니
嶠南華閥玉山青	영남의 큰 가문인 옥산 장씨의 푸른 역사
當時孝友齋名揭	그때에 효우라고 방 이름을 걸었고
今日風流翠畫屛	오늘의 풍류는 그림 병풍에 푸르구나
盛代嘉聲遺故木	성대의 아름다운 명성은 옛 나무에 남았고
後來述事創新庭	후손들은 조상을 이어 새 뜰을 만들었네
可憐好事猶餘恨	좋은 일에 아직도 여한 있어 안타까운지
南極躔空一老星	남극에는 노인성 하나가 하늘을 도네

15대손 우학[26] 十五代孫 愚學

寓慕先墟起是亭	조상의 터에 사모하는 마음으로 이 정자 세우니
海山如畫遠含青	바닷가 산은 그림 같아 멀리 푸르름을 머금었네
塘圓牕外仍爲鑑	창밖의 둥근 못은 여전히 거울처럼 맑고
巖列檻前自作屛	바위는 늘어서서 난간 앞에 절로 병풍이 되네
七印爭傳懸篆閣	칠인 고사 다투어 전하며 편액 건 정자에
百年追感獻觴庭	백세토록 추모하며 술잔을 올린 뜰이라
何時更續簪纓樂	언제 다시 벼슬하는 이의 즐거움을 이을까
遺蹟煌煌耀日星	남긴 자취 찬란하여 해와 별처럼 빛나는데

15대손 시학[27] 十五代孫 時學

樹懸七綬始名亭	나무에 일곱 인끈 달면서 정자 이름 지었더니
數百年來未了青	수백 년이 지났어도 푸르름은 다함이 없네
曲水淸臨風後檻	굽은 물은 바람 뒤의 난간에 맑게 임하고

25) 경부(敬夫) : 장사경(張思敬, 1756~1817)의 자이다. 앞에 주석이 있다.

26) 장우학(張愚學) : 홍해파 족보에서 찾을 수 없는데, 개명이 있었던 듯하다.

27) 장시학(張時學) : 1774~1835. 자는 이열(而悅)이다. 수직 통정대부 장호(張鎬)의 손자이며 장응성(張應星)의 아들이다.

群山蒼入畫中屛　　뭇산은 그림 속 병풍에 푸르게 들어오네
聊將華蹟傳今世　　오로지 빛나는 자취를 지금 세상에 전하고
不改槐陰滿古庭　　변함없는 홰나무 그늘은 옛 뜰에 가득하네
窓外小塘開寶鑑　　창밖의 작은 못이 귀한 거울을 여니
中天夜夜照文星　　중천에는 밤마다 문곡성이 빛나네

15대손 수학[28] 十五代孫 守學

追先肯構數間亭　　조상을 추모하며 몇 칸의 정자를 지으니
依舊雙槐繞檻靑　　의구한 두 홰나무는 난간을 둘러 푸르네
門枕小塘開寶鑑　　집 문 앞의 작은 못에는 귀한 거울이 열리고
峯環幾疊作雲屛　　둘러싼 몇 겹의 봉우리는 구름 병풍이 되었네
遺芬尙說榮親席　　남은 향기는 아직도 영친의 자리임을 말해주고
曠感偏多獻壽庭　　추모하는 감회는 헌수하는 뜰에 특히나 많네
七綬家聲難復繼　　일곱 인끈의 집안 명성을 다시 잇기 어려우니
堪憐後裔最零星　　후손들이 쇠락한 것이 가장 안타까울 만하네

15대손 사학[29] 十五代孫 思學

吾先掛印始名亭　　우리 조상이 인끈 걸어 처음 정자 이름 지었더니
滿地槐陰不改靑　　땅에 가득한 홰나무 그늘은 푸르름이 변함없네
細柳臨溪風外幕　　가는 버들은 시내에 임하니 바람 밖 장막이며
層巖列峀畫中屛　　층층 바위 늘어선 산 언덕은 그림 속 병풍이라
壽觴共賀絃歌地　　축수 잔 올리며 함께 축하의 노래 부른 곳
齋號曾傳孝友庭　　방 이름은 일찍이 전하던 효성과 우애의 뜰
小子登斯多感慕　　소자가 여기 오르니 사모하는 마음 많은데

---

28) 장수학(張守學) : 1781~1854. 자는 이약(而約)이며 호는 경와(耕窩)이다. 장기(張錡)의 손자이며 외암(畏庵) 장응걸(張應杰)의 아들이다. 문학과 행의로 칭송받았다.

29) 장사학(張思學) : 1783~1833. 자는 치신(穉愼)이다. 장익(張釴)의 손자이며 장응복(張應復)의 아들로 나서 숙부 장응칠(張應七)의 후사가 되었다.

何時更覩耀文星	언제 다시 빛나는 문덕성을 보려나

오천 정하원[30] 烏川 鄭夏源

世德曾聞七印亭	대대로 전한 덕이라 일찍이 칠인정을 들었더니
重新今日炳丹靑	거듭 지은 오늘에 단청이 빛나는구나
槐陰不改三公樹	홰나무 그늘은 삼공의 나무로 변함이 없고
山色仍開四面屛	산색은 사방의 병풍에 여전히 열렸다네
東國風謠傳父老	동국의 풍속과 민요는 어르신들이 전하고
南州詩禮繼家庭	남쪽 고을의 시와 예의는 가정에 이어지네
華樑鷰賀無窮慶	화려한 들보의 제비는 무궁한 경사 축하하고
更照當年壽福星	당년의 장수와 복록의 별이 다시 비추네

안동 권녕 安東 權寗

草亭遺址創新亭	초막 옛 터에 새 정자 지으니
依舊松篁不改靑	옛날 그대로의 솔과 대는 변함없이 푸르구나
遠近溪聲晴後瑟	원근의 시냇물은 비 갠 후에 거문고 소리 내고
逶迤山色畫中屛	구불구불 이어진 산색은 그림 속 병풍이라
塵埃淨掃絃歌地	먼지를 깨끗이 쓸고 칭송의 노래 퍼진 곳이자
孝友留傳揖讓庭	효성과 우애가 남아 전하는 예절의 가정
淸夜登臨興感意	맑은 밤에 올라보니 감동의 뜻이 일어나
悠然指點滿天星	아득히 하늘에 가득 찬 별을 가리키네

함안 조관욱 咸安 趙觀煜

簪纓舊宅尙餘亭	관원들의 옛집에 아직도 남은 정자에

30) 정하원(鄭夏源) : 1762～1809년. 조선 후기의 유학자이다. 본관은 영일(迎日)이고 자는 원원(源遠)이며 호는 운와(雲窩)이다. 남와(南窩) 정동필(鄭東弼)·구암(懼庵) 이수인(李樹仁)·월오(月梧) 김회운(金會運)·창헌(蒼軒) 조우각(趙友慤) 등과 학문을 상론하며 도의(道義)로써 교유하였다. 후손이 편집 간행한 6권의 『운와집(雲窩集)』이 전한다.

槐樹長含百代青	홰나무는 길이 백대의 푸르름을 머금었네
可想繁華車馬跡	번화한 거마의 자취를 상상할 수 있으니
宜傳盛事畫圖屛	마땅히 성대의 일은 그림 병풍으로 전하리
爭稱爭賀賓朋席	다투어 칭송하고 축하하는 벗님들의 자리
阿四阿三子妹庭	아들이 넷 사위가 셋인 남매의 뜰이었네
其印七芳仍以號	그 일곱 인끈 향기로워 그대로 이름이 되어
至今枝上應樞星	지금까지 나뭇가지 위에 북두칠성과 응하네

진사 여강 이정엄[31] 進士 驪江 李鼎儼

張氏先墟有是亭	장씨 선조의 터에 이 정자가 있는데
遙環十里衆山青	멀리 십 리에 둘러선 뭇 산이 푸르구나
風吹柳竹陰遮戶	버들과 대에 바람 부니 그늘이 문을 가리고
谷吐雲霞氣作屛	골짝은 운무를 토하고 기운은 병풍이 되네
七印爭傳同子婿	일곱 인끈으로 다투어 전하던 아들과 사위
百年猶說好家庭	백 년이 지나도 좋은 가정이라고 말하네
故人去矣吾誰與	옛사람은 떠났구나, 나는 누구와 함께하나
異日無心玩聚星	훗날 마음을 비우고 취성[32]을 감상하리

경주 진동발 慶州 陳東發

十室鄕中七印亭	작은 마을 안의 칠인정
堂堂遺蹟簡編青	당당한 유적은 서책에 푸르구나

---

31) 이정엄(李鼎儼) : 본관은 여주이고 자는 망도(望道)이며 호는 남려(南廬)이다. 거주지는 경주 양동이다. 정조 19년(1795) 식년시에 1등 3위로 진사에 합격했다. 성리학의 이론에 대해 깊이 연구하고, 지역에 사창을 설치하고 실행하여 효용이 있었다.

32) 취성(聚星) : 고사(高士)가 많이 모였음을 뜻한다. 후한(後漢)의 진식(陳寔)이 원방(元方), 계방(季方) 두 아들과 손자 장문(長文)을 데리고 순숙(荀淑)의 집에 가자 하늘에 덕성(德星)이 모이는 상서(祥瑞)가 나타났다. 이에 태사(太史)가 "500리 안에 현인(賢人)이 모였을 것입니다."라고 상주(上奏)하였다. 이에 이들이 모였던 정자를 취성정(聚星亭)이라 이름하였다. 『태평어람(太平御覽)』 권384, 『주자대전(朱子大全)』 권85 「취성정화병찬(聚星亭畫屛贊) 병서(幷序)」

至今遠裔談華胄　　지금도 먼 후손은 빛나는 가문을 말하는데
從古名區若畫屛　　예로부터 이름난 곳은 그림 병풍과 같네
佩篆已多黃遍樹　　걸린 관인 이미 많아 온 나무에 누렇더니
顚甹尤異翠盈庭　　기운 나무에 돋은 움은 온 뜰을 푸르게 채웠네
正宜張老善其頌　　장로[33]가 송축을 잘한 것이 옳았으니
美事罔張專聚星　　좋은 일은 취성에만 있는 것이 아니리

草幕洞深有一亭　　초막동 깊은 곳에 한 정자 있어
輪焉仍作古氈靑　　높고 커서[34] 바로 이어서 옛 전통이 되었네
美談海邑傳黃綬　　미담은 바다 고을에 노란 인끈으로 전하고
曠感雲孫悵翠屛　　아득한 감회 가진 후손은 푸른 병풍에 슬퍼하네
慕寓遺墟成小閣　　추모의 마음 담은 유허는 작은 누각이 되고
慶餘喬木蔭前庭　　경사 남은 큰 나무는 앞뜰에 그늘을 드리웠네
華楣揭字圓如斗　　화려한 문미에 건 글자는 북두처럼 둘러싸서
高壓南天翼軫星　　높이 남쪽 하늘의 익성과 진성[35]을 누르네

여강 이정관 驪江 李鼎寬

峯回路轉有高亭　　봉우리 돌아 길 꺾인 곳에 높은 정자 있어
今古遊人幾拭靑　　고금의 나들이객 몇이나 푸른 눈 비볐던가[36]

---

33) 장로(張老) : 춘추 시대 진(晉)나라의 대부이다. 진(晉)나라 헌문자(憲文子)가 저택을 신축하여 준공하자 대부들이 가서 축하했다. 이때 장로가 "규모가 크고 화려하여 아름답도다. 제사 때에도 여기에서 음악을 연주하고, 상사 때에도 여기에서 곡읍을 하고, 연회 때에도 여기에서 국빈과 종족을 모아 즐기리로다.[美哉輪焉 美哉奐焉 歌於斯 哭於斯 聚國族於斯]"라고 축하하자, 헌문자가 장로의 말을 되풀이하며 그렇게 되기를 바란다면서 두 번 절하고 머리를 조아리자, 군자들이 축사와 답사를 모두 잘했다고 칭찬한 고사가 전한다. 『예기(禮記)』「예기 하(檀弓下)」

34) 높고 커서 : 원문의 '윤언(輪焉)'은 진(晉)나라 문자(文子)의 집이 완공되었을 때, 대부인 장로(張老)가 그 으리으리한 규모를 보고는 "아름답다 높고 크며, 멋있다 없는 게 없네.[美哉輪焉 美哉奐焉]"라고 한 것에서 유래했다. 『예기(禮記)』「단궁 하(檀弓 下)」

35) 익성(翼星)과 진성(軫星) : 원문의 익진성(翼軫星)은 28수(宿) 가운데 익성과 진성으로 모두 북쪽에 있는 별이다.

枕下流泉淸湊瑟	목침 아래로 흐르는 샘에는 맑은 소리 모이고
階前脩竹翠成屛	섬돌 앞 긴 대나무는 푸른 병풍이 되었네
印何累累稱觴地	주렁주렁 인끈 달고 술잔 올려 칭송한 곳
槐是蒼蒼舞彩庭	푸르른 홰나무는 색동옷 입고 춤춘 뜰
也識曲江由此重	곡강이 이 때문에 중시되었음을 알겠구나
德門當日耀文星	덕 있는 가문에 그때 문곡성이 빛났으니

여강 이익상 驪江 李翊祥

東望巋然有一亭	동쪽을 바라보니 우뚝이 한 정자 있고
曲江雲白海山靑	곡강의 구름은 희고 바다 산은 푸르네
晨鍾潮拖師襄磬	새벽 종소리 이어짐은 사양[37]의 경쇠이고
夜夢秋多晦老屛	밤 꿈은 가을 되니 회로[38]의 병풍에 잦구나
世業豈徒傳墨帳	대대의 가업이 어찌 검은 휘장[39]으로만 전하리
閑情不妨講黃庭	한가한 정서는 『황정경』[40]을 강해도 무방하겠네
至今爲恨眞緣薄	지금까지 한이 됨은 참된 인연이 박한 것이라
指點中天爛德星	저 하늘 가운데 빛나는 덕성을 가리켜보네

---

36) 푸른 눈 비볐던가 : 원문의 '식청(拭靑)'은 반가운 눈을 비빈다는 뜻이다. 진(晉)나라 완적(阮籍)이 반가운 사람을 만나면 청안(靑眼)을 뜨고 미운 사람을 만나면 백안(白眼)을 떴던 고사에서 유래했다. 『진서(晉書)』 권49 「완적전(阮籍傳)」

37) 사양(師襄) : 춘추(春秋) 시대의 유명한 악사인 양자(襄子)로 거문고 연주에 능했다고 한다. 공자가 사양에게 거문고를 배웠다는 내용이 『공자가어(孔子家語)』 「변악해(辯樂解)」에 보인다.

38) 회로(晦老) : 회암(晦庵) 주희(朱熹)를 말한다. 주희가 1175년 가을에 건양현(建陽縣) 서북쪽 70리 거리에 위치한 노산 꼭대기 운곡(雲谷)에다 회암이라는 초당을 짓고 은거하였다. 장표(張彪)가 이곳에 은거할 초당을 지은 일이 주희의 일과 비슷하여 인용한 것으로 보인다.

39) 검은 휘장 : 원문의 '묵장(墨帳)'은 부친이 남긴 검은 휘장을 말한다. 북송(北宋) 범중엄(范仲淹, 989~1052)이 둘째 아들 범순인(范純仁, 1027~1101)에게 남겼다고 한다. 이후 부친의 가풍이나 부친을 가리키게 되었다.

40) 황정경(黃庭經) : 중국 위진(魏晉) 시대의 도가(道家)들이 양생(養生)과 수련(修練)의 원리를 가르치고 기술하는 데 사용했던 도교 관련 서적이다.

구장[41] 具樟

南州勝事起斯亭	남쪽 고을의 멋진 일은 이 정자를 세운 일
一抹前山未了青	한 줄기 앞산은 끝없이 푸르구나
野老傳言懸纂樹	들판 노인이 이야기하던 인끈 걸던 나무와
官娥餘曲遏雲屛	관기의 남은 곡조에 구름 멈추는[42] 병풍이네
風飄翠蓋賢甥館	바람에 날리는 푸른 덮개는 사위의 집이고
日暎朱衣孝子庭	해 비추는 붉은 관복은 효자들의 뜰이라
從此君家多福地	이제부터 그대 집안은 복 많은 곳이 되고
文章世世應奎星	문장은 대대로 규성과 조응하리

강정환[43] 姜鼎煥

古老相傳七印亭	옛 어른들 서로 전하던 칠인정
上浮雲氣至今青	하늘에 뜬 구름 기운은 지금까지 푸르네
華啣尙載雲仍錄	빛나는 직함은 아직도 후손의 기록에 실리고
勝事將模左右屛	훌륭한 일은 장차 좌우의 병풍에 모사될 것이네
銅煌紫綬交橫帶	빛나는 구리 도장과 자색 인끈은 엇갈려 가로 걸리고
槐庇青陰又滿庭	홰나무가 덮은 푸른 그늘은 또 뜰에 가득하네
也應當日連枝會	응당 그때 형제들의 모임[44]을

41) 구장(具樟) : 1761~1814. 본관은 능성이고 자는 양지(養之)이며 호는 청금정(聽琴亭)이다. 대구에 살았다.

42) 구름 멈추는 : 원문의 '알운(遏雲)'은 가던 구름이 음악을 들으려고 멈춘다는 뜻으로, 풍악이 멋지게 울려 퍼지는 것을 말한다. 진(秦)나라의 명창 진청(秦青)이 노래를 부르자, 가던 구름도 그 소리를 듣고 멈춰 섰다는 향알행운(響遏行雲)의 이야기가 『열자(列子)』「탕문(湯問)」에 전한다.

43) 강정환(姜鼎煥) : 1741~1816. 본관은 진주(晉州)이고 자는 계승(季昇)이며 호는 전암(典庵)이다. 칠원(漆原: 지금의 함안군 칠원읍) 무기리 출신이다. 김원행(金元行)의 문인으로서 17, 18세에 문예(文藝)가 성취되었고, 식견이 해박하였으며, 스승이 '심시(尋是)'라는 두 글자를 써주고 격려하였다. 성리학에 밝아 이에 대한 저술이 여러 편 있으며, 이직보(李直輔)·김이안(金履安) 등과 학문을 토론했다.

44) 형제들의 모임 : 원문의 '연지(連枝)'는 같은 뿌리에서 뻗어 나온 나뭇가지라는 뜻으로, 보통 형제간의 친밀한 관계를 비유할 때 쓰는 표현이다.

太史奏之聚德星	사관은 덕성이 모였다고 아뢰었으리

여강 이지한[45] 驪江 李之翰

憶昔繁華慶壽亭	옛날 융성하게 생신 축하한 정자 생각하니
家聲不忝舊氈靑	가문의 명성은 옛 전통을 욕되게 하지 않았네
羹墻寓慕烟霞窟	추모의 정[46]을 연무 드리운 골짜기에 부치고
杖履留痕水石屛	지팡이와 신발의 자취는 수석 병풍에 남았네
萬古淸風孤竹節	만고의 맑은 풍모는 백이 숙제의 지조[47]
百年喬木老槐庭	백 년의 큰 나무는 오랜 홰나무의 뜰
憑欄始覺胸襟豁	난간에 기대어 비로소 가슴의 시원함 느끼면서
月印澄潭點七星	달이 찍힌 맑은 못에서 북두칠성을 세어보네

함안 조거욱 咸安 趙居煜

瀟灑溪山一小亭	맑고 깨끗한 시냇가 산의 한 작은 정자
至今綿業舊氈靑	지금까지 이어진 가업은 가문의 오랜 전통
潺流觸石鳴寒玉	졸졸 흐르는 물은 돌에 부딪쳐 찬 옥소리 내고
列峀當軒展畫屛	늘어선 산은 집과 마주하니 그림 병풍 펼쳤네
七綬金章華世閥	일곱 인끈의 금 인장이 빛나는 대대의 가문
百年詩禮好門庭	백 년의 시와 예의가 있던 훌륭한 가정
滿堂舞彩如親覩	온 집안이 색동옷 입고 추는 춤 직접 보는 듯

---

45) 이지한(李之翰) : 1604~?. 본관은 여강이고 자는 자번(子藩)이고 호는 행정(杏亭)이다. 부친은 절충장군(折衝將軍)을 지낸 이경남(李敬男)이다. 인조 13년(1635) 증광시에 생원으로 급제했다. 문집으로 『행정문집(杏亭文集)』이 있다.

46) 추모의 정 : 원문의 '갱장(羹墻)'은 죽은 사람에 대한 간절한 추모의 정을 말한다. 요(堯) 임금이 세상을 떠난 후에 순(舜)이 3년 동안 사모하는 정을 이기지 못한 나머지, 밥을 먹을 때는 요 임금의 얼굴이 국그릇 속[羹中]에 비치는 듯하고, 앉아 있을 때는 담장[墻]에 요 임금의 그림자가 어른거리는 듯했다는 고사에서 유래했다.

47) 백이(伯夷)…지조 : 원문의 고죽절(孤竹節)은 백이와 숙제의 절개라는 의미이다. '고죽'은 중국 은(殷)나라 탕왕(湯王) 때 제후국으로 봉해진 나라로, 은나라 말에 주(周)나라에 귀순하길 거부하며 수양산(首陽山)에 숨었든 백이(伯夷)와 숙제(叔齊)의 나라이다.

楣額煌煌暎壽星 문미의 편액은 휘황찬란하게 수성을 비추네

외예 영양 이택관 外裔 永陽 李宅觀

草幕山前結小亭　초막의 산 앞에 작은 정자를 엮으니
爲憐雙樹至今青　어여쁜 두 홰나무는 지금까지 푸르구나
繁枝露重垂華蓋　진한 이슬의 성한 가지는 화려한 덮개처럼 드리우고
密葉春濃展畫屛　봄 짙은 촘촘한 잎은 그림 병풍을 펼쳤네
一世簪纓同樂地　한 세대가 관원이 되어 함께 기뻐한 곳
百年詩禮舊趨庭　백 년의 시와 예절로 옛 가르침 받던 뜰
家聲異代天環運　가문의 명성은 후대에 천운으로 돌아
第見門楣耀德星　다만 문미에 빛나는 덕성을 바라보네

百年丘壑翼然亭　백 년의 언덕과 골짝에 날아갈 듯한 정자
不改江山面面青　변함없는 강산은 하나하나 푸르네
樹色翻紅風外綬　나무 빛깔 붉어지니 바람 밖의 인끈 같고
嵐光凝碧畫中屛　산 아지랑이 푸르게 엉겨 그림 속 병풍이라
當時七印齊稱壽　그때 칠인정에서 함께 축수하더니
今日雙槐更滿庭　지금 두 홰나무는 다시 뜰에 가득하네
記撰幷傳君子筆　기문과 찬문과 행장을 군자들이 지었으니
舊家遺蹟炳如星　옛 가문의 남은 자취가 별처럼 빛나네

외예 경주 진동걸 外裔 慶州 陳東傑

野客恭瞻七印亭　들 나그네 공경히 칠인정을 우러러보니
遺風播在海山青　유풍은 푸르른 바다와 산에 퍼져 있네
勝遊曾擅文章洞　멋진 유람으로 일찍이 문장골로 이름나고
幽境如環錦繡屛　그윽한 지경은 비단으로 수놓은 병풍을 두른 듯
華軒肇闢懸弧節　화려한 집은 처음 생신날[48]에 열렸고

48) 생신날 : 출생한 날을 말한다. 원문의 현호(懸弧)는 옛날에 아들이 태어나면 뽕나무 활을

老樹重光掛篆庭	늙은 나무에 거듭된 영광은 인끈을 건 뜰
永日凭欄懷古蹟	긴 날에 난간에 기대어 옛 자취 생각하니
籒文上應北樞星	인장의 글자[49]가 위로 북극성과 조응하네

흥해군수 안동 권호병[50] 主倅 安東 權虎秉

異事爭傳七印亭	특별한 일이라고 다투어 전하는 칠인정
江山秀色古今靑	강산의 빼어난 물색은 예나 지금이나 푸르구나
兒孫業在琴書榻	후손의 가업은 거문고와 서책의 책상에 있고
花竹陰濃頌語屛	꽃과 대는 그늘이 짙어 칭송하는 말의 병풍같네
萬石君名瞻舊室	만석군[51]의 명예처럼 옛 저택을 우러러보고
八龍才子併荀庭	순씨의 여덟 재자[52]처럼 뜰에서 함께 했네
一門諸弟榮親地	한 가문의 자제들이 부모를 영화롭게 한 곳
舞綵餘儀耀極星	색동옷 입고 춤춘 남은 모습이 북극성에 빛나네

서산 류수 瑞山 柳秀

華額爭瞻七印亭	화려한 편액의 칠인정을 다투어 우러러보고
古槐繁鬱至今靑	울창한 늙은 홰나무는 지금까지 푸르네

문 왼쪽에 걸어서 활을 잘 쏘기를 기대했던 것에서 온 말이다. 『예기(禮記)』「내칙(內則)」

49) 도장의 글자 : 원문의 '주문(籒文)'은 종정(鐘鼎) 문자로서 대전(大篆)이라고도 한다. 도장에 새길 때 많이 쓰는 문자이다.

50) 권호병(權虎秉) : 1794~1881. 본관은 안동이고 자는 이백(彝伯)이며 호는 신암(愼菴)이다. 군위 의흥에 살았으며 1814년 무과에 장원급제하여 사헌부감찰과 형조정랑을 지내고 1817년 흥해군수를 지냈다.

51) 만석군(萬石君) : 한(漢) 나라 사람 석분(石奮)과 그의 네 아들이 모두 2천 석(石)의 관직에 이르렀으므로 경제(景帝)가 석분에게 내린 호(號)인데, "만석군의 질행(質行)은 제(齊)·노(魯)의 제유(諸儒)들도 모두 미칠 수 없다고 여겼다."라는 기록이 전한다. 『사기(史記)』「만석장숙열전(萬石張叔列傳)」

52) 여덟 재자 : 원문의 '팔룡(八龍)'은 후한(後漢) 순숙(荀淑)의 여덟 아들인 순검(荀儉), 순곤(荀緄), 순정(荀靖), 순도(荀燾), 순왕(荀汪), 순상(荀爽), 순숙(荀肅), 순전(荀專)을 가리킨다. 이 여덟 사람이 모두 재덕(才德)이 출중하였기 때문에 당시에 팔룡(八龍)이라고 일컬었다. 『후한서(後漢書)』 권62 「순숙열전(荀淑列傳)」

循階汩㶁雙溪水	섬돌 따라 쌍계의 물이 졸졸 흐르고
當戶周圍疊嶂屛	집을 마주한 주위에는 첩첩 높은 산 병풍이라
一代榮光多子姓	한 세대의 영광은 많은 자손에게 있고
百年堂構舊家庭	백 년의 가업을 이은 옛 가정이라네
也知種玉藍田老	알겠구나, 옥을 심은 남전 노인[53]
應上箕躔化列星	기수(箕宿)[54]에 올라가 늘어선 별 되었음을

한양 조종문 漢陽 趙宗文

披襟今日上溪亭	옷깃 풀어헤치고 오늘 시냇가 정자에 오르니
脩竹孤松四面靑	긴 대나무 외로운 소나무 사면에 푸르구나
西崮淸風歌采蕨	서산의 맑은 바람은 고사리 따는 노래 부르고[55]
武夷閒情好雲屛	무이산의 한가한 정[56]은 좋은 구름 병풍 되네
文章騷客爭傳筆	문장가와 시인들은 다투어 붓으로 전하니
孝友家孫自滿庭	효우의 자손들이 절로 뜰에 가득하네

---

53) 옥을 심은 남전 노인 : 원문의 '종옥(種玉)'은 옥의 씨앗을 뿌린다는 말이다. 양백옹(楊伯雍)이라는 사람이 3년 동안 무종산(無終山)에서 목마른 행인들에게 물을 길어다 마시게 해 준 결과, 이에 감동한 선인(仙人)으로부터 한 말의 옥 씨를 받아 수많은 미옥(美玉)을 생산하여 부유하게 되었다는 전설이 진(晉)나라 간보(干寶)의 『수신기(搜神記)』 권11에 나온다. 무종산이 옛날 연(燕)나라 땅에 있었기 때문에 이 미옥(美玉)을 연옥(燕玉)이라고 불렀으며, 그 지명도 옥전현(玉田縣)으로 바꿔서 칭했다 한다.

54) 기수(箕宿) : 원문의 '기전(箕躔)'은 기미성(箕尾星) 별자리를 말한다. 은(殷)나라 고종(高宗)의 현상(賢相) 부열(傅說)이 죽은 뒤에 기수에 걸터앉아 부열성(傅說星)이 되었다는 전설이 있다. 『장자(莊子)』「대종사(大宗師)」

55) 고사리 따는 노래 부르고: 원문의 '가채궐(歌采蕨)'은 채미가(采薇歌)로 주 무왕이 은나라를 멸망시키자, 백이(伯夷)와 숙제(叔齊)가 주 나라 곡식을 먹을 수 없다 하여 수양산(首陽山)에 들어가서 고사리를 캐 먹다가 죽음에 임박하여 부른 노래이다. 노랫말은 이렇다. "저 서산에 올라가서 고사리를 캐도다. 폭력으로 폭력과 바꾸면서 자기의 그릇됨을 모르도다. 신농과 우순과 하우가 이제는 없으니 나는 어디로 돌아갈거나.[登彼西山兮 採其薇矣 以暴易暴兮 不知其非矣 神農虞夏忽焉沒兮 我安適歸矣]"

56) 무이산의 한가한 정 : 송(宋) 나라 때 주희(朱熹)가 무이산(武夷山)의 정사(精舍)에 한가히 있으면서 장난삼아 지었던 무이구곡시(武夷九曲詩)를 가리킨다. 『주자대전(朱子大全)』 권9

天運應環張氏德　　천운은 응당 장씨 집안의 덕을 감쌀 것이니
須看夜夜聚明星　　모름지기 밤마다 밝은 별이 모임을 보리

완산 이재호 完山 李在鎬

張氏遺墟起一亭　　장씨의 옛터에 한 정자를 세우니
長松脩竹四時青　　긴 소나무 대나무가 사시에 푸르구나
琴鳴流水洄爲宅　　거문고 소리 내는 물은 감돌아 집이 되고
劍立層巒畫作屛　　칼처럼 선 층층 산은 그려놓은 병풍 되네
當世繁華七印綬　　그때 번화함은 일곱 사람의 인장과 인끈
後孫基業二槐庭　　후손의 기업은 두 홰나무 있는 뜰
騷客詩人多善頌　　시인묵객들의 훌륭한 칭송의 말 많으니
簷前北斗應羅星　　처마 앞 북두성은 늘어선 별들과 조응하리

외예 고창 오학범 外裔 高敞 吳學範

七綬雙槐肇是亭　　일곱 인끈을 쌍괴에 걸어 이 정자가 시작되니
至今惟帶舊時青　　지금도 옛날의 푸르름을 띠고 있네
溪聲入戶鳴如玉　　시냇물 소리가 집에 드니 옥 같이 울리고
山勢臨軒畫似屛　　산세가 마루에 임하니 그려놓은 병풍 같네
不墜堂堂前世業　　떨어지지 않을 당당한 전세의 가업
爭稱赫赫古家庭　　다투어 칭송하는 혁혁한 오랜 가정
聊將盛蹟傳東國　　모름지기 성대한 자취가 동국에 전해지니
宛照當年壽福星　　완연히 그때의 수복성이 비추는 듯

16대손 재홍[57] 十六代孫 載弘

草幕遺墟起小亭　　초막의 옛터에 작은 정자를 세우니

---

57) 장재홍(張載弘) : 1793~1837. 자는 경후(景厚)이다. 장응성(張應星)의 손자이며 장시학(張時學)의 아들이다.

雙槐菀菀至今青	울창한 두 홰나무는 지금도 푸르네
塘開半畝淸如鏡	반 마지기 못이 열리니 맑기가 거울 같고
山列層巖氣作屛	층층 바위 늘어선 산은 기운으로 병풍 되네
一世簪纓餘古宅	한 시대 관원들의 자취가 남은 옛집
百年花樹會斯庭	백 년의 꽃과 나무가 모이는 이 뜰
追惟子婿稱觴席	아들과 사위가 축수한 자리 추억하니
也照南天壽福星	남쪽 하늘에는 수복성이 비추네

16대손 덕홍[58] 十六代孫 德弘

村深草幕起先亭	마을 깊은 초막골에 선대의 정자를 지으니
槐樹當軒帶舊青	집과 마주한 홰나무는 옛 푸르름을 띠었네
正洞溪聲鳴入戶	정동의 시냇물 소리 울리며 집에 들고
禱陰山勢列爲屛	도음산의 산세는 늘어서서 병풍이 되네
諸孫興感稱觴席	후손들 감회 일어 술잔 올리며 축수한 자리
遠客傳詩掛篆庭	멀리서 온 객이 전한 시로 편액을 건 뜰
七印榮光難復繼	일곱 인끈의 광영을 다시 잇기 어려우니
遙瞻夜夜照辰星	멀리서 밤마다 비추는 북극성을 우러러보네

여강 이악상[59] 驪江 李岳祥

乘月逍遙訪古亭	달밤을 타고 소요하며 옛 정자를 찾으니
百年修餙油氈青	백 년의 가꿈과 꾸밈에 옛 보물은 윤기 나네
扶綱宅近連蹈海	도의 지킨 집은 노중련이 죽은 바다[60]에서 가깝고

58) 장덕홍(張德弘) : 1795~1867. 자는 치능(致能)이다. 장응복(張應復)의 손자이며 장지학(張志學)의 아들이다. 족보에는 '悳弘'으로 표기되어 있으나, 동일인인 듯하다.

59) 이악상(李岳祥) : 1763~1845. 본관은 여강이고 자는 백언(白彦)이며 호는 치암(恥庵)이다. 경주 양동에 살았으며, 입재(立齋) 정종로(鄭宗魯)의 문인이다. 류운룡(柳雲龍)의 시호를 청할 때 온 고을 선비들이 추천하여 소수가 되었다. 이조참판에 증직되었다.

60) 노중련이 죽은 바다 : 원문의 '연도해(連蹈海)'는 전국 시대 노중련(魯仲連)이 만약 진(秦)나라를 황제로 받든다면 나는 동해에 빠져 죽겠다고 한 고사(故事)에서 나온 말이다. 『사

避世山深晦隱屛	세상을 피한 산은 주자의 대은병[61]처럼 깊네
懸綬家聲傳某樹	일곱 인끈 건 가문의 명성은 저 홰나무에 전하고
舞班兒戱指虛庭	줄지어 춤추는 아이들은 장난치며 빈 뜰을 가리키네
慇懃夜話添燈盡	야심한 밤 다정한 대화에 등심지가 다하니
不覺東天已曉星	동쪽 하늘에 벌써 새벽 별 떴음을 몰랐네

인동 장진룡 仁同 張晋龍

問柳尋槐到是亭	버들에 묻고 홰나무 찾아 이 정자에 오니
傍先遺躅舊氈青	방선조께서 남긴 자취는 오랜 가문의 보배
綬何若若光閭里	치렁치렁한 인끈으로 마을은 빛났고
峯自重重作畫屛	겹겹의 이어진 봉우리는 그림 병풍 되었네
荀氏八龍傳後世	순씨네 여덟 아들처럼 후세에 전해지고
薛家三鳳舞前庭	설씨네 세 종친[62]처럼 앞뜰에서 춤추었네
千秋影事煒煌裏	천추의 지난 일이 휘황찬란한 가운데
像想文明北斗星	문명의 북두성을 상상해보네

외서 월성 손성수 外婿 月城 孫星受

寶樹繁陰有此亭	보배로운 무성한 나무에 이 정자 있으니
一堂七印海雲青	한 집안의 일곱 인끈 고사는 바다 구름 속에 푸르네
登臨想昔聯朱紱	올라와 옛날 붉은 인끈이 이어졌음을 생각하고
偃臥看前雜翠屛	옆으로 누워 앞에 푸른 병풍이 섞였음을 바라보네

기(史記)』 권83

61) 주자의 대은병: 원문의 '회은병(晦隱屛)'에서 회(晦)는 주희를 가리키는 말로 보이는데, 주희의 호가 회옹(晦翁)이다. 은병(隱屛)은 대은병(大隱屛)으로, 주희의 「무이구곡가(武夷九曲歌)」 중 제7곡에 나오는 지명이다.

62) 설씨네 세 종친 : 원문의 '설가삼봉(薛家三鳳)'은 당(唐)나라 설원경(薛元敬)이 젊어서 숙부 설수(薛收), 족형(族兄) 설덕음(薛德音)과 같이 문재(文才)로 이름이 났으므로 그때 사람들이 하동(河東)의 삼봉(三鳳)이라고 한 것에서 유래했다. 『구당서(舊唐書)』 권73 「설수열전(薛收列傳)」

獻壽晬盤全孝友	생신상에서 축원하니 효우가 온전했고
供榮華蓋彩門庭	원님의 행차로 영광 올리니 문정에 광채가 났네
至今吾嶺名言在	지금까지 우리 영남에는 명성의 말이 있지
更祝天南照極星	하늘 남쪽에 극성이 비추길 다시 기원하네

일직 손종원[63] 一直 孫宗元

憶昨聯君宿野亭	추억하네 그대와 함께 들 정자에서 잔 일
爲言先烈耀丹青	선조의 업적이 단청처럼 빛났다 말하였지
一堂天送麒麟石	한 집안에 하늘은 석기린(石麒麟)[64]을 보내고
十世家傳孔雀屛	십대의 가문은 공작 병풍을 전하였네
水閱華觴留古井	화려한 잔을 지나간 물은 옛 우물로 남았고
槐從懸樹老前庭	인끈 따라 건 홰나무는 앞뜰에서 늙어가네
登臨話到重陽會	정자에 올라 나누는 대화 중양절 모임에 이르니
合喚斯軒作聚星	이 마루에 함께 불러모아 별 모임 만들만 하네

외예 성주 이우면 外裔 星州 李禹冕

雙溪之上一高亭	쌍계 위의 높다란 한 정자
可愛塘圍萬樹青	아담한 못 주위에는 온갖 나무가 푸르네
泉石軒頭灣作枕	샘과 돌의 난간 가에 물굽이가 베개가 되고
烟霞洞口吐爲屛	안개는 골짜기 입구에 토해져 병풍이 되네
當今騷客抽毫地	지금까지 시인묵객이 붓을 뽑아 드는 곳
依舊賢公獻觶庭	옛날처럼 어진 사람이 잔 올려 축수한 뜰
猶有三槐涵理茂	아직도 세 홰나무는 천리의 무성함 머금어

63) 손종원(孫宗元) : 생몰년 미상. 본관은 일직이고 호는 도수(道叟)이다. 영천에 살았다. 성근묵(成近默)과 교유하였다. 문집이 전한다.

64) 석기린(石麒麟) : 원문은 '기린석(麒麟石)'으로 남의 자제를 칭찬하는 말이다. 『진서(陳書)』 권26 「서릉열전(徐陵列傳)」에 "서릉(徐陵)의 나이 서너 살이 되었을 때 집안사람이 데리고 가서 보였더니 보지공(寶誌公) 상인(上人)이 손으로 그의 정수리를 어루만지며 '천상의 석기린이다.[天上石麒麟]'라고 했다."라는 고사에서 유래했다.

成扉他日耀台星　　훗날 문이 되어 삼태성처럼 빛나겠지

안동 권익정 安東 權翊鼎

幾世相傳七印亭　　몇 대에 걸쳐 서로 전한 칠인정
德門美蹟簡編靑　　덕 있는 가문의 훌륭한 자취는 역사에 푸르네
檻前曲曲澗生瑟　　난간 앞 굽이진 시냇물에선 거문고 소리 나고
簾外重重山作屛　　주렴 밖 첩첩의 산은 병풍이 되네
細柳繁陰懸紱巷　　가는 버들은 무성한 그늘에 인끈 건 골목
脩篁殘影獻觴庭　　긴 대의 남은 그림자는 헌수 잔 올리던 뜰
凭軒頓覺襟懷爽　　난간에 기대니 문득 회포가 시원해짐을 느끼면서
想像遺風玩聚星　　남긴 풍모 상상하며 모인 별을 감상하네

방예 장이섭 傍裔 張爾燮

名傳七印起斯亭　　일곱 인끈의 명성 전해져 이 정자 짓고
亭壓靑山萬古靑　　청산에 우뚝한 정자는 만고에 푸르구나
瀑水回欄鳴白石　　난간을 도는 폭포수는 하얀 돌을 울리고
晴嵐囚樹列蒼屛　　나무 가둔 맑은 이내는 푸른 병풍 널었네
風流豈盡繁華地　　풍류가 어찌 번화한 곳에서 다했으랴
詩禮猶餘孝友庭　　시례는 아직도 효우의 가정에 남았는데
徒倚檻頭指點久　　공연히 난간 끝에 기대 한참을 가리키는데
大陽山上耀文星　　대양산 위에서 문성이 빛나네

오천 정희 烏川 鄭憙

追遠誠心肯搆亭　　멀리 추모하는 성심으로 정자를 짓고
澗松塘柳後前靑　　시냇가 솔 못의 버들은 앞과 뒤로 푸르네
昔竹七印偕榮樹　　옛 대와 일곱 인끈은 모두 나무를 영화롭게 하고
今對雙楡已作屛　　지금 두 느릅나무를 대하니 이미 병풍 되었네
翼翼高軒仍舊地　　날아갈듯 높은 집은 옛터에 여전하고

堂堂盛族滿中庭	당당한 번창한 가문은 중정에 가득하네
人間勝槪於斯見	인간 세상 멋진 경개 여기서 보면서
復仰南天耀極星	다시 남천에 극성이 비침을 우러러보네

외서 오천 정부필 外婿 烏川 鄭傅弼

有是翼然溪上亭	여기 시냇가 위에 날아갈 듯한 정자 있어
登臨暇日客襟靑	한가한 날 오르니 객의 회포에 반갑구나
新塘得月開圓鏡	새 연못에 달 비취니 둥근 거울이 열리고
古壁迎雲作畫屛	옛 벽이 구름 맞이하니 그림 병풍이 되네
稱孝眞爲張仲宅	효성으로 이름나니 실로 장중[65]의 집 되고
學詩更看伯魚庭	시를 배우니 다시 백어[66]의 뜰 보게 되네
當年印迹今猶在	당시의 인끈 자국 지금 여전히 남았으니
夜夜槐陰掛極星	밤마다 홰나무 그늘에는 북극성이 걸리네

오천 정여필 烏川 鄭汝弼

平臺翼翼有如亭	평평한 터에 날개 돋친 정자 있어
寶樹餘叢衆目靑	나무 남은 떨기가 사람들의 눈에 반갑구나
烟柳混嵐懸活畫	안개 버들은 산빛에 섞여 생생한 그림으로 걸렸고
雲山如繡對新屛	비단 같은 구름 속 산은 새 병풍과 마주했네
家謨不墜詩書訓	가문의 지혜를 떨구지 않음은 시서의 가르침
野史猶傳孝友庭	야사에 아직도 전하는 효우의 뜰

---

65) 장중(張仲) : 주(周) 나라의 현신(賢臣)으로, 효도로 이름이 높았다. 『시경(詩經) 소아(小雅)』「유월(六月)」에서 "훌륭한 잔치 자리에 누가 있느냐, 효우스러운 장중이 있었구나."라고 한 것에서 유래했다.

66) 백어(伯魚) : 공자의 아들 공리(孔鯉)의 자(字)이다. 공자가 혼자 서 있을 적에 아들 백어가 뜰을 지나가자 공자가 그에게 예(禮)를 배웠는지 물었는데, 백어가 아직 배우지 않았다고 대답하였다. 이에 공자가 "예를 배우지 않으면 몸을 세울 수 없다.[不學禮 無以立]"라고 하니, 백어가 물러나 예를 배웠다[退而學禮]는 기록이 『논어(論語)』「계씨(季氏)」에 나온다.

子姓綿綿兼壽福　　자손들이 대대로 장수와 복을 겸했으니
也應此地降文星　　응당 이곳에는 문극성이 내렸겠지

13대손 석[67] 十三代孫 錫

花樹壇邊立小亭　　꽃과 나무의 단 가에 작은 정자를 세우니
題名七印字書青　　새긴 이름 칠인정이란 글자가 푸르구나
塘顔晝夜心神鏡　　못의 빛깔은 밤낮으로 심신의 거울이고
壁面春秋錦繡屏　　벽면은 봄가을로 비단 수놓은 병풍이라
鳥語當年稱壽地　　새들은 당년에 축수한 곳에서 지저귀고
花傳昔日舞斑庭　　꽃들은 옛날 색동옷 입고 춤춘 뜰을 전하네
追惟草幕多餘憾　　초막을 추모하며 생각하니 남은 감회 깊어
起仰中天繞北星　　일어나 중천을 우러르니 북극성이 돌고 있네

방예 장성로 傍裔 張星老

採薇山麓印名亭　　채미산 기슭에 칠인이라 이름한 정자
忠孝相連竹汗青　　충효가 서로 전하니 사서에 뚜렷하네[68]
箇箇掌珠家寶樹　　하나하나가 손에 구슬인 가문의 보배 나무
雙雙腰玉國藩屏　　쌍쌍이 관인을 찬 나라의 병풍 같은 관리
繁陰宛在稱觥榻　　무성한 그늘은 완연히 축수한 서탑에 있고
刼雨難磨舞彩庭　　큰 재앙[69]도 색동옷 입고 춤춘 뜰 손상하지 못해

---

67) 장석(張錫) : 1772~1854. 자는 중영(仲永)이다. 장세탁(張世鐸)의 손자이며 장우익(張遇翼)의 아들이다.

68) 사서에 뚜렷하네 : 원문의 죽한청(竹汗青)은 푸른 대나무의 진액을 빼낸다는 말로, 한간(汗簡) 또는 살청(殺青)이라고도 한다. 한(漢)나라 유향(劉向)의 『별록(別錄)』에 "살청이란 대나무를 곧게 다듬어 대쪽을 만들어서 글씨를 쓰게 하는 것이다. 햇대나무에는 진액이 있어 잘 썩고 좀이 잘 들므로 대쪽을 만들 경우 모두 불 위에 쬐어 말린다."라고 한 데서 나온 말로, 후대에는 사책(史册) 또는 그 저술의 완성을 의미하게 되었다.

69) 큰 재앙 : 원문의 '겁우(刼雨)'는 겁수(刼水)를 말하는 듯하다. 겁수는 겁화(刼火)·겁풍(刼風)과 함께 세상의 마지막 때인 괴겁(壞刼)에 일어나는 세 가지 큰 재앙 중의 하나로, 큰 물난리를 뜻한다.

層檻肯搆頹後地	층층 난간을 쇠락한 후의 땅에 다시 지으니
居然三百歲周星	그로부터 삼백 세에 별들이 돌고 있네

계산 종인 장경호 稽山 宗人 張敬昊

草谷村中有一亭	초곡 마을 가운데에 한 정자
爲人愛惜幾年青	사람들이 아꼈으니 몇 년이나 푸르렀나
山圍別界成蒼壁	산은 별세계를 둘러 푸른 벽이 되고
雲助奇觀作畫屛	구름은 멋진 풍광을 도와 그림 병풍이 되네
矍鑠遐齡爭獻壽	건장한[70] 높은 연세에 다투어 축수하고
斑爛彩舞競趨庭	알록달록 색동옷 입고 춤추며 다투어 뜰을 달리네
靈丹不報仙平地	영험한 단약이 신선의 땅을 알려주지 않아도
卓彼南天暎極星	저 남쪽 하늘에 우뚝 남극성을 비추네

계산 종인 장지남 稽山 宗人 張之南

七印風傳一小亭	일곱 인끈의 풍모는 한 작은 정자를 전하고
古査新隷幾回青	늙은 밑둥에서 생긴 새 가지 몇 번이나 푸르렀나
高山截彼爭環壁	깎아지는 높은 산은 다투어 벽을 두르고
往迹猗歟可列屛	빛나는 지난 자취는 병풍을 늘어놓을 만하네
後世子孫觀感處	후세의 자손들이 보고 감격하는 곳
當時昆季勸酬庭	그날 형제들이 술잔을 권한 뜰
舊家餘慶從玆卜	오랜 가문의 남은 경사는 여기서 터를 잡았으니
指點天南有極星	하늘 남쪽에 남극성이 있음을 가리키네

70) 건장한 : 원문의 '확삭(矍鑠)'은 나이 든 사람이 여전히 건장하여 젊은이처럼 씩씩하게 행동하는 것을 말한다. 동한(東漢)의 복파장군(伏波將軍) 마원(馬援)이 62세의 나이에도 불구하고 말에 뛰어올라 용맹을 보이자, 광무제(光武帝)가 "이 노인네가 참으로 씩씩하기도 하다.[矍鑠哉是翁也]"라고 찬탄한 고사가 전한다. 『후한서(後漢書)』 권24 「마원열전(馬援列傳)」

14대손 인목[71] 十四代孫 寅睦

草幕深深印揭亭	초막동 깊고 깊은 곳에 일곱 관인을 건 정자
追思先祖我衿青	선조를 추념하니 내 회포가 푸르구나
曲江鳧藻明時宴	곡강에서 화목하던 일[72]은 좋은 날의 잔치
聖世龜蓮晬日屛	성세에 장수를 바라던[73] 생신날의 병풍
鳥語笙歌簪紱地	새가 지저귀고 생황이 노래한 관원[74]들의 땅
槐萌功業子孫庭	홰나무에서 공업이 싹튼 자손들의 뜰
堪憐殘裔登臨夜	잔약한 후손들 밤에 오르니 송구스러워
難復南天照極星	남천에 극성이 다시 비추기 어려우니

민치경 閔致慶

緬仰遺扁七印亭	편액이 남은 칠인정을 우러러보니
先天影事洛雲青	옛날의 지난 일은 낙수의 구름처럼 푸르네
春餘老木垂陰庇	봄 끝에 늙은 나무는 그늘을 드리워 지키고
雨洗層巒列畫屛	비에 씻긴 층층 산은 그림 병풍처럼 늘어섰네
洞闢文章成草幕	골짜기는 학문을 열어 초막을 이루고
家傳孝友襲蘭庭	가문은 효우를 전해 난초의 뜰[75]을 이었네

---

71) 장인목(張寅睦) : 홍해파 족보에 장인목(張仁睦)은 있으나, 동일인인지 불확실하다.

72) 화목하던 일 : 원문의 '부조(鳧藻)'는 물오리가 물풀 속에서 자유롭게 노니는 것처럼, 윗사람과 아랫사람이 격의 없이 함께 어울려 즐기며 기뻐하는 것을 말한다. 『후한서(後漢書)』 권31 「두시열전(杜詩列傳)」에 "폐하께서 군대를 일으키신 지 13년 동안, 장수는 화목하고 사졸은 물풀 속에서 물오리가 노니는 것과 같았다.[陛下起兵十有三年 將帥和睦 士卒鳧藻]"라는 말에서 유래했다.

73) 장수를 바라던 : 원문의 '구련(龜蓮)'은 장수하길 바라는 의미로, 송(宋) 주희(朱熹)의 「어찬주자전서(御纂朱子全書)」 권66 '어머니 생신날 아침 축수하는 시 세 수[壽母生朝三首]' 중의 구절에 "구련에 올라 천 년의 수를 누리시기를 바라고, 영원히 부조로 하여금 한 가정이 화목하게 하십시오.[願上龜蓮千歲壽 永令鳧藻一家肥]"라고 한 것에서 유래했다.

74) 관원 : 원문의 '잠불(簪紱)'은 고대 관원의 복식(服飾)인 머리 장식 비녀와 실로 만든 허리띠로 현귀(顯貴) 혹은 사환(仕宦)의 뜻으로 쓰인다.

75) 난초의 뜰 : 원문의 '난정(蘭庭)'은 '정란(庭蘭)'과 같은 뜻으로, 일반적으로 남의 뛰어난 자제를 칭찬하는 비유어로 쓰인다. 진(晉)나라 때의 사안(謝安)이 자제들에게 포부를 물었을

供支鼎族名吾嶺	헌신하는 높은 가문 우리 영남의 명문이니
世世華軒耀德星	대대로 빛나는 집에는 덕성이 비추리

진사 여강 이재소[76] 進士 驪江 李在韶

翼然高起是何亭	우뚝하게 높이 솟은 것, 어떤 정자인가
笑指闌干雙樹靑	웃으며 난간의 두 푸른 홰나무를 가리키네
七印當年爭獻壽	일곱 인끈 건 당년에는 다투어 헌수하였고
匹休王國永爲屛	왕국의 아름다운 짝으로[77] 영원히 병풍 되었네
將占碩果根培地	장차 큰 열매를 담당하여 뿌리를 북돋운 곳
同看三槐蔭滿庭	함께 세 홰나무 그늘이 뜰에 가득함을 보네
秉筆諸賢留信蹟	붓을 잡은 현사들은 미더운 자취를 남겼으니
披來多感落晨星	펼쳐 보느라 감회 많아 새벽 별 떨어지네

이수경 李秀慶

異事曾聞七印亭	기이한 일이라 일찍이 칠인정을 들었는데
登堂瞻慕眼生靑	우러러 사모해 집에 오르니 눈이 시원해지네
詩成水石精神骨	시는 물과 바위 되니 정신의 근간이고
興入烟雲造化屛	흥은 연무에 드니 조화의 병풍이라
孝友至今君子宅	효우가 지금까지 이른 군자의 집
淸芬依舊海山庭	맑은 향기 여전하니 바닷가 산의 가정

때, 조카 사현(謝玄)이 대답하기를 "비유하자면 지란과 옥나무가 뜰 안에 자라게 하고 싶습니다.[譬如芝蘭玉樹 欲使其生於階庭耳]"라고 한 데서 온 말이다. 『세설신어(世說新語)』「언어(言語)」

76) 이재소(李在韶) : 1812~1883. 본관은 여강이고 자는 성언成彦)이며 호는 설우(雪右)이다. 아버지는 응상(凝祥)이며 경주 양동에 살았다. 1844년 증광시에 3등으로 진사에 합격하였다.

77) 아름다운 짝으로 : 원문의 '필휴(匹休)'는 아름다움이 필적함 내지 함께 아름답다는 말이다. 『서경(書經)』「낙고(洛誥)」에 "공이 감히 하늘의 아름다움을 공경하지 않을 수 없어서 와서 집터를 살펴보니 주나라에 짝할 아름다움을 지었습니다.[公不敢不敬天之休 來相宅 其作周匹休]"라고 하였다.

高名百世人咸仰　　백대의 높은 이름을 남들이 모두 우러르니
厥數分明斗北星　　그 숫자 분명 북두칠성일 것이라네

군수 이정호[78] 主倅 李鼎鎬

百年遺址百年亭　　백 년의 남은 터에 백 년의 정자는
自作君家世氈青　　절로 군자의 집 되니 대대로 가문의 보배
籬爲看山踈揷竹　　울타리는 산을 보려고 대나무를 성기게 꽂았고
檻因納月漏張屛　　난간은 달을 거두려고 펼친 병풍에 틈을 두었네
長生幾賀三茅訣　　장수하여 세 신선[79]의 비결로 몇 번이나 축하받았나
榮祿重光七綬庭　　영광과 봉록이 거듭 빛나던 일곱 인끈의 뜰
孝友仁門餘慶在　　효우의 어진 가문에 남은 경사가 있으리니
雲仍從此不零星　　이제부터 후손들은 쇠락하지 않으리

한양 조시목 漢陽 趙始穆

宿飽名亭暮入亭　　전부터 명성 자자한 정자를 저녁에 들어오니
溪山一面拭眸青　　시내와 산의 면면이 푸르러 눈 비비고 보네
數間屋宇居何陋　　몇 칸의 집에 살지만 무슨 누추함 있을까
大隱林泉志猶屛　　자연에 있는 큰 은자는 뜻이 병풍과 같네
皓月澄潭無世累　　밝은 달과 맑은 못에는 세속의 얽매임이 없고
綠陰紅蘂備階庭　　짙은 그늘과 붉은 꽃술은 섬돌과 뜰을 채웠네
遺風百代多餘慶　　백대의 유풍으로 넉넉한 경사가 많으니
爭道南天亘壽星　　다투어 남천이 장수 별까지 이어졌다 말하네

---

78) 이정호(李鼎鎬) : 1815~?. 본관은 전주이고 자는 군실(君實)이다. 첨사 이희환(李喜晥)의 아들이다. 음직으로 관리가 되어 1849년 홍해군수와 1869년 경흥부사를 지냈다.

79) 세 신선 : 원문의 삼모(三茅)는 도가(道家)의 전설에 나오는 세 신선으로, 모영(茅盈), 모고(茅固), 모충(茅衷) 3형제를 가리킨다. 전설에 의하면, 이들은 한 경제(漢景帝) 때 사람으로, 3형제가 서로 전후하여 구곡산(句曲山)에 들어가 은거하다가 득도하여 신선이 되었는데, 태상노군(太上老君)이 그들 3형제에게 각각 사명진군(司命眞君), 정록진군(定籙眞君), 보명진군(保命眞君)의 호를 내려주었다고 한다.

선산 길태영 善山 吉太榮

一面溪山有此亭	한쪽의 시내와 산에 이 정자가 있고
澗松園竹古今青	물가 솔과 뜰의 대는 고금에 푸르구나
檻前百花粧雕閣	난간 앞의 많은 꽃은 화려한 누각을 단장하고
雲外千峯列畫屛	구름 밖 뭇 봉우리는 그림 병풍처럼 늘어섰네
當日登臨稱壽地	당년에 등림하여 술잔 올리며 축수한 곳
後人瞻仰舞斑庭	후인이 우러러 바라본 색동옷 입고 춤춘 뜰
聖恩多感懸弧日	성은에 크게 감사한 생신 잔칫날에
七印煌煌應七星	일곱 인끈 휘황하여 북두칠성과 조응하였지

영흥 종인 상규 永興 宗人 尙奎

以顯祖宗特立亭	조상을 빛내려 특별히 정자를 세우고
金章紫綬帶雲青	금 인장과 자색 인끈은 구름빛 띠고 푸르구나
軒前澗響生淸瑟	집 앞의 시냇물 소리는 맑은 거문고 소리 내고
檻外山光繞翠屛	난간 밖의 산 빛깔은 푸른 병풍을 둘렀네
佳木成陰稠後院	좋은 나무는 그늘져 뒤뜰에 울창하고
令苗及裔滿中庭	훌륭한 싹은 후손에게 이르러 중정에 가득하네
千年不朽嘉名錫	천 년 동안 불후의 훌륭한 이름을 받아
仰彼蒼空如斗星	우러러 저 푸른 하늘을 보니 북두성과 같구나

종인 장원학 宗人 張源鶴

遠客來登海山亭	먼 곳 나그네 바닷가 산 정자에 오르니
千年花樹至今青	천 년의 꽃과 나무는 지금도 푸르구나
淸名烈烈留丹篆	맑은 이름은 열렬하여 붉은 글씨로 남았고
孤節依依擁翠屛	곧은 절개는 여전하여 푸른 병풍을 둘렀네
多謝吾宗編印蔭	고맙게도 종친들이 칠인의 음덕을 엮었고
勿隳先業學詩庭	선대의 업을 실추하지 않고 시서를 배운 뜰
從知瑞氣東南聚	이로 상서로운 기운이 동남에 모임을 알겠으니

孝友家中摠惠星　　효성과 우애의 가문에는 덕성이 모이리

영산 신형 靈山 辛瀅

千年草幕一高亭　　천 년의 초막동에 한 높은 정자 있어
亭樹葱籠不變靑　　정자 나무 무성하고 푸르름은 변함없네
風軒聽谷溪猶瑟　　시원한 난간에서 들으니 시냇물소리 거문고 같고
月壁看山石亦屛　　달 뜨는 벽에서 산을 보니 돌도 병풍이라네
數百賢孫承緖業　　수백 명의 현손들은 조상의 유업을 잇고
四三華印耀門庭　　사자삼서의 화려한 인끈이 가문의 뜰을 빛냈네
聊知人物同爲壽　　이제야 알겠네, 사람과 사물이 모두 장수를 누려
自此相傳度幾星　　이것으로 서로 전해 얼마의 세월을 지내왔는지

오천 정우필 烏川 鄭禹弼

有如七印翼然亭　　날개 활짝 펼친 듯한 칠인정이 있고
依舊雲山只麽靑　　예전처럼 구름과 산은 저만치서 푸르구나
聽得前溪淸有石　　듣자하니 앞 시냇가는 맑아서 돌이 있고
看來層嶂繞爲屛　　보아하니 층층 높은 산은 둘러 병풍이 되었네
足徵隱德鴻留爪　　숨은 덕의 남은 자취[80]를 족히 증험할 수 있고
可慕遺風鯉對庭　　유풍은 공리(孔鯉)[81]가 대답한 뜰이라 흠모할만하네
肯搆從成饒勝景　　정자 지어 넉넉하고 빼어난 풍경 이루었으니
復應懸照少微星　　응당 소미성[82]이 다시 걸려 비추겠네

---

80) 남은 자취 : 원문의 '홍류조(鴻留爪)'는 설홍류조(雪鴻留爪)로, 일이 지난 뒤에 남은 흔적을 비유하는 말이다. 소식(蘇軾)의 「화자유민지회구(和子由澠池懷舊)」 시에 "인생이 가는 곳마다 그 무엇과 같을꼬, 응당 눈 위에 발자국 남긴 기러기 같으리. 눈 녹은 물에 우연히 발자국을 남겼지만, 기러기 날아가면 어찌 다시 동서를 알리오.[人生到處知何似 應似飛鴻蹈雪泥 泥上偶然留指爪 鴻飛那復計東西]"라고 한 것에서 유래했다. 『소동파시집(蘇東坡詩集)』 권3

81) 공리(孔鯉) : 공자의 아들이다. 자는 백어(伯魚)이다. 아버지 공자에게 시례(詩禮)를 집의 마당[庭]에서 배웠다는 고사가 유명하다.

82) 소미성(少微星) : 장표(張彪)를 상징하는 별로 보이는데, 그 별이 다시 떠서 가문을 환히

양주객 김용희 楊州客 金龍喜

張氏舊墟築小亭	장씨의 옛터에 작은 정자를 지으니
寸忱從此竹含青	작은 정성에 그때부터 대는 푸름을 머금었네
雲間樹出無題畫	구름 사이로 나무 나오니 제목 없는 그림이니
溪上山回幾疊屛	시냇가에 휘도는 산은 몇 첩의 병풍인가
百代淸風鳴劒珮	백대의 맑은 풍모에 검과 패옥이 울리고
七賢遺躅老槐庭	일곱 현인 남긴 자취에 뜰의 홰나무 늙어가네
世情不但求名利	세상 사람 마음은 명리만 구하는 것 아니어서
教子讀書祝壽星	자식에게 책 읽게 하여 수성에 축수하네

외예 진사 김녕 김재성[83] 삼가 지음 外裔 進士 金寧 金在性 謹稿

七組當時會一亭	일곱 인끈이 그때 한 정자에 모였고
至今芳躅耀丹青	지금까지 아름다운 자취는 단청에 빛나네
盛代功名堪著史	성대한 시대의 공명은 사서에 기록될 만하고
古家謨訓可銘屛	옛 가문의 큰 가르침은 병풍에 새길 만하네
慶壽誰非毛奉檄	축수에 누군들 나라의 부름을 받은 것처럼[84] 기뻐하지 않으랴

비춘다는 의미로 보인다. 진(晉)나라 사부(謝敷)는 자가 경서(慶緖)인데 성품이 맑고 욕심이 없어 벼슬길에 나아가지 않고 태평산(太平山)에 10여 년 동안 은거하였다. 하루는 달이 소미성을 범하자 점치는 사람이 "처사(處士)가 죽을 것이다." 하였는데, 당시 명망이 높았던 대규(戴逵)가 죽을 것이라는 예상과는 달리 사부가 죽었다고 한다. 『진서(晉書)』 권94 「사부열전(謝敷列傳)」

83) 김재성(金在性) : 1840~1886. 조선 후기의 유학자이다. 본관은 김녕(金寧)이고 자는 경선(景善)이며 호는 직암(直菴)이다. 외암(畏菴) 김도명(金道明, 1803~1873)에게 수학했다. 고종 11년(1874년) 생원시에 급제했으나 이후 과거를 포기하고 초야에서 강학과 저술에 전념했다. 저술로는 『직암집(直菴集)』이 있다.

84) 나라의 부름을 받은 것처럼 : 원문의 '모봉격(毛奉檄)'은 모군봉격희(毛君奉檄喜)의 고사를 말한다. 이곳의 '모군'은 동한 사람 모의(毛義)를 말한다. 모친은 늙고 집은 가난했던 모의가 어느 날 뜻밖에도 수령으로 부르는 부(府)의 격소(檄召)를 받고는 희색이 만연했다. 그를 본 이들이 모두 그를 천히 여겼다. 이후 그의 모친이 세상을 떠나자 효렴(孝廉)으로 천거되었으나 끝내 응하지 않아 사람들이 그때서야 그의 진의를 알고 감탄했다는 것이다.

詩書又見鯉趨庭	시서를 또 공리가 급히 마당 지나간 것처럼 보네
鰍生幸得登臨樂	못난 후생이 요행히 올라보는 즐거움을 얻고
起看東南照德星	일어나 동남 땅에 덕성이 조응함을 보네

진사 여주인 이재기 삼가 지음 進士 驪州人 李在基 謹稿

東頭藉藉壓高亭	동쪽 끝의 명성 자자한 탁 트인 높은 정자
客路逶迆兩眼青	나그네길이 구불구불해도 두 눈에 반갑구나
溪樹蒼然成古巷	시냇가 나무는 창연하여 옛 마을이 되고
海山飛似作重屛	바닷가 산은 날듯하여 겹겹 병풍이 되네
一家淸福滿圓地	한 가문의 맑은 복이 가득하고 원만한 곳
七郡誠儀羅列庭	일곱 고을의 정성과 예의가 늘어섰던 뜰
精彩至今猶可見	지[85]금까지도 훌륭함을 아직도 볼 수 있으니
南天浮動老人星	남쪽 하늘에 노인성이 떠서 움직이네

85) 지(至) : 원본에는 한 글자가 빠져 있으나, 문맥상 '지(至)'가 있는 것으로 보고 번역하였다.

2. 칠인정운 권2

외예 창녕 조동희 外裔 昌寧 曺東曦

地全節處起高亭	땅이 지조를 다한 곳에 높은 정자를 세우고
雲木參天亘古靑	하늘 찌를 듯한 나무는 옛날부터 이어져 푸르네
五百年前事草幕	오백 년 전 초막을 짓고 산 일에서
兩三戶外勝山屛	두 세 가구 밖은 병풍 산이 빼어나네
葉西信筆光生板	섭서[86] 선생의 미더운 글 현판에 빛이 나고
海北淸風吹入庭	바다 북쪽의 맑은 바람은 뜰에 불어오네
慶壽堂高南極近	경수당은 높아 남극에 가까우니
月明遙夜臥看星	달 밝은 아득한 밤에 누워서 별을 보네

亭得高山山得亭	정자는 높은 산을 얻고 산은 정자를 얻었으니
至今幷峙仰彌靑	지금까지도 나란히 솟아 우러러봄에 더욱 푸르네
異代那堪懷德義	시대가 다르니 어찌 덕의를 품을 수 있으리오
登堂猶似侍軒屛	당에 오르니 아직도 헌병[87]을 모시는 듯하네
固守西山伯叔節	서산에서 백이 숙제의 절개를 굳게 지키니
大開東土子孫庭	동쪽에 자손들의 뜰이 크게 열렸네
仙鳧影古三槐在	신선 신발[88]의 그림자 늙어도 세 홰나무가 있으니

86) 섭서(葉西) : 조선 후기의 문신인 권엄(權欕)의 호이다. 본관은 안동(安東)이고 자는 공저(公著)이며 호는 섭서(葉西)이다. 1765년(영조 41) 식년문과에 갑과로 급제하였다. 병조판서·지중추부사·한성판윤 등을 역임했다. 「칠인정상량문(七印亭上樑文)」을 지었다.

87) 헌병(軒屛) : 마루의 난간과 방 안에 둘러친 병풍이라는 뜻인데, 병풍은 어른이나 선생이 계신 자리와 가까운 곳에 치기 때문에 선생의 문하를 이른다.

88) 신선 신발 : 원문의 '선부(仙鳧)'는 신선의 신발이란 의미로, 전하여 지방관의 행차를 가리킨다. 여기서는 장표(張彪)의 아들과 사위가 칠인정에 모인 것을 말한다. 후한 명제(後漢明帝) 때 도술을 지닌 왕교(王喬)가 섭현 영(葉縣令)을 지내면서 매월 초하루와 보름이면 늘 조정에 와서 명제를 알현하였다. 그가 먼 거리인데도 불구하고 자주 오고 수레도 타지 않는 것을 이상하게 여긴 명제가 몰래 태사(太史)에게 그 진상을 알아보게 하니, 태사가 그가 오는 시기에 한 쌍의 오리가 동남방에서 날아온다고 보고하였다. 오리가 다시 날아

不必終虛上應星　　끝내 헛되이 저 위의 별에 조응할 것 없다네

방예 진환 傍裔 璡煥

癖海歸筇懶上亭　　바다 좋아해 돌아가는 길에 나른히 정자에 오르니
三槐樹老篆煙青　　세 홰나무는 늙었고 편액은 안개에 푸르네
溪聲灑落鳴瑤瑟　　시냇물 소리 시원하여 옥 거문고처럼 울리고
山氣嶒崚繞畫屛　　높디 높은 산의 기운은 그림 병풍을 둘렀네
孝友名齋餘地閥　　효우로 방 이름한 넉넉한 가문이며
文章襲世舊家庭　　문장으로 대대로 이어받은 옛 가정이라네
滿園花竹恒春日　　뜰 가득한 꽃과 대나무는 날마다 봄날이니
種德之墟照福星　　덕을 심은 터에는 복성이 비추네

장동 김병섭 壯洞 金炳燮

巋立烟霞物表亭　　연무 속 우뚝 선 세속 밖의 정자
前賢遺躅彈朱青　　전현들이 남긴 자취에 붉고 푸름이 진하네
石泉源溯彽蕖洛　　돌과 샘의 근원으로 올라가 연꽃의 강을 거닐고
桑梓春敷晦木屛　　뽕나무 가래나무 봄에 무성하니 나무 병풍을 가렸네
遯趣琴書憑魏榻　　거문고와 책에 숨은 뜻은 높은 서탑에 의지하고
純忱杖屨望堯庭　　조상의 순수한 성심은 요임금 뜰을 우러렀네
家傳孝友兼享壽　　가문이 효우를 전하여 함께 장수를 누리고
南極少微自有星　　장수의 남극성과 처사의 소미성이 저절로 있구나

연동 김시묵 蓮洞 金時默

擅名七印一高亭　　칠인이라 이름 떨친 한 높은 정자
山勢四圍抱水青　　사방의 산세는 물을 안고 푸르구나

오는 때를 기다렸다 그물로 덮쳤는데, 그물 속에는 몇 해 전에 황제가 상서대(尙書臺) 관원들에게 하사한 가죽신 한 짝만 있었다고 한다. 『후한서(後漢書)』 권82 「방술열전(方術列傳) 왕교(王喬)」

絶頂全然紅樹壁　　높은 봉우리는 온전히 붉은 나무 벽이고
懸崖半是白雲屛　　가파른 언덕은 반이 흰 구름 병풍이네
羨君古蹟超塵累　　그대가 고적에서 세속의 번다함 피한 것 부럽고
愧我晩秋訪道庭　　나는 늦가을에 도정을 찾은 것이 부끄럽네
良夜聯床談笑罷　　좋은 밤 침상 나란히 하고 담소가 끝나니
後期明禩仰宸星　　다음 제사 기약하며 하늘의 별 우러러보네

외예 여강 이재선 外裔 驪江 李在善

草幕洞中適此亭　　초막동 가운데의 이 정자에 오니
翼然林下古今青　　숲속의 날아갈 듯한 집은 고금에 푸르구나
溪流檻外如鋪練　　난간 밖 흐르는 시냇물은 비단을 깐 듯하고
山對窓前作畫屛　　창 앞에 마주한 산은 그림 병풍이 되네
鳧藻龜蓮稱壽席　　부조와 구련의 노래[89]로 축수 올리던 자리
金枝玉葉舞班庭　　금지옥엽의 자식들이 색동옷 입고 춤춘 뜰
仁人烈士天伸佑　　어진 사람과 열사에게 하늘이 도움을 펼치시니
南極照臨拱七星　　남극성이 칠성과 함께 임하여 비추네

종인 의성 장규영 宗人 義城 張奎永

百世流芳一小亭　　백세토록 아름다운 이름 전하는 한 작은 정자
園松塢竹至今青　　뜰의 소나무와 둑의 대나무는 지금도 푸르네
春深花鳥皆仙語　　봄이 깊으니 꽃의 새는 모두 신선의 소리 내고
地僻巖雲亦畫屛　　땅 외진 곳 바위와 구름 역시 그림의 병풍이라
稼穡遺風宜草幕　　땅 일궈 농사한 유풍에는 적당하던 초막이

89) 부조(鳧藻)와 구련(龜蓮)의 노래 : 원문의 '부조'는 물풀에서 노는 오리라는 의미로 부부의 금슬을 의미하고, '구련'은 천년을 사는 거북이가 연잎 위에서 노닌다는 의미로 장수를 상징한다. 송(宋) 주희(朱熹)가 어머니의 생신날 축수한 시 「수모생조(壽母生朝)」의 "구련을 올려 천년의 수를 기원하고 영원히 부조로 하여금 한 집안을 풍요롭게 하게 하네.[願上龜蓮千歲壽 永令鳧藻一家肥]"라고 한 것에서 유래했다.

螽斯餘慶詠蘭庭　　자손 번창한[90] 남은 경사로 난꽃을 노래한 뜰
賢人杖屨登臨處　　현인들의 지팡이와 짚신이 올라 머물던 곳
經劫林泉幾換星　　환란을 겪은 자연에는 세월이 얼마나 흘렀던가

창녕 조성연 昌寧 曺聖淵

七印遺芬揭一亭　　일곱 인끈이 남긴 향기 한 정자에 걸었더니
照人赫赫勝丹青　　사람에게 혁혁히 빛남이 단청보다 낫구나
園粧竹木開靈壁　　정원을 대나무로 단장하니 영벽[91]이 열리고
山吐煙霞繞彩屛　　산은 연무를 내놓아 채색 병풍이 둘렀네
罷去鶴眠雲近海　　학의 잠을 깨우는 구름은 바다에 가깝고
踏來仙跡月迎庭　　신선의 자취 밟아 오면 달을 맞이하는 뜰
主翁世世傳無替　　주인은 대대의 전통을 바꾸지 않으리니
基德千年迥衆星　　터 잡은 덕이 천년토록 뭇 별처럼 아득하리

월성 손규현 月城 孫奎顯

碧峀方塘一小亭　　푸른 산 네모난 못가의 한 작은 정자
也知工畫展丹青　　잘 그린 그림 속에 단청이 펼쳐짐을 알겠네
溪嫌地僻朝大海　　계곡은 외진 땅 싫어해 바다로 나아가고
屋喜山深列作屛　　집은 깊은 산 좋아해 병풍처럼 늘어섰네
晩節黃花同處士　　절개를 지키는 국화는 처사와 같고
繁陰綠樹等王庭　　짙은 그늘 푸른 나무는 왕실의 뜰과 같네

90) 자손 번창한 : 원문의 '종사(螽斯)'는 원래 『시경(詩經)』「주남(周南)」의 편명으로, 후비의 덕이 훌륭하여 자손이 번성할 것이라는 내용을 담고 있다. 이곳에서는 자손들이 번창한 것을 말한다.

91) 영벽(靈壁) : 영벽원(靈壁園)을 말한다. 송(宋)나라 때 장석(張碩)의 백부 전중군(殿中君)과 부친 통판(通判)이 처음으로 영벽(靈壁)에 살면서 원정(園亭)을 만들어 난고정(蘭皐亭)을 짓고 그 어버이를 받들었는데, 뒤에 출사(出仕)하여 현달하게 되어서 이 정자를 더욱 꾸몄다고 한다. 자세한 내용은 소식(蘇軾, 1037~1101)이 지은 「영벽장씨원정기(靈壁張氏園亭記)」에 보인다.

斑衣七綬當年祝	색동옷 입고 일곱 인끈 걸며 축하하던 당년에
瑞彩分明暎極星	상서로운 광채가 분명 북극성에 비추었으리

경성 상당 어명구 京城 上黨 魚命九

七印掛名七印亭	칠인이라 이름을 건 칠인정
老槐繁蔭拖雲靑	늙은 홰나무 무성한 그늘은 구름 끌어 푸르구나
賢門秀蹟詩留壁	어진 가문의 빼어난 자취는 시가 되어 벽에 남고
聖世優遊畫出屛	성세의 넉넉한 노님은 그림 되어 병풍에 나오네
十里山明君子地	십 리의 산이 아름다운 군자의 땅
三春花發古人庭	삼춘에 꽃이 피는 옛사람의 뜰
餘休百代能如許	백대토록 남은 아름다움이 능히 어떠할까
仰象奎墟聚五星	우러러 규성을 본떠 다섯 별이 모였네

百世流芳七印亭	백대에 아름다운 명성 전한 칠인정
奇觀不是愛丹靑	기관은 붉고 푸름을 사랑한 것만은 아니었네
顯名留壁掛紅袍	혁혁한 명성은 벽에 남아 붉은 도포로 걸었고
澹影隨雲捲翠屛	맑은 그림자는 구름을 따라 푸른 병풍을 걷네
寶樹謝家春上榻	사씨 집안의 귀한 자제[92]처럼 봄에 오른 평상
班衣萊舞月登庭	노래자가 색동옷 입고 춤출[93] 때 달 뜬 뜰
堂堂盛族兼忠孝	당당한 큰 가문은 충과 효를 겸했고
稱壽嶠南照極星	헌수하던 영남에는 남극성이 비추네

92) 사씨 집안의 귀한 자제 : 원문의 '보수사가(寶樹謝家)'는 가문을 빛낼 자질(子姪)을 이른다. 사안(謝安)이 자질들에게 "자제(子弟)가 인사(人事)와 무슨 관계가 있기에 사람들은 자제가 아름답게 되기를 바라느냐?"라고 묻자, 그 조카 사현(謝玄)이 "비유하자면 지란옥수(芝蘭玉樹)가 자기 집 정원에 나기를 바라는 것과 같습니다."라고 한 데서 나온 말이다. 『진서(晉書)』 권79 「사현열전(謝玄列傳)」

93) 노래자가 색동옷 입고 춤출 : 원문의 '반의래무(班衣萊舞)'는 애들이 입는 색동옷을 말한 것으로, 춘추 시대 초나라의 효자인 노래자(老萊子)가 나이 칠십에 어린애처럼 색동옷을 입고 부모 앞에서 어린애처럼 새 새끼를 가지고 장난을 하여 부모를 즐겁게 했던 고사에서 온 말이다.

영양 이택로 永陽 李宅潞

涓涓溪上翼然亭 졸졸 흐르는 시냇가 위 날개 펼친듯한 정자
竹樹栽培含晩青 대나무를 길렀더니 늦 푸르름을 머금었네
水奏淸琴三四曲 물은 맑은 거문고 소리 서너 곡조를 내고
雲歸繡幅暮朝屛 구름은 아침저녁으로 병풍으로 돌아오네
賢孫百代能傳業 현손은 백대토록 업을 전할 수 있고
肯構千秋灑掃庭 엮은 집은 천추에도 물 뿌리고 마당 쓰네
地毓精靈長不老 땅이 정령을 길러 길이 늙지 않았으니
文明古彩照奎星 문명의 옛 빛깔에 규성이 비추네

병산객 이세엽 屛山客 李世燁

逸士村深七綬亭 사일촌 깊은 곳 일곱 인끈 건 정자
傳家曉喩故氈青 집집마다 전해져 누구나 아는 옛 전통
專城勝事雲傾蓋 원님의 멋진 사적에 오랜 벗들[94] 운집하고
蹈海淸標月上屛 바다에 뛰어든 맑은 모습처럼 달이 병풍에 뜨네
竹葉參差留篆跡 들쭉날쭉한 대나무 잎은 편액에 자취 남기고
槐陰隱映印苔庭 빛을 감춘 홰나무 그늘은 이끼 낀 뜰에 찍혔네
遺孫肯搆無窮意 남은 후손들이 이어 엮은 뜻 무궁하니
爭似高陽聚德星 고양[95]에 덕성이 다투어 모인 듯하네

---

94) 오랜 벗들 : 원문의 '경개(傾蓋)'는 경개여고(傾蓋如故)의 준말이다. 『사기(史記)』 권83 「추양열전(鄒陽列傳)」에서 "흰머리가 되도록 오래 사귀었어도 처음 본 사람처럼 느껴질 때가 있고, 수레 덮개를 기울이고 잠깐 이야기했지만 오랜 벗처럼 느껴지는 경우도 있다.[白頭如新 傾蓋如故]"라고 한 것에서 유래했다.

95) 고양(高陽) : 동한(東漢) 때 순숙(荀淑)의 아들 여덟 명이 모두 재주가 뛰어났기에, 상고(上古)시대 제왕인 고양씨(高陽氏) 전욱(顓頊)의 재주가 뛰어난 아들 여덟 명에 비겨서 그가 살던 마을을 고양리(高陽里)라 부른 것에서 유래했다. 이곳에서는 장씨가 산 마을을 말한다.

월성 이형일 月城 李亨一

專城餘慶立斯亭	원님들의 남은 경사로 이 정자를 세우니
四男三婿帶雲青	네 아들 세 사위는 구름을 띠고 푸르구나
欲聽幽禽多種樹	그윽한 새소리 듣고자 나무를 많이 심었고
將看翠壁不張屛	푸른 절벽을 보고자 병풍을 펼치지 않았네
松含琴韻鳴從院	거문고 운치 머금은 소나무는 담 따라 울리고
月刻印形照滿庭	인장의 모습 새기는 달은 뜰에 가득 비추네
遊客臨軒追往蹟	나그네가 난간에 서서 지난 자취 추억하니
方知此地應文星	이제야 이곳이 문성과 조응한 곳임을 알겠네

澗水聲邊一小亭	시냇물 소리 나는 한 작은 정자
掛印槐樹至今青	인끈을 건 홰나무는 지금도 푸르네
巷多栗里先生柳	골목에는 율리 선생[96]의 버들 많고
山似武夷大隱屛	산은 무이산 큰 은자의 병풍 같네
忠孝高名傳史筆	충효의 높은 이름은 사관의 붓에 전하고
詩書遺業闢門庭	시서의 유업은 가문의 뜰을 열었네
遊人坐說當年事	나그네가 앉아서 당년의 일 말하노니
鍾得東天幾箇星	동쪽 하늘에 몇 개의 별이 모였으려나

여강 이재건 驪江 李在謇

沿溪深入到斯亭	시내 따라 깊이 들어오니 이 정자에 이르고
水白方塘梧葉青	물 맑은 네모난 못에는 오동잎이 푸르구나
風古家聲七印樹	고풍스런 집안 명성은 일곱 인끈 건 나무고
韻餘景物萬山屛	여운이 남은 경물은 뭇 산의 병풍이어라
軒楣今日輝煌閣	오늘의 마루와 문미가 빛나는 누각이고

96) 율리 선생: 원문의 율리선생(栗里先生)은 동진(東晉)의 대시인 도연명(陶淵明)을 말한다. 율리(栗里)는 도연명이 살았던 마을 이름으로, 마을 주위에 버드나무가 많이 자랐다고 한다.

草幕當年茂藭庭	당년의 초막은 풀 우거진 뜰이었네
蹈海居濱高尙志	동해에 뛰어들려 바다에 거한 고상한 뜻
精靈如在照天星	정령께서 계신 듯 하늘의 별에 비추네

여강 이재공 驪江 李在公

志喜當年木假亭	기쁜 일 기록한 당년의 나무로 지은 정자
枝枝春色帶長青	가지마다 봄 빛깔은 오랜 푸르름을 가졌네
沿江一曲思浮海	강의 한 구비를 따라 바다로 나갈[97] 생각했고
列峀千層繞隱屏	천 층의 늘어선 산은 은자의 병풍을 둘렀네
鬱鬱古槐王相業	울창한 옛 홰나무는 왕 재상[98]의 사업이요
叢叢寶樹謝公庭	떨기마다 귀한 나무가 선 사안공의 뜰[99]이라
前塵已邈雲仍在	옛 자취 이미 아득해도 후손들은 남았으니
纍纍餘痕度幾星	얽히고 남은 자취는 몇 년이나 지났을까

영양 이은상 永陽 李殷相

張氏西山一草亭	장씨의 서산에 있는 한 초정에
松陰猶帶舊時青	소나무 그늘 아직도 옛 푸르름을 띠고 있네
雨餘溪澗鏘鳴瑟	비온 뒤 시냇물 흐름에 거문고 소리 울리고
雲際峯巒列畫屏	구름 가 산봉우리는 그림 병풍처럼 늘어섰네
物性魚潛楊柳澤	사물 이치가 물고기처럼 잠긴[100] 버들 선 못이요

---

97) 바다로 나갈 : 원문의 '부해(浮海)'는 『논어』 「공야장(公冶長)」에 "나의 도가 행해지지 않으니, 뗏목을 타고 바다로나 나갈까 보다.[道不行 乘桴浮于海]"라고 탄식한 공자(孔子)의 말이 실려 있다.

98) 왕 재상 : 원문의 왕상(王相)은 송(宋)나라 태조와 진종(眞宗) 때의 명신인 왕단(王旦)을 가리킨다. 자는 자명(子明)이고, 시호는 문정(文正)으로, 위국공(魏國公)에 봉해졌다. 오래도록 재상으로 있으면서 일에 막힘이 없었고 비방을 당해도 마음에 두지 않았다고 한다.

99) 사안공의 뜰 : 진(晉)나라 때 태부(太傅)를 지낸 사안(謝安)의 집안을 가리킨다. 사안이 여러 자질(子姪)들을 불러 놓고 앞으로의 소망을 물어보자, 그의 조카인 사현(謝玄)이 "비유하자면 지란(芝蘭)과 옥수(玉樹)가 집안 섬돌에 피어나 향기를 내뿜는 것과 같게 하겠습니다."라고 대답한 고사가 전한다. 『진서(晉書)』 「사안열전 사현(謝安列傳 謝玄)」

家聲鵠峙竹梧庭　　집안 명성이 고니처럼 우뚝한[101] 대 오동의 뜰이라
詩篇已備前人述　　시편에는 이미 전인들의 기술이 갖춰졌으니
愧我今來白髮星　　지금 온 내가 백발이 성성한 것 부끄럽네

안동 권 安東 權

名玆七印起吾亭　　여기 칠인 이름으로 우리 정자를 세우고
慰賀南山不老青　　장수를 위로하고 축하하니 푸르름이 늙지 않네
介爾無疆行葦宴　　그대들 만수무강을 누린 가족들의 잔치[102]고
依然遺蹟畫雲屛　　의연한 남은 자취는 구름 그린 병풍이네
尊賢蔭裏蘭成實　　존현들의 음덕 안에 난꽃은 열매를 맺고
孝友家中樹老庭　　효우의 집안에는 나무가 뜰에 늙어가네
孤竹風聲常在在　　백이 숙제의 풍모와 명성은 늘 있는데
賢孫延壽髮星星　　현손들은 수명이 늘어 백발이 성성하네

안동 권 安東 權

先賢遺址起高亭　　선현의 유지에 세운 높은 정자
依舊山阿老栢青　　의구한 산 언덕에 오랜 잣나무 푸르네
結幕海濱蹈確節　　초막 엮은 바닷가에서 곧은 절개를 밟고

---

100) 물고기처럼 잠긴 : 원문의 '어잠(魚潛)'은 이치는 일정하게 정해진 것이 아니라 상황이나 때에 따라 달라짐을 말한 것이다. 『시경(詩經)』「학명(鶴鳴)」에 "고기는 깊은 못에 숨어 있으나, 때로는 물가에도 나온다.[魚潛在淵 或在于渚]"라고 한 것에서 유래했다.

101) 고니처럼 우뚝한 : 원문의 '곡치(鵠峙)'는 난곡정치(鸞鵠停峙)의 준말이다. 난곡은 난새와 고니라는 뜻으로, 타인의 자제를 일컫는 미칭(美稱)이다. 한유(韓愈)의 「전중소감마군묘명(殿中少監馬君墓銘)」에 "내가 물러 나와 소부를 보건대, 푸른 대와 벽오동에 난새와 고니가 우뚝 멈춰 서 있는 것 같았으니, 그는 부조(父祖)의 업(業)을 제대로 지킬 만한 사람이었다.[退見少傅 翠竹碧梧 鸞鵠停峙 能守其業者也]"라는 말이 나온다.

102) 가족들의 잔치 : 원문의 '행위(行葦)'는 『시경(詩經)』「대아(大雅)」의 편명으로, 부형(父兄)과 친족들이 모여서 정답게 연회를 베푸는 것이 그 주된 내용으로, "가깝고 가까운 형제들을 멀리하지 않고 모두 가까이한다면 혹 앉을 자리를 펴 주며 혹 기댈 안석(案席)을 주리라.[戚戚兄弟 莫遠具爾 或肆之筵 或授之几]"라고 한 것에서 유래했다.

懸槐金印映長屛　　　홰나무에 건 금인장은 긴 병풍에 비추네
家傳忠孝當年蹟　　　집안에 충효를 전한 당년의 사적
慶滿雲仍後日庭　　　경사가 후손에게 가득한 후일의 가정
夙飽華軒今始到　　　전에 듣던 화려한 정자에 이제야 오니
淸天雨霽復明星　　　비 개인 맑은 하늘에 별이 다시 밝구나

안동 임계만 安東 林棨萬

三百年來更起亭　　　삼백 년 이래로 다시 세운 정자
遺風尙在樹陰靑　　　유풍은 아직도 푸른 나무 그늘에 남았구나
金塘月印磨如鏡　　　달이 비친 금당은 거울을 간 듯하고
玉洞花粧畫作屛　　　꽃 단장한 옥동은 그림 병풍 되었네
世久螟蛉垂該日　　　세월이 오래니 후손들[103] 그날까지 내려왔고
地餘鸞鵠舞斑庭　　　땅이 넉넉하니 자제들[104] 색동옷으로 뜰에서 춤추었네
當時太史知誰是　　　당시의 역사가가 이들이 누구인지 알았다면
應賀南州見聚星　　　남쪽 고을에 모인 별을 보고 응당 축하했으리

영양 남희목[105] 英陽 南凞穆

一區草谷數間亭　　　초곡이라는 한 곳의 몇 칸 정자

---

103) 후손들 : 원문의 '명령(螟蛉)'은 나방의 애벌레로, 나나니벌이 업고 가서 자기의 애벌레로 기른다고 한다. 보통 전하여 양자(養子)를 가리키는 말로 쓰이는데, 이곳에서는 후손을 말한다. 『시경』 「소아(小雅) 소완(小宛)」에 이르기를, "명령이 새끼를 두거늘, 나나니벌이 업어가도다.[螟蛉有子 蜾蠃負之]"라고 한 것에서 유래했다.

104) 자제들 : 원문의 '난곡(鸞鵠)'은 타인의 자제를 일컫는 미칭(美稱)으로 난곡정치(鸞鵠停峙)의 준말이다. 한유(韓愈)의 「전중소감마군묘명(殿中少監馬君墓銘)」에 "내가 물러 나와 소부를 보건대, 푸른 대와 벽오동에 난새와 고니가 우뚝 멈춰 서 있는 것 같았으니, 그는 부조(父祖)의 업(業)을 제대로 지킬 만한 사람이었다.[退見少傅 翠竹碧梧 鸞鵠停峙 能守其業者也]"라는 말이 나온다.

105) 남희목(南熙穆) : 생몰년 미상. 본관은 영양이고 자는 대이(大而)이며 호는 낙도헌(樂道軒)이다. 청송에 살았다. 정재(定齋) 류치명(柳致明)의 문인으로, 성품이 효성스러워 11세 때 큰 상을 당하자 곡소리가 끊이지 않고 매일 밤 묘소에 가서 곡하고 절을 하였다.

爲是青山不老靑	이 때문에 청산이 늙지 않고 푸르네
畫鳥高飛隣魯海	저어새[106]는 높이 날아 노중련의 바다와 이웃하고
秋雲幾疊隱朱屛	몇 겹의 가을 구름은 주자의 대은병을 숨겼네
從知天命歸眞主	전부터 천명이 참 주인에게 돌아감을 알았는데
何況榮光藹孝庭	하물며 영광이 효우의 가정에 무성한 것이랴
百世遺風追慕地	백세의 유풍을 추모한 곳이니
寒塘夜印極南星	밤중 서늘한 못에 남극성이 비추네

오천 정기권 烏川 鄭基權

地僻千年屹一亭	궁벽한 땅 천 년에 한 정자 우뚝하고
歲寒松栢至今靑	세찬 추위 견딘 송백은 지금도 푸르구나
池淸月白開明鏡	맑은 못에 흰 달이 밝은 거울을 열고
樹綠花紅作畫屛	푸른 나무에 붉은 꽃은 그림 병풍 되었네
高躅同潛龍伏宅	고상한 자취가 함께 잠긴 용이 서린 집
榮光共熮鯉趨庭	영광이 함께 빛난 부친의 가르침 받은 뜰
傳家孝友流餘慶	효우를 전한 가문에는 남은 경사가 흐르고
重待他辰會弁星	다시 다음날 변성이 모이길 기다리네

방예 전 참봉 인동 장복원[107] 傍裔 前 參奉 仁同 張福遠

海國名騰七印亭	바닷가 지방의 이름 높은 칠인정
大陽山色幾年靑	대양산의 빛깔은 몇 년이나 푸르렀나
相思兄弟攀珠樹	형제를 그리워하여 구슬 나무[108] 잡았고

106) 저어새 : 원문의 '획조(畫鳥)'는 만획조(漫畫鳥)인 듯하다. 황새목 저어샛과에 속하는 새로, 한 날개의 길이가 35~40센티미터에 달한다. 우리나라 천연기념물이다.

107) 장복원(張福遠) : 1814~1874. 자는 원겸(元謙)이다. 여헌(旅軒)의 후손으로, 통덕랑 장숙(張琡)의 손자이며 현감 장석우(張錫愚)의 아들이다. 장릉 참봉과 정읍 현감 등을 지냈다.

108) 구슬 나무 : 원문의 '주수(珠樹)'는 구슬 같은 보배의 나무라는 뜻으로, 당(唐)나라 초기의 사람 왕면(王勔)·왕거(王勮)·왕발(王勃) 삼형제를 찬미하는 칭호이다. 『신당서(新唐書)』 권201 「문예열전 상(文藝列傳上)」에 "처음에 왕면·왕거·왕발이 모두 재명이 드러났기 때

堪列文章展疊屛	문장 늘어둘 만하니 첩첩 병풍을 펼쳤네
洞邃歸雲挨短竹	깊은 골짝 돌아오는 구름은 짧은 대에 이르고
潭深明月儲虛庭	못이 깊으니 밝은 달은 빈 뜰에 쌓이네
雲仍百世淳風在	후손에게 백세토록 순박한 풍속이 있으니
此地分明照福星	이곳에 분명 복성이 조응하리

경주 김기진 慶州 金基軫

掛印遺墟結小亭	인끈 건 유허에 작은 정자 짓고
蜿然淑氣海山靑	꿈틀거리는 맑은 기운에 바다 산은 푸르구나
淸溪水落無絃瑟	맑은 시내에 물 떨어지니 줄 없는 거문고요
絶壁雲連自畵屛	절벽에는 구름 이어지니 절로 그림 병풍이라
守義先聲孤竹里	의리 지킨 선대의 명성은 백이 숙제의 마을
傳家餘蔭兩槐庭	가문에 전한 남은 음덕은 두 홰나무의 뜰
後昆庶繼前賢蹟	후손들은 거의 전현의 사적을 이을만하니
知是高門應德星	이로써 훌륭한 집안에 덕성이 응함을 알겠네

여강 이술상 驪江 李述祥

遵海行尋七印亭	바다 따라 가다 칠인정을 찾아드니
主翁披示簡編靑	주인은 푸르게 엮은 서책을 펼쳐 보여주네
草幕當年留懿蹟	당년의 초막에는 훌륭한 자취가 남았고
瓊章聯軸擁歌屛	이은 시첩의 좋은 글은 노래 병풍 둘렀네
泉石改觀重搆日	샘과 돌의 경치가 달라진 중수하던 날
雲仍世守奉觴庭	후손들 대대로 지키는 술잔 올리던 뜰
爲問尊年能九十	연세 물으니 능히 구십은 된다 하시니
也應偏照老人星	응당 노인성이 특별히 비춘 것이리

문에 소이간(蘇易簡)이 삼주수라고 일컬었다."라고 한 것에서 유래했다.

흥해군수 철성 이종완[109] 本倅 鐵城 李種完

七綬餘聲在此亭　　일곱 인끈의 남은 명성이 이 정자에 있고
緣溪線路印苔青　　시내 따라 가는 길에 푸른 이끼 찍혔네
曲檻長開遊客榻　　굽은 난간은 나그네의 평상을 늘 펼쳤고
層崖平鋪主人屛　　층층 절벽은 주인의 병풍을 평평히 깔았네
一域林泉風古宅　　한 구역의 숲과 샘은 고택의 풍모이고
百年花樹蔭前庭　　백 년의 꽃과 나무는 앞뜰에 그늘졌네
孫子連綿多秀士　　후손들 계속 이어져 빼어난 선비 많으니
斗之南畔聚奎星　　북두성의 남쪽 가에는 규성이 모였구나

안동 권비환 安東 權斐煥

縛草遺墟起印亭　　풀로 지은 유허에 칠인정을 세우니
百年氈業至今青　　백 년의 귀한 유업은 지금까지 푸르구나
方塘止水開明鏡　　네모난 못의 고요한 물은 밝은 거울을 열고
列嶂浮嵐作畫屛　　이어진 산의 떠다니는 이내는 그림 병풍 되었네
野服黃冠蓬蓽戶　　거친 옷에 누런 두건의 보잘것없는[110] 집에서
銅章紫綬彩衣庭　　구리 인장과 자색 인끈의 색동옷 입고 춤춘 뜰
滿園花樹濡餘蔭　　온 정원의 꽃과 나무는 넉넉한 그늘에 젖었고
慶壽堂前繞福星　　경수당 앞에는 복성이 두르고 있네

월성 손영민 月城 孫永敏

美蹟傳來起此亭　　아름다운 자취 전해 와 이 정자 세우니
群山環立一般青　　뭇 산들이 둘러서서 한가지로 푸르구나
清潭月印留眞面　　맑은 못에 달이 찍히자 진면목이 남았고
翠壁風含列畫屛　　푸른 절벽은 바람 머금어 그림 병풍 펼쳤네

---

109) 이종완(李種完) : 조선 후기의 문관으로, 1862년 7월에 흥해군수로 부임했다.

110) 보잘것없는 : 원문의 '봉필(蓬蓽)'은 봉문필호(蓬門蓽戶)의 줄임말로, 쑥대나 싸리로 만든 문이라는 뜻인데, 가난하여 누추한 집을 이른다.

紫綬金章耀戶牖	자색 인끈과 구리 도장은 집 창에서 빛나고
瑤林玉樹匝門庭	아름다운 숲의 귀한 나무는 문정을 둘렀네
休云人世無全福	인간 세상에 완전한 복 없다 말하지 말게
更看南天煥壽星	다시 남쪽 하늘에서 빛나는 수성을 보게
印實七芳名以亭	일곱 아름다운 관인을 담아 정자로 이름하고
可圖其事狀丹青	그 일이야말로 단청으로 도모할 만하네
高堂觥稱無疆席	고당의 무강을 축수하던 자리에
深壑雲生幾疊屛	깊은 골짝에 구름이 이는 몇 첩의 병풍이라
滿室簪纓都子婿	온 집안의 관원은 모두 아들과 사위
盈門車馬一家庭	문에 가득한 거마는 한 집안의 뜰
天工人事隨時發	하늘이 정한 인사는 시운 따라 나타나니
厥數分明象斗星	그 운수는 분명 북두성과 닮았겠네

진주 하필관 晋州 河必觀

堂堂華閥翼然亭	당당히 빛나는 가문에 날개 펼친 듯한 정자
檻外雙槐未了青	난간 밖 두 홰나무는 푸르름이 다함이 없네
千載危忠懸海月	천 년의 높은 충절은 바닷가 달로 걸렸고
一生孤夢繞雲屛	일생의 외로운 꿈은 구름 병풍으로 둘렀네
誰家桃李紅侵箔	누구 집 오얏과 복숭아가 발에 붉게 스며드나
特地烟霞翠滴庭	특별한 곳의 연무와 노을이 뜰에 푸르게 떨어지네
會因朱紱扁嘉錫	모여든 붉은 인끈으로 훌륭한 편액이 내려지고
拜壽樽筵耀極星	장수를 축원한 잔치에는 남극성이 빛나네

3. 칠인정운 권3

15세손 관학[111] 十五世孫 觀學

先祖遺墟起此亭	조상이 남긴 터에 이 정자를 세웠으니
山容擁似畵丹青	산의 자태가 단청을 그린 듯 둘러 있네
謌鸎似賀堂前樹	우는 꾀꼬리는 집 앞 나무에서 축하하는 듯하고
飛燕如訴枕上屛	나는 제비는 침상의 병풍에서 하소연하는 듯하네
印蹟昭昭前代裔	벼슬의 공적이 뚜렷함은 앞 시대의 후예들이고
槐陰密密古人庭	느티 그늘이 빽빽함은 옛 사람의 가정이로다
家傳孝友人仁壽	집안에 효우를 전하니 사람은 어질고 장수하며
忠義堂堂拜斗星	충성과 의리가 당당하니 북두성에 절을 하네

(칠인정운에 수록된 시와 수련만 같고 나머지는 다름)

14세손 응설 十四世孫 應卨[112]

草幕當年揭印亭	초막을 짓던 당년에 관인을 걸던 정자
江山不改古今青	강산은 바뀌지 않아 고금으로 푸르구나
滄桑往惻麗峰淚	상전벽해의 지난 세월에 고려봉에서 눈물 흘렸고
喬木遺芬畵篆屛	높은 나무에 남긴 향기는 병풍의 그림 되었네
懦立清風孤竹里	게으른 이 일으키는 맑은 풍모의 고죽리
歸看好蔭兩槐庭	돌아와 보는 좋은 음덕의 두 느티나무 뜰
殘孫慕仰先天蹟	남은 후손은 조상의 자취를 사모하여 우르러니
河嶽精靈應極星	하의 정령이 북극성에 조응하네

---

111) 장관학(張觀學) : 1782~1836. 자는 백겸(伯謙)이다. 장연(張沇)의 손자이고 장응규(張應奎)의 아들이다.

112) 장응설(張應卨) : 1782~1868. 자는 관경(寬敬)이고 호는 육일재(六逸齋)이다. 장우한(張遇漢)의 손자이며 장용(張鎔)의 아들이다. 충신정직하여 수직 통정대부에 임명되었다.

전 참봉 월성 김희영[113] 前參奉 月城 金熙永

芳名七印作斯亭	아름다운 이름 칠인으로 이 정자를 지으니
猶有寶氊百世青	보배로운 전통이 아직 있어 백세토록 푸르구나
近水清塘開月窟	가까이 물 맑은 연못엔 달 담을 곳을 열었고
群山繞屋展雲屛	여러 산이 집을 두르니 구름 병풍을 펼쳤네
人閒喬木同依壑	사람은 한가하니 큰 나무가 골짜기에 함께 의지하고
地遠幽蘭獨秀庭	땅은 궁벽하니 그윽한 난초가 홀로 뜰에 돋았네
種德君家餘慶在	덕을 심은 군자의 집엔 남은 경사 있어서
江南夜夜耀奎星	강남에는 밤마다 규성이 빛나고 있네

16세손 영홍[114] 十六世孫 永弘

雙溪九曲數間亭	쌍계의 아홉 굽이 골짜기의 몇 칸 정자
遺蹟煌煌野稗青	남긴 자취는 휘황한데 옛 이야기 푸르구나
滄海當前蹈義地	넓은 바다 앞에 있으니 의인이 걸어간[115] 곳
碧山依舊掌仙屛	푸른 산은 여전하여 병풍을 맡았구나
雲仍滿壑中間洞	후손들은 중간 마을 골짜기에 가득하고
花樹同春上下庭	친척들은 봄을 맞아 뜰을 오르내리네
追慕高麗峰上淚	고려봉 위에서 흘린 눈물 추모하면
至今烈烈耀天星	지금도 열렬하여 하늘의 별처럼 비치네

---

113) 김희영(金熙永) : 생몰년 미상. 본관은 경주이고 자는 희원(希元)이며 호는 청초(聽蕉)이다. 1866년 의홍현감을 제수받았다.

114) 장영홍(張永弘) : 1838~1900. 자는 정숙(正叔)이고 호는 눌암(訥庵)이다. 육일재 장응설(張應卨)의 손자이며 장은학(張殷學)의 아들이다.

115) 의인이 걸어간 : 전국 시대 제(齊)나라의 고사(高士) 노중련(魯仲連)이 진(秦)나라 임금을 황제로 받들자는 위(魏)나라의 장군 신원연(新垣衍)의 제의를 거부하면서 "진나라가 참람하게 제(帝)를 칭한다면 동해에 빠져 죽겠다."라고 하였다는 고사를 말한다. 『사기(史記)』「노중련열전(魯仲連列傳)」

방예 장의원 傍裔 張義遠

今日登斯誰也亭	오늘 이곳에 올라보니 누구의 정자인가
遙遙花樹海東青	아득한 친척들의 역사가 해동에 푸르구나
檻臨流水枕邊鍾	난간앞에 흐르는 물은 베갯머리에 종소리요
簷埒群巒缺處屛	처마 담과 여러 봉우리는 성긴 곳 병풍이라
種德綿長遺蔭地	심은 덕이 길이 이어져 음덕을 남긴 땅이요
聯床湛翕好家庭	한 침상을 쓰며 기뻐하는 좋은 가정이로다
願言無忝於千萬	원컨대 천만년에 욕됨이 없으시면
上有蒼蒼七極星	위로 푸른 하늘에 북두칠성이 비추리라

남평 문봉래 南平 文鳳來

月入前塘印古亭	달빛이 앞 연못에 들어 옛 정자에 찍히고
一窓雲擁兩山青	창 하나에 구름 두르니 두 산이 푸르구나
簪纓舊蹟來朱紱	벼슬한 옛 자취는 붉은 인끈으로 나타나고
歌舞餘痕掩翠屛	즐겁던 남은 흔적 푸른 병풍에 가리었네
三世榮名登野稗	삼대의 영화로운 명성은 야담처럼 오르내리고
七員皀蓋耀門庭	일곱 원님의 행차 수레가 문과 뜰을 빛내었네
孝友家風張仲在	효도와 우애의 가풍으로는 장중[116]이 있었으니
他時冠弁會如星	후일에 고관의 모자가 별처럼 모이겠네

진사 밀양 손근수 進士 密陽 孫瑾秀

四子三郎七印亭	네 아들 세 사위 일곱 관인 칠인정에
張公名節共山青	장공의 명예와 절조가 산과 함께 푸르구나
栽培已厚三公樹	삼공의 나무를 심고 기르기가 이미 두텁고

116) 장중(張仲) : 주나라 선왕(宣王) 때 윤길보(尹吉甫)가 북방의 험윤(玁狁)을 정벌하여 큰 공을 세우자, 시인이 시를 지어서 그의 공로를 찬양하고, 아울러 그가 잔치를 벌일 적에 효성과 우애로 유명한 장중(張仲)을 불러서 함께 즐긴 것을 찬미한 내용이『시경』「소아(小雅)」유월(六月)」에 나온다.

孝友相稱百壽屛　　효도와 우애로 서로 일컫는 백수의 병풍이라
全嶺許多名氏葉　　온 영남 전역에 명문의 자식이 허다하지만
曲江第一此門庭　　곡강엔 이 가문이 제일이었네
檻外方塘春水活　　난간 밖 네모난 연못에 봄물이 활기찬데
至今流照在天星　　지금까지 비추어오는 하늘의 별빛이 있네

16세손 경홍[117] 十六世孫 敬弘

陟止蹈海刻斯亭　　발길을 돌려 바다를 따라 이 정자에 새기니
慕仰遺風竹簡青　　유풍을 사모하고 우러름이 역사에 푸르구나
半畝方塘開寶鑑　　반 마지기 네모난 연못엔 보감이 열리고
一區林壑自成屛　　한 구역 수풀 골짜기는 절로 병풍을 이루었네
簪纓往蹟先天樹　　벼슬하던 옛 자취는 예로부터의 나무
孝友諸孫慶壽庭　　효우하는 모든 자손이 장수를 축하하던 뜰
繼繼雲仍傳勿替　　대를 이은 자손들이 바꾸지 않고 전하여
嘉謀以燕翼張星　　좋은 교훈으로 뭇별들을 잔치하게 하겠네

인천 채필수 仁川 蔡必壽

龍飛昭代翼斯亭　　개국하던 태평한 시대에 이 정자를 세웠더니
亭上于今錦樹青　　정자 위에 지금까지 관인 건 나무 푸르구나
墨綬馳芬高踐位　　수령[118]으로 향기를 전하여 높은 자리에 올랐고
碧山留迹爛開屛　　푸른 산 자취를 남겨 빛나는 병풍을 열었네
神藏勝地雲深洞　　귀신도 아낀 명승지 구름 깊은 골짜기에
鳥語先天露下庭　　과거를 노래하는 새 소리에 이슬이 뜰에 떨어지네
慶壽家中人孝友　　장수를 축하하는 집안에 사람들이 효우하니
會看他日弁如星　　후일에 고깔들이 별처럼 빛남을 보리라[119]

---

117) 장경홍(張敬弘) : 1841~1913. 자는 경숙(敬叔)이고 호는 괴천(槐泉)이다. 육일재 장응설(張應卨)의 손자이며 장은학(張殷學)의 아들이다. 장영홍(張永弘)의 아우이다.

118) 수령 : 원문의 '묵수(墨綬)'는 동인묵수(銅印墨綬)의 준말로, 수령이 차는 까만 인끈을 말한다.

영천 황보두 永川 皇甫斗

詩禮東鄕孝友亭	시례의 동쪽 고을 효우의 정자에
山林啼鳥賀丹靑	산림에 우는 새가 단청을 경하하네
佳賓日會登高榻	좋은 손님은 날로 모여 높은 자리에 오르고
守宰時臨列畵屛	고을 수령이 때로 오니 그림 병풍을 펼친 듯
錦綬千年除古樹	비단 인끈은 천년토록 늙은 나무에 제수하고
賢孫百代滿諸庭	어진 자손은 백대토록 뜰에 가득하겠네
層軒特立休徵出	높은 마루 우뚝 세우자 좋은 징조가 나오니
影到天中耀壽星	그림자가 하늘 가운데 이르러 수복성을 빛내네

한양 조현명 漢陽 趙鉉明

昔聞今來七印亭	전에 듣던 칠인정을 오늘 왔더니
名區路轉樹陰靑	명승지 길 굽은 곳에 나무그늘 푸르구나
形容傘立三間閣	그 모습은 세 칸 집이 우산처럼 섰고
畵出楣題九疊屛	그림처럼 써낸 편액 아홉 겹 병풍이라
客到四方陳氏榻	객들이 사방에서 이르니 진씨의 걸상[120]이요
冠成千數謝家庭	선비가 수천을 이루니 사씨 집[121]의 뜰이로다
觀於海大又於此	큰 바다에서처럼 여기서도 관점을 잡으려면[122]

---

119) 고깔들이 … 보리라 : 『시경』「위풍(衛風) 기욱(淇奧)」에 위 무공(衛武公)을 칭송하면서 "고깔에 장식한 오색 구슬이 별처럼 빛난다.[會弁如星]"고 하였다.

120) 진씨의 걸상 : 귀빈을 예우한다는 말이다. 후한(後漢)의 예장 태수(豫章太守) 진번(陳蕃)이 다른 손님은 일절 맞지 않다가, 현인인 서치(徐穉)가 올 때면 특별히 걸상 하나를 내려놓고 환담을 하고는 그가 가고 나면 다시 올려놓았다는 현탑(懸榻)의 고사가 전한다. 『후한서(後漢書)』「서치열전(徐穉列傳)」

121) 사씨 집 : 진(晉)나라 때 큰 문벌을 이루었던 사안(謝安)이 자질(子姪)들에게 "어찌하여 사람들은 자기 자제가 출중하기를 바라는가?" 하고 묻자, 조카 사현(謝玄)이 "비유하자면 마치 지란(芝蘭)과 옥수(玉樹)가 자기 집 뜰에 자라기를 바라는 것과 같습니다." 한 데서 유래한 말로, 훌륭한 자제가 많음을 뜻한다. 성어로는 사가보수(謝家寶樹) 또는 사가지란(謝家芝蘭)이라 한다.

122) 큰 바다 … 관점을 잡으려면 : 『맹자』「진심 상(盡心上)」에 "공자가 동산에 올라가서는 노나라를 작게 여겼고, 태산에 올라가서는 천하를 작게 여겼다. 그러므로 바다를 본 사

借問規模度幾星　　묻노니, 그 정신의 규모는 몇 해를 지내야 하나

한양 조현구 漢陽 趙鉉耉

觀海歸裝上是亭　　바다를 보고 돌아가는 길에 이 정자에 오르니
規模宏闊至今青　　규모가 굉활하여 지금까지 푸르구나
樹植千年愛似寶　　천년동안 나무를 심어 보배처럼 아꼈고
山環四面畵如屛　　사면에 산이 두르니 병풍같은 그림이라
簪纓耀提稀斯世　　관원들 서로 이끌며 빛남은 이 세상에 드물고
孝友導行襲舊庭　　효우를 따라 행함은 옛 가정을 이은 것
終日登臨無限意　　종일토록 올라와 끝없이 생각하는 것은
更尋高躅問何星　　다시 높은 자취를 찾으려면 어느 별에 물어야 하나

문소 김진민 聞韶 金鎭民

百世遺芳七印亭　　백세에 아름다운 이름 남긴 칠인정
元勳從古畵丹青　　나라의 공훈은 옛부터 단청으로 그렸네
滄溟猶有阿連月　　큰 바다에는 아직도 아련[123]의 달이 있고
邦國曾爲召老屛　　나라는 일찍이 소공[124]의 번병[125]이 되었네
別地林塘多福祿　　특별한 땅이라 숲과 연못에 복록이 많은데
傳家孝悌闢門亭　　효제를 가정에 전하여 문호를 연 정자네

람에게 다른 물은 물이 되기 어렵고, 성인의 문하에 종유한 사람 앞에서 다른 사람의 말은 말이 되기 어려운 것이다.[孔子登東山而小魯, 登太山而小天下. 故觀於海者難爲水, 遊於聖人之門者難爲言.]"라고 하였다.

123) 아련(阿連) : 사영운(謝靈運)의 종제(從弟)인 사혜련(謝惠連)을 말하는데, 아(阿)는 친근한 뜻을 나타내는 말이다.

124) 소공(召公) : 원문의 '소로(召老)'는 『서경(書經)』「군석(君奭)」에서 주공(周公)이 소공(召公)을 부른 말이다.

125) 번병(藩屛) : 『시경』「판(板)」에 "덕이 큰 사람은 나라의 울타리며, 많은 무리는 나라의 담이며, 큰 제후국은 나라의 병풍이며, 대종(大宗)은 나라의 정간(楨榦)이다.[价人維藩, 大師維垣, 大邦維屛, 大宗維翰.]" 하였는데, 주희(朱熹)의 주(注)에 "모두 군주가 믿어 편안할 수 있는 것이다." 하였다.

淸朝耆德題璇額	맑은 왕조 원로의 덕을 편액에 썼으니
千載昭然兩壽星	천 년 동안 두 수성이 환히 빛나리

성산 이해근 星山 李海根

携我詩笻上小亭	내 시인의 지팡이를 끌고 작은 정자에 오르니
炊烟萬壑夕浮靑	일만 골짝 밥짓는 연기 저녁에 푸르게 떠오르네
文章百世傳來地	문장으로는 백대를 전해온 곳이요
冠蓋千年去後庭	고관의 수레 천년동안 지나간 집안이라
琴奏高山流水響	거문고를 고산에서 연주하듯 흐르는 물소리 울리고
吟餘啼鳥落花屛	새가 지저귀는 여운처럼 꽃이 병풍에 떨어지네
誰云碧柳靑槐景	누가 푸른 버들과 푸른 홰나무 경치를 말했던가
文谷尤精一點星	문곡성이 한 점 별에 더욱 빛나는데
四老晩臨七印亭	네 늙은이가 만년에 칠인정에 올랐더니
先賢遺躅舊山靑	선현의 남은 자취는 옛 산에 푸르구나
楣環水石鳴琍瑟	문미를 둘러싼 물과 돌은 비파처럼 울리고
洞闢烟霞畵疊屛	동네에 아지랑이 걷히니 첩첩 병풍 그림이로다
掛綬淸風餘喬木	인끈 걸던 맑은 바람은 높은 나무에 남았고
舞班華觶誦趨庭	효성으로 올리는 빛나는 잔에 추정의 시례를 외네
願言世世承前業	원컨대 대대로 조상의 사업을 받들어
不墜家聲應斗星	가문의 명성을 떨어뜨리지 말고 두성[126]에 응하소서

(이곳의 시 8수는 권1과 권2에 중복되었으므로 여기서는 삭제함)

오천 정훈일 烏川 鄭勳一

架壑緣崖起一亭	골짜기에 걸고 절벽을 따라 한 정자를 세웠으니

126) 두성(斗星) : 궁수자리(弓手一)에 있는 국자 모양(模樣)의 여섯 개의 별로 북두칠성(北斗七星)의 모양(模樣)을 닮은 데서 이름이 유래(由來)한다. 장수(長壽)를 주관(主管)하는 별로 전해진다.

歲寒松桂入簾靑	세한의 소나무와 계수나무가 발에 들어와 푸르구나
令人立志淸風竹	사람이 뜻을 세우게 하는 것은 맑은 바람 이는 대나무요
遇遯追思大隱屛	둔을 하며 추모하는 것은 큰 은자의 병풍이라
七印二千石太守	일곱 관인은 모두 이천석[127]의 태수이고
雙槐五百年家庭	두 홰나무는 오백년 가정이로다
誰知慶壽堂中老	누가 알겠는가, 경수당 안의 저 노인이
也屬少微自有星	또 소미성[128]에 속해 그 자신도 별인 것을

위와 같음 上同

擇仁爲里又搆亭	어진 곳을 택하여[129] 마을을 삼고 정자를 지었으니
一抹禱陰未了靑	한 줄기 도음산은 끝도 없이 푸르구나
滿壁圖書晴似畵	벽에 가득한 도서는 비가 갠 그림 같고
隔簾槐竹翠成屛	주렴에 가려진 느티나무와 대나무는 푸르러 병풍이 되었네
恩綸殊彰銅金綬	은혜로운 말씀 특별히 드러낸 금동의 인끈
信筆有光孝友庭	미더운 글에 빛나는 효도와 우애의 가정
檻外人家皆古俗	난간 밖 인가에는 모두 옛 풍속 있어
肯堂看護幾更星	선조를 계승하여 살피고 지킨 세월 얼마였던가

127) 이천석(二千石) : 지방관을 가리킨 것이다. 한(漢)나라 선제(宣帝)가 "서민들이 전리(田里)를 편안히 여기고 탄식하거나 근심하고 한스러운 마음이 없는 까닭은 정치가 공평하고 송사가 잘 다스려지기 때문이니, 나와 함께 이를 수행할 자는 오직 어진 이천섬(二千石)일 것이다."라고 한 말에서 유래하였다. 『한서(漢書)』「순리전 서(循吏傳序)」

128) 소미성(少微星) : 처사(處士) 즉 벼슬에 나아가지 않고 은거하는 덕망이 높은 선비를 가리킨다. 『사기정의(史記正義)』

129) 어진 … 택하여 : 본문의 택인(擇仁)의 뜻이다. 인후한 풍속을 지닌 마을을 골라 살겠다는 의지를 뜻하는 것으로, 공자(孔子)가, "마을에 인후한 풍속이 있는 것이 아름다우니, 인후한 마을을 가려 살지 않는다면 어찌 지혜롭다 하리오.[里仁爲美 擇不處仁 焉得知]" 한 데서 온 말이다. 『논어(論語)』「이인(里仁)」

18대손 태유[130] 十八代孫 泰維

當年槐樹擁孤亭	당년의 느티나무가 외로운 정자를 둘러쌌으나
猶帶銅痕未了青	아직도 구리 관인의 흔적으로 끝없이 푸르구나
草幕淸風傳古躅	초막의 맑은 바람은 옛 자취를 전하고
林泉秀色展蒼屛	자연의 빼어난 색깔은 푸른 병풍을 펼쳤네
昔時子婿稱觴地	옛날에 아들과 사위가 축수의 잔을 올리던 땅
後世兒孫拜進庭	후세에 자손들이 절하며 나아온 뜰
願祝箕裘引勿替	바라건대 가업[131]을 지키되 바꾸지 않으면
從今莫道晦奎星	지금부터는 규성이 어두워졌다 말하지 못하리

야성 송태흠 冶城 宋泰欽

大海東遊上是亭	큰 바다 동쪽으로 유람하다 이 정자에 오르니
亭前老樹何青青	정자 앞 늙은 나무가 어찌나 푸르고 푸른지
枝葉千年交印篆	천년의 가지와 잎에 도장의 글자가 교차하고
溪山一面列書屛	개울과 산은 한 면에서 병풍처럼 늘어섰네
勝國孤忠餘結幕	고려의 외로운 신하는 초막을 지어 남기고
淸朝七貴想趨庭	맑은 조정 일곱 귀인은 추정의 가르침을 생각했네
晩來門戶知昌大	늦게야 와서 문호가 창대함을 알겠고
卽見遺墟聚德星	남긴 터에 덕성이 모여 있음을 만나네

130) 장태유(張泰維) : 1845~1915. 자는 치일(致一)이고 호는 천재(泉齋)이다. 장필홍(張佖弘)의 손자이며 장윤옥(張潤玉)의 아들이다. 일찍부터 명망이 높았고 수직 통정대부에 임명되었다. 미추(眉秋) 장두표(張斗杓)의 아버지이다.

131) 가업(家業) : 원문 기구(箕裘)의 뜻이다. 키와 가죽옷이라는 뜻으로, 가업(家業)을 비유하는 말이다. 『예기(禮記)』「학기(學記)」에 "훌륭한 대장장이의 아들은 아비의 일을 본받아 응용해서 가죽옷 만드는 것을 익히게 마련이고, 활을 잘 만드는 궁장(弓匠)의 아들은 아비의 일을 본받아 응용해서 키 만드는 것을 익히게 마련이다.[良冶之子 必學爲裘 良弓之子 必學爲箕]"라는 말에서 유래한 것이다.

순천 이정화 順天 李貞和

七印當年掛此亭	칠인을 받은 당년에 이 정자에 걸었으니
海山淑氣至今青	바다와 산의 맑은 기운이 지금까지 푸르구나
簷端活水能回鑑	마 끝 활발한 물은 능히 거울로 돌아오고
洞裡奇岩自列屛	골짜기 안 기이한 바위는 저절로 병풍으로 늘어섰네
殷代淸風孤竹宅	은나라 시대 맑은 바람은 고죽군[132]의 집이요
晉公餘蔭植槐庭	진공[133]의 남은 음덕으로 홰나무를 심은 뜰이라
四男三婿稱觴地	네 아들 세 사위가 축수의 잔을 올린 땅
遺史應傳聚德星	역사에 남아 덕성이 모였다고 응당 전하리

월성 손인수 月城 孫仁秀

海上起名亭	바닷가에 멋진 정자를 지으니
君家中葉青	그대 집 안에는 나뭇잎이 푸르구나
洞口長流水	마을 입구는 길게 물이 흐르고
山容幾疊屛	산의 모습은 몇 겹의 병풍이구나
人氣生靈地	사람의 기운은 신령한 땅에서 생기고
槐陰滿古庭	느티나무 그늘은 옛 뜰에 가득하네
何時煌七印	어느 땐가 빛나던 칠인은
分明象福星	분명히 복성을 닮았었네

일직 손달수 一直 孫達洙

高閣嶒崚七印亭	높은 누각 아득히 솟은 칠인정

132) 고죽군(孤竹君) : 주나라 고죽(孤竹)의 왕이다. 고죽군이 생전에 숙제를 후사로 삼으려 하였으나 고죽군이 임종할 때 숙제가 형인 백이에게 왕위를 사양하였다. 백이가 아버지의 명령이라 하고 도망가 버리고, 숙제 또한 왕위에 오르지 않고 도망가 버리자 고죽국 사람들이 가운데 아들을 왕으로 옹립하였다. 『사기』「백이열전(伯夷列傳)」

133) 진공(晉公) : 송(宋)나라 사람 진공(晉公) 왕호(王祜)를 가리킨다. 뜰에 3그루의 괴목(槐木)을 심고 자손이 삼공(三公)의 지위에 오를 것을 예언했던 바, 과연 그 아들 위공(魏公) 왕단(王旦)이 정승이 되었고, 손자인 왕소(王素)도 높은 벼슬을 지내 후손들이 삼괴당(三槐堂)을 지어 기렸다.

張公樹石畫丹靑	장공의 나무와 돌이 단청을 그린듯
東包大海無量水	동으로는 큰 바다를 안으니 한량 없는 물
西開奇峰自列屛	서쪽에 열린 기이한 봉우리는 절로 늘어선 병풍
文章半世遊觴地	문장으로 반평생 술잔을 주고받으며 놀던 땅
童子長時灑掃庭	어린아이가 오랫동안 물 뿌리고 마당 쓸던 땅
後生自此仁兼壽	후손들이 이제부터 어질고 장수하시라고
遙向北辰祈福星	멀리 북극성을 향해 복성에 기도하네

18대손 태용[134] 十八代孫 泰容

七印當時起此亭	칠인을 받은 당시 이 정자를 지었으니
海山淑氣至今靑	바다와 산의 맑은 기운이 지금까지 푸르구나
雲仍肯搆重修地	후손들이 선대의 유업을 계승하여 중수한 땅
秋夢幾多數疊屛	가을 꿈은 여러 첩 병풍에 얼마나 많았던가
遺躅尙傳歌蕨峀	남긴 자취는 채미가 부르는 산골에 아직 전하고
餘陰惟待種槐庭	남은 음덕은 느티나무 심은 뜰에서 아직 기다리네
諸孫感誦先天事	여러 자손들이 선조의 일을 감동하고 외우니
爽氣千秋射斗星	상쾌한 기운 오랜 세월 동안 북두성을 쏘네

방예 진사 장지연[135] 傍裔 進士 張志淵

巍巍潭上一高亭	우뚝 솟은 못 가에 높은 정자 하나
瘦竹孤藤不耐靑	여윈 대와 외로운 등나무는 더없이 푸르구나

134) 장태용(張泰容) : 1852~1912. 자는 치구(致九)이다. 장필홍(張佖弘)의 손자이며 장윤옥(張潤玉)의 아들로 나서 숙부 장인옥(張仁玉)의 후사를 이었다.

135) 장지연(張志淵) : 1864~1921. 자는 화명(和明) 또는 순소(舜韶)이고 호는 위암(韋庵) 숭양산인(崇陽山人)이다. 여헌의 후손이다. 황성신문의 사장을 지내면서 1905년 을사조약이 강제로 체결되자 「시일야방성대곡(是日也放聲大哭)」이라는 사설을 써서 투옥되고 신문은 폐간되었다. 1910년 한일강제합병에 자결한 매천 황현의 「절명시」를 경남일보에 실어서 정간되었다. 만민공동회 대한자강회 등의 조직에서 활동하였으며, 『대한강역고(大韓疆域考)』 등의 저서가 있다.

太古老楠張似蓋	오래된 늙은 녹나무는 덮개처럼 펼쳤고
數重翠峀繞爲屛	몇 겹 푸른 봉우리는 병풍이 되어 둘렀네
至今忠孝傳家範	지금까지 충효를 집안의 법도로 전하고
當世簪纓掛印庭	당대에는 고관들이 뜰에 인끈을 걸었네
一自歲荒流散後	한 번 흉년이 들어 뿔뿔이 흩어진 후
堪憐花樹半零星	친족들은 태반이 영락하니 안타까워라

월성 손진창[136] 月城 孫晉昌

先賢遺躅仰名亭	선현의 자취가 남은 이름난 정자를 우러러보니
依舊松篁歷歷青	변함없는 솔과 대는 선명하게 푸르구나
此日聯笻瞻棟宇	오늘 나란히 지팡이 짚고 정자를 우러러보니
當年七印共軒屛	당년의 일곱 인끈이 난간 병풍에 함께 했네
慣聞草裏曾爲幕	익히 듣던 풀밭이 전에 초막이었다는데
歸視槐陰又滿庭	돌아와 보니 홰나무 그늘이 뜰에 가득하네
勝地藏修餘緖業	좋은 땅에서 학문을 닦음은 조상이 남기신 일
千秋海曲耀奎星	천년토록 바닷가에 규성이 빛나리라

방예 주서 장지복 傍裔 注書 張志馥

各在東西聞此亭	각각 동서에 있으면서 이 정자를 들었는데
偶然當日拭眸青	우연히 와본 날 눈을 비비며 기뻐하네
想今遺蹟傳書宅	지금 생각하니 남긴 자취는 서적을 전한 집이요
憶昔芳訓教法庭	옛일 추억하니 아름다운 교훈과 법도를 가르친 뜰
天朗峰雲奇似筆	하늘이 맑으니 봉우리 구름은 붓처럼 기이하고
山明地勢繞如屛	산이 밝은 땅의 형세는 둘러싼 병풍 같구나

---

136) 손진창(孫晋昌) : 1862~1942. 본관은 경주이고 자는 극문(克文)이며 호는 화려(花旅)이다. 경주 안강에 살았다. 6세경에 『十九史略』을 읽고 문의를 알았다. 1904년 부친상을 당해서는 사경에 이르도록 슬퍼하였다. 서재인 화산실(花山室)을 짓고 마을 사람들을 교도하는 일에 전념하였다.

逢場把袖殷勤意	만나는 곳마다 소매를 부여잡으니 뜻이 은근하고
滿座諸宗已髮星	자리에 가득한 여러 종친은 이미 백발이 성성하네

19대손 두표[137] 十九代孫 斗杓

草幕遺墟起小亭	초막 남은 터에 작은 정자를 지었는데
松篁猶帶舊時青	솔과 대는 아직도 옛날의 푸름을 띠었네
方塘月白明如鏡	네모난 연못에 흰 달은 밝기가 거울 같고
深壑春生畵作屛	깊은 골에 봄이 오니 그림 병풍이 되는구나
淸韻尙傳朝野史	맑은 운치가 조야의 역사에 아직도 전하고
餘陰不改子孫庭	남은 음덕은 자손의 뜰에 변하지 않았네
登臨感誦當年事	정자에 올라 당년의 일을 감동하여 외는데
印數丁寧象斗星	관인의 수가 정녕 북두성을 닮았었네

서산 류재중 瑞山 柳在重

禱陰山下翼然亭	도음산 아래 나는 듯한 정자
爲誦薇歌萬古青	채미가를 암송하니 만고에 푸르구나
檻外雙槐盈舊蔭	난간 밖 두 홰나무에 옛 그늘이 가득하고
澗邊疊石列華屛	시냇가에 쌓인 돌은 꽃 병풍처럼 나열했네
多少宗親傳世德	몇몇 종친들이 대대로 이은 덕을 전하고
班爛賢秀步趨庭	색동옷 입은 자손들은 종종걸음으로 뜰을 지나네
門閥繁衍鄉族首	집안이 번성하니 고을 문족의 머리가 되고
每懷葵忱仰樞星	매번 충심[138]을 품고서 추성[139]을 우러러보네

---

137) 장두표(張斗杓) : 1877~1920. 자는 자건(子建)이고 호는 미추(眉秋)이다. 장윤옥(張胤玉)의 아들로 나서 장인옥(張仁玉)의 후사를 이은 장태용(張泰容)의 아들로 나서 생가백부 장태유(張泰維)의 후사를 이었다.

138) 충심 : 본문의 '규침(葵忱)'의 뜻이다. 해바라기[葵]가 해를 향하듯, 언제나 임금을 사모하는 신하의 정성을 가리킨다.

139) 추성(樞星) : 천추성(天樞星)이다. 북두칠성의 첫 번째 별로, 황제나 임금을 가리킨다. 황제(黃帝)의 모친인 부보(附寶)가 기(祁) 땅 들판에 있을 때 번개가 크게 치며 북두칠성의

18대손 태문[140] 十八代孫 泰文

海山深處一孤亭	바닷가 산 깊은 곳 한 외로운 정자
亭與海山未了青	정자는 바닷가 산과 끝없이 푸르구나
澗水臨軒鳴玉瑟	시냇물이 마루에 닿아 비파소리가 울리고
春山當戶列蒼屛	봄 산은 문 앞에 와서 푸른 병풍을 펼쳤네
千年裕後搆堂地	천년토록 후손에게 남기고자 집을 지은 땅
十室鄕中孝友庭	작은 마을 속에서 효도와 우애가 있는 가정
感祝當時興慶事	당시의 흥겨운 경사를 감축하노라니
天南惟見老人星	하늘 남쪽에 노인성이 보이네

월성 손영오 月城 孫永五

古家規範有斯亭	옛 집안의 규범이 이 정자에 있으니
靜裡雲煙一望青	고요한 속 구름 연기가 한눈에 푸르구나
晝夜溪聲流不息	주야로 개울물 소리는 쉬지 않고 흐르고
東西山勢立如屛	동서로 뻗은 산세는 병풍처럼 섰구나
芳春近日藤生院	아름다운 봄이 가까운 날 등꽃이 집에 나고
高節千秋月滿庭	높은 절개가 천추에 이른 달빛 뜰에 가득하네
多少賢孫勤講學	여러 어진 자손이 학문 연마에 부지런하니
丁寧天教照文星	정녕히 하늘이 문성을 비추게 하리

선산 김제동 善山 金濟東

貽後前賢建此亭	옛 현인이 후세를 주려고 이 정자를 세웠으니
家聲長與海天青	집안 명성은 오랫동안 바다 하늘과 푸르구나
光風霽月三間社	맑은 바람 개인 달은 세 칸 사당에 뜨고

첫 번째 별을 휘감는 것을 보고 감응하여 잉태한 뒤 24개월이 지나서 황제를 낳았다고 한다. 『사기』「오제본기(五帝本紀)」

140) 장태문(張泰文) : 1847~1890. 자는 윤백(允伯)이다. 장도홍(張道弘)의 손자이며 장병옥(張秉玉)의 아들로 나서 백부 장온옥(張溫玉)의 후사를 이었다.

好鳥名花一活屛	예쁜 새 이름난 꽃은 한 폭의 생생한 병풍
霞影過簷紅入戶	노을 그림자 처마를 지나 붉게 집으로 들어오고
樹陰挨日碧登庭	나무 그늘 해를 밀며 푸르게 뜰에 오르네
時時絃誦團爛席	때때로 현송하는 단란한 자리에
無數諸孫列衆星	무수한 여러 자손이 뭇별처럼 늘어섰네

안성 이기학 安城 李基鶴

萬姓同歡七印亭	만 백성이 함께 기뻐하던 칠인정에
風情檻外樹青青	풍정 어린 난간 밖의 나무가 푸르도다
雙溪水合魚龍窟	두 계곡 물길 합쳐 어룡의 굴이 되고
萬麓山來花鳥屛	온 산기슭 다가와서 화조의 병풍이 되네
五百年前慶壽席	오백 년 전 장수를 경하하던 자리
三千里內有名庭	삼천리에 이름난 가정이 있네
君家行樂眞堪羨	그대 가문의 즐거운 일 참으로 부러워라
子子孫孫照福星	자손 대대에 복성이 비추리로다

월성 최우의 月城 崔羽儀

數子共登七印亭	몇 사람들과 함께 칠인정에 오르니
耀耀名節四時青	빛나는 명성과 절개 사시에 푸르구나
水石千年懸鼓磬	물과 돌은 천년토록 북과 종을 매단 소리
風雲萬壑捲舒屛	바람 탄 구름은 온 골짝에 병풍을 걷고 펴네
遺躅始知山仰地	남은 자취 산처럼 우러르는 곳임을 비로소 알겠고
芳蘭不雜草生庭	꽃다운 난초는 잡초 난 마당에 섞이지 않는구나
回思當世遊吟席	당세에 유음하던 자리를 돌이켜 생각하니
物換中間幾度星	세월이 바뀌는 사이에 몇 해나 지났던가

풍천 임시재 豊川 任時宰

掛印槐枝印以亭	관인 걸던 홰나무 가지에 인자로 이름지은 정자

曲江春色大陽靑 곡강의 봄빛은 대양산에 푸르구나
澗水轉邊鳴玉石 시냇물은 가로 돌아 옥석을 울리고
峰巒缺處補雲屛 봉우리 빈 곳은 구름 병풍이 채워 주네
霽月光風渾此地 개인 달빛 맑은 바람 이곳에 모여드니
寶簪朱紱耀遺庭 보잠과 붉은 인끈 물려받은 뜰에 빛나네
欲識當年眞氣像 당년의 참된 기상 알고자 하니
方塘淸撤照天星 네모난 연못의 지극한 맑음에 하늘이 별이 조응하네

(원본에 1수가 삭거되어 있음)

18대손 태래[141] 十八代孫 泰來

經營吾祖起斯亭 우리 할아버지 경영하여 이 정자를 지으시니
往事叢槐樹樹靑 지난 일은 홰나무 그루터기 나무마다 푸르다
蒼海東爲開此址 푸른 바다 동쪽은 이 터를 열고
陰山西自繞如屛 도음산 서쪽은 절로 병풍을 둘렀네
當年併創簪纓蹟 당년에 나란히 시작한 높은 벼슬의 자취
百世相傳孝友庭 백세토록 서로 전하는 효우의 가정이라
慶壽稱觴今幾曆 헌수의 잔 올린 지 지금 몇 해인가
天躔尙看老人星 하늘 궤도엔 아직도 노인성이 보이네

방예 장병교[142] 傍裔 張柄喬

借問何年立此亭 묻노니 어느 해에 이 정자를 세웠는가
家聲高出海東靑 집안 명성 높이 나서 해동에 푸르구나
光風霽月臨華榻 맑은 바람 개인 달빛 빛나는 침상에 내려앉고
流水奇岑蓋畵屛 흐르는 물 기이한 봉우리 그림 병풍으로 덮었네

---

141) 장태래(張泰來) : 홍해파 족보에서 찾을 수 없다.
142) 장병교(張柄喬) : 1855~1909. 자는 봉교(鳳嶠)이고 호는 송헌(松軒)이다. 장유승(張有昇)의 손자이고 장시택(張時澤)의 아들이다.

細雨時霑松柏岸	가는 비 때를 맞춰 송백의 기슭을 적시고
香烟或散菊蘭庭	향 연기는 더러 국난의 뜰에 흩어지네
七賢去後猶餘緖	일곱 현인 떠나셨으나 아직도 후손이 남아
絃誦兒孫列似星	즐거이 외는 자손들이 별처럼 늘어섰네

밀양 박영조 密陽 朴泳祚

曲江西有翼然亭	곡강 서쪽에 나는 듯한 정자 있어
遺蹟傳播尙此靑	유적이 전파되니 아직 이처럼 푸르구나
一闋薇歌生凜氣	한 자락 채미가엔 늠름한 기운 일어나고
數株槐樹作軒屛	몇 그루 홰나무는 마루의 병풍이 되었네
範圍守古詩書案	둘러보니 옛 것을 지키는 시서의 책상
模訓如今孝友亭	조상의 가르침이 생생한 효우의 가정이라
左契綿綿基業美	증표[143]가 면면히 이어져 기업이 아름다우니
聊知壽福應雙星	알겠노라 수와 복이 쌍성에 조응함을

김녕 김재헌[144] 金寧 金在憲

山下村居水上亭	산 아래 시골 마을 물 위의 정자
傳來儒素舊氈靑	전해 오는 유가의 오래된 전통[145]일세
箴銘存警題虛壁	경계함을 담은 잠명은 빈 벽에 걸려 있고
詩畫怡神對疊屛	마음을 푸는 시화는 첩첩 병풍을 마주하네

---

143) 증표 : 원문 '좌계(左契)'는 부절(符節)의 한쪽 부분으로, 증거를 의미한다. 부절을 반으로 갈라서 서로 나누어 가지고 있다가 유사시에 서로 합하여 좌우로 합치되는지를 맞추어 보는데, 그중의 한쪽을 말한다.

144) 김재헌(金在憲) : 생몰년 미상. 본관은 김녕이고 호는 산촌(山村)이며 경상도 영덕에 살았다. 김재성(金在性)의 아우로, 문학과 덕행이 뛰어났다. 문집 3권이 있다.

145) 오래된 전통 : 원문은 '구전청(舊氈靑)'으로 선대(先代)로부터 전해진 귀한 유물이나 전통을 가리킨다. 진(晉)나라 왕헌지(王獻之)가 누워 있는 방에 도둑이 들어와서 물건을 모조리 훔쳐 가려 할 적에, 그가 "도둑이여, 그 푸른 모포는 우리 집안의 유물이니, 그것만은 놓고 가는 것이 좋겠다.[偸兒 靑氈我家舊物 可特置之]" 하자, 도둑이 질겁하고 도망쳤다는 고사에서 유래한 것이다. 『진서(晉書)』 권80 「왕헌지열전(王獻之列傳)」

十里烟雲蔭洞府　　십 리의 안개 구름이 신선의 마을을 가려주고
一園花竹護家庭　　한 동산의 꽃과 대나무는 가정을 지켜주네
當時七印登臨後　　당시의 일곱 관인 올라서 앉은 뒤로
名重南州仰斗星　　명성이 영남에 뛰어나 두성처럼 우러러보네

방예 장도현 傍裔 張度鉉

當年志喜以名亭　　당년의 기쁨을 기념하여 정자 이름 지었더니
花樹吾宗倍色青　　우리 종친 후손들은 더더욱 푸르러라
孝友慕先傳舊鉢　　효우로 선조를 흠모함이 옛 의발[146]로 전해지고
箴銘献後作新屛　　잠명을 후손에게 물려주어 새 병풍이 되었네
義差事二扶綱宅　　불사이군 의로움으로 기강을 지켜온 집
慶祝華三備福庭　　삼복[147]을 경축하니 복을 갖춘 가정
繼繼雲仍守勿替　　대대로 자손들은 지켜서 바꾸지 마오
中來幾印會如星　　그 가운데 여러 관인이 별처럼 모이리라

방예 장교은 傍裔 張教殷

玉岫東州壓小亭　　동주에 빼어난 산 작은 정자를 내려다보고
追看古蹟拭眸青　　옛 자취 추모하여 보니 눈 비비도록 푸르도다
抵海村深居別境　　바다 가까이 마을은 깊어 별세계에 자리 잡고
晩山樓出闢雲屛　　저무는 산 누각은 솟아 구름 병풍을 펼치네
滿地槐陰千世族　　온 땅 가득 홰나무 그늘은 천 대의 후손이요
先天印月七官庭　　그 옛날 찍힌 달은 일곱 관인의 뜰이로다
繼繼文瀾流且潤　　이어지는 문장의 물결 흐르면서 넓어지니
曲江秋夜映奎星　　곡강의 가을밤에 규성이 비추는구나

---

146) 의발(衣鉢) : 선가(禪家)에서 온 것으로 법통(法統)을 전함을 뜻한다. 달마(達摩)가 인도에서 중국으로 오면서 석가모니가 입었던 가사(袈裟)와 밥 먹던 바리때(발)를 가지고 와서 법통을 전하는 제자에게 그것을 전하여 육조(六祖)에까지 전한 데서 유래하였다.

147) 삼복(三福) : 화봉삼축(華封三祝)에서 온 말로 화(華) 땅에 사는 사람이 수(壽), 부(富), 다남자(多男子) 세 가지를 빌었다는 데에서 유래한다. 『장자(莊子)』 「천지(天地)」

금성후인 박재만[148] 錦城後人 朴載萬

十年重到古家亭	십 년 만에 다시 옛집 정자에 다다르니
壁上舊氈尙帶靑	벽 위에 옛 전통은 아직껏 푸른 빛을 띠고 있네
百世嘉謨貽燕翼	백 대 조상의 지혜는 제비 날개[149]를 끼치고
一生秋夢繞雲屛	일생의 한 자락 꿈은 구름 병풍으로 둘렀네
由來謝樹餘慶福	예부터 사씨의 나무는[150] 경사와 복을 남기고
歸視王槐好門庭	돌아와 보는 왕씨의 홰나무[151]는 문정에 좋았지
賢躅彷徨欽仰地	현인의 자취에 서성거리며 흠모하는 곳
不堪人代屢移星	세대가 바뀌고 세월이 흐름을 견디기 어려워라

월성 손만익[152] 月城 孫萬翼

天下非無擇勝亭	천하에 승경을 택해 정자를 지음이 없지 않으나
孰如張氏述氈靑	누군들 장씨들이 집안의 전통을 이어감과 같으랴
淸操特守夏因屋	맑은 지조 특별히 여름 집을 지키고
佳景偏多秋疊屛	좋은 경치 남달리 가을 병풍에 많구나
鬱鬱槐篁符德蔭	울울한 홰나무 대나무는 음덕에 부합하고
彬彬詩禮訓家庭	빛나는 시례의 전통은 가정에서 가르치네

---

148) 박재만(朴載萬) : 1831~1916. 본관은 무안이고 자는 사일(士一)이며 호는 자려(紫廬)이다. 영덕 영해에 살았다. 유고가 전한다.

149) 제비 날개 : 원문은 '연익(燕翼)'으로, 자손의 미래를 위해 계책을 잘 세우는 것을 뜻한다.

150) 사씨의 나무 : 명망 있는 집안의 훌륭한 자손들이라는 뜻이다. 진(晉) 나라 사안(謝安)이 여러 자제들에게 "왜 사람들은 모두 자기의 자제가 출중하기를 바라는가?" 하고 묻자 조카 사현이 "이것은 마치 지란(芝蘭)과 옥수(玉樹)가 자기 집 정원에서 자라나기를 바라는 것과 같습니다"라고 한 것에서 유래하였다. 『진서』 권79 「사현열전(謝玄列傳)」

151) 왕씨의 홰나무 : 왕우(王祐)의 아들 왕단(王旦)처럼 가문을 빛낼 아들이 있을 것이라는 말이다. 왕괘(王槐)는 송나라 초기에 진국공(晉國公) 왕우가 손수 세 그루의 홰나무를 뜰 아래에 심고서 "내 자손 중에 반드시 삼공이 되는 자가 있을 것이다."라고 한 고사를 이르는데, 뒤에 과연 그 아들 왕단이 송 진종(宋眞宗) 때 태보(太保)가 되었다. 『고문진보(古文眞寶)』 소식(蘇軾) 「삼괴당명(三槐堂銘)」

152) 손만익(孫萬翼) : 1836~1905. 본관은 경주이고 자는 남거(南擧)이며 호는 동애(東崖)이다. 경주에 살았다.

輝煌七印傳來久　　빛나는 일곱 관인 전래된 지 오래
永世照臨壽福星　　영원토록 비추며 수복성에 드리우네

함안 조성호 咸安 趙性鎬

先賢遺躅訪斯亭　　선현이 남기신 자취 이 정자를 찾았더니
孝友家風自氈靑　　효우의 가풍은 저절로 오랜 전통이 되었네
半畝方塘鑑裡月　　반 마지기 네모 연못은 거울 속의 달이요
一區雲物畵中屛　　한 구역 주변 경물은 그림 속의 병풍이라
名傳七印休餘地　　일곱 관인으로 전한 명성은 남은 땅에 아름답고
手植三槐蔭滿庭　　손수 심은 세 그루 홰나무는 뜰을 가득 덮었네
數墨尋行牖後學　　글자 세고 글 줄 찾아[153] 후학들을 깨우치려
主人料理鬢星星　　주인은 이치를 찾다 백발이 성성해졌네

월성 손수항 月城 孫秀恒

卜得名區築此亭　　멋진 구역 차지하여 이 정자를 지었으니
亭前花樹爛紅靑　　정자 앞 꽃과 나무 찬란히 붉고 푸르네
長溪九曲歸應海　　아홉 구비 긴 계곡은 바다로 돌아가겠고
列岫千層畵在屛　　천 층 늘어선 봉우리는 병풍을 그려냈네
農者學而今世界　　농사지으며 배우는 것이 요즘 세상인데
絃之誦又好家庭　　악기 뜯고 시를 외니 더 좋은 가정이로구나
登斯想像當時事　　이 정자에 올라 당시 일을 상상해 보니
七綬煌煌炳日星　　일곱 인끈 휘황하여 해와 별처럼 빛났네

153) 글자 세고 글줄 찾아 : 내용보다는 문장 자체에 얽매이는 공부를 말하는데, 전하여 독서에 대한 겸사(謙辭)이다. 주희(朱熹)의 「역(易)」 시에 “책의 가죽끈이 세 번 끊어졌다는 분이 글 줄 찾고 글자 세는 사람이 아니었음을 알아야 하리.[須知三絶韋編者 不是尋行數墨人]”라는 구절이 있다.

안동 권상현[154] 安東 權尙鉉

立馬斜陽七印亭	해 저무는 칠인정에 말을 세우니
千年物色四山青	천 년 물색이 사방 산에 푸르구나
事君不改清風竹	임금 섬기기에 바뀌지 않는 충성 청풍죽[155]이요
遯世深懷大隱屛	세상을 피한 깊은 회포는 대은병[156]이라
松影如新盤桓日	솔 그림자는 서성이던[157] 그날처럼 새롭고
槐陰依舊彩趨庭	홰나무 그늘은 효성과 교육의 뜰[158]에 여전하네
登臨往蹟還多感	정자에 오르니 지난 자취 아직도 다감하여라
此地分明耀德星	이곳은 분명 덕성이 비추는 곳

서산 류양욱 瑞山 柳瀁郁

園深靈壁起斯亭	동산 깊은 영벽[159]에 이 정자를 일으키니

154) 권상현(權象鉉) : 1851~1929. 본관은 안동이고 자는 태형(泰亨)이며 호는 면와(俛窩)이다. 영천에 살았고 서산 김흥락(金興洛)의 문인이다. 1877년 향시(鄉試)에 합격하였으나 그 후 과거를 단념하고 학문에 열중하였다. 1901년 희릉참봉(禧陵參奉)을 제수 받았으나 부임하지 않았다. 저서 『면와집』 6책이 전한다.

155) 청풍죽(淸風竹) : '고죽청풍(孤竹淸風)'의 준말이다. 백이 숙제의 맑은 지조를 뜻하여 쓰인다.

156) 대은병(大隱屛) : 무이산(武夷山)에 있는 봉우리 이름으로, '무이구곡(武夷九曲)' 가운데 제5곡에 해당하는데, 주자(朱子)가 이 대은병 아래에 무이정사(武夷精舍)를 짓고 학문을 강론하였으므로 여기에 견주어서 한 말이다. 『주자대전(朱子大全)』 권9 「무이정사잡영병서(武夷精舍雜詠 幷序)」

157) 서성이던 : 원문의 '반환(盤桓)'은 주저하고 머뭇거리며 그 자리를 멀리 떠나지 않는 모양이다. 『주역(周易)』 「둔괘(屯卦)」

158) 효성과 교육의 뜰 : '채(彩)'는 채색옷을 입고 부모 앞에서 춤을 춘 노래자의 효를 의미한다. '추정(趨庭)'은 뜰 앞을 빠른 걸음으로 달린다는 말로, 집안에서 부형(父兄)의 가르침을 받는 것이다. 공자의 아들 공리(孔鯉)가 뜰에서 공자의 앞을 빠른 걸음으로 지나다가 시례(詩禮)에 대해 배웠던 일에서 유래하였다. 『논어』 「계씨(季氏)」

159) 영벽(靈壁) : 송(宋)나라 정승 장례(張禮)의 정원으로, 난고원(蘭皐園)이라고도 한다. 1079년 동파(東坡) 소식(蘇軾)이 장례의 아들 장석(張碩)의 요청으로 「영벽장씨원정기(靈壁張氏園亭記)」를 지었다. 중국 안휘성(安徽省) 영벽현(靈壁縣) 경석산(磬石山)에서는 영벽석(靈壁石)이라는 특이한 돌이 나는데, 색깔은 옻칠 같고, 옥 같은 가는 흰 무늬가 있고, 두드려 보면 맑은소리가 나고, 형상이 기이하여 옥가산(玉假山)을 만드는 데 많이 쓰인다.

印樹陰陰百世青	관인을 건 나무 그늘 백세토록 푸르구나
花石栽培同李宅	꽃과 돌을 길러내니 오얏이 핀 집[160]이요
溪山窈窕展滁屛	계곡과 산 고요하니 저수[161]에 펼친 병풍이라
賓朋許坐風流席	벗님들은 마음을 열고 풍류석에 앉고
子姓相繩孝友庭	자손들은 서로 효우의 가정을 이어가네
鄕閈後生來艷仰	고을의 후학이 와서 아름다움을 우러러보니
扁楣上應極躔星	편액은 위로 북극의 별자리에 조응하네

여강 이석휘 驪江 李錫彙

松下靈巖竹下亭	솔 아래 빼어난 바위 대나무 아래 정자
翼然襟帶曲江靑	옷깃과 띠를 펼친 듯 곡강이 푸르구나
數溪愛淨掛章服	맑은 걸 사랑하여 몇몇 계곡에 장복을 걸었고
盤豆憑晴展畵屛	개인 날에 술상을 차리니 그림 병풍을 펼쳤네
明時七印文生錄	좋은 시절 칠인을 칭송한 글 기록을 만들어내고
傳世三槐蔭滿庭	전해 오는 세 홰나무 그늘이 뜰에 가득하네
管領煙霞多感賀	안개 노을 독차지함을 깊이 감격하고 축하하니
由來杖屨會如星	그때부터 방문객이 별같이 모여들었네

월성 김기문 月城 金沂文

晩看此地一區亭	늦어서야 이곳 정자를 보니
百日花紅楊柳靑	백일화는 붉고 버들은 푸르구나
樹末當窓疎影畫	나무 가지 창에 와서 성긴 그림자 그려내고
山根繞屋作陰屛	산 뿌리 집을 둘러 그늘 병풍을 만들었네
軒頭華墨留賢蹟	추녀 끝 화려한 글씨는 선현의 자취를 남기고

160) 오얏이 핀 집 : 이백(李白)의 「춘야연도리원서(春夜宴桃李園序)」에 복사꽃과 오얏꽃이 핀 정원에 준수한 아우들을 불러 모아 시연(詩宴)을 열고 시재를 뽐낸 광경이 등장한다.

161) 저수(滁水) : 안휘성(安徽省) 합비현(合肥縣)에서 강소성을 흐르는 양자강 지류이다. 구양수(歐陽修)가 안휘성의 태수로 근무하던 시절에 지은 「취옹정기(醉翁亭記)」에 등장한다.

盃底濃香滿客庭　　술잔 바닥의 짙은 향은 바깥 뜰에 가득하네
聞道家聲淸似水　　전해 들은 가문의 명성 맑기가 물과 같아
尙侵南極老人星　　아직까지 남극의 노인성을 침범하네

평산 신화식 平山 申和植

夙飽芳名晩上亭　　일찍이 고운 이름 실컷 듣고 늦게야 정자에 오르니
千年樹老尙留靑　　천 년 나무는 늙어서도 여전히 푸르구나
四子三郎當日景　　네 아들 세 사위는 당일의 풍경이요
西山東海古家庭　　서산 같고 동해 같은[162] 옛 가정의 뜰이로다
水碧池塘涵月印　　물 푸른 연못에는 비친 달이 잠기고
峰粧村落繞雲屛　　봉우리로 장식한 마을에 구름 병풍을 둘렀구나
摩挲板面鉛黃筆　　편액을 어루만지며 필적을 따라가 보니
華躅如今拜北星　　화려한 자취 지금이라도 북두성에 절하는 듯

여강 이광삼 驪江 李光三

追想先賢詠古亭　　선현을 추억하며 옛 정자를 읊으니
谷中幕草至今靑　　골짜기 안 초막의 풀 지금도 푸르구나
東海明輝懸月魄　　동해는 밝게 빛나는 달을 걸어두고
西山霽色繞雲屛　　서산은 비 개인 빛이 구름 병풍을 둘렀네
老松衰楡圍深卷　　늙은 소나무 느릅나무는 많은 책을 둘러쌌고
叢菊芳蘭暎晩庭　　떨기 국화 어여쁜 난은 저문 뜰을 비추네
登臨悵仰夷齊節　　등림하여 백이 숙제의 절개를 쓸쓸히 우러르니
爽氣千秋射斗星　　상쾌한 기운 천추토록 북두성을 쏘는구나

162) 서산 같고 동해 같은 : 서산(西山)은 백이 숙제가 채미하면서 지조를 지키고 굶어 죽은 산이며, 동해(東海)는 노중련이 절개를 지키기 위해 투신했던 바다이다.

안동 권재하 安東 權在夏

海東天畔起孤亭	바다 동쪽 하늘 가에 외로이 선 정자
七印掛痕古木青	일곱 인끈 걸었던 흔적 고목에 푸르구나
簪纓華閥名鄕社	높은 벼슬 번화한 문벌 온 고을에 이름나고
杖屨遺墟列岫屛	발자취 남은 터에 산봉우리 병풍이 늘어섰네
晉士淸風歸栗里	진사[163]처럼 청풍따라 율리로 돌아오고
魏公餘蔭滿槐庭	위공[164]의 여음처럼 괴정에 가득차네
曲江春色繁花樹	곡강의 봄빛에 자손이 번성하니
慶壽堂前耀極星	경수당 앞에는 북극성이 빛나네

파릉산인 이재신 巴陵散人 李在紳

七耦榮名敞一亭	일곱 분 영화로운 이름 한 정자를 열었으니
海邦萬口自丹靑	바닷가 고을 모든 입이 절로 단청이 되는구나
曲塘繞檻通幽逕	굽은 연못 난간을 둘러 그윽한 길을 연결하고
疊嶂橫攔似隱屛	첩첩 산은 가로막아 숨은 병풍 같도다
高想前人同壽域	옛 어른들 함께 장수하신 곳 높이 생각하니
最憐今日讀書庭	후손들이 글 읽는 뜰 참으로 어여뻐라
世家珍襲無量在	대를 이은 가문에 귀한 전통이 끝없는 곳
夜夜重回狼比星	밤마다 낭비성[165]이 거듭 돌아오네

---

163) 진사(晉士) : 동진(東晉)의 처사(處士) 도잠(陶潛)을 가리킨다. 도잠의 「귀거래사(歸去來辭)」에 "남산 아래 콩을 심었더니, 잡초가 무성해 콩 싹이 드물구나. 새벽에 나가서 우거진 잡초를 매고, 달빛 아래 호미 메고 돌아오네.[種豆南山下 草盛豆苗稀 晨興理荒穢 帶月荷鋤歸]"라고 한 데서 온 말이다. 『도연명집(陶淵明集)』 권2

164) 위공(魏公) : 송나라 태종(太宗) 때 병부 시랑(兵部侍郞)이었던 진국공(晉國公) 왕호(王祜)가 재상의 덕망이 있었으나 직언(直言)했던 까닭에 끝내 재상이 되지 못하자, 뜰에 세 그루의 회나무[三槐]를 심고 "내 자손 가운데 반드시 삼공(三公)이 되는 이가 있을 것이다."라고 했는데, 진종(眞宗) 때에 그의 아들인 위국(魏國) 문정공(文正公) 왕단이 재상이 되었다. 『고문진보 후집』 권8 「삼괴당명(三槐堂銘)」

165) 낭비성(狼比星) : 남극노인성(南極老人星)을 이른다. 서쪽 하늘에만 보이는 밝은 별로, 옛날에는 이 별이 인간의 수명을 주관한다고 여겼기 때문에 수성(壽星)이라고도 불렸다. 『사기』 「천관서(天官書)」에 "낭비지(狼比地)에 큰 별이 있는데 남극노인이라 부르며, 이

안동 권대익 安東 權大翼

九曲溪邊七印亭	아홉 구비 시내 가에 칠인정 있으니
張公靖節海東青	장공의 정절이 해동에 푸르구나
半畝池塘開寶鑑	반 마지기 연못은 보배로운 거울 열었고
一村花樹繞蒼屛	한 마을 꽃과 나무는 푸른 병풍으로 둘렀네
傳家活計詩書業	집에 전해 오는 활계는 시서가 업이며
赫世芳名孝友庭	세상을 빛내는 방명은 효우의 뜰이로다
多慶高堂長獻壽	경사 많은 높은 집에 길이 헌수하였으니
南天回照老人星	남쪽 하늘 노인성이 돌고 돌아 비추네

월성 손태영 月城 孫泰永

七綬榮名誌小亭	일곱 관인 영예로운 이름 작은 정자에 적히니
高桐百尺正青青	백 척 되는 높은 오동 참으로 푸르구나
曲江月出千秋氣	달이 뜬 곡강은 천추의 기상이요
禱岫雲回幾疊屛	구름 도는 도음산은 몇 첩의 병풍이로다
書忍修家公藝宅	참을인자로 집을 다스린 장공예[166]의 집이요
看斑至孝老萊庭	색동옷 지극한 효성은 노래자[167]의 뜰이로다
當年獻壽無多願	당년에 헌수하여 많이 빌 것 없으니
長使繩繩應福星	길이길이 이어져서 복성에 조응하기를

별이 나타나면 정치가 안정되고 나타나지 않으면 전쟁이 발발한다.[狼比地有大星日南極老人, 老人見治安, 不見兵起.]"라고 보인다.

166) 장공예(張公藝) : 운주(鄆州) 수장(壽張) 사람이다. 99세까지 살았는데 9대가 동거하며 약 900명의 가족이 화목하게 모여 살았다. 북제 때 동안왕(東安王) 고종(高宗)이 태산(泰山)에 일을 보고 돌아가는 중에 운주에 들러 구세(九世)가 같이 살 수 있는 비법을 물었다. 그러자 공예는 참을 인(忍) 자 100여 자를 쓴 것을 보여주며 답했다고 한다. 『구당서(舊唐書)』 188권 「열전(列傳)」 138권

167) 노래자(老萊子) : 중국의 춘추시대(春秋時代) 초(楚)나라의 현인(賢人)으로 중국 24효자(孝子)의 한 사람이다. 난(亂)을 피(避)하여 몽산(蒙山) 남쪽에서 농사(農事)를 지으면서 살았는데 70세에 어린아이 옷을 입고 어린애 장난을 하여서 늙은 부모(父母)를 위안(慰安)하였다고 전한다.

청안 이영주 淸安 李永疇

秋日訪來七印亭　가을날 칠인정을 찾아와 보니
昔賢高義松岑青　옛 선현의 높은 의 솔숲에 푸르구나
魯連明月滄溟水　노중련의 밝은 달[168]은 큰 바다의 물이요
孤竹淸風草幕庭　백이 숙제의 맑은 풍모 초막의 뜰이로다
澗石崔嵬遺墓碣　계곡의 돌은 높이 솟아 묘비로 남겨지고
栢杉蒼鬱繞山屛　측백과 삼나무 푸르고 울창하게 산병풍을 둘렀네
葉西信筆鋪張煥　섭서[169]의 좋은 문장 빛나는 삶을 밝혀 썼고
爽氣橫天動斗星　상쾌한 기운 하늘을 비껴 북두성을 움직이네

방예 장용각 傍裔 張龍珏

名籍海東七印亭　이름 자자한 해동의 칠인정
當時物色至今青　당시의 물색은 지금도 푸르구나
雲藏古洞三分畫　구름이 감춘 옛 마을은 셋으로 나뉜 그림이요
山擁層欄萬疊屛　산이 두른 층층 난간은 만 겹의 병풍이로다
敎以詩書眞事業　시서로 가르치니 참된 사업이요
傳於孝友好家庭　효우로 전하니 아름다운 가정일세
村多耆老登臨處　마을의 많은 어른들이 오르는 곳
夜夜天南耀極星　밤마다 하늘 남쪽에 남극성이 빛나도다

---

168) 중련의 밝은 달 : 노중련(魯仲連)은 제(齊)나라 사람이다. 기발하고 남다른 계책을 잘 냈으나 벼슬은 원치 않았으며 고고한 절개를 지키길 좋아했다. 이백이 그를 기리는 시를 지어 "제나라에 뜻이 크고 기개가 있는 인재 중에 노련이 특히 뛰어나다. 마치 달이 바닷속에서 솟아올라 한바탕 찬란한 빛을 뿌리듯이… [齊有倜儻生 魯連特高妙 明月出海底 一朝開光耀…]라고 하였다. 이백의 「고풍오십구수(古風五十九首) 기10(其十)」

169) 섭서 : 권엄(權𡟯, 1729~1801)의 호이다. 본관은 안동(安東)이고 자는 공저(公著)이며 호는 섭서(葉西)이다. 조선 후기의 문신으로 1765년(영조 41) 식년문과에 갑과로 급제하여 홍해군수와 경주부윤을 지낸 인물이다. 칠인정의 상량문을 지었다.

월성후인 최현일 月城后人 崔鉉一

百世遺芬得此亭	백세에 남은 향기로 이 정자를 얻으니
依然七綬交紅青	여전히 일곱 인끈은 붉고 푸름이 엇갈리네
千山如鎖之長戶	일천 산은 긴 문호를 잠그고 있는 듯하고
流水多情日洗庭	흐르는 물은 다정하여 날마다 뜰을 씻네
曲檻周漏因管弦	굽은 난간에 떨어지는 물은 관현 소리 따르고
層巖羅列作龍屛	층층 바위는 늘어서서 용 병풍을 만들었네
積善餘家天必佑	선을 쌓아 복 받은 집 하늘이 꼭 도우시니
至今棲幽照奎星	지금껏 은거하여 살아도 규성이 비춰오네

후생 월성 최기영[170] 삼가 지음 後生 月城 崔基榮 謹稿

삼가 칠인정시에 차운함 謹次七印亭韻

七印當年起此亭	일곱 관인 당년에 이 정자를 지었더니
亭前秀氣入望青	정자 앞 빼어난 기상 푸른 빛이 눈에 드네
烟霞帳幕開仙境	안개와 노을의 장막이 선경을 열어주고
錦繡江山匝畫屛	금으로 수놓은 강산은 그림 병풍을 둘렀네
滿架詩書賢子弟	서가에 가득한 시서는 자제를 현명케 하고
一門孝友舊家庭	일문은 효성과 우애로 오래 된 가정이라
虛精早植三槐樹	허성의 정기[171]로 일찍 심은 홰나무 세 그루
夜夜軒頭自有星	밤마다 처마 머리에 별들이 자리하네

월성 최필원 月城 崔弼遠

小澗方塘之上亭	작은 개울 네모난 연못 그 위의 정자

---

170) 최기영(崔基榮) : 생몰년 미상. 본관은 경주이고 자는 덕초(德初)이며 호는 남경(南耕)이다. 영덕에 살았으며 최재엽(崔在燁)의 문인이다. 성품이 정직하고 영민하여 사우들의 추중을 받았다.

171) 허성의 정기 : 홰나무를 일컬어 허성(虛星)의 정기라고 하는데, 허성은 가을에 해당하는 별이다.

始看張氏舊氈靑	비로소 장씨 댁의 오래된 전통을 보네
嶂幽稠疊狀無地	그윽한 산봉우리 여러 겹은 형용할 수 없는데
村落環圍似隱屛	마을을 둘러싸서 숨겨진 병풍 같구나
緬憶百年藏點垞	오래 전에 자리 잡아 은거한 언덕을 곰곰이 추억하고
欽惟七印舞趨庭	일곱 관인과 효성으로 배우던 뜰을 흠모하며 생각하네
憑軒閱覩前修頌	난간에 기대어 전에 지은 글을 두루 살피니
知得當時照福星	당시에 복성이 조응했음을 알겠네

4. 칠인정운 권4 (표지 : 七印亭韻 乙巳 正月 日)

흥해군수 남만리[172] 本倅 南萬里

匹馬來登七印亭	필마로 와서 칠인정에 오르니
古家模範入眸青	옛 가문의 모범이 눈에 들어 푸르네
連籬脩竹成幽館	울타리에 이어진 쭉 뻗은 대나무가 그윽한 집을 이루었고
近戶群山似隱屛	집 가까이 뭇 산은 숨은 병풍처럼 보이네
故老迎人恒來帶	집안의 늙은이는 손님 맞아 항상 와서 응대하고
穉童報客慣趨庭	어린아이는 손님 왔다 알리며 뜰 달리기 익숙하네
政知餘蔭深深在	조상의 음덕이 깊게 깊게 있음을 참으로 알겠으니
復見東天聚德星	동쪽 하늘에 덕성[173]이 모인 것을 다시 보네

전 군수 정성검[174] 前郡守 鄭晟儉

掛印遺墟刱一亭	관인을 걸었던 남은 터에 한 정자를 지었으니
小谿繚白四山青	작은 시내 하얗게 두르고 네 산이 푸르구나
戶當杜甫千間屋	집은 두보의 천간 옥[175]에 해당하니
常展歐陽八疊屛	항상 구양공의 팔첩 병풍을 펼쳐 놓았네
百世箕裘賢子姓	백세 기구[176]의 유업을 이은 현명한 자손들

172) 남만리(南萬里) : 1863~1909. 본관은 영양이고 자는 붕익(鵬翼)이다. 의성에서 류도수(柳道洙)에게 수학하였다. 1894년 별군관으로 갑오농민전쟁에 친위대 중대장으로 종군하였다. 1895년 11월 춘생문사건으로 체포되어 유배되었다. 1900년 흥해군수에 임명되었다.

173) 덕성(德星) : 목성(木星)으로 서성(瑞星)이라고도 한다. 상서(祥瑞)로운 표시로 나타나는 별인데, 현인(賢人)을 비유하는 말로도 쓰인다.

174) 정성검(鄭晟儉) : 1836~미상. 본관은 영일이며 1891년 문과에 급제하여 주서에 임명되었다. 1894년 하양현감으로 부임하였다.

175) 두보의 천간 옥 : 원문은 두보천간옥(杜甫千間屋)으로, 두보의 시 「모옥위추풍소파가(茅屋爲秋風所破歌)」에 '어이하면 천만 칸 넓은 집 지어, 천하의 가난한 선비들을 모두 가려 주어 함께 기쁜 얼굴 지을까.[安得廣廈千萬間 大庇天下寒士俱歡顔]'라는 구절이 있다.

滿床經籍古門庭　　책상 가득 경적을 펼친 오래된 가문의 뜰이로다
遠方冠蓋延綿到　　먼 지방에서 벼슬아치의 수레가 잇달아 이르니
靈壁園中聚德星　　옛 장씨 영벽원[177] 속에 덕성이 모인 듯

홍해군수 박준성[178] 本倅 朴準成

郡距西南有古亭　　군의 서남쪽에 오래된 정자 있으니
素欄還勝畵丹靑　　소박한 난간이 오히려 그림 속 단청보다 뛰어나네
煙霞一面開成局　　안개와 노을 한 편으로 한 구역이 열렸는데
山嶂千尋擁似屛　　높은 산 천 길로 병풍처럼 에워쌌네
車馬皇皇多客座　　수레와 말 성대하여 많은 나그네 자리했고
文章濟濟繼家庭　　문장은 많고 성하여 가문을 계승했네
更看九世同居誼　　구세가 동거하는[179] 정겨움을 다시 보겠나니
和氣融融照福星　　온화한 기운 따뜻하여 복성[180]이 비추는구나

---

176) 기구(箕裘) : 키와 가죽옷이라는 뜻으로, 가업(家業)을 비유하는 말이다. 『예기(禮記)』 「학기(學記)」의 "훌륭한 대장장이의 아들은 아비의 일을 본받아 응용해서 가죽옷 만드는 것을 익히게 마련이고, 활을 잘 만드는 궁장(弓匠)의 아들은 아비의 일을 본받아 응용해서 키 만드는 것을 익히게 마련이다.[良冶之子 必學爲裘 良弓之子 必學爲箕]"라는 말에서 유래한 것이다.

177) 영벽원(靈壁園) : 송(宋)나라 때 장석(張碩)의 백부 전중군(殿中君)과 부친 통판(通判)이 처음으로 영벽(靈壁)에 살면서 원정(園亭)을 만들어 난고정(蘭皐亭)을 짓고 그 어버이를 받들었는데, 뒤에 출사(出仕)하여 현달하게 되어서 이 정자를 더욱 꾸몄다고 한다. 자세한 내용은 소식(蘇軾, 1037~1101)이 지은 「영벽장씨원정기(靈壁張氏園亭記)」에 있다.

178) 박준성(朴準成) : 1848~미상. 본관은 밀양이다. 충청도 보은에서 태어나 1866년 무과에 급제하였다. 훈련원 주부와 웅천현감 등을 지냈으며, 1894년 이후에 군부아문 참의를 거쳐 1901년 홍해군수로 부임하였다.

179) 구세가 동거하는 : 당(唐)나라 수장(壽張) 사람 장공예(張公藝)는 구세(九世) 수백 명이 한 집에 함께 살았다. 고종(高宗)이 태산에 제사를 드리고 돌아오는 길에 그 집을 방문하여 구세동거에도 불구하고 화목하게 사는 방도를 물으니, 장공예가 '인(忍)' 자를 백여 번 써서 드린 일이 있다. 『소학(小學)』 「선행(善行)」

180) 복성(福星) : '길한 별'이라는 뜻으로, 목성(木星)을 민속에서 이르는 말이다.

여강후인 이능수 驪江后人 李能修

王考當年陟此亭	할아버지 당년에 이 정자에 오르실 때
陪瞻楣宇好丹青	모시고 문미와 집과 좋은 단청을 보았네
曲江古府分洞口	곡강 옛 고을은 동구에 분포되었고
禱岳餘枝作畵屛	도음산 남은 갈래가 그림 병풍을 이루었네
累世門欄多潤屋	대대로 집안에 윤택한 집이 많고
嘉賓杖屨猗盈庭	좋은 손님 발걸음이 뜰 가득 아름답네
追思昔日東床事	옛날 이 집의 사위[181] 된 일 생각하니
白首空悲曙色星	흰 머리에 새벽 별이 공연히 쓸쓸하네

안동 권영우 安東 權永羽

榮親七印特名亭	어버이를 영화롭게 한 칠인이란 특별한 이름의 정자
百世楣顏更拭青	백대된 문미를 다시 닦으니 푸르구나
楠樹迎風鳴澗壑	녹나무 바람 맞아 냇물의 골짜기 울리고
岩花垂壁列雲屛	바위 꽃 절벽에 드리워 구름 병풍 늘어놓았네
傳庄李石餘深訓	장원을 전해준 이씨의 돌 깊은 가르침 남았고
符德王陰覆滿庭	덕에 부응하는 왕씨의 그늘[182] 뜰 가득 덮었네
知許江南文藻宅	강남의 문명을 떨치던 집안으로 알아주니
也應兼照朗陵星	마땅히 낭릉성[183]이 함께 비추리라

---

181) 사위 : 원문은 '동상(東床)'으로, 사위의 별칭이다. 진(晉)나라 태부(太傅) 치감(郗鑒)이 왕씨(王氏) 가문에 사람을 보내 사윗감을 고를 적에, 모두 의관(衣冠)을 단정히 하고 나와서 극진하게 맞았는데, 오직 왕희지(王羲之)만은 이를 아랑곳하지 않고서 동상에 누워 배를 내놓은 채 호떡을 먹고 있었다. 이를 기특하게 여긴 치감이 그를 사위로 선발한 고사에서 유래한 것이다. 『세설신어(世說新語)』「아량(雅量)」

182) 덕에 부응하는 왕씨의 그늘 : 원문은 부덕왕음(符德王陰)이다. 송나라 병부시랑(兵部侍郎) 왕우(王祐)가 음덕(陰德)을 많이 쌓았는데 집의 뜰에 손수 괴(槐)나무 세 그루를 심고 말하기를, "나의 자손 중에 필시 삼공(三公)이 나올 것이다."라고 하였다. 뒤에 과연 그의 아들 왕단(王旦)이 재상(宰相)이 되었으므로 세상 사람들이 그 집안을 삼괴 왕씨(三槐王氏)로 불렀다 한다. 『송사(宋史)』「왕단전(王旦傳)」

183) 낭릉성(朗陵星) : 낭릉은 본래 여남군에 있는 현의 이름인데, 동한 때 낭릉후상에 봉해진 순숙(荀淑)을 가리킨다. 순숙에게 아들 8형제가 있었고, 진식에게 두 아들 진기와 진심

홍경섭 洪璟燮

携杖晩登七印亭	지팡이 짚고 느지막이 칠인정에 오르니
張公淑氣至今青	장공의 맑은 기운이 지금까지 푸르구나
五百餘年名勝地	오백여 년의 명승지에
兩三啼鳥過文屛	두어 마리 우는 새가 글씨 쓴 병풍을 지나가네
流鶯應候頻遷樹	날아가는 꾀꼬리는 때맞춰 자주 나무를 옮겨 가는데
語鷰慣人每下庭	지저귀는 제비는 사람에 익숙하여 늘 뜰에 내려오네
淸風霽月彬彬席	맑은 바람 갠 달빛 빛나는 자리에
活水方塘永照星	활발한 물 연못 속에 길이 별빛 비치네

회덕 황상혁 懷德 黃相爀

巋然高立翼然亭	우뚝 높이 선 나는 듯한 정자에
掛印遺墟樹獨青	관인을 걸었던 남은 터에 나무만 푸르구나
半畝源頭止水鑑	반 이랑 물머리에 물 고인 거울이며
數重山裏好雲屛	몇 겹 산속에 구름 좋은 병풍이라
見羹誰非追思地	갱장을 본다면[184] 누군들 추모하는 곳이 아니며
肯搆尙趨學禮庭	조상의 유업을 이어[185] 아직도 예를 배우는 뜰을 달리네
駐馬行人皆必式	말을 멈추고 가던 사람이 모두 반드시 예를 행하니
至今傳說福來星	지금까지도 복 내리는 별이었다고 이야기 전해지네

이 있었는데 이들이 모이자 하늘에 덕성이 한 곳에 모였다는 고사가 있다. 『세설신어』「덕행(德行)」

184) 갱장을 본다면 : 원문은 '견갱(見羹)'으로, 지극히 사모하며 그리워하는 심정을 뜻한다. 요(堯) 임금이 세상을 떠난 뒤에 순(舜) 임금이 앙모(仰慕)한 나머지, 밥을 먹을 때에는 요 임금의 환영(幻影)이 국그릇 속에 비치고[見羹], 앉아 있을 때에는 담장에 나타났다는[見墻] 고사에서 유래하였다. 『후한서(後漢書)』「이고열전(李固列傳)」

185) 조상의 유업을 이어 : 원문은 '긍구(肯構)'로 선조의 유업을 잇는 것을 이른다. 『서경(書經)』「대고(大誥)」의 "아버지가 집을 지으려고 모든 방법을 강구해 놓았는데 아들이 집터를 닦으려고도 하지 않는다면, 나아가 집을 얽어 만들 수가 있겠는가.[若考作室 旣底法 厥子乃不肯堂 矧肯構]"라는 말에서 유래한 것이다.

이종호 李鍾鎬

禱陰十里一高亭	도음산 십 리에 하나의 높은 정자
符德雙槐鬱更青	음덕에 부합한 한 쌍의 회화나무 울창하고도 푸르네
牕間梧月無窮價	창 사이 오동나무는 무궁한 값이요
檻外雲山自在屛	헌함 밖 구름과 산 저절로 병풍이네
四男三壻同時印	아들 넷과 사위 셋이 동시에 벼슬하고
百子千孫永祚庭	수많은 자손에게 복이 영원한 가정이네
詩禮家中多慶壽	시와 예의 집안에 경사스런 잔치 많으니
南躔斗極耀奎星	남쪽에서 북극성에 얽혀 규성이 빛나네

일선 김도현 一善 金道鉉

倦屐尋芳晩到亭	피곤한 발길로 좋은 경치 찾아 늦게 정자에 이르니
高瞻山斗只麽青	태산북두처럼 우러러보니 저만치서 푸르구나
玉澗崢鳴絃上韻	옥 같은 시냇물 가파르게 울리니 거문고 곡조 같고
花岑簇立畵中屛	꽃 같은 뫼부리 무리지어 섰으니 그림 속의 병풍이로다
忠孤百歲淸風域	충신의 외로운 절개 백세 청풍의 땅에
模裕一家孝友庭	조상의 지혜 넉넉한 일가는 효우의 가정이라
子壻七印堪扶義	아들 사위 일곱 관인이 '의'를 부지하길 감당하다가
慶壽當日髮星星	장수를 경하하는 당일에는 백발이 성성했으리

월성 김상용 月城 金相鏞

多年遊樂陟此亭	여러 해 놀러 다니다 이 정자에 올랐는데
亭下槐陰未了青	정자 아래 홰나무 그늘 아직도 푸르구나
塘含曲水開明鑑	연못은 굽이진 냇물 머금어 밝은 거울 열었고
山削層峰列畵屛	산은 층층의 봉우리 깎아 그림 병풍을 펼쳤구나
居士佳名爲孝閥	거주하는 선비의 아름다운 이름 효성스런 문벌이 되었고
先賢遺業訓詩庭	선현의 남긴 업적 시를 가르치는 뜰이로다
算到而今千歲後	셈해보니 지금이 천 년의 뒤인데도

煌煌七印繞如星　　빛나는 칠인을 별같이 두르고 있네

상주 이시채 尙州 李時采

登臨何處不高亭　　올라보면 어딘들 높은 정자 아니랴
七印芳名一葉青　　칠인이란 고운 이름 한 잎처럼 푸르네
槐竹淸凉守古巷　　느티와 대나무 청량하여 옛 마을 지키고
溪山嫋娜展新屛　　시내와 산 곱고 예뻐 새 병풍을 펼친 듯
琴書是日藏修地　　거문고와 책으로 오늘날 학문에 힘쓰는 땅
忠孝當年彩舞庭　　충효의 당년에는 색동옷 입고 춤추던 뜰
更欲雲孫餘慶會　　다시 후손들 남은 경사의 모임을 하고자 하니
沈唫竟夕起看星　　저녁이 다하도록 읊조리다 일어나 별을 보네

蒼凉印月照高亭　　푸르고 서늘한 달빛이 높은 정자에 비추니
千古雲山一抹青　　천고의 구름 낀 산이 한 자락 푸르구나
孝友慈孫風古宅　　효성과 우애로운 자손은 고택의 풍모이고
文章多士畵新屛　　문장하는 많은 선비 새 병풍을 그린 듯
聯芳百代名垂帛　　백대에 이어진 아름다움 비단에 이름을 드리웠고
舞彩當時福滿庭　　색동옷 입고 춤추던 당시의 복이 뜰에 가득하네
竹老槐陰餘慶遠　　대나무 늙어도 홰나무 그늘에 남은 경사가 오래 이어져
至今南斗動文星　　지금까지 남두성에 문성의 기운이 일어나네

상주 손문수 尙州 孫文秀

七印曾聞七印亭　　일곱 관인 이야기 일찍이 칠인정에서 들었더니
亭空印古但天青　　정자는 비고 관인은 낡아 하늘만 푸르구나
琴書無恙藏修地　　거문고와 책으로 탈없이 학문에 힘쓰는 곳
山水增光畵彩屛　　산수도 빛을 더해 채색 병풍 그렸구나
百年地勢雲生桶　　백년의 지세에 구름은 통에서 일고
千里行麓客立庭　　천리를 여행한 나그네는 뜰에 섰네

遙望瓊樓何處是　　멀리 경루를 바라보니 이게 어디인가
重回印月動文星　　다시 돌아와 찍힌 달이 문성을 움직이네

월성 손진수 月城 孫晉洙

曲江先訪主人亭　　곡강에서 먼저 주인의 정자를 찾지
栽植功深樹蔚青　　심은 공로 깊어 나무는 울창하네
禽鳥遺傳歌舞譜　　새들은 노래하며 춤추던 기록을 전하고
溪山自在畵圖屛　　시내와 산은 가만 있어도 그림의 병풍이라
炳節學仇薇菊宅　　빛나는 절개 백이와 도연명[186]을 배워 짝하는 집
芳華剩拾玉蘭庭　　아름다운 꽃 난옥[187]의 뜰에서 넘치도록 줍겠네
知應駟蓋名高斗　　사마의 관직[188] 이름이 북두처럼 높음을 알겠노니
直欲軒楣署七星　　바로 헌미에 칠성이 새겨지려 하네

월성 손진렴 月城 孫晉濂

仙區曾聞有名亭　　신선의 구역에 일찍이 이름난 정자 있다 들었는데
海路登臨眼更青　　바닷길로 올랐더니 눈이 다시 시원하네
老樹交陰深似谷　　오래된 나무 엇갈린 그늘이 골짝처럼 깊고
靄雲含彩列如屛　　상서로운 구름 빛을 품고 병풍처럼 펼쳤네
猗嗟聖代能詢埜　　아아, 태평성대를 능히 들의 농부에게 물을 수 있고
多賀裕昆亦滿庭　　많이 하례하네, 여러 후손들이 아직 뜰에 가득함이
半畝寒塘高印月　　반 마지기 서늘한 연못에 높이 달이 떠 있는데
季麗風節奈零星　　고려 말의 풍절이 어찌하여 드물까

---

186) 백이와 도연명 : 원문은 '미국(薇菊)'으로, 수양산에서 고사리[薇]로 연명한 백이(伯夷)와 국화[菊]를 꺾어 남산을 바라본 도연명(陶淵明)을 이르는 것으로 보인다.

187) 난옥(蘭玉) : 원문의 '옥란(玉蘭)'은 난옥과 같은 것으로 보인다. '지란옥수(芝蘭玉樹)'의 준말로, 타인의 우수한 자손을 비유하는 말이다. 『晉書 謝安列傳 謝玄』

188) 사마(駟馬)의 관직 : '사마헌거(駟馬軒車)'에서 나온 말로, 지위가 높고 귀한 이가 타는 사마(四馬)가 끄는 높은 수레이다. 높은 벼슬을 하여 호사를 누리는 것을 비유한다.

월성 손제익[189] 月城 孫濟翼

周遊海曲訪名亭	바닷가를 주유하다 이름난 정자에 들렀더니
仁里風光萬樹靑	어진 마을 풍광이 온 나무에 푸르구나
雲山涉後開眞界	구름낀 산 건넌 후에 참세상이 열렸고
石壁當前繞翠屛	석벽이 앞에 있어 푸른 병풍 둘렀구나
客子登臨忙掃榻	나그네 올라 보니 바삐 서탑을 쓸어내고
主人寬厚笑迎庭	주인은 너그럽게 웃으며 뜰에서 맞이하네
相逢邂逅仍如舊	서로 만나 해후함이 오래 사귄 친구 같아
炯照紅燈一點星	붉는 등에 한 점 별이 밝게 비쳐오네

남양 홍승익 南陽 洪承益

七綏煌煌儼古亭	일곱 인끈 휘황하니 엄연한 옛 정자
登軒爲賀肯丹靑	마루에 올라 하례하니 단청이야 좋을시고
竹露高風臨魯海	댓잎 이슬 고상한 바람으로 동해에 임해 있고
水雲淸餉列滁屛	물위에 맑게 흐르는 구름은 저주의 병풍[190]처럼 펼쳐 있네
遐躅拚來藏舃里	멀리 온 발길이 선산을 모신[191] 마을에 찾아와
肇基看到種槐庭	터를 열고 홰나무 심은 뜰을 보게 되었네
鯫生不禁追賢感	못난 후생은 어진 이를 추모하는 마음 금할 길 없는데
勝季多今五百星	빼어난 후손 지금까지 많아 오백 개의 별이라네

---

189) 손제익(孫濟翼) : 1880~1964. 본관은 경주이고 자는 도경(道卿)이며 호는 오암(鰲巖)이다. 경주에 살았다. 효성과 우애가 남달리 두터웠고 학문에 힘썼다. 나라가 망하고 세상이 변하는 것을 탄식하고 한 달 보름 간 만주를 여행하고 평양에서 「유평양(留平壤)」이라는 시를 남겼다.

190) 저주(滁州)의 병풍 : 원문은 '저병(滁屛)'으로 구양수가 쓴 병풍처럼 펼쳐진 저주의 풍경을 이르는 것으로 보인다.

191) 선산을 모신 : 원문은 '장석(藏舃)'으로, 고대 중국의 황제(黃帝)가 죽어 장사 지낸 뒤에 산이 무너져 무덤을 파 보니 관 속에 칼[劍]과 신발[舃]만 남아 있었다고 한(『열선전(列仙傳) 황제(黃帝)』) 데서 나와, 선왕의 장례를 뜻하는 말로 쓰인다.

전의 이태로 全義 李泰魯

百世流芳七印亭	백세의 아름다운 이름 칠인정
晩來爲恨拭眸青	늦게 와서 안타깝더니 눈 비비며 반가워하네
風於孤竹淸於水	외로운 대나무에 바람 일어나니, 물보다도 맑고
節作寒松翠作屛	절개는 추위 속에 소나무가 되고, 푸르름은 병풍이 되네
先世遺謨絃誦戶	선대의 남긴 법도로 글 읽는 집안에
後昆餘慶舞班庭	후손들 남은 경사로 색동옷 입고 뜰에서 춤추네
始覺名區元有主	그제서야 이름난 곳은 원래 주인이 있음을 깨달았으니
門楣昌大自奎星	문미에 창대하게 절로 규성이 빛나는구나

조경호 趙敬祜

袖引淸風到此亭	맑은 바람에 소매가 끌려 이 정자에 이르니
依依影子耀丹青	은은한 그림자 단청에 비치는구나
門通十里無量海	문은 십리 밖의 무량한 바다와 통하고
山立千年造化屛	산은 천년 동안 조화옹의 병풍으로 섰네
世襲簪纓楣上彩	대대로 이어진 벼슬 문미에 아롱지고
村成花樹蔭垂庭	마을이 이뤄진 꽃과 나무 여음 드리워진 뜰이라
不惟入稧三旋貴	계원들이 세 차례 도는 것만 귀할 뿐 아니라
也識東方聚五星	동방에 오성이 모였음도 알겠네

영일 정두채 迎日 鄭斗采

七印當時適此亭	일곱 관인이 당시에 이 정자에 갔더니
至今榮耀數間青	지금까지 영광스러운 몇 칸 정자 푸르구나
梧桐楊柳常留月	오동과 버들에는 늘 달이 머물고
山水烟霞後入屛	산수와 연하는 뒤에서 병풍에 들어갔네
逆旅登臨追感地	나그네 추감하여 이곳에 오르고
雲仍繩繼孝思庭	자손들 효도하는 가문을 이었네
曲江春色年年到	곡강의 봄빛은 해마다 이르는데

幾世華門降福星　　몇 세대나 빛난 가문에 복성이 내렸는지

외예 창녕 성수진 外裔 昌寧 成壽鎭

東來節義昔亭亭　　동쪽으로 온 절의가 오래되어 정정하여
遺躅千秋此史青　　천추에 남은 자취 이렇게 역사처럼 푸르네
謦咳若聞生竽籟　　조상의 가르침에서 악기 소리 들리는 듯
夢魂應苦疊雲屛　　꿈속의 혼은 첩첩 구름 병풍에 응당 괴로우리
四壁笙簧餘古韻　　네 벽의 생황소리 옛 운치로 남았고
一區槐蔭滿空庭　　한 구역의 느티 그늘은 빈 뜰에 가득하네
從知積累根於孝　　쌓여온 것이 효성에 근거함을 알겠으니
拜賀當年降福星　　당년에 복성이 내려옴을 절하며 하례하네

군위 홍기섭 軍威 洪箕燮

七印當年起此亭　　칠인이 걸리던 당년에 이 정자를 세웠더니
雙槐依舊自青青　　한 쌍의 느티나무 예전 그대로 스스로 청청하네
小塘添雨開明鏡　　작은 연못에 비 내려 밝은 거울 열린 듯하고
短麓凝雲列畵屛　　작은 언덕에 구름 엉켜 그림 병풍 펼친 듯하네
謹守簪纓歸地閥　　벼슬자리 삼가 지켜 지역의 우뚝한 문벌이 되었고
相傳詩禮古家庭　　시례를 서로 전하여 오래된 가문 되었구나
一門全慶兼全壽　　한 집안의 경사가 완전하고 장수까지도 온전하니
偏得東方照福星　　문득 동방에 복성이 비치게 되었구나

군위 장진태 軍威 張鎭泰

爲愛林泉特起亭　　자연을 사랑하여 특별히 정자를 지었는데
三槐七印暎相青　　세 느티나무와 일곱 관인이 비치어 서로 푸르네
蹈東孤節憑齊魯　　동해로 간 고고한 절개에 제나라 노나라 의지하였고
拱北當年作翰屛　　임금을 모시던 당년에 나라의 울타리[192]가 되었네
裕後昆皆詩禮宅　　훌륭한 도를 후손에게 물려주어 모두 시례의 집이 되었고

光先人是孝慈庭	선대의 가업을 빛내니 효도하고 자애하는 가정이로다
寓慕匪風登草幕	사모하는 마음으로 망국을 슬퍼하여 초막에 오르니
證看海月幾經星	바다의 달은 몇 성상을 보았다고 증언하나

배선찬[193] 裵璇燦

此地如何得此亭	이곳에 어떻게 이 정자를 지었나
先生遺躅耀丹青	선생의 남긴 자취 단청에 빛나는구나
方塘活水重磨鏡	네모난 연못에 흐르는 물은 거듭 닦은 거울이요
古洞雲山數幅屛	오래된 동네 구름 낀 산은 여러 폭의 병풍이라
閤覃千年餘舊義	가족은 천 년이 되어도 옛날의 의로움 남았고
晉槐三相繞前庭	홰나무는 진국공의 삼상처럼 앞뜰을 둘렀구나
從知善慶仁門在	적선여경이 어진 집안에 있음을 알겠고
印月煌煌應斗星	비치는 달빛 환하게 북두성에 응하는구나

김계추 金季鄒

靈區卜築一高亭	신령스런 구역에 높은 정자 지었는데
百世芳名載史青	백대의 아름다운 이름 역사에 실려 푸르구나
佳山麗水開仙境	아름다운 산 고운 물로 신선의 지경을 열었고
宿霧和烟活畵屛	묵은 안개 아지랑이와 어울려 그림 병풍을 그려낸 듯
四隣花樹連簷屋	사방 가득한 꽃과 나무 처마에 이어졌고
兩岸槐松繞砌庭	두 언덕 홰나무 소나무가 섬돌 정원을 둘렀네
先賢遺躅依然在	선현의 남긴 자취 의연히 남았으니
南極遙天照七星	남극의 먼 하늘에 칠성이 비치는구나

---

192) 울타리 : 원문은 '한병(翰屛)'으로 병풍과 기둥이라는 말이다. 『시경』 「판(板)」에 "큰 덕을 지닌 사람은 울타리가 되며 많은 무리는 담장이 되며 큰 제후국은 병풍이 되며 큰 종족은 기둥이 된다.[价人維藩 大師維垣 大邦維屛 大宗維翰]"라고 하였다.

193) 배선찬(裵璇燦) : 1868~1940. 본관은 분성이고 자는 순칠(舜七)이며 호는 오산(午山)이다. 영덕에 살았으며 류진성(柳晉成)의 문인으로 경사자집(經史子集)에 두루 통달하였다. 저서 『오산집』이 있다.

진성 이기호 眞城 李基鎬

槐樹三邊七印亭	느티나무 세 그루 옆의 칠인정
張公肇此業氈靑	장공이 여기에 시작하신 가문의 유업이 푸르구나
大義蹈東生海月	대의로 동쪽으로 오니 바다에 달이 뜨고
嘉謨貽後耀雲屛	아름다운 가르침 후세에 끼쳐 구름 병풍이 빛나네
四時遊客登臨地	사시사철 유람객이 찾아 오르는 땅
百世榮孫孝友庭	백대 영예로운 후손의 효도와 우애의 가정이라
慕仰彛天何處逮	앙모하는 떳떳한 천품은 어디에 이르렀나
匆匆物色摠移星	총총한 물색이 모두 세월에 바뀌었네

소주 남만철[194] 韶州 南萬喆

七印古家有是亭	칠인의 오래된 집에 이 정자가 있으니
老松叢竹兩交靑	노송과 대나무 둘이 서로 푸르구나
堂連王氏三槐植	집엔 왕씨의 삼괴가 잇달아 심겼고
洞闢歐翁八疊屛	동리엔 구옹의 팔첩 병풍이 열렸네
大海西原藏水石	큰 바다 서쪽 언덕에 좋은 경치 감춰두고
曲江南畔設門庭	곡강의 남쪽 강변에 가문을 세웠네
更敎來裔承先業	선조의 유업을 계승하도록 후예들을 또 가르치니
賁飾文章煥日星	아름답게 꾸민 문장이 해와 별에 빛나겠구나

방예 인동 장영팔 傍裔 仁同 張永八

七印遺墟七印亭	칠인을 걸었던 유허지의 칠인정
雙槐中葉至今靑	한 쌍의 홰나무 잎이 지금까지 푸르구나
籌添仙壽臨滄海	장수하는 신선의 연세[195]로 푸른 바다에 임하였고

194) 남만철(南萬喆) : 1847~1894. 본관은 영양이고 자는 광언(光彦)이며 호는 구암(久庵)이다. 청송에 살았다. 저서 『구암집』이 있다.

195) 장수하는 신선의 연세 : 원문의 '주첨(籌添)'은 해옥주첨(海屋籌添)의 준말로, 장수를 기원하는 말이다. 해옥은 바다 위 선인(仙人)이 사는 곳인데, 이곳으로 선학(仙鶴)이 해마

峰似兒榮繞翠屛　　봉우리는 아이들처럼 푸른 병풍이 되어 둘러섰네
當年侍飮荀龍宅　　당년에 모시고 마시던 순룡의 집이요
他日言詩孔鯉庭　　다른 날에는 시를 말하던 공리의 뜰
孝友移忠賢太守　　효도와 우애를 충성으로 옮긴 현명한 태수는
昇平報答愛民星　　태평함으로 보답하는 백성을 아끼는 별이라

18대손 대현[196] 十八代孫 垈顯

蔭山嵩峙下有亭　　도음산 높은 고개 아래 정자가 있는데
叢竹雙槐葉轉青　　대숲과 쌍괴의 잎은 더욱 푸르네
厚澤敢忘根植地　　두터운 은택으로 든든히 심은 땅을 어찌 감히 잊으랴
餘陰流滿慶軒屛　　남은 음덕 경사로운 집 병풍에 흘러 가득하네
松含忠孝無窮節　　소나무는 충효의 무궁한 절개를 머금은 듯
月白古今不變庭　　달빛은 고금에 변하지 않고 뜰에 환하구나
孱孫永慕先遺蹟　　남은 후손은 선조의 유적을 길이 사모하니
歲換春秋幾度星　　해가 바뀌어 세월이 몇 성상이나 바뀌었나

재령 이중탁 載寧 李中鐸

今日幸登七印亭　　오늘 다행히 칠인정에 올랐는데
一生勞仰拭眸青　　일생 바라만 보다 눈 비비니 반갑구나
擁回水石緣仙界　　안고 도는 수석에서 신선 세계 나타나고
拜伏峰巒列畵屛　　절하며 엎드린 산봉우리로 그림 병풍 펼쳐졌네
冠蓋芳名傳玉帛　　관리들 아름다운 이름이 옥과 비단에 전하고
孝慈遺蔭襲家庭　　효도 자애의 남은 음덕이 가정에 이어졌네
也知世世無窮賀　　대대로 무궁하게 경하함을 알겠으니

다 산가지 하나씩을 물어 온다는 전설에서 유래하였다.『東坡志林 三老語』

196) 장대현(張垈顯) : 1871~1945. 자는 가언(嘉彦)이다. 장태홍(張泰弘)의 손자이고 해일재(海逸齋) 장환규(張煥奎)의 아들로 나서(파보에는 待顯이라고 되어 있다.) 장유규(張有奎)의 후사를 이었다.

夜夜奎星照福星　　밤마다 규성이 복성에 비추는 것을

영해 신태종 寧海 申泰宗

爲訪遺芬到此亭　　남긴 향기 찾아 이 정자에 이르니
槐陰羃羃篆煙靑　　느티 그늘 덮였는데 향연이 푸르구나
亂水循階聲戛玉　　어울물은 섬돌 따라 옥구슬 소리 내고
群山擁戶畵成屛　　뭇 산은 집을 둘러싸 그림 병풍 이루었네
淸風猶在嚴陵瀨　　청풍은 아직까지 엄릉뢰[197]에 불고
寶樹常生謝氏亭　　보배로운 나무는 늘 사씨의 정자에 살아있네
慶壽無窮張老祝　　경수당에서 무궁히 장씨 어른을 축하하니
更看他日聚奎星　　뒷날 규성이 모인 것을 다시 보리

영해 신백휴 寧海 申百休

有此名區有此亭　　이런 명승에 이 정자가 있어
滿園梧竹至今靑　　장원 가득 오동과 대나무 지금까지 푸르구나
小塘當面淸如鑑　　작은 연못은 앞에 있어 맑기가 거울 같고
遠嶂齊看翠作屛　　먼 산은 나란히 보여 푸르름이 병풍 되었네
印蹟煌煌垂後業　　관인의 자취 환하여 뒷날 유업 드리웠고
槐陰密密覆前庭　　홰나무 그늘 빽빽하게 앞뜰을 덮었구나
從知福履綿綿在　　복된 발걸음 면면히 이어지고 있음을 알아
佇見高門照極星　　높은 문에 북극성이 비치는 것을 우두커니 바라보네

---

197) 엄릉뢰(嚴陵瀨) : 엄탄(嚴灘)이라고도 하는데, 후한(後漢)의 엄광(嚴光)이 은거하며 낚시를 즐기던 물가이다. 엄광은 소싯적에 광무제(光武帝)와 동문수학했던 인연으로 광무제 즉위 후 간의대부(諫議大夫)로 부름을 받았다가 응하지 않고 부춘산(富春山)에서 밭 갈고 낚시로 소일하며 여생을 마쳤다. 그의 자(字)가 자릉(子陵)이므로 엄릉뢰(嚴陵瀨)라고도 한다. 『후한서(後漢書)』 권113 「고사전 하(高士傳 下)」

의관 이홍락 議官 李弘洛

曲江城外闢斯亭 곡강 성 밖에 이 정자 세워지니
地重林泉德蔭青 땅은 숲과 샘으로 둘러 덕의 여음이 푸르네
萬樹交陰淸滿屋 많은 나무 우거진 그늘 시원하게 집에 가득하고
千雲近峀翠成屛 숱한 구름 가까운 멧부리에 푸른 병풍이 되었구나
家傳事業圖書壁 가문에 전하는 사업은 도서의 벽이요
銅佩榮名孝友庭 청동관인의 영예로운 이름은 효우의 뜰이라
生晩吾生風仰久 늦게 난 내 인생 풍모를 앙모한 지 오래
文明瑋氣繞奎星 문명의 아름다운 기운 규성을 둘렀네

영양후인 최재휘[198] 永陽後人 崔在翬

一宵旅夢寄山亭 하룻밤 나그네 꿈 산 정자에 부쳤더니
亭上嘉謨野史青 정자 위의 아름다운 가르침은 야사에 푸르구나
寒泉近戶還傾枕 차가운 샘은 집 가까워 도리어 베개를 기울이고
老樹當軒自作屛 오래된 나무 마루 앞에 저절로 병풍이 되었구나
世德傳來懸紫綬 대대로 덕이 전래되어 붉은 인끈 매달렸고
道心瀜會誦黃庭 도심은 융회되어 황정경을 외는구나
曲江千年風流地 곡강 천년의 풍류 땅에
冠蓋相連聚繪星 벼슬아치 서로 이어져 회성이 모였구나.

창녕 조병화 昌寧 曺秉華

收拾遺芬盡載庭 남은 향기 거두어 모두 뜰에 실었더니
海山多竹不勝青 바닷가 산엔 대나무 많아 푸르름이 넘쳐나네
千龝大義同耘冶 천추의 대의는 운곡[199]이나 야은[200]과 같은데

---

198) 최재휘(崔在翬) : 생몰년 미상. 본관은 영양이고 자는 명서(明瑞)이다. 경주에 살았고 이재두(李在斗)의 문인이다. 서재의 편액을 회와(悔窩)라 하였다. 형제의 우애가 독실하여 동생인 재완(在完)이 몹시 가난한 처지에도 형의 문적이 흩어질까 염려하여 『해와유집(悔窩遺集)』을 간행하였다.

七篆群材摠輸屛　칠인의 여러 재목 모두 기둥과 병풍이네
曲曲流聲留飮澗　굽이굽이 흐르는 소리에 머물러 시냇물 마시고
童童樹影護趨庭　반짝반짝 나무 그림자는 종종걸음치던 뜰을 지키네
雲孫眎我傳家寶　나에게 집안에 전하는 보배를 보여주는 후손
相對秋風白髮星　추풍에 상대하니 백발이 성성하네

해주후인 오종근 海州後人 吳宗根

筇屐逍遙到此亭　길차림으로 소요하다 이 정자에 도착하니
世家遺蹟畵丹靑　대대 명가의 남은 자취 단청에 그려졌네
百年花樹名區地　백년의 꽃과 나무 이름난 명승지에
萬古山林左右屛　만고의 산과 숲은 좌우의 병풍이라
幽竹風淸君子宅　그윽한 대숲 맑은 바람은 군자의 집이요
老槐陰密主人庭　늙은 느티 짙은 그늘은 주인의 뜰이라
晩生記憶由來事　후생이 전해오는 일 기억해 보니
南極迢迢照壽星　남극성이 저 멀리서 수성을 비추네

한양후인 조진용 漢陽後人 趙鎭容

尋山暇日又尋亭　산을 찾은 한가로운 날 또 정자를 찾았더니
印月依然古樹靑　비치는 달빛 의연히 오래된 나무에 푸르구나
斑成五色老萊服　오색의 색동무늬는 노래자의 옷이 되고
春暖千年王母屛　천년토록 따뜻한 봄은 서왕모의 병풍이라
水鶴時來森柏院　물가의 학은 때때로 잣나무 선 집에 날아오고
祥鸞爭峙碧梧庭　봉황은 푸른 오동 선 뜰에서 높이를 다투네

---

199) 운곡(耘谷) : 원천석(元天錫, 1330~?)이다. 본관은 원주(原州), 자는 자정(子正), 호는 운곡이다. 두문동(杜門洞) 72현의 한 사람이다. 고려 말에 정치가 문란함을 보고 개탄하면서, 원주 치악산에 들어가 농사를 지으며 부모를 봉양하고 살았다.

200) 야은(冶隱) : 길재(吉再, 1353~1419)이다. 본관은 해평(海平), 자는 재보(再父), 호는 야은이다. 고려 우왕(禑王) 12년(1386)에 문과에 급제하였으나, 고려가 망하자 고향인 선산(善山) 금오산에 채미정(採薇亭)을 짓고 은거하였다.

想得洋洋絃誦樂　　막힘없이 글을 읽는 즐거움을 생각하니
海天方見耀文星　　바다 하늘에 바야흐로 문성이 비치는 것을 보리

진사 강복201) 進士 姜氵+馥

晚泊遊筇七印亭　　유람하던 발길이 늦게야 칠인정에 멈추니
亭亭枏樹拂雲青　　우뚝우뚝 녹나무가 구름 떨쳐 푸르구나
蘸光晴沼開明鏡　　갠 연못에 빛이 잠겨 밝은 거울 열었고
列勢層巒繞翠屛　　층층 산 늘어선 모양이 푸른 병풍 두른 듯
夜靜寒琮鳴邃澗　　고요한 밤 찬 옥돌은 깊은 시냇물에 울리고
春深異鳥下空庭　　봄이 깊어 낯선 새가 빈 뜰에 내려오네
煌煌朱紱爭趨地　　빛나는 붉은 인끈으로 가르침을 받던 곳
應照當年福壽星　　당년에 복성과 수성이 응당 비추었으리

참봉 신정석202) 參奉 申晶錫

倦筇來倚夕陽亭　　나그네 지쳐 석양의 정자에 와 기대어
俯瞰郊垌眼忽青　　마을 밖을 내려다보니 눈이 문득 푸르르네
晬酌濃濃霞萬斛　　생일 술잔 진했던 것처럼 노을이 만 섬이요
奎花疊疊錦千屛　　서옥 꽃이 겹겹이며 비단 병풍 천 겹이라
鱖魚將子遊深澗　　쏘가리는 새끼를 데리고 깊은 시내에 노닐고
禽鳥押人下古庭　　새는 사람과 친하여 오래된 뜰에 내려오네
三萬牙籤遺在架　　삼만 개 상아 책갈피 서가에 남아 있으니
重看印月耀南星　　비친 달에 남극성이 빛남을 다시 보네

---

201) 강복(姜氵+馥) : 1854~1926. 본관은 진주이고 자는 덕여(德汝)이며 호는 월계(月溪)이다. 봉화 법전에 살았다. 1888년 식년시에 생원으로 합격하였다. 저서로는 『원관(遠觀)』과 『차록(箚錄)』 6권이 전한다.

202) 신정석(申晶錫) : 생몰년 미상. 본관은 평산이고 호는 운재(篔齋)이다. 영덕에 살았으며 척암 김도화(金道和)의 문인이다. 고종 때 목릉참봉(穆陵參奉)을 지냈다. 유고가 있다.

안동후인 권영우 安東後人 權永羽

山下有泉泉上亭	산 아래 샘이 있고 샘 위엔 정자
百年氈業至今靑	백년의 전통이 지금도 푸르구나
春流映碧開雲錦	봄물 흘러 벽에 비쳐 구름 비단 열었고
暮靄蒸紅展畵屛	저녁 안개 붉게 피어 그림 병풍 펼쳤네
暇日漫遊尋竹院	한가한 날 한가로이 대나무 정원을 찾아
餘陰不改視槐庭	남은 음덕 변함 없는 느티나무 뜰을 보네
扁名七印君知否	편액에 칠인으로 이름함을 그대는 아는가
潭月分明照壽星	못에 찍힌 달 분명히 수성을 비추네

한양후인 조성기[203] 漢陽 後人 趙誠基

七印芳名萃一亭	칠인의 아름다운 이름 한 정자에 모였고
海山秀色入欄靑	바닷가 산 빼어난 빛이 난간에 들어와 푸르네
澄潭蘸月寒侵壁	맑은 못에 달이 잠겨 찬 기운이 벽을 뚫고
碧樹和烟彩繞屛	푸른 나무 안개와 어울려 채색 병풍 둘렀네
韻士棊朋常在座	시 짓는 선비와 바둑 두는 벗이 늘 자리에 있고
佳孫才子滿趨庭	고운 손자와 재주 있는 아들이 뜰 가득 달리고 있네
遠客如今那易到	먼 나그네 지금처럼 어찌 쉽게 다시 올까
離樽留照少微星	이별의 술잔에 소미성[204]이 머물러 비추는구나

안동후인 권상호 安東後人 權相鎬

印樹蒼然已古亭	관인을 건 나무 창연하니 이미 오래된 정자
百年風韻繞軒靑	백년의 풍운이 마루를 감싸며 푸르구나

---

203) 조성기(趙誠基) : 1890~1939. 본관은 한양이고 자는 윤경(允敬)이며 호는 완산(碗山)이다. 영양에 살았으며 김병종(金秉宗)의 문인이다. 저서 『완산집(碗山集)』이 있다.

204) 소미성(少微星) : 처사(處士)와 대부(大夫)를 상징하는 별이다. 『진서(晉書)』「천문지(天文志)」에 "소미는 4개의 별 이름인데 태미(太微)의 서쪽에 있다. 사대부(士大夫)의 위치이며 처사의 위치라고도 한다." 하였다.

滿壑松聲渾是水　　골짜기 가득한 솔 소리는 모두 물소리이고
倒潭山影却疑屛　　못에 거꾸로 비친 산 그림자는 병풍인가 싶구나
龜蓮上壽延雙慶　　거북과 연꽃[205]으로 헌수하니 두 경사가 이어졌고
鸞鵠呈祥萃一庭　　난새와 고니[206]의 상서로움 바침이 한 뜰에 모였네
老菊殘梅憑笑道　　늙은 국화 남은 매화에 부쳐 우스운 말 하나니
能紅能白幾霜星　　능히 붉고도 능히 흰 것이 몇 성상이었던가

서흥 김규화[207] 瑞興 金奎華

華蓋聯翩此有亭　　화개[208] 나란히 날린 이곳에 정자 있는데
雙槐春色倍生靑　　한 쌍의 느티에 봄빛이 더욱 푸르네
花筵相樂垂紅綬　　꽃자리는 서로 즐기며 붉은 인끈 드리우고
林壑增輝作翠屛　　숲 골짜기는 광채 더하여 푸른 병풍 되었네
一代芳名傳後嗣　　일대의 아름다운 이름 후손에게 전하고
七印榮貴共趨庭　　칠인의 영화로운 존귀함 추정에 함께하네
高麗峰下曲江宅　　고려봉 아래 곡강의 가문에
印月煌煌聚德星　　비친 달빛 찬란하게 덕성이 모였네

---

205) 거북과 연꽃 : 원문은 구련(龜蓮)이다. 송(宋) 주희(朱熹)가 어머니의 생신날 축수한 시 「수모생조(壽母生朝)」의 "구련을 올려 천년의 수를 기원하고 영원히 부조로 하여금 한 집안을 풍요롭게 하게 하네.[願上龜蓮千歲壽 永令鳧藻一家肥]"라는 구절에서 나온 말로, 천년을 사는 거북이가 연잎 위에서 논다는 뜻인 '구련'은 장수를 뜻한다.

206) 난새와 고니 : 원문은 '난곡(鸞鵠)'으로, 훌륭한 군자를 비유하는 말이다. 한유(韓愈)의 「전중소감 마군 묘명(殿中少監馬君墓銘)」에 "물러나 소부(少傅)를 보매 푸른 대 푸른 오동에 난새와 고니가 우뚝 선 듯하였으니, 능히 그 가업을 지킬 만한 이였다.[翠竹碧梧 鸞鵠停峙 能守其業者也]" 하였다. 여기서는 뛰어난 인재들을 비유하여 말한 것이다. 『고문진보후집(古文眞寶後集)』 권4.

207) 김규화(金奎華) : 1837~1917. 본관은 서흥이고 자는 문직(文直)이며 호는 소초(小楚)이다. 거주지는 고령(高靈)이며, 아버지는 김석보(金錫輔)이다. 1874년에 증광시(增廣試) 진사(進士) 3등(三等) 6위로 합격하여 의금부도사를 지냈다. 이후 경상남도 창녕군 고암면에 살았다. 저서로는 『소초유집(小楚遺集)』이 있다.

208) 화개(華蓋) : 글자 그대로의 뜻은 화려한 일산이다. 화개는 임금이나 고관이 사용하는 일산이나 귀족이 타는 수레의 덮개를 말하는데, 흔히 존귀한 사람의 행차를 말할 때 인용된다.

16대손 석홍[209] 十六代孫 奭弘

魯連明月又斯亭	노중련의 밝은 달[210]이 또 이 정자에
亭下雙槐一色青	정자 아래 쌍 느티 일색으로 푸르네
鳥鳴石磵三分瑟	새가 돌 시내에서 우는데 삼 푼은 비파소리
雲出奇巖半是屛	구름은 기이한 바위에서 솟는데 반이나 병풍이라
七綬當年斑舞地	일곱 개 인끈이 당년에 채색 옷으로 춤추던 곳
諸孫今日感唫庭	오늘날 여러 손자가 감동하여 읊는 뜰
大陽山屹麗峰翠	대양산은 우뚝 솟고 고려봉은 푸른데
揮淚幾倚北斗星	눈물 뿌리며 북두성에 몇 번이나 기대었나

오천 정규일 烏川 鄭奎一

海南冠冕海東亭	바다 남쪽 으뜸인 해동의 정자
墨綬雙槐舊巷青	인끈을 걸었던 쌍괴수 옛 거리에 푸르구나
溪雨新綠如志喜	시내에 비 내려 신록이 기쁨을 표현하고
山園佳處若登屛	산 동산 아름다운 곳은 병풍에 오른 듯하네
百書傳忍玄曾世	참을 인자 백 번 써서 현손 증손에 전하고
七貴同恩孝友庭	일곱 귀인 함께 벼슬한 효우의 가정이로다
屹立玆鄕韋表指	이 고을에서 우뚝 솟은 위표[211]의 손끝으로
千秋印月證霜星	천추에 찍힌 달이 지난 세월을 증거하네

---

209) 장석홍(張奭弘) : 1871~1950. 자는 윤필(胤弼)이다. 장응곡(張應斛)의 손자이며 장영학(張永學)의 아들이다.

210) 노중련의 밝은 달 : 원문은 '노련명월(魯連明月)'이다. 강포(强暴)한 적에게 짓밟히기보다는 차라리 죽음을 택하겠다는 노중련(魯仲連)의 처절한 마음을 말한다. 전국 시대 제나라의 노중련이 동해에 빠져 죽을지언정[蹈東海而死] 포악한 진(秦)나라가 천하의 제왕으로 군림하는 것은 차마 보지 못하겠다고 선언한 고사에서 따왔다.

211) 위표(韋表) : 당(唐)나라 현종(玄宗)이 위표를 불러 어사(御史)에 임명하자, 위표는 달갑지 않은 표정으로 "작록(爵祿)이란 맛있는 음식과 같아서 누구나 바라는 것이다. 내 나이 50살에 거울을 들여다보고 흰머리를 잘라가면서, 외람되이 젊은이들 사이에 섞여 직위를 얻어 본들 무슨 맛이 있겠는가, 장차 소나무와 국화의 주인이 되어 도연명(陶淵明)에게 부끄럽지 않은 생활을 하고 싶다."라고 하였다. 『사문류취(事文類聚)』

소주 거주 이태곤 본관 진성 韶州居 李泰坤 本眞城

穿林客路到名亭	숲을 뚫고 나그네 길로 이름난 정자에 이르니
海色連天照屋青	바다 빛 하늘과 이어져 집을 비춰 푸르구나
滿壁詩書眞活計	벽에 가득한 시서는 참으로 삶의 계책이며
盈軒印綬幾雲屛	마루 가득한 인끈은 몇 겹의 구름 병풍인가
箕裘百世相傳宅	가업이 백대에 서로 전하는 집이요
慶壽千年勿替庭	장수를 경하함이 천년 동안 바뀌지 않는 가정이네
一別仙區難再得	신선의 땅 한 번 떠나면 다시 얻기 어려운데
況是吾人白髮星	하물며 우리가 백발이 성성함에랴

방예 인동 장영휘[212] 傍裔 仁同 張永彙

七印當年有一亭	일곱 인끈 당년에 한 정자 있는데
今來始見舊氈青	지금 와서 옛 전통을 비로소 보는구나
方塘活水開明鑑	연못에 흐르는 물은 밝은 거울을 열었고
曲檻層巒隱翠屛	굽은 헌함에 겹친 산은 푸른 병풍을 숨겼네
花樹春光同祖地	여러 후손에게 봄빛은 같은 선조의 땅
名園靈壁古家庭	영벽원처럼 이름난 오래된 집안이라
慶壽堂前忠孝額	경수당 앞의 충효당 편액으로
南天極宿映奎星	남쪽 하늘 남극성이 규성에 비추네

광릉 이진영 廣陵 李震榮

東來偶上七印亭	동쪽으로 오다 우연히 칠인정에 오르니
肖子賢孫古氈青	훌륭한 자손들은 옛 가문의 유산을 이었네
大海迷茫橫一帶	큰 바다는 아득히 하나의 띠를 두른 듯하고
遠山蒼翠繞重屛	먼 산은 푸르러 병풍을 두른 듯하네
早聞名區來竹杖	이름난 구역을 예 듣고 대지팡이 짚고 오니

212) 장영휘(張永彙) : 1863~1901. 자는 춘경(春景)이다. 장범택(張範澤)의 손자이고 장병두(張柄斗)의 아들이다.

終看餘蔭滿槐庭　　마침내 남은 은덕이 괴정에 가득함을 보았네
門楣慶壽煌煌字　　문미에 경수라는 빛나는 글자에
識得分明照極星　　분명 북극성이 비춰옴을 알겠네

방예 인동 장응호 傍裔 仁同 張應灝

此時爲訪入斯亭　　이런 때 이 정자에 방문하여 들어오니
慶壽堂前花樹青　　경수당 앞에는 꽃과 나무가 푸르구나
蒼松綠竹欄前屋　　푸른 솔과 푸른 대는 난간 앞의 집이 되고
流水高山海外屛　　흐르는 물 높은 산은 바다 밖에 병풍이구나
擧世皆稱七印綬　　온 세상이 모두 칠인의 인끈을 칭송하던데
今行獨立一家庭　　지금 와서 보니 홀로 선 한 집 뜰이구나
臥起晴窓看色態　　일어나 비 갠 창을 열고 고운 자태 바라보니
小池花落便同星　　작은 연못에 떨어진 꽃이 문득 별과 같구나

전 정자 월성 최현필[213] 前正字 月城 崔鉉弼

緬想當年七印亭　　그때 칠인정 일을 죽 생각해 보니
四郎三壻並紆青　　네 아들 세 사위가 아울러 관복[214]을 입었었지
忠依孤竹風餘韻　　충심은 외로운 대에 기대니 바람에도 여운이 있고
春掩雙槐翠作屛　　봄이 쌍괴를 덮어 푸른 병풍을 이루었네
百忍遺謨宜子姓　　백 번 참으라는 조상의 지혜는 자손에게 마땅하고
中丞舊葉蔭門庭　　중승[215]의 옛 잎이 가문에 드리웠네

---

213) 최현필(崔鉉弼) : 1860~1937. 본관은 경주이고 자는 희길(羲吉)이며 호는 수헌(修軒)이다. 최진립(崔震立)의 후손으로 경주에 살았다. 1891년 별시(別試) 병과로 문과에 급제하여 승문원 부정자를 지냈다. 관제가 변경된 후에는 벼슬할 뜻을 버리고 고향으로 돌아와 독서로 즐거움을 삼았다.

214) 관복 : 원문은 '우청(紆青)'으로 높은 벼슬아치의 관복을 이르는 말이다. 변계량의 『희우정기(喜雨亭記)』에 "하물며 우청타자한 몸으로, 조정에 나아가 임금님의 특별한 돌봄을 입은 자이겠는가.[況於紆青拖紫 致身廊廟 特蒙眷顧者乎]"라 하였다.

215) 중승(中丞) : 고려시대 벼슬 이름이다.

生居隣壤欽名久　　가까운 땅에 살면서 이름을 흠모함이 오래 되었는데
携上晴欄髮已星　　비 갠 난간에 손잡고 오르니 백발이 성성하네

오천 정민석 烏川 鄭民奭

草幕有光起印亭　　초막에 영광이 있어서 칠인정을 세웠고
心丹先後一天青　　선후의 일편단심이 한 하늘에 푸르구나
重回日月團傾蓋　　다시 돌아온 일월에 반가운 이[216]와 단란하고
獨保春秋老隱屛　　홀로 춘추대의를 보존하려 은거한 땅에서 늙어가네
肯肯構堂底厥法　　즐거이 집을 짓던 그 법을 따라서
爰爰談笑殖其庭　　여기저기 담소하며 그 마당에 심었네
多謝無疆南極下　　남극성 아래에 한없이 감사한 마음으로
祥雲隨擊少微星　　상서로운 구름은 소미성[217]에 부딪치네

영가후인 권병락[218] 永嘉后人 權丙洛

掛印當年作此亭　　관인을 걸던 당년에 이 정자를 지었더니
老槐春色七枝青　　늙은 느티 봄빛에 일곱 가지가 푸르구나
寒淙繞壁鳴瑤瑟　　찬 물은 석벽을 둘러 거문고처럼 울리고
疊嶂連雲列畵屛　　첩첩 봉이 구름으로 이어져 그림 병풍처럼 늘어섰네
世代相承賢子姓　　대대로 현명한 자손들이 서로 이어지니

---

216) 반가운 이 : 원문은 '경개(傾蓋)'로 수레를 멈추고 일산을 기울인다는 뜻으로, 길에서 잠깐 만나는 것을 말한다. 『사기(史記)』 권83 「추양열전(鄒陽列傳)」에 "속어에 '백발이 되도록 오래 사귀어도 처음 사귄 듯하고, 수레를 멈추고 잠깐 만났어도 오래 사귄 듯하다'라고 하였으니, 그 까닭은 무엇인가? 서로를 아느냐 모르느냐에 달려 있다.[諺曰 白頭如新 傾蓋如故 何則 知與不知也]"라고 하였다.

217) 소미성(少微星) : 삼원(三垣) 가운데 태미원(太微垣)에 딸린 별자리 이름이다. 사대부(士大夫)를 상징한다.

218) 권병락(權丙洛) : 1873~1956. 본관은 안동이고 자는 항길(恒吉)이며 호는 하산(何山)이다. 포항 입암에 살았다. 조부 포암 권주욱(權周郁)으로부터 한학을 수학한 후 문장이 대성하여 이름을 떨쳤으며 1929년 『영일읍지』 발간을 주도했다. 동몽교관 유릉참봉을 역임하였다. 저서 『하산집』 3책이 있다.

東南謂有大門庭　　동남 지방의 큰 가문이라고 말하고 있네
晩生夙抱登臨願　　후생이 오르고자 하는 원을 일찍이 품었는데
拕到于今髮已星　　미루다가 이제야 오니 머리털이 희끗해졌네

안동후인 권석찬[219] 安東后人 權錫瓚

聞道東南擅是亭　　동남에 이 정자가 대단하다는 말을 들었는데
青山依舊只歷青　　청산은 예와 같이 저만치서 푸르구나
小流鏘奏何須瑟　　작은 개울 졸졸 흐르는데 거문고가 왜 필요할까
列峀環圍自作屛　　여러 뫼부리 둘러서니 절로 병풍이 되었구나
鄭重詩章賢士友　　정중한 시문을 쓰는 어진 선비 벗님
周旋禮節好家庭　　범사를 돌봐주는 예절 좋은 가정이라
登臨忘却昏衢色　　정자 위에 올라와 복잡한 세상 훌쩍 잊으니
也識欄頭揭日星　　알겠구나, 난간 머리에 해와 달이 걸렸음을

부림 홍우흠 缶林 洪友欽

千古惟難七印亭　　천고의 세월을 어렵게 보낸 칠인정은
海東遺史至今青　　해동 남은 역사에 지금까지 푸르구나
南來地望銘金石　　남으로 온 지체와 명망은 금석에 새길 만하고
北拜天恩作翰屛　　북으로 천은에 절하며 나라의 병풍이 되었네
窓明海日紅流篆　　창이 밝으니 바다 햇살이 편액에 붉게 흐르고
槐帶春風綠滿庭　　느티나무는 봄바람을 띠고 뜰에 가득 푸르구나
憑軒黙數當年事　　난간에 기대어 당년의 일을 속으로 헤아리니
也是儲精降斗星　　이게 바로 정기가 쌓여 북두성이 내려온 것이구나

219) 권석찬(權錫瓚) : 1878~1957. 본관은 안동이고 자는 종서(宗瑞)이며 호는 시암(是巖)이다. 포항 입암에 살았으며 류진(柳袗)의 문인으로 문명을 떨쳤다. 운오서당(雲塢書堂)을 지어 많은 제자들을 길렀다. 저서 『시암집』 4책이 있다.

부림 홍명우 缶林 洪明佑

觀瀾四月覓仙亭	진리를 찾는 사월 신선의 정자를 찾아오니
依舊玉山一髮青	의구한 옥산은 한 올 털끝까지 푸르구나
洞數百年開草谷	골짜기는 수백 년 전 초곡을 열었고
海三千里造雲屛	바다는 삼천리에 구름 낀 병풍을 만들었네
槐陰長夏凉生戶	긴 여름 느티나무 그늘은 집을 서늘하게 하고
印跡淸秋月滿庭	맑은 가을 관인의 자취는 달이 뜰에 가득하네
也識雲仍追慕地	알겠노라, 먼 후손이 조상을 추모하는 곳
扃頭額色煥如星	문머리에 편액 빛이 별처럼 빛나네

진사 허용 進士 許墉

海畔山回有此亭	바닷가 산굽이 돌아 이 정자 있으니
長思掛印樹青青	오래 그리던 관인을 건 나무는 푸르고 푸르구나
尊翁卓節扶綱紀	높은 조상의 뛰어난 절개는 기강을 바로잡았고
賢子良材作翰屛	어진 자손들 좋은 재목은 나라의 병풍이 되었네
往事傷心同世局	지난 일 상심하니 세상의 국면과 같지만
遺經傳脈在家庭	남은 경륜의 맥을 전할 이는 이 가정에 있네
獨憐末路悲歌子	말세에 슬픈 노래 부르는 사람을 홀로 애닯아하고
虛送流年鬢似星	흐르는 세월 허송하느라 귀밑머리 성성하네

방예 장상기[220] 傍裔 張相岐

東風引我上斯亭	동풍이 나를 이끌어 이 정자에 오르니
面面諸宗拭眼青	여러 종친 얼굴마다 눈 비비며 반가워하네
百世聲名忠義邑	백 세에 명성이 높은 충의의 고을에
一區泉石畵圖屛	한 구역의 자연은 그림 병풍 같구나
棟甍仍舊追先志	용마루가 옛것대로임은 선조의 뜻을 따라서요

220) 장상기(張相岐) : 1855~1935. 자는 봉래(鳳來)이고 호는 서강(西岡)이다. 장유량(張有良)의 손자이고 장주익(張周翼)의 아들이다. 통정대부로 행 진해현감을 지냈다.

孝友貽謨昌厥庭	조상의 지혜인 효성과 우애는 그 뜰에 창성하네
樹木猶爲人愛惜	나무는 아직도 사람이 사랑하고 아끼는데
回思掛印屢移星	관인 걸 때를 생각하니 여러 해가 지나갔구나

참봉 허숙 參奉 許𪋮

一山中闢有高亭	산 가운데가 확 트여 높은 정자 있는데
細路緣溪芳草青	오솔길 시냇물 따라 방초가 푸르구나
雞犬長時寬巷陌	닭과 개는 오랫동안 거리에서 익숙하고
桑麻深處繞雲屛	뽕과 삼이 깊은 곳은 구름 병풍을 둘렀구나
洪濤海近聲侵戶	큰 파도는 바다가 가까워 소리가 집까지 들리고
老樹年多影滿庭	늙은 나무는 나이가 많아 그림자 마당에 가득하네
七印遺墟生曠感	칠인정 유허에 옛날을 그리는 감회가 일어
飈輪浩刧幾移星	빠른 시간[221] 많은 재앙[222]에 몇 해나 지났던가

방예 장재환 傍裔 張在煥

七印當年署此亭	일곱 관인이 걸리던 당년 이 정자를 지었는데
登臨詞客眼猶青	올라보니 시인의 눈에 아직도 반갑구나
一溪流水層層壁	한 줄기 시내 흐르는 물은 여러 층 석벽을 지나고
兩岸重巒幅幅屛	양쪽 언덕 많은 봉우리 여러 폭 병풍 같구나
已識簪紳分子婿	높은 벼슬이 아들 사위에 분포했음을 이미 알고
更看詩禮繼家庭	시와 예의 전통이 가정에 이어짐을 다시 보겠네
不堪盡日羹墻慕	하루 종일 사모함을 감당하지 못하는데
海上名區聚德星	바닷가 이름난 곳에 덕성이 모였구나

---

221) 빠른 시간 : 원문의 '표륜(飆輪)'은 회오리바람을 타고 올라가는 신선의 수레로, 서왕모(西王母)가 사는 궁궐에는 표거우륜(飆車羽輪)이 아니면 이르지 못한다는 이야기가 환린(桓驎)의 『서왕모전(西王母傳)』에 있다.

222) 많은 재앙 : 원문의 '호겁(浩劫)'은 '매우 긴 시간'이라는 뜻이다. 불경에서는 천지가 형성되어 소멸할 때까지의 시간을 일대겁(一大劫)이라고 한다.

방예 장상필 傍裔 張相弼

七印曾聞今上亭	칠인정을 전에 듣고 지금 정자에 올랐는데
懸燈讀史史青青	등불 달고 사서를 읽으니 역사에 푸르구나
春水滿塘明似鏡	봄물이 연못에 가득하니 거울처럼 맑고
晩花着樹畵如屛	늦은 꽃이 나무에 피어 병풍 같은 그림이구나
忠義揚輝先日月	충의는 지난 세월을 들어내어 비추고
詩書多貯古家庭	시서는 옛 가정에 많이도 쌓였네
鄕山渺渺歸何處	고향 산은 아득한데 어디로 돌아갈까
後夜相思點點星	깊은 밤 그리움은 별처럼 깜박깜박

방예 장재환 傍裔 張在煥

當年七印此爲亭	당년의 일곱 관인으로 여기에 정자가 섰는데
白首登臨海嶽青	늙어서 올라 보니 바다와 산이 푸르네
稱慶簪紳同獻斝	경사를 축하하는 관원들 함께 술잔을 바치고
扶綱節義戶畵屛	기강을 잡은 절의의 집이 그림 병풍이 되었네
春風兩岸散花樹	두 언덕에 봄바람은 꽃나무를 흔들고
流水一溪環戶庭	한 줄기 흐르는 시냇물은 집안 뜰을 둘렀구나
勝地因人曾擅世	명승지는 사람 덕에 더욱 세상에 우뚝하고
曲江千載耀文星	곡강은 천 년 동안 문성이 빛나네

신조한 申朝漢

大陽山下碩人亭	대양산 아래 현인의 정자에
四子三郎赫葉青	네 아들 세 사위 빛나는 잎이 푸르구나
花落方塘紅片錦	꽃이 네모진 연못에 떨어지니 조각 비단처럼 붉고
雲連疊嶂翠圖屛	구름은 첩첩 산봉우리에 이어져 그림 병풍처럼 푸르구나
先天芳躅藏書室	조상의 훌륭한 행적을 보관한 서실이요
滿地繁陰種德庭	땅에 가득한 짙은 그늘은 덕을 심은 뜰
想像一堂同七印	한 집안에 모인 일곱 관인을 상상해보니

曲江百里照奎星　　　　곡강 백 리에 규성이 비추었네

함안 조성태[223] 咸安 趙性台

爲尋芳躅倚高亭　　　　아름다운 행적을 찾으려 높은 정자에 기대니
月白沙明萬樹靑　　　　달 밝고 모래 맑은데 온갖 나무 푸르구나
小澗觸流如噴玉　　　　작은 시내가 물줄기에 부딪쳐 구슬을 뿜는 듯하고
平巒環繞自成屛　　　　평평한 봉우리 둥글게 감싸 스스로 병풍이 되었네
依稀舊舘三甥室　　　　옛집 세 사위의 방이 희미하지만
昌大其門四子庭　　　　그 집안 네 아들의 뜰은 창대하구나
向後君恩終遠及　　　　이제부터 임금 은혜가 끝내 멀리 미치리니
承庥世世會如星　　　　이어지는 그늘은 대대에 걸쳐 별처럼 모이리라

방예 장인호[224] 傍裔 張寅濩

七印遺墟一草亭　　　　일곱 관인 옛터에 초가 정자 하나
至今精彩四山靑　　　　지금까지 빛나는 광채로 주위 산들이 푸르네
塘深水月開眞界　　　　못은 깊어 물과 달이 진경 세계를 열고
地秘林巒疊畵屛　　　　땅이 숨긴 숲과 봉우리는 그림 병풍을 겹쳤구나
芳躅當年高蹈海　　　　그 당시의 훌륭한 자취는 노중련처럼 높고[225]

---

223) 조성태(趙性台) : 1858~1926. 본관은 함안이며 청송 현서에 살았다. 1896년 결성된 청송 의진의 서기로 항일무장투쟁에 참여하였다. 1896년 4월 2일 감은리 뒷산에서 적군과 조우하여 교전 끝에 적군 7~8명을 사살하는 전과를 올렸다. 이후 인근지역의 의진과 연계하여 활동하였다. 1997년 건국포장에 추서되었다.

224) 장인호(張寅濩) : 1864~1948. 자는 성빈(聖賓)이고 호는 만산(晩山)이다. 장규필(張奎弼)의 손자이고 장만련(張萬鍊)의 아들이다. 문장이 뛰어났으며, 『충정공실기(忠貞公實記)』의 서문을 썼다. 유고가 있다.

225) 노중련처럼 높고 : 원문의 '고도해(高蹈海)'는 절개를 지키기 위해 바다에 빠져 죽다는 뜻이다. 노중련(魯仲連)은 전국시대 조(趙) 나라 평원군(平原君)의 식객이다. 진(秦)이 조를 포위하고 위(魏) 나라의 신원연(新垣衍)을 평원군에게 보내어 진을 추대하여 황제를 삼고자 하니, 노중련이 성중에 있다가 그 말을 듣고 신원연을 찾아가서 '포악한 진 나라를 추대하면 나는 차라리 동해 바다에 빠져 죽을지언정 진 나라 백성이 되지 않겠다.' 하여 신원연의 의논을 중지시켰던 바, 진의 장수가 그 소문을 듣고 30리를 퇴각하고 마침 각

槐陰百世綠盈庭　　홰나무 그림자는 백세토록 마당을 푸르게 채우네
清風不墜干戈裏　　맑은 풍모는 전쟁 속에도 무너지지 않았고
廉立雲仍髮已星　　청렴으로 뜻을 세운 후손들 머리가 성성하구나

영해 신필휴 寧海 申弼休

一印猶難況七亭　　관인 하나도 어려운데 하물며 칠인정이랴
楣額煌煌耀丹青　　문미 편액이 번쩍번쩍 단청으로 빛나네
由來簪組承家世　　그로부터 벼슬이 집안 대대로 이어지고
所以羣賢列畵屏　　그 때문에 여러 현인이 그림 병풍처럼 늘어섰네
五柳從知元亮宅　　다섯 그루 버드나무를 보니 도연명 집[226]으로 알고
三槐不必晋公庭　　세 그루 느티나무는 진공 뜰[227]에만 있지 않네
鯫生却恨登臨晩　　못난 내가 늦게 왔음을 한탄하노니
始識當年聚德星　　비로소 알겠노라 당년에 덕성이 모인 것을

참봉 서흥 김시동 參奉 瑞興 金始東

七印同來起一亭　　일곱 관인 함께 와서 한 정자 세우니
曲江知是洛雲青　　곡강에 와서야 낙수의 구름이 푸름[228]을 알겠구나
繡還古里輝蓬蓽　　수를 놓은 듯한 옛 마을에 가난한 집[229]이 빛나고
器用清朝作翰屏　　맑은 조정에 그릇으로 쓰여 병풍[230]이 되었구나

국 지원병이 와서 조 나라는 포위를 면하였다. 결국 노중련은 진시황을 끝내 황제라 부르지 않고 동해에 빠져 죽었다고 한다.

226) 도연명 집 : 원문의 '원량택(元亮宅)'은 도연명의 집을 말한다. 도연명(陶淵明)은 진(晋)나라의 도잠(陶潛)으로 자는 원량(元亮)이다. 문 앞에 다섯 그루의 버드나무를 심고, 스스로 오류 선생이라고 일컬었다.

227) 진공(晋公) : 소식의 『삼괴당명(三槐堂名)』에 나오는 진국공(晋國公) 왕현(王賢)을 이르는 말이다.

228) 낙수의 구름이 푸름 : 원문 '낙운청(洛雲青)'은 낙수청운(洛水青雲)으로 서울에 올라가 벼슬을 얻는다는 뜻으로 쓰인다.

229) 가난한 집 : 원문의 '봉필(蓬蓽)'은 '쑥대나 잡목(雜木)의 가시로 엮어 만든 문(門)'이라는 뜻으로, 가난한 사람이 사는 집을 이르는 말이다.

八鳳呈祥筍氏宅　　여덟 봉황 상서로움을 바치니 순씨 댁[231]이요
三槐合德魏公庭　　세 그루 느티나무 덕을 합치니 위공 뜰[232]이라
推知盛會天文動　　성대한 모임에는 천문이 움직임을 미루어 알지니
應有奎墟降福星　　규성의 터에 복성이 내려옴이 응당 있었으리

월성 손수동 月城 孫秀東

草幕名坊闢此亭　　초막으로 이름난 곳에 이 정자를 지으니
蹈東遺躅海山青　　절개 지킨 옛 자취에 바다 산이 푸르구나
精忠百世褒旌史　　한결같은 충성은 백세토록 역사에 포정하고
德行先朝作翰屏　　덕행은 지난 왕조의 한병이 되었구나
新榮七印光生戶　　일곱 관인 새 영광 문호에 빛이 나고
舊蔭三槐綠滿庭　　세 그루 홰나무 묵은 그늘 마당 가득 푸르네
保守賢孫追慕切　　보존하여 지키는 어진 후손 추모가 간절하니
壽筵當日奉圖星　　생신 잔치 당일에 별자리 그림처럼 바쳤으리

230) 병풍 : 원문의 '한병(翰屏)'은 병풍과 기둥이라는 말인데, 『시경』「판(板)」에 "큰 덕을 지닌 사람은 울타리가 되며 많은 무리는 담장이 되며 큰 제후국은 병풍이 되며 큰 종족은 기둥이 된다.[价人維藩, 大師維垣, 大邦維屏, 大宗維翰.]"라고 하였다.

231) 순씨 댁 : 원문은 '순씨택(荀氏宅)'으로 동한(東漢) 때 순숙(荀淑)에게 검(儉), 곤(緄), 정(靖), 도(燾), 왕(汪), 상(爽), 숙(肅), 전(專) 등 여덟 아들이 있었는데, 모두 뛰어나다고 이름이 나서 당시 사람들이 순씨팔룡(荀氏八龍)이라고 불렀다. 『후한서(後漢書)』 권62 「순숙열전(荀淑列傳)」

232) 위공 뜰 : 원문은 '위공정(魏公庭)'으로 송나라 왕우(王祐)가 자기 마당에 느티나무 세 그루를 심어 놓고는 자기의 자손이 반드시 삼공이 될 것이라고 확신하였는데, 뒤에 과연 그의 둘째 아들 위국(衛國) 문정공(文正公) 단(旦)이 재상에 올랐던 내용을 소재로 해서 소식(蘇軾)이 『삼괴당명(三槐堂名)』을 지은 일화가 유명하다.

오천 정진백[233] 烏川 鄭鎭伯

重修靈壁舊園亭	선인의 집에서 옛 정원의 정자를 중수하니
大嶺東頭一點青	큰 고개 동쪽 머리 한 점으로 푸르구나
鄕黨從之開竹逕	마을 사람 따라가니 대숲길이 열리고
賢人居矣繞雲屛	현인이 거처하니 구름 병풍 두른 듯해
四男三胥稱觴地	네 아들 세 사위가 축수하던 곳
七印雙槐耀戶庭	일곱 관인 두 느티나무가 집뜰을 비추네
駿馬何年遊此處	준마는 어느 해에 이곳에서 놀았던가
湖西漠漠曲江星	호수 서쪽 아득한 것 곡강의 별이구나

야성 송종익 冶城 宋宗翼

巷落幽幽一疊亭	마을 골목 그윽한데 정자 하나 겹치니
七賢芳躅至今青	일곱 현인의 고운 자취 지금까지 푸르구나
喬木蔥蘢遺厚蔭	교목은 우거져서 두터운 그늘을 남겼고
群巒羅立繡雲屛	뭇 봉우리 늘어서서 구름 병풍 수놓은 듯
孝友餘風佳子姓	효우의 남은 풍습 아름다운 자손이요
詩書傳世好家庭	시서를 대대로 전하니 훌륭한 집안이라
自笑洛濱遊蕩子	낙동강 가에 헛되이 떠도는 자신이 우스워
空然誇大鬢毛星	귀밑머리 성성하다고 공연히 크게 떠드네

월성 최재두[234] 月城 崔載斗

侯誰孝友壽斯亭	효우로 이 정자를 헌수한 원님 누구인가

233) 정진백(鄭鎭伯) : 1867~1924. 본관은 영일이고 자는 사문(仕文)이며 호는 석농(石儂)이다. 포항 홍해에 살았다. 약관에 사서오경과 제자백가를 독서하였으며 24세 때 문과에 응시하고자 했으나 과거가 철폐되어 응시하지 못했다. 이후에 천거로 시강원에 보직되어서 통정대부 중추원의관을 지냈다. 저서 『석농집』이 있다.

234) 최재두(崔載斗) : 생몰년 미상. 본관은 경주이고 자는 건여(健余)이며 호는 오산(吾山)이다. 포항에 살았다. 14세 때 부친상을 당하여 집례를 성인과 같이 하였으며, 일찍 부친상을 당한 것을 한하며 홀어머니를 정성껏 모셨다.

繞膝紳章戲紫靑	무릎 두른 관복에 자청색이 아롱거리네
大樂魂還雙澗瑟	대악[235]으로 넋을 깨우는 두 시내는 비파요
極圖環擁四山屛	태극도처럼 둘러 안은 사방 산은 병풍이라
毗陵蓄墨應知政	비릉에 쌓인 먹[236]으로 응당 정사를 알 수 있고
靈壁執園足養庭	영벽의 정원[237]은 뜰을 가꾸기에 족하네
太史當年登奏否	태사가 당년에 올라 아뢰지 않았던가
聞曾此地善祥星	듣기로는 이 땅이 선상[238]의 별이라던데

방예 옥산 장기상 傍裔 玉山 張基相

海門曾聞有斯亭	바닷가에 이 정자 있다고 일찍이 들었는데
一葉吾家此地靑	한 갈래 우리 집안 이곳에 푸르구나
栽花近水紅粧面	물가에서 꽃을 꺾어 얼굴을 붉게 꾸미고
種竹傍山翠滴屛	산곁에 대를 심으니 푸른 빛이 병풍에 떨어지네
百年歷歷分派祖	백년 전에 역력하게 분파한 할아버지께
七綬煌煌獻壽庭	일곱 인끈으로 빛나게 헌수하던 마당
承襲遺謨稱孝友	조상의 지혜 이어받아 효우를 칭송하니
孫支子姓列如星	자손들이 별처럼 늘어섰구나

235) 대악(大樂) : 제왕(帝王)의 제사나 연향 등의 전례(典禮)에 쓰이는 전아(典雅)하고 장중(莊重)한 음악을 이른다.

236) 비릉에 쌓인 먹 : 인쇄된 책이 많다는 뜻이다. 육심(陸深)의 『금대기문(金臺紀聞)』에 "비릉(毗陵) 사람이 처음으로 납활자[鉛字]를 사용하였는데 목판(木版)의 인쇄와 비교하여 더욱 공교하고 편리하였다."라고 하였다. 이를 계기로 서적의 인쇄와 보급이 급격히 늘어났고, 그것이 송대 인문학 흥성의 기초가 되었다.

237) 영벽의 정원 : 원문은 '영벽집원(靈壁執園)'으로 송(宋)나라 때 장석(張碩)의 백부 전중군(殿中君)과 부친 통판(通判)이 처음으로 영벽(靈壁)에 살면서 원정(園亭)을 만들어 난고정(蘭皐亭)을 짓고 그 어버이를 받들었는데, 뒤에 출사(出仕)하여 현달하게 되어서 이 정자를 더욱 꾸몄다고 한다. 자세한 내용은 소식(蘇軾)이 지은 「영벽장씨원정기(靈壁張氏園亭記)」에 있다.

238) 선상 : 원문의 '선상(善祥)'은 운수(運數)가 좋을 조짐(兆朕)이라는 뜻이다.

20대손 지윤[239] 二十代孫 志胤

掛印遺墟刱小亭	관인 걸던 옛터에 작은 정자 지으니
亭亭柟木鬱青青	우뚝한 녹나무 울창하게 푸르구나
雙溪水石淸生瑟	쌍계 수석은 맑은 거문고 소리내고
九曲峰巒繞作屛	아홉 구비 산봉은 둘러 병풍을 만들었네
厚澤遙期容駟巷	두터운 은택 멀리 사마가 드나들 골목[240]을 기약하고
餘陰留待種槐庭	남긴 그늘은 홰나무 심은 뜰에 머물기를 기대했네
孱孫不禁羹墻慕	잔약한 자손은 앙모함을 금할 수 없는데
往蹟茫茫度幾星	지난 행적 아득하니 몇 해가 지났던가

영양 남장하 英陽 南長夏

名擅嶠南七印亭	영남에서 이름을 떨치는 칠인정
老槐蔚蔚至今青	늙은 홰나무 울창하여 지금까지 푸르구나
雙溪滾滾聲成瑟	쌍계는 졸졸 흘러 비파 소리 이루었고
九曲尖尖畵作屛	구곡은 뾰족하여 그림 병풍 만들었네
忠義杜門先日月	충의로 문을 닫고 은둔했던 옛 사적
簪纓草谷古家庭	높은 벼슬 이어지는 초곡의 옛 가정
碩德文章能繼述	덕 높은 문장으로 능히 조상을 이어가니
也應天上照奎星	응당 천상의 규성과 조응하리

---

239) 장지윤(張志胤) : 1893~몰년 미상. 자는 문숙(文淑)이다. 천재(泉齋) 장태유(張泰維)의 손자이며 미추(眉秋) 장두표(張斗杓)의 아들이다.

240) 사마가 드나들 골목 : 한(漢)나라 우공(于公)이 옥사(獄事)를 공정하게 처리하여 억울한 사람들을 많이 구제하였으므로 사람들에 의해 생사(生祠)가 세워지기까지 하였는데, "우리 자손 중에 고관이 많이 나올 테니 좁은 문을 개조하여 사마(駟馬)의 수레가 드나들 수 있도록[令容駟馬高蓋車] 크게 만들어야 하겠다."라는 그의 말대로, 그의 아들인 우정국(于定國)이 승상이 된 뒤를 이어 대대로 자손들이 봉후(封侯)되었던 고사가 있다. 『한서(漢書)』 권71 「우정국전(于定國傳)」

무안후인 박봉수 務安后人 朴鳳秀

千古芳名七印亭　　오랜 세월 꽃다운 이름 칠인정
亭環山水共長青　　정자를 두른 산수는 함께 길이 푸르네
寒松翠竹中間屋　　찬 솔 푸른 대 중간에 집이 있고
疊嶂層巒左右屏　　겹겹의 산봉우리 주위가 병풍 같네
紫綬掛痕猶愛樹　　자수[241]를 건 흔적으로 아직도 나무를 아끼고
黃槐遺澤滿陰庭　　누런 홰나무 남긴 은택이 뜰에 그늘이 가득하네
登斯亭也尋亭躅　　이 정자에 오르는 것은 정자의 자취를 찾는 일
幾度風霜幾度星　　몇 번의 풍상과 몇 해가 지났는가

방예 장계원 傍裔 張繼遠

半畝方塘一笠亭　　반 마지기 모난 연못 조그마한 정자 하나
中峰秀色出雲青　　중봉의 수려한 빛은 푸른 구름 내는구나
芬馥溪山評品處　　향기로운 시내와 산은 서로 뽐내는 곳이요
森羅花樹畵圖屏　　늘어선 꽃과 나무는 그림 병풍 같구나
最愛葉枝同古査　　잎 가지가 묵은 가지 같음을 가장 사랑하고
更看印月照空庭　　달빛이 텅 빈 뜰을 비춤을 다시 보네
起賀雲孫多肯搆　　후손들이 여러 번 중수함을 일어나 하례하니
中間興廢幾霜星　　중간에 흥하고 폐함이 몇 성상이던가

방예 인동 장영철 傍裔 仁同 張永轍

靈區到處有名亭　　신령한 구역에는 도처에 이름난 정자 있지
一上高欄拭眼青　　높은 난간에 한 번 올라 눈을 비비니 푸르네
水滿方塘明作鏡　　물 가득한 모난 연못은 맑아서 거울이 되고
山圍數疊翠如屏　　여러 겹으로 두른 산은 푸르기가 병풍 같네
簪纓綿福同璽綬　　관원의 복이 이어짐은 관인 인끈과 한가지요

241) 자수 : 원문의 '자수(紫綬)'는 정삼품(正三品) 당상관(堂上官) 이상(以上)의 관원(官員)이 차는 호패(號牌)의 자줏빛 술실이나 술띠를 말한다.

詩禮餘風不墜庭　　시례의 남은 풍습이 떨어지지 않는 가정이라
卜地世居花樹誼　　자리 잡아 대대로 사니 종친의 정이 두터운데
古家華閥照奎星　　오래 된 집 높은 문벌에 규성이 비추는구나

류철우 柳喆佑

晩代登臨七印亭　　늦은 시대에 칠인정에 오르니
至今遺跡海山青　　지금까지 유적이 바닷가 산처럼 푸르구나
遠邇爭到顯名牒　　원근에서 유명한 명첩이 다투어 도착하고
左右張籠列畵屛　　좌우에는 여러 책농과 그림 병풍이 늘어섰네
萬箇松長風雨界　　일만 소나무는 비바람 부는 세상에 우뚝하고
三株槐蔭子孫庭　　세 그루 홰나무는 자손들 마당에 그늘 지우네
憑欄想像先朝老　　난간에 기대 지난 조정의 원로들을 상상하니
爽氣方塘動斗星　　기운 시원한 모난 연못에 북두성이 도는구나

영양 남전순[242] 英陽 南典淳

九月登臨七印亭　　구월에 칠인정에 오르니
古家遺範一氈青　　옛 가문 남긴 규범은 하나의 유산이라
千年種德堂前樹　　천년토록 심은 덕은 집 앞의 나무요
四面環山畵裏屛　　사면에 두른 산은 그림 속의 병풍이구나
聯棣勳名傳史册　　형제분들[243] 공훈의 이름은 역사책에 전하고
專區泉石好門庭　　한 구역의 자연을 차지한 좋은 문중이로다
憑軒慕仰先賢蹟　　난간에 기대어 선현의 자취를 우러러 그리워하니
曠感餘生髮已星　　먼 후대 여생을 느끼니 머리털이 이미 성성하네

---

242) 남전순(南典淳) : 1879～1944. 본관은 영양이고 자는 경천(景天)이며 호는 신은(莘隱)이다. 의성에 살았으며 유고가 있다.

243) 형제분들 : 원문의 '연체(聯棣)'는 상체(常棣) 나무가 이어져 있는 것으로, 형제나 형제간의 우애를 상징한다. 원래 상체는 『시경』「소아(小雅)」의 한 편명으로, 상체를 형제의 의미로 사용하게 된 것은 이 시편에서 연유하였다.

영양 남용우 英陽 南龍佑

家聲七印有高亭	집안의 명성 칠인은 높은 정자에 남았고
赫葉蟠根世世靑	빛나는 잎 둥글게 서린 뿌리가 대대로 푸르구나
戶納溪光兼皓月	문에 든 시내 빛은 밝은 달과 같이 왔고
軒臨岳色展蒼屛	집에 임한 큰 산의 색은 푸른 병풍을 펼쳤네
琴書欲響留淸几	거문고와 서책은 나그네 안석을 울리게 하고
鸞鵠呈祥峙古庭	난곡은 우뚝 솟은 옛 뜰에 상서로움을 바치네
爲賀諸孫能繼述	여러 후손들이 능히 이어받음을 축하하니
壽輝多慶聚南星	수명 장수와 많은 경사가 남극성에 모였네

영양 남우순 英陽 南友淳

三老携登七印亭	세 늙은이 손잡고 칠인정에 올랐더니
遺芬俛仰世氈靑	남긴 향기 위로 아래로 대대의 유산이라
長川近戶鳴琴曲	긴 냇물은 집 가까이 와 거문고 곡조를 울리고
老樹當軒映畵屛	늙은 나무 집에 닿으니 그림 병풍을 비추는 듯
百代遺風環古里	백대의 유풍은 옛 마을을 둘러싸고
千年餘蔭滿深庭	천년의 남은 음덕 깊은 뜰에 가득하네
也知溪畔悠悠夜	알겠노라, 시냇가 아득한 밤에
慶壽堂前降壽星	경수당 앞에 수성이 내려오는 것을

신해년 9월 전 군수 박제범[244] 辛亥 梧月 前郡守 朴齊範

左海東頭此一亭	우리나라 동쪽 끝 이 정자 하나
大陽山色擎天靑	대양산 산색은 푸른 하늘 떠받치네
曾將薇蕨供仙竈	일찍이 고사리 캐서 신선 부엌에 바치고
更遣雲霞作隱屛	구름 안개 다시 보내 은자의 병풍 만들었네

244) 박제범(朴齊範) : 생몰년 미상. 1859년 산릉참봉에 임명되었고, 1889년에 수문장이 되었다. 1893년에 금부도사가 되었고, 1906년 평해군수를 거쳐 1907년에 홍해군수에 임명되었다.

欝欝雙槐垂蔭地	울창한 두 그루 느티나무 음덕을 드리운 땅
煌煌七綵舞斑庭	빛나는 일곱 인끈 색동옷 입고 춤추던 뜰
至今餘韵流無盡	지금까지 남은 감동 끝없이 흘러
孝友堂中耀德星	효우당 가운데 덕성이 빛나네

월성 손수경 月城 孫秀暻

七印胡爲共一亭	일곱 관인이 어찌하여 한 정자에 함께 했나
分明往蹟拭眸靑	분명한 지난 자취 푸른 눈을 비비게 하네
寶樹四枝挺特地	보배 나무[245] 네 가지가 특별한 땅에 솟았고
標梅三實畵誰屛	높은 매화[246] 세 열매는 누구의 병풍에 그렸나
鷰尾河分歸入海	제비 꼬리 같은 물은 나누어져 바다로 돌아가고
圭棱山揖立當庭	삐죽삐죽한 산은 읍하는 듯 뜰을 마주 보고 섰네
地靈人傑詳詩史	지령이 인걸을 낳음[247]은 시인의 역사에 자세하고
納幣壽堂弁轉星	납폐하는 경수당에 의관이 별처럼[248] 빛나는구나

박승동 朴昇東

勝國遺臣有一亭	고려 왕조에 남은 신하 한 정자 있어

245) 보배 나무 : 원문의 '보수(寶樹)'는 남의 자제를 칭찬하는 말이다. 여기서 보배 나무 네 가지는 네 아들을 가리키는 듯하다. 진(晉)나라 때 큰 문벌을 이루었던 사안(謝安)이 자질(子姪)들에게 "어찌하여 사람들은 자기 자제가 출중하기를 바라는가?" 하고 묻자, 조카 사현(謝玄)이 "비유하자면 마치 지란(芝蘭)과 옥수(玉樹)가 자기 집 뜰에 자라기를 바라는 것과 같습니다."라고 한 데서 유래한 말이다. 성어(成語)로는 사가보수(謝家寶樹) 또는 사가지란(謝家芝蘭)이라 한다. 『진서(晉書)』 권79 「사현전(謝玄傳)」

246) 높은 매화 : 원문의 '표매(標梅)'는 떨어지는 매화로 이미 시집갈 나이가 지나가는 것을 뜻한다. 여기서 높은 매화 세 열매는 세 명의 사위를 가리키는 듯하다.

247) 지령이 인걸을 낳음 : 초당 사걸(初唐四傑) 가운데 한 사람인 왕발(王勃)의 「등왕각 서(滕王閣序)」에 "물건의 정화는 천연의 보배이니 용천검의 광채가 우성 두성의 자리를 쏘아 비추고, 사람이 걸출함은 땅이 영수한 때문이니 서유가 진번의 걸상을 내려놓게 하였다.[物華天寶 龍光射斗牛之墟 人傑地靈 徐孺下陳蕃之榻]"라고 한 데서 온 말이다.

248) 의관이 별처럼 : 『시경』 「위풍(衛風) 기욱(淇奧)」에 위 무공(衛武公)을 칭송하면서 "고깔에 장식한 오색 구슬이 별처럼 빛난다.[會弁如星]"라고 하였던 것을 인용하였다.

雲仍世世寶氈靑　　후손들 여러 대에 보배로운 유물일세
溪聲入戶如鳴玉　　시내 소리 옥을 울리는 듯 집에 들어오고
山色連簷似隱屛　　산색은 은병[249]처럼 처마에 이어지네
採薇稗說非虛筆　　고사리 캐던 옛이야기는 헛된 글이 아니요
掛印槐陰尙滿庭　　관인 걸던 홰나무 그림자 아직도 마당에 가득하네
遵海西來多少客　　바다 따라 몇몇 손님들 서쪽에서 와서
論襟會坐弁成星　　흉금을 논하며 모여 앉으니 모자가 별이 되었네

참봉 순천 박최동 叅奉 順天 朴最東

七浦歸人七印亭　　칠포에서 돌아온 사람 칠인정에 오르니
昌岑曲水眼前靑　　예쁜 산 굽은 물이 눈 앞에 반갑구나
近簷松竹環成幕　　처마 가까운 솔과 대는 둘러선 장막이 되고
滿壁圖書隱若屛　　벽에 가득한 도서는 병풍처럼 가렸구나
長老謹嚴模社里　　어른들은 고을 사직을 삼가 엄하게 지키고
兒童拜揖學家庭　　아동들은 공손히 읍하며 가정에서 배우네
相傳十世連綿久　　서로 십 세에 전하여 이어짐이 오래니
檻外昭昭降福星　　난간 밖이 환해지더니 복성이 비쳐오네

박해훈 朴海勳

一巷嵬然七印亭　　한 마을에 우뚝 솟은 칠인정
華楣畵榭入眸靑　　빛나는 문미 그림 같은 정자 눈에 들어와 반갑구나
曲沼澄淸開照鏡　　굽은 못은 맑고 깨끗하여 환한 거울로 열리고
群山稠疊遮重屛　　여러 산은 포개져서 여러 폭 병풍으로 가렸네
遺後千孫守護地　　후대에 남겨 여러 후손이 지켜온 땅

249) 은병 : 원문의 '은병(隱屛)'은 대은병산(大隱屛山)으로 중국 무이산(武夷山)의 만정봉(幔亭峯)에 위치한 산 이름이다. 주희(朱熹)가 명명한 무이구곡(武夷九曲) 중의 하나로, 조선시대 율곡(栗谷) 이이(李珥)가 해주(海州)에 은거하며 이곳에서 이름을 따와 '은병정사(隱屛精舍)'를 지었다.

當時五馬往來庭　　당시에 다섯 필 말[250]이 오가던 뜰
張家老少俱賢秀　　장씨 집안의 노소는 모두 어질고 뛰어나서
喜看東州有德星　　동쪽 땅에 덕성이 있음을 기쁘게 보네

조병성 曺秉晟

觀海歸頭歷此亭　　바다 보고 가는 길에 잠깐 이 정자를 지나니
交柯松柏滿園青　　엇갈린 가지의 송백이 뜰에 가득 푸르구나
方塘月印重磨鏡　　모난 연못 비친 달은 거울을 거듭 닦은 듯하고
春峀雲籠幾疊屛　　봄 묏부리 구름이 휘감으니 몇 겹 병풍인가
義秉冶耘懷故國　　의리를 지켜 야은과 운곡처럼 고국을 그리워했고
慶流蘭玉謝簪庭　　경사가 난옥의 사씨처럼 이어진 관원의 가정이라
古今嗣守誠難大　　예나 지금이나 가문의 명예를 지키기는 진실로 어려움이 큰데[251]
爲誦晦翁贊聚星　　주자의 말씀을 외니 여러 별이 빛나는구나

이규성 李圭晟

古木槎枒七印亭　　고목이 삐죽삐죽한 칠인정
簷牙高啄入雲青　　처마는 높이 솟아 구름 속에 푸르구나
溪當曲檻聲傳霹　　시내는 굽은 난간에 와서 벼락소리를 전하고
雨過蒼嵐錦作屛　　비 지나간 푸른 산은 비단으로 만든 병풍이네
霽後嬌音鶯出谷　　비 갠 뒤에 아리따운 소리는 골짜기 나온 꾀꼬리요

250) 다섯 필 말 : 원문의 '오마(五馬)'는 한(漢)나라 때 태수(太守)가 다섯 필의 말이 끄는 수레를 타고 다녔던 데에서 유래한 것으로, 지방 수령을 가리키는 말이다.

251) 가문의 명예 지키기는 어려움이 큰데 : 남송의 주희(朱熹)가 「취성정화병찬(聚星亭畫屛贊)」을 지었는데, 순숙의 손자인 순욱(荀彧)이 조조에게 투탁한 것과 진식의 손자인 진군(陳羣)이 위(魏)나라의 사공(司空)이 된 것을 가지고 명사(名士)의 후손들이 실절(失節)한 것을 개탄하여 "욱(彧)은 조조(曹操)에게 붙고 군(羣)도 한나라를 잊었네. 가문의 명예 지키기 어렵나니 예나 지금이나 한결같이 탄식하네.[彧乃附曹 羣亦忘漢 嗣守之難 古今共歎]"라고 언급하였다. 『주자대전(朱子大全)』 권85

楣前健態鶴趍庭	문미 앞에 굳센 모습은 뜰을 달리는 학이네
達城舘裡無聊客	달성 여각 안의 무료한 나그네
爲祝華門降福星	빛나는 집안에 복성이 내리기를 축원하노라

신중하 辛重夏

道峯山下起斯亭	도봉산 아래 이 정자 세우니
此日登臨眼忽靑	오늘에야 오르니 눈이 문득 시원하다
淸溪碧水成琴操	맑은 시내 푸른 물은 거문고 곡조가 되었고
絶壁歸雲列錦屛	낭떠러지 돌아가는 구름은 비단 병풍으로 늘어섰네
幽居羅代千年國	신라 시대 천년의 나라에 숨어 살면서
勤守先人百世庭	선인의 백년 가정 부지런히 지켰네
揭名七印終留意	칠인으로 이름을 지은 것은 마침내 뜻을 담은 것
孝友家中暎斗星	효우의 집안에 두성이 비추는구나

신달하 辛達夏

一曲雙溪抱一亭	한 줄기 쌍계가 한 정자 안았는데
分明往蹟入丹靑	분명한 지난 자취 단청에 들어 있구나
松竹數叢成活畵	몇 떨기 솔과 대는 살아 있는 그림이 되고
雲山幾疊作新屛	여러 겹 구름 낀 산은 새 병풍을 만드는구나
晩到逍遙遊客杖	늦게 도착하여 소요하는 것은 나그네 지팡이요
却勤迎送主人庭	부지런히 영송하는 것은 주인의 가정이구나
相傳世世能無忝	여러 대에 서로 전하여 능히 욕됨이 없으니
七印遺基照斗星	일곱 관인 남긴 터에 두성이 비추는구나

신기승 辛琪承

七印起此亭	일곱 관인으로 이 정자 세우니
聲名竹史靑	명성이 사적에 푸르리라
新雨鳴殘瀑	새로 내리는 비는 작은 폭포를 울리고

晴山作畵屛	비 갠 산은 그림 병풍 되었구나
學業遺古案	학문과 유업은 옛 책상에 전하고
芝蘭秀高庭	뛰어난 자손이 가정에서 솟아나네
百世休蔭在	백 세토록 아름다운 음덕 있으니
昭昭暎福星	환하게 복성이 비추는구나

이규준 李圭濬

大陽有一亭	대양산에 정자 하나 있는데
曲檻耀丹靑	난간은 굽었고 단청은 빛나네
遠峀晴生笏	먼 봉우리는 날이 개면 홀이 나타나고
平林翠撓屛	들과 숲은 푸르게 병풍으로 둘러싸네
貞忠追勝國	정절과 충심에 옛 왕조 추억하고
孝友繼家庭	효성과 우애는 가정에 이어졌네
玩海登斯詠	바다를 구경하고 여기 올라 읊으니
興州聚德星	홍해 고을에 덕성이 모이는구나

이중락 李重洛

偶然一步上斯亭	우연히 한 걸음 이 정자 오르니
七印顯名萬古靑	일곱 관인 훌륭한 이름 만고에 푸르구나
脩竹風淸烟歛澗	긴 대에 바람은 맑고 안개는 산골에 모이는데
層巒石立霧中屛	층층 뫼에 우뚝한 돌은 안개 속의 병풍이라
三千里外文章地	삼천리 밖 문장의 땅이요
五百年來孝友庭	오백년 이래 효우의 집안이라
慶壽堂高中有老	경수당 높은 가운데 있는 저 노인
倚軒閒臥髮星星	난간에 기대 한가히 누웠는데 백발이 성성하네

야성 송계흠[252] 冶城 宋啓欽

山水淸緣始到亭	산수의 맑은 인연으로 처음 정자에 이르니

東遊筇屐挹來青	동쪽 떠돌던 발걸음에 푸른 빛이 당겨오네
孝心一代朱還紱	효심은 한 세대에 붉은 인끈으로 둘러섰고
儉德千年翠作屛	검소한 덕은 천년에 푸른 병풍을 만들었네
花菊猶煌前日額	국화는 아직도 전날의 편액에 빛나고
槐陰不改舊時庭	홰나무 그림자는 옛 뜰에 변함없구나
至今風範賢仍語	지금까지도 풍모와 모범을 어진 후손들이 말하니
曠感草廬拱斗星	먼 감동 속에 초가집을 두성이 에워싸네

월성 이정우 月城 李廷雨

南州名勝一高亭	남쪽 고을 명승지에 높은 정자 하나
雲物成眞古色青	풍광은 진경을 이루어 옛빛으로 푸르네
往躅何年煌斗印	지난 자취 어느 해에 관인이 빛났던가
後昆當世闢門屛	후손들은 당대에 훌륭한 가문을 열었구나
方池鑿石魚涵水	모난 연못에 돌을 깎아 물고기는 물에 노닐고
老樹分陰鳥下庭	늙은 나무는 그늘을 베풀어 새가 마당에 내리네
孝友賢風如復見	효우의 어진 가르침 다시 보는 듯한데
今來遺韻幾霜星	오늘까지 고인의 유풍 몇 성상이던가

여강 이원호 驪江 李源頀

靈區勝地不無亭	신령하고 좋은 땅에는 정자가 없을 수 없으니
七印芳名百代青	칠인정 꽃다운 이름 백 대에 푸르구나
爲子孫謨書在壁	자손에게 주는 지혜 서책으로 벽에 있고
擇山谿僻畵成屛	산골 택해 숨어 사니 그림 같은 병풍이구나
軒迎水氣凉生席	물기운을 맞이한 마루 서늘함이 자리에 일고
門得槐陰翠滿庭	느티 그림자를 얻은 문은 마당 가득 푸르구나
緬憶當時光景好	당시를 회상하니 광경이 참 좋았었지

252) 송계흠(宋啓欽) : 1856~1934. 본관은 야성이고 자는 원건(元建)이며 호는 호은(湖隱)이다. 영주에 살았다. 저서『호은집』이 있다.

至今年度幾霜星	지금까지 햇수가 몇 년이나 되었던가

월성 손하익 月城 孫夏翼

勝地擅名七人亭	좋은 곳이라고 이름을 날리는 칠인정에서
先賢遺躅仰山青	선현이 남긴 자취 산처럼 우러러 푸르구나
方塘澄水開明鏡	모난 연못 맑은 물에 밝은 거울 열리고
峭壁粧顔削畵屛	가파른 절벽은 단장하여 그림 병풍처럼 깎였네
晩節松蒼忠憾幕	절개 곧은 솔은 푸르러 충심이 초막에서 감개하고
淸陰槐老孝趨庭	맑은 그늘 느티는 늙어 효자는 뜰을 달리네
登臨曠憶當年事	정자 위에 올라와 멀리 당년의 일을 생각하니
濟濟衣冠列弁星	많고 많은 의관들이 변성[253]처럼 늘어섰었지

오천 정종호[254] 烏川 鄭宗浩

七綬高名擅一亭	일곱 관인 높은 이름 뛰어난 정자 하나
神慳地祕水山青	귀신도 아끼고 땅도 숨긴 산수가 푸르구나
慶餘子婿稱觴日	경사 받은 자식과 사위가 헌수하던 날
蔭滿槐梧樹德庭	그늘 가득한 느티 오동은 덕 있는 마당일세
詩賦前賢能備述	시부는 지난 현인이 능히 갖추어 서술하고
風雲幽壑自成屛	풍운은 그윽한 골짜기에 저절로 병풍을 이루네
主人詞翰兼傳久	주인이 글과 글씨를 겸전하여 오래 전하니
天以奎精幷室星	하늘이 규성의 정기에 실성을 나란히[255] 두었네

---

253) 변성(弁星) : 변전의성(弁轉疑星)에서 나온 말로 많은 사람들의 관에서 번쩍이는 구슬이 별인가 의심할 정도라는 뜻이다.

254) 정종호(鄭宗鎬) : 1875~1956. 본관은 청주이고 자는 한조(漢朝)이며 호는 뢰헌(磊軒)이다. 성주에 살았다. 1919년 3월 중순경 성주군에서 장석영(張錫英)으로부터 프랑스 파리에서 개최되는 만국평화회의에 보낼 조선독립을 호소하는 청원서를 윤상태에게 전달해 줄 것을 부탁받아 전달한 후, 윤상태가 검거되자 같은 해 7월 31일 일경에게 체포되어 옥고를 치렀다. 1992년에 대통령표창에 추서되었다.

255) 규성의 정기에 실성을 나란히 : 규성(奎星)은 문운(文運)을 관장하는 별이며, '실성(室星)'이 남방 하늘 가운데에 나타나면 농한기여서 집을 지을 수 있다고 하였으므로 문장가의

월성 손영명 月城 孫永明

天畔空林翼有亭	하늘가 빈 숲에 나는 듯한 정자 있어
淋漓花墨煥丹青	흠뻑 젖은 그림에 단청이 빛나네
老槐垂柳深深巷	늙은 느티 버들 늘어진 깊고 깊은 마을에
疊嶂懸崖隱隱屏	겹친 산봉우리와 깎아지른 낭떠러지는 은은한 병풍이라
暮讀朝耕新檢束	주경야독은 새로운 규범이요
一堂七印舊家庭	한 집에 일곱 관인 오래된 가정이라
至今行路應傳賀	아직까지 길가는 이도 하례를 전하는데
慶壽軒端爛壽星	경수당 난간 끝에는 수성이 빛나네

장시표[256] 張時杓

海國超超此有亭	바다고을 아득한 여기에 정자 있어
百年詩禮繼氈青	백년동안 시례로 집안 전통 이어왔네
天晴島嶼來遙帆	하늘이 개니 섬 저 멀리에서 돛단배 오고
雲宿巖巒繞翠屏	구름 머문 바위 봉우리는 푸른 병풍으로 둘렀네
古樹花深員外宅	오래된 나무와 꽃은 원외 댁[257]처럼 무성하고
老槐陰滿相公庭	늙은 느티 그림자는 상공 마당[258]같이 가득하구나

집에 좋은 집을 지었다는 뜻이다.

256) 장시표(張時杓) : 1819~1894. 본관은 인동이고 자는 응칠(應七) 이며 호는 운고(雲皐)이다. 여헌 장현광(張顯光)의 후손으로 칠곡 인동에 살았다. 1849년 문과에 급제하여 삼사의 관직을 지내고 현풍현감 등의 외직을 맡았다. 이후 병조 공조참의를 거쳐 형조참판을 지냈다. 저서 『운고집』이 있다.

257) 원외 댁 : 당(唐)나라 때 망족(望族)이었던 위씨(韋氏) 가문의 형제들이 꽃나무 아래 모여 화목하게 술을 마신 고사가 있는데, 이를 두고 잠삼(岑參)이 「위원외가화수가(韋員外家花樹歌)」라는 시를 지었다.

258) 상공 마당 : 송(宋)나라 초기의 명신(名臣) 왕호(王祜)가 일찍이 자기 집 뜰에 삼공(三公)을 상징하는 세 그루 홰나무를 심어 놓고 스스로, "내 자손 중에 삼공이 되는 자가 반드시 나올 것이다.[吾子孫必有爲三公者]"라고 예언했는데, 그 후 과연 그의 아들 왕단(王旦)이 진종(眞宗) 때에 18년 동안이나 명상(名相) 노릇을 했다. 『문견전록(聞見前錄)』 권8

東行遠馬尋遺躅　　동쪽 길 먼 여행에 남은 자취 찾아와
追憶當時聚德星　　당시를 추억하니 덕성이 모였었구나

幷小序　　작은 서문을 붙임

高麗臣 張公彪 志不事二 隱居曲江頭 後仍居其地 標式一方 有亭在士逸村 蓋爲公搆也 扁之曰 七印 昔公之弧宴 四男三婿 同時佩印 掛於庭前槐樹 至今爲曠世勝蹟 有尋亭錄二卷 名碩多顯名 吾兄海史公 手墨亦在 余不可無一語也

고려의 신하인 장표 공은 두 임금을 섬기지 않겠다는 뜻을 가지고 곡강 근처에 은거하였다가 그 후에 계속해서 그 땅에 살았고 한 지방의 모범이 되었다. 사일 마을에 정자가 있는데 이는 공을 위해 지은 것이다. 편액을 칠인이라 하였는데, 예전에 공의 생일 잔치에서 네 아들 세 사위가 동시에 관인을 차고 와서 뜰앞의 느티나무에 걸었으므로 지금까지 세상에 매우 드문 이름난 고적이 되었다. '심정록' 두 권이 있는데 이름난 석학들이 성명을 적은 것이 많다. 나의 형 해사공이 손수 쓴 글 또한 있다. 나도 한 마디 아니할 수 없다.

此承旨公當日著作 而亭韻篇集中漏草故 其孫右遠 己亥春 原集中草送 故今此謄書耳

이는 승지공[259]이 당시 지은 것으로 정운 편집 중에 초고가 빠진 고로 그 손자 우원이 기해년 봄에 원집 중에서 초하여 보냈다. 그래서 여기에 베껴쓴다.

방후예 우원[260] 공손히 원고를 씀 傍後裔 右遠 拜稿

遺芬千載起思亭　　남은 향기 천년에 사모하는 정자를 세우니
刼後猶存喬木青　　환란 후에도 아직 교목에는 푸르름이 남았구나
僻處皆稱名以印　　궁벽한 고장에서 모두 칠인의 이름을 칭송하면서
佳筵恨未繪爲屏　　좋은 잔치를 병풍으로 못 그린 일 안타까워하네

259) 승지공 : 장우원의 조부인 운고(雲皐) 장시표(張時杓, 1819~1894)가 이 시를 지었다는 뜻이다.

260) 장우원(張右遠) : 1875~1955. 초명은 시원(是遠)이며 자는 지경(智卿)이고 호는 현와(弦窩)이다. 참판 운고(雲皐) 장시표(張時杓)의 손자이고 독립운동가 회당(晦堂) 장석영(張錫英)의 아들이다. 가학을 이어 부친의 『회당집』을 간행하였고, 저서 『현와집』을 남겼다.

孤臣去國家無地	임금을 떠난 외로운 신하는 집 지을 곳도 없더니
賢婿臨門子在庭	어진 사위가 문에 임하고 자식도 뜰에 있구나
大陸桑瀾今亦古	대륙의 상전벽해는 지금도 옛날이나 같은데
登斯多感滿參星	여기 오르니 많은 감회가 삼성에 가득하네

월성 최기영[261] 月城 崔基榮

七印當年起此亭	일곱 관인 걸던 당년에 이 정자 세우니
亭前秀氣入望青	정자 앞 빼어난 기운 눈에 들어 푸르구나
煙霞帳幕開仙境	안개 노을 장막은 선경을 열었고
錦繡江山匝畵屛	금수 강산은 그림 병풍 둘렀네
滿架詩書賢子弟	시렁 가득한 시서는 자제를 어질게 하고
一門孝友舊家庭	한 가문은 효성과 우애로 오랜 집안이라.
虛精早植三槐樹	허성의 정기로 일찍이 세 그루 느티 심으니
夜夜軒頭自有星	밤마다 난간 머리에 절로 별이 뜨네

월성 최필원 月城 崔弼遠

小澗方塘之上亭	작은 시내 네모난 연못 그 위의 정자
始看張氏舊氈青	비로소 장씨 집안 옛 유산을 보네
嶂巒稠疊疑無地	산봉이 겹치길래 사람 살 땅 없나 했는데
村落環圍似隱屛	마을을 에워 싸니 감춰진 병풍과 비슷하네
緬憶百年粧點宅	백년 전에 자리 잡은 집을 생각하고
欽惟七印舞趨庭	부럽게도 일곱 관원이 효성으로 배우던 마당
憑軒閱覩前修頌	난간에 기대어 상량문을 두루 보니
知得當時照福星	알겠노라 당시에 복성과 조응함을

261) 최기영(崔基榮) : 생몰년 미상. 본관은 경주이고 자는 덕초(德初)이며 호는 남경(南耕)이다. 영덕에 살았으며 최재엽(崔在燁)의 문인이다.

오천 정태호 烏川 鄭兌浩

年經五百屹玆亭	오백 년 지나도 이 정자 우뚝하고
軒外雙槐不改靑	난간 너머 두 홰나무 변함없이 푸르네
月照前塘開一鑑	앞 연못에 달이 비치니 거울이 열리고
雲深後嶂繞千屛	뒷산에 구름 깊어 천 개의 병풍을 둘렀네
龍門筆擅山川史	용문의 글솜씨[262]는 산천의 역사를 흔들고
靈壁園多孝友亭	영벽의 정원에는 효우의 정자가 많았네
七綬稱觴傳勝事	일곱 인끈 헌수하여 뛰어난 사적 전하였으니
至今猶耀極南星	지금까지 아직도 남극성이 빛나는구나

곡강 최명호[263] 曲江 崔溟暤

張氏園弘韙古亭	장씨 집안 뜰은 넓고 옛 정자 좋은데
超然百祺歛衿靑	초연한 백년 세월이 여민 옷깃에 푸르네
曲塘鎖月通明鏡	굽은 연못은 달빛 담아 맑은 거울처럼 환하고
窈壑沈雲擁翠屛	고요한 골짜기 구름에 잠겨 푸른 병풍으로 둘렀구나
七綬光榮流左海	일곱 인끈 영광이 우리나라에 전해지고
雙槐遠蔭厚高庭	두 홰나무 오랜 음덕 높은 뜰에 짙구나
登憶第仰名堂義	정자에 올라 집 이름의 뜻을 우러러 생각하니
慶壽當時照有星	헌수하던 당시에 별빛이 조응하였으리

밀양 박수곤 密陽 朴綏坤

七綬輝煌萃一亭	일곱 인끈 눈부시게 한 정자에 모이니
遺芬懿跡史傳靑	남긴 향기 아름다운 자취 청사에 전하네

262) 용문의 글솜씨 : 원문의 '용문(龍門)'은 사마천이 출생한 곳으로, 호탕하고 유창한 문장을 '용문필(龍門筆)'이라 한다.

263) 최명호(崔溟暤) : 최명호(崔鳴鎬, 1900~1969)인 듯하다. 본관은 곡강이고 자는 봉구(鳳俱)이며 호는 회강(晦岡)이다. 포항 흥해에 살았다. 성품이 활달하고 필명이 높았다. 왜병에게 대적하려고 동지를 모으다가 체포되어 옥고를 치렀다.

水活方塘開寶鑑　　물은 흘러 네모난 못에 보배로운 거울을 열고
山回洞府展雲屛　　산은 감돌아 신선 세계[264]에 구름 병풍을 펼치는구나
遺墟草幕還高世　　초막의 유허는 지나가 옛일이 되어도
特地槐陰已滿庭　　뛰어난 땅 느티 그늘은 이미 뜰에 가득하네
至今慶壽堂前客　　이제야 경수당 앞에 도착한 나그네가
指說天南有極星　　하늘 남쪽 가리키며 극성이 있다고 말하네

조희익 삼가 졸고를 드림 曺喜益 謹呈 拙稿

謹次七印亭韻 삼가 칠인정운에 차운함

興海高名七印亭　　홍해에 높이 이름난 칠인정
登臨此日草青青　　오늘 오르니 풀빛이 푸르고 푸르구나
潺流溪澗醒塵枕　　잔잔히 흐르는 시냇물은 세속의 잠을 깨우고
竣立峯巒作厚屛　　우뚝 솟은 산봉우리는 두터운 병풍이 되었구나
德積祖先光在後　　조상이 덕을 쌓으면 영광은 후손에 있으니
榜聯子女貴盈庭　　연달아 급제한 자녀의 존귀함이 뜰을 채웠구나
賢孫齊力巍然建　　어진 자손들이 힘을 합쳐 우뚝 세우니
百世千秋永有星　　백세 천추에 영원히 빛나리라

264) 신선 세계 : 원문의 '동부(洞府)'는 도교(道敎)의 용어로, 신선들이 사는 지역이라는 뜻이다.

5. 칠인정운 권외

『칠인정실기』에 수록된 칠인정차운시

방예 인동 장원학 傍裔 仁同 張源鶴(미수록)

採薇山麓印名亭	채미산 기슭에 칠인이란 정자 있어
忠孝相連汗竹青	충효를 서로 이어 역사[265]에 푸르구나
箇箇掌珠家寶樹	하나하나 구슬같은 가문의 보배 나무
雙雙腰玉國藩屛	쌍쌍이 옥패를 찬 나라의 지방관들
繁陰宛在稱觥榻	우거진 그늘에는 축수하던 자리가 완연한데
劫雨亂磨舞彩庭	어지러운 비바람이 효도하던 뜰을 깎았구나
層檻肯構頹後地	퇴락한 자리에다 층층난간 지었더니
居然三百歲周星	어느 새 삼백년 성상이 흘렀구나

안동 김병섭 安東 金炳燮(미수록)

有如七印翼然亭	칠인정이라는 정자 날아갈 듯 있는데
依舊雲山只麽青	옛날처럼 구름낀 산은 저만치서 푸르구나
聽得前溪淸有石	앞 시내가 맑으며 경치 좋다 들었더니
看來層嶂繞爲屛	와 보니 층층 산들이 병풍처럼 둘렀구나
足徵隱德鴻留爪	은거한 조상의 덕 완연한 자취[266]를 증명하고

265) 역사 : 옛날 죽간(竹簡)을 사용할 때, 그 죽간에다 글을 쓰기 쉽고 좀이 먹지 않게 하기 위해 죽간을 구워 기름[汗]을 냈는데, 그것을 한청(汗青)이라 하였다. 후세에 사책(史策)의 별칭으로 불려졌다.

266) 완연한 자취 : 원문의 '홍조(鴻爪)'는 설홍류조(雪鴻留爪)의 준말로, 일이 지난 뒤에 남은 흔적을 비유하는 말이다. 또 눈이 녹으면 바로 사라지듯이, 모든 사물이 그와 같이 덧없음을 비유하기도 한다. 소식(蘇軾)의 「화자유민지회구(和子由澠池懷舊)」 시에 "인생이 가는 곳마다 그 무엇과 같을꼬, 응당 눈 위에 발자국 남긴 기러기 같으리. 눈 녹은 물에 우연히 발자국을 남겼지만, 기러기 날아가면 어찌 다시 동서를 알리요.[人生到處知何似 應似飛鴻蹈雪泥 泥上偶然留指爪 鴻飛那復計東西]"라고 한 데서 온 말이다. 『소동파시집

可慕遺風鯉對庭	공자님 뵈옵듯이[267] 남기신 풍모를 사모하리
肯構從成饒勝景	유적을 따라 지으니 명승 경치 풍족한데
復應懸照少微星	다시 소미성[268]에 응하여 높이 걸려 비추네

15세손 관학 十五世孫 觀學(부분수록)

先祖遺墟起此亭	선조께서 남긴 터에 이 정자를 세우니
山容擁四畵丹靑	사방에 둘린 산은 그림 속 단청 같네
方塘月白千秋印	연못에 비친 흰 달은 천추의 증인이며
萬壑雲粧八疊屛	일만 골짝 구름 치장은 팔첩의 병풍이라
父老相傳留草幕	조상들이 서로 전한 말 초막에 남았는데
兒孫趨拜種槐庭	자손들은 홰나무 심은 뜰에 달려와 절하네
追思慶壽先天事	장수를 경하하던 지난 일 생각할 때면
南極昭昭自有星	남쪽 하늘 환하기가 스스로 별이 있는 듯

김녕 김재헌 金寧 金在憲(미수록)

巍巍潭上一高亭	우뚝히 연못 위에 하나뿐인 높은 정자
瘦竹孤藤不耐靑	여윈 대 등나무 지팡이[269]는 푸른 빛을 못 견디네
太古老楠張似盖	태고부터 늙은 녹나무 지붕처럼 펼쳐졌는데

(蘇東坡詩集)』 권3

267) 공자님 뵈옵듯이 : 원문의 '리대정(鯉對庭)'은 『논어』 「계씨(季氏)」 편에서, "일찍이 아버님이 홀로 서 계실 때 내가 종종걸음으로 뜰을 지나는데, '시를 배웠느냐?'라고 하시기에 '아직 배우지 못했습니다.'라고 대답했더니, '시를 배우지 않으면 말을 할 수 없다.'라고 하셨다.[嘗獨立, 鯉趨而過庭. 曰學詩乎. 對曰未也. 不學詩, 無以言.]"라는 내용에서 나온 것으로 집안에서 가르침을 받는 것을 의미한다.

268) 소미성(少微星) : 태미성(太微星)의 서쪽에 있는 4개의 별을 지칭하는 것으로, 처사(處士)나 대부(大夫)를 상징한다고 전해진다. 이 별이 밝게 빛나면 현사(賢士)가 등용되는 것이고, 다른 별에 의해 가려지거나 빛을 잃게 되면 처사나 대신들에게 불길한 일이 생긴다고 한다. 『진서(晉書)』 권11 「천문지(天文志)」.

269) 등나무 지팡이 : '고등(孤藤)'은 등나무로 만든 지팡이를 가리킨다. 부귀영화를 버리고 산림에 은거하는 사람을 비유할 때 쓴다.

數重翠峀繞爲屛　　몇 겹 푸른 산굽이는 둘러서서 병풍이 되었네
至今忠孝傳家範　　지금까지 충효를 가문에 전하는 모범이며
當世簪纓掛印庭　　당시에는 수령들이 관인을 걸던 뜰이었네
一自全節東來後　　한 번 절개를 지켜 동쪽으로 오신 후에
蟹衍花樹應祥星　　융성한 자손들이 상서로운 별에 응하였네

개인문집에 수록된 칠인정차운시

이지한 李之翰, 칠인정 시에 차운함[次七印亭韻]

客到雲林放鶴亭　　나그네가 구름 걸린 숲[270] 방학정[271]에 도착하여
逢場談笑拭眸靑　　만나는 이마다 담소하며 비비는 눈 반가워라
洞天松作童童蓋　　골짜기의 소나무는 치렁치렁 덮개가 되고
勝地巖開疊疊屛　　빼어난 곳의 바위는 겹겹의 병풍을 펼쳤네
詩禮相傳賢父老　　시례의 전통은 어진 어르신들이 전하신 것
駟車容得大門庭　　대문 마당은 사마의 수레[272]를 수용할 수 있네
偸閒半日忘歸路　　한나절 틈을 냈는데 돌아가기 잊었다가
踰嶺催鞭仰見星　　고개 넘는 채찍을 다그치며 별을 우러러보네

(『행정문집(杏亭文集)』에는 2수로 되어 있으나 첫 수는 『칠인정운』에 수록됨)

---

270) 구름 걸린 숲 : 원문의 '운림(雲林)'은 은자의 거소나 선경(仙境) 혹은 사원(寺院)의 대칭으로 쓰인다. 당나라 왕유(王維)가 무릉도원(武陵桃源)을 소재로 읊은 시의 끝부분에 "당시에 그저 기억하는 건 산속 깊이 들어가서, 청계를 몇 번 건너 운림에 도착했다는 것뿐.[當時只記入山深, 靑溪幾度到雲林.]"이라고 하였다. 『왕우승집(王右丞集)』 권6

271) 방학정(放鶴亭) : 송(宋) 나라 때의 은자(隱者)인 임포(林逋)가 서호(西湖)의 고산(孤山)에 은거하여 방학정(放鶴亭)과 소거각(巢居閣)을 짓고는 주변에 매화 360그루를 심고 소일하였다는 고사를 인용한 것이다. 『흠정남순성전(欽定南巡盛典)』 권86

272) 사마의 수레 : 한나라 우공(于公)이 일찍이 집을 수리하면서 "내가 음덕을 많이 쌓은 만큼 우리 자손 중에 고관이 많이 나올 테니 좁은 문을 개조해서 사마(駟馬)의 수레가 드나들 수 있도록 크게 만들어야겠다."라고 하고는 대문을 높이 세웠다. 그런데 과연 그의 아들 우정국(于定國)이 승상이 되고 나서 그 뒤를 이어서 대대로 자손들이 후(侯)에 봉해졌다고 한다. 『漢書』 「于定國傳」

정경 鄭炅, 장씨의 칠인정 시에 차운함[次張氏七印亭韻]

縛得溪邊數架亭　　시냇가에 몇 칸 정자를 짓게 되어
好將先業耀丹青　　선대의 유업 잘 지키니 단청이 빛나네
尋幽地闢淸凉世　　그윽한 곳 찾았으니 청량한 세상이 열렸고
習隱山開大小屛　　은거를 익히는 산은 크고 작은 병풍을 펼쳤네
風遠組符曾掛樹　　옛 바람에는 인끈과 부절을 나무에 걸었고
雲晴詩禮舊趁庭　　구름이 걷히자 시례의 옛 뜰로 나아가네
百年逞跡徵何處　　백 년의 훌륭한 자취를 어디에서 증명할까
掌故家中炳日星　　역사를 기록한 곳에서는 해와 별처럼 빛나지

(『호와집(好窩集)』에는 3수로 되어 있으나 첫 수와 셋째 수는 『칠인정운』에 수록됨)

김재연[273] 金在珚, 칠인정 시에 추가로 차운함[追次七印亭韻]

七印芳名萃一亭　　일곱 인끈 고운 이름이 한 정자에 모이니
喬松疎柳共青青　　높은 솔 성긴 버들이 함께 푸르고 푸르렀네
遺芬人誦輿圖勝　　남은 향기는 사람이 말하고 역사에 기록되고
往蹟歌登活畵屛　　지난 자취의 높은 노래는 살아 있는 병풍이라
謝樹應同稱慶室　　사씨 집안 준재들도 함께 경사를 치하할 방이요
荀龍如下舞班庭　　순씨 집안 준재들이 줄로 춤출 마당에 내려간 듯
當時若有工詩史　　당시에 시와 역사에 뛰어난 이 있었더라면
昭揚吾東聚德星　　우리 동쪽에 덕성이 모였더라고 밝히 알렸으리

(『운고집(雲皐集)』)

273) 김재연(金在珚): 1808~1893. 조선 말기의 유학자이다. 본관은 김해이고 자는 우홍(宇洪)이며 호가 운고(雲皐)이다. 포항 청하 소동 출신으로 고향에서 학행을 닦았으며 많은 제자를 길렀다. 저서 『운고집』 4권이 있다.

이재강[274] 李在康, 장씨의 칠인정 시에 차운함[次張氏七印亭韻]

地角呀然有一亭	땅 끝에 놀랍게도 정자 하나 있어
芳名七印海邦青	칠인의 고운 이름이 바다 고을에 푸르네
雲飛南浦翩華蓋	남포에 구름이 날더니 수령의 수레 달리고
山護中堂列畫屛	산은 마루를 지키며 구름 병풍을 펼쳤네
圓福蓋稀遺後世	원만한 복을 후세까지 남기는 일이 드물다는데
榮光何似耀前庭	영화로운 빛이 어찌 앞마당이 빛나듯 하였을까
當時太史言耶未	그 당시에 역사가가 말하지 않았던가
其上分明聚德星	그 위에 분명히 덕성이 모였더라고

(『자고유고(紫皐遺稿)』)

김재성[275] 金在性, 칠인정에서 정용제상사(자 응여)를 만나 현판의 시에 차운하여 드림[七印亭遇鄭上舍應汝龍濟 次贈板上韻]

那知萍會適斯亭	나그넷길에 마침 이 정자에서 만날 줄 알았으랴
談屑沾沾眼拭青	즐거운 대화[276] 이어지니 눈을 비비며 반가워하네
何幸芳名同署榜	다행히도 귀한 이름과 동방同榜으로 올랐는데
且看瑤韻共題屛	또 고운 운으로 병풍에 함께 시를 짓는 것을 보네
畵中山水淸生壁	그림같은 산과 물로 벽에는 맑은 기운이 생기고
雨後松篁影入庭	비 온 뒤의 솔과 대로 그림자가 뜰에 드리우네
强把餘樽臨別路	남은 술잔 억지로 들고 작별하는 이 길은

274) 李在康(이재강): 1814년~1884. 조선 후기의 유학자이자 문장가이다. 본관은 여주이고 자는 영백(寧伯)이며, 호는 자고(紫皐)이다. 출신지는 경주 안강읍이다. 이언적(李彦迪)의 후손으로 경사자집(經史子集)을 섭렵했고 정주학(程朱學)에 전념했다. 과거에 여러 차례 응시하여 낙방하자 더 이상 뜻을 두지 않았다. 하계(霞溪)의 동쪽에 모옥 무구정(無求亭)을 짓고 벗들과 자연을 벗 삼아 시를 읊으며 지냈다. 저서 『자고유고』가 있다.

275) 김재성(金在性) : 1840~1886. 본관은 김녕이고 자는 경선(景善)이며 호는 직암(直庵)이다. 1874년 증광시에 생원으로 합격하였다. 저서 『직암집』이 있다.

276) 즐거운 대화 : 원문의 '談屑(담설)'은 아름다운 말이 마치 톱질을 할 때 톱밥이 끊임없이 계속 나오듯 이어지는 것을 말한다.

參辰自是隔商星　　삼성이 상성과[277] 절로 갈라지는 것과 같구나

(『직암집(直菴集)』)

김구락[278] 金龜洛, 칠인정에 올라 시판의 시에 차운함[登七印亭次板上韻]

七綬編成此一亭　　일곱 인끈 엮어서 이 정자 하나 지었으니
古人遺事至今青　　옛 사람 남긴 일이 지금까지 푸르구나
滿淸塘水開心鑑　　가득 찬 맑은 못물 마음의 거울을 열고
流碧嵐林入畵屛　　푸르름 흐르는 산 숲이 그림 병풍에 들었네
細雨疎槐餘晩慶　　가랑비 맞은 성근 홰나무에 뒷날의 경사 남았고
夕陽啼鳥樂空庭　　석양에 우는 새는 빈 마당을 즐기네
飄如仙鶴爰居處　　선학처럼 표연하게 거처하는 이곳
地是南州耀極星　　이 땅은 남쪽 고을 북극성이 빛나는 곳

(『용암일고(龍庵逸稿)』)

277) 삼성이 상성과 : '삼상(參商)'을 풀어 말한 것이다. 삼성(參星)은 서쪽에, 상성(商星)은 동쪽에 서로 등져있어 동시에 두 별을 볼 수 없으므로, 친한 사람과 서로 헤어져 만나지 못하는 것에 비유해서 쓰인다.

278) 김구락(金龜洛) : 1865~1909. 본관은 의성이고 자는 성칙(聖則)이며 호는 용암(龍庵)이다. 묵재(默齋) 김진규(金鎭奎)의 아들로 포항 청하 소동에 살았다. 저서 『용암일고』가 있다.

6. 칠인정중수운 七印亭重修韻

『칠인정운』 4권에 수록된 중수차운시(앞부분 4수는 『칠인정실기』에 재수록)

16대손 경홍 十六代孫 敬弘

追憶先亭掛印時	선조의 정자에 인수를 걸었던 때를 추억하니
遺仍勿替舊氈宜	후손들이 옛 전통을 바꾸지 않음이 마땅하네
百年花樹蟠根地	백년의 화수 뿌리가 번영한 땅에
七綬簪纓慶壽巵	일곱 개 인수의 관리가 장수를 경하하는 술잔을 드리네
庭植雙槐尙手澤	뜰에 심은 쌍괴엔 아직 손자국이 남았는데
月明東海併襟期	달 밝은 동해는 마음속의 뜻과 함께하네
至今懦立淸風下	지금까지 게으른 자 일으키는 맑은 바람 아래
感慨孱孫繼繕遲	계승이 더디어서 감개하는 나약한 후손

전 군수 여강 이매구 前郡守 驪江 李邁久

重新靈壁勝前時	영벽원[279]의 정자를 새롭게 하니 전보다 낫고
七印華楣合六宜	일곱 관인의 화려한 편액이 육의[280]에 부합하네
把筆詩人聯石鼎	붓을 잡은 시인은 석정 연구[281]를 지었고
尋眞遊客勸金巵	선경을 찾은 유람객은 금 술잔을 권하네

---

279) 영벽원(靈壁園) : 송(宋)나라 때 장석(張碩)의 백부 전중군(殿中君)과 부친 통판(通判)이 처음으로 영벽(靈壁)에 살면서 원정(園亭)을 만들어 난고정(蘭皐亭)을 짓고 그 어버이를 받들었는데, 뒤에 출사(出仕)하여 현달하게 되어서 이 정자를 더욱 꾸몄다고 한다. 자세한 내용은 소식(蘇軾, 1037~1101)이 지은 「영벽장씨원정기(靈壁張氏園亭記)」에 있다. 여기서는 조상을 기리는 정자를 뜻하는 것으로 보인다.

280) 육의(六宜) : 동서남북(東西南北)과 상하(上下)의 여섯 방위에 모두 마땅하다는 뜻이다.

281) 석정 연구 : 원문은 '연석정(聯石鼎)'으로, 한유(韓愈)의 「석정(石鼎)」 시가 여러 사람에 의해 연구(聯句)의 형태로 지어진 것처럼, 칠인정 명승을 찾은 시인들이 연구로 시를 지은 것을 말하는 것으로 보인다.

松桂故林芳躅在	솔과 계수 오래된 숲에 아름다운 자취 남았으니
箕裘傳業後仍期	가업[282]을 전하는 일 후손이 기약하네
鳴泉脩竹晴檻上	울리는 샘 긴 대나무 갠 헌함 위에
來者忘歸日影遲	찾아온 나그네 돌아가기를 잊었는데 천천히 땅거미가 지네

19대손 두인 十九代孫 斗寅

斯亭營繕已多時	이 정자 고치기를 이미 여러 번
花樹今春肯搆宜	화수의 이 봄은 긍구[283]하기 적당하네
繩墨從規仍舊制	먹줄은 규구[284]에 맞춰 옛 제도를 따랐고
塘崖呈彩證華巵	연못의 언덕에 고운 빛깔 드러내어 아름다운 술잔 증거하네
慶筵獻賀當年事	경사스런 잔치자리 하례를 드리는 당년의 일
孝友流傳永世期	효우가 유전되어 영세를 기약하네
庭礎綠苔生印蹟	뜰의 초석 녹색 이끼엔 관인 자취 나타나고
孱孫追憶步猶遲	잔약한 후손이 추억하니 걸음이 오히려 더디네

18대손 태흠 十八代孫 泰欽

登亭記憶創亭時	정자에 올라 정자를 창건하던 때를 기억하니

282) 가업 : 원문은 '기구(箕裘)'로, 키와 가죽옷이라는 뜻이며, 가업을 비유하는 말이다. 『예기(禮記)』「학기(學記)」의 "훌륭한 대장장이의 아들은 아비의 일을 본받아 응용해서 가죽옷 만드는 것을 익히게 마련이고, 활을 잘 만드는 궁장(弓匠)의 아들은 아비의 일을 본받아 응용해서 키 만드는 것을 익히게 마련이다.[良冶之子 必學爲裘 良弓之子 必學爲箕]"라는 말에서 유래한 것이다.

283) 긍구(肯構) : 긍구긍당(肯構肯堂)의 준말로, 『서경(書經)』「대고(大誥)」에, "만약 아버지가 집을 지으려 작정하여 이미 그 규모를 정했는데도 그 아들이 기꺼이 당기(堂基)를 마련하지 않는데 하물며 기꺼이 집을 지으랴.[若考作室 旣底法 厥子乃弗肯堂 矧肯構]" 한 대목에서 온 말로, 자손이 선대의 유업을 잘 계승하는 것을 뜻한다.

284) 규구(規矩) : 규구준승(規矩準繩)의 준말로, 목수가 쓰는 그림쇠, 곱자, 수준기, 먹줄을 말한다. 모범이 되는 법도라는 뜻으로도 쓰인다.

百代吾宗勿替宜	백대의 우리 종문 바꾸지 않음이 마땅하네
遺仍謹守絃誦榻	후손들은 삼가 현가[285]하던 서탑을 지키고
上世曾經獻賀巵	선세엔 일찍이 하례를 드리던 술잔이 있었네
已老松槐成古巷	이미 늙은 솔과 느티는 오래된 동네를 이루었고
新栽蘭菊屬前期	새로 심은 난과 국화는 앞날을 기약하네
訖役東風追感慕	일을 끝내니 동풍에 감모하는 마음 좇아
更看晴日入簾遲	갠 해가 느직이 발에 비쳐오는 것을 다시 보네

함안 조경호 咸安 趙敬祜

經始斯亭幾度時	처음으로 이 정자를 경영한 것이 몇 번인가
承承繼繼子孫宜	자자손손 계승함이 마땅하도다
增其制作都料手	그 규모에 보태어 짓되 모두 솜씨를 다하고
告厥詩登宴落巵	낙성을 아뢰는 시는 잔치의 술잔에 오르네
扁彩輝煌傳不世	편액의 빛깔 휘황하여 세상에 없도록 전하고
貽謨遠大保無期	후손을 위한 원대한 지혜 끝없이 보전하네
采風步月探眞客	문채와 풍류로 달 밟으며 승경 찾는 나그네
忘却門前去路遲	문 앞에 왔다가 돌아갈 길 늦어짐을 잊었네

한만유 韓晩愈

登亭不記築亭時	정자에 올라도 정자 지은 때를 기억하지 못했는데
爲說前賢得地宜	전현이 이 땅을 얻음이 마땅했다고 말하네
當日繁華金在篆	그때 당일 번화하게 금빛 나던 관인 글씨
後人歌咏酒盈巵	후대 사람 노래하니 술이 잔에 가득하네
梓桑已老應多感	선조의 고택 이미 오래되어 응당 감회 많은지
水月長留不盡期	물에 비친 달이 길이 머무르니 기약이 다함없네

285) 현가(絃歌) : 금슬(琴瑟)을 연주하며 노래하는 것으로, 예악(禮樂)의 교화를 뜻한다. 공자의 제자 자유(子游)가 무성(武城)이란 고을의 읍재(邑宰)로 있으면서 현가로 백성을 교화하는 수단을 삼았다. 『논어』 「양화(陽貨)」

山廚最厚尋來供　　산중의 부엌은 손님에게 가장 후하게 대접하니
幾使遊笻此路遲　　지나는 나그네에게 얼마나 이 길이 더디게 하는지

도병기 都秉圻

問路尋亭薄暮時　　길 물어 저물녘에 정자를 찾았더니
棊壺淸樂主人宜　　바둑 투호 맑은 즐거움이 주인과 맞춤이네
見月當思前掛印　　달을 보고 당연히 관인 걸던 일을 생각하고
開樽同醉不忘巵　　술통 열어 함께 잊지 못할 술잔에 취했네
探花種樹多餘景　　꽃 찾아 나무 심으니 남은 경치 많고
養竹爲園重後期　　대 길러 정원 지으니 뒷날 기약이 두터워
昔日山陰今此地　　옛날 산음[286] 땅이 지금 여기 이 땅이니
長令歸馬故遲遲　　돌아갈 발걸음이 자꾸 느려지는 까닭이라

신태종 申泰宗

興廢由來自有時　　흥하고 폐함은 원래 저마다 때가 있는데
追先啓後初相宜　　선조를 추모하고 후손을 계도함은 처음부터 서로 맞는 일
從知古宅生文藻　　오래된 가문에 문채가 있음을 알았더니
多賀賢細頌壽巵　　어진 후예 송수의 술잔 드림을 많이 축하하네
皓月印溪餘影子　　밝은 달 시내에 찍혀 그림자로 남았고
蒼松蔭戶共心期　　푸른 솔 집에 그늘져 마음의 기약 함께하네
鯫生幸得夤緣誼　　못난 후생 행운으로 인연의 친밀함을 얻어
爲奉華扁却恨遲　　빛나는 편액 우러러보며 늦게 온 것을 한탄하네

---

286) 산음(山陰) : 옛날 중국 회계군(會稽郡) 산음현(山陰縣)에 있던 정자 난정(蘭亭)을 말한 것이다. 진(晉)나라 목제(穆帝) 영화(永和) 9년(서기353) 3월 3일에 당대의 명사 왕희지(王羲之) 손통(孫統) 사안(謝安) 등 41인이 산수 풍경이 좋은 이곳에 모여 굽이쳐 흐르는 물에 술잔을 띄우며 놀이한 고사가 있는데, 오늘날까지 성사(盛事)라고 말한다.

외예 창녕 조동희 外裔 昌寧 曺東曦

輪奐還如草刱時	크고 화려한 것이 처음 지을 때와 같은데
古槐陰映護庭宜	늙은 느티 그늘이 비쳐 뜰을 지키기에 알맞네
風含舊韻聲留檻	옛 운치 머금은 바람소리가 헌함에 머물고
月帶淸光影入巵	맑은 빛을 띤 달은 그림자만 술잔에 드네
花岳烟雲爭獻態	꽃핀 산 안개와 구름은 다투어 자태를 드러내고
柳塘魚鳥自如期	버들 연못 물고기와 새는 저마다 시절을 만난 듯
彌甥亦有羹墻歎	외손이지만 추모하는 탄식은 마찬가지로 있는데
白首登軒故淹遲	흰 머리로 마루에 올랐으니 너무 늦었구나

외예 창녕 조효선 外裔 昌寧 曺孝璿

此亭興廢蓋關時	이 정자의 흥폐에 시절 운수가 관련되니
賁飾前光在後宜	이전의 영광 잘 꾸며 후대에 남겨줌이 마땅하리
輔國多年施紫綬	나랏일을 도운 지 여러 해에 붉은 인끈 베풀었고
榮親同日奉華巵	어버이 영광올려 동시에 화려한 술잔 받들었네
記文述德前人備	덕을 서술한 기문은 전인들이 갖추었고
炳節淸風後世期	청풍 같은 빛나는 절개는 후세에도 기약하네
麗億雲孫遵勿替	억이나 되는 자손들 이를 따르며 바꾸지 말지니
海天瑞色滿庭遲	바닷가 하늘 상서로운 빛이 뜰에 가득 머무르리

영양후인 이장주 永陽後人 李章柱

登亭回憶七印時	정자에 올라 칠인의 당시를 돌이켜 생각하니
簪笏榮名百世宜	벼슬의 영예로운 이름 백세에 전해 마땅하네
怡親昔日賢人迹	어버이를 기쁘게 하던 지난날 현인들의 자취
慶壽當年孝子巵	장수를 경하하던 당년 효자의 술잔
依澗老槐餘舊澤	시냇가 늙은 느티에 오래된 음덕이 남았고
滿庭明月有前期	뜰 가득한 밝은 달에 앞날의 기약이 있네
晩生後到多追感	늦게 나서 뒤에 왔으나 추모하는 마음 많아

盡日徘徊俛仰遲　　종일 서성이고 아래 위 돌아보며 천천히 건네

군위후인 사공숙 軍威後人 司空璛

七印高亭感昔時　　칠인 높은 정자에서 옛날을 생각하니
由來聲實兩相宜　　전해오던 소문과 실제가 서로 맞구나
簾前秋意鳴梧葉　　발 앞의 가을 기운이 오동 잎을 울리고
檻外溪聲落酒巵　　헌함 밖의 시냇물 소리 술잔에 떨어지네
槐碧千年追異代　　느티는 천년을 푸르러 지난 시대를 추억하고
月明東海證前期　　달은 동해에 밝아 앞날의 기약을 보증하네
晟世名賢遺躅地　　밝은 세상 이름난 현인이 자취를 남긴 땅에
吾生堪愧此行遲　　나같은 후생은 이번 길이 늦어서 부끄럽네

19대손 두표 十九代孫 斗杓

斯亭興廢不關時　　이 정자가 흥폐함은 시절에 관계된 것 아니니
創建增修理合宜　　창건하고 증수함은 이치에 맞아 마땅했네
暖日堆牕春入戶　　따뜻한 햇살 창에 쌓여 봄이 집에 들어오고
淸宵酌酒月興巵　　맑은 밤에 술잔을 드니 달빛이 술잔에 흥겹네
爰居爰處承先業　　이렇게 여기에 살며 선조의 가업을 잇고
肯構肯堂逮後期　　긍구긍당하니 뒷날의 기약에 이르리
庭畔槐陰猶未了　　뜰 가의 느티 그늘은 아직도 다함이 없는데
雲仍餘慶在遲遲　　후손들의 남은 경사는 느리고 늦구나

19대손 두표 十九代孫 斗杓

先祖餘陰逮後時　　선조의 남은 음덕이 후대까지 미칠 때
增修舊制事隨宜　　옛 규모로 증수하니 일이 시의에 따랐네
旣優盛世蒙恩紱　　성세에 은혜 입은 벼슬 이미 넉넉하였으니
倍憶當年獻壽巵　　당년에 장수를 축원하던 술잔 더욱 생각나네
自此幸無風雨患　　이로부터 부디 비바람의 우환 없기를 바라고

從今復待子孫期	지금부터 다시 자손들의 기약을 기다리네
憑欄更頌兒郎曲	난간에 기대어 상량의 노래를 다시 부르니
海國春朝瑞日遲	해국의 봄 아침에 상서로운 태양이 느리게 뜨네

오천 정민석 烏川 鄭民奭

此固一時彼一時	이것도 한때이며 저것도 한때이니
新營重緝正相宜	새로 지으나 중수하나 참으로 서로 마땅하네
鳩材若美還增制	재목을 구해 저리 아름답게 다시 더하여 짓고
鶴壽依遐又獻巵	오래도록 장수하시라고 또 술잔을 바치네
假使百修同後志	만약 백번을 중수하더라도 다음 뜻은 같으리니
當令千綬在前期	마땅히 천 개의 인끈이라는 앞날의 기약이 있네
斯印斯亭那盡數	이 관인 이 정자를 어찌 다 세겠는가
禱陰山下日遲遲	도음산 아래 해는 길기도 한데

안동후인 권석찬 安東后人 權錫瓚

述事創功各一時	계승하는 것이나 창설하는 것이나 각각 한때의 일
新仍其舊兩相宜	새로운 것이나 옛것을 따르는 것은 둘 다 마땅한 일
勉爾諸生勤守業	여러 생도에게 권면하노니 학업을 근실히 지키라
停吾歸客爛酬巵	돌아가는 우리 손님을 잡고 즐겁게 술잔을 권하네
繞壁青山輸景物	벼랑처럼 두른 청산은 경치를 가져오고
當楣活水養心期	문미 앞에 솟는 물은 마음의 기약을 기르네
一宿何能傾素抱	하룻밤에 어찌 평소의 마음을 다하랴
庭除立馬故遲遲	뜰에 세워둔 말이 그 때문에 늦어지네

부림 홍우흠 缶林 洪友欽

亭又如新掛印時	정자를 또 새로 지으니 관인 걸릴 때와 같아
不忘志喜顧名宜	기쁘던 기록 잊지 않아 옛 이름을 돌아보니 마땅해
軒梅花發春回榭	추녀 밑에 매화가 피니 봄이 정자에 돌아오고

簾月斗圓影滿巵　　주렴의 달 둥글어지니 그림자가 술잔에 가득하네
百世羹墻追有感　　백 세에 조상을 추념하니 감회가 있고
一區泉石永無期　　이 구역의 자연은 영원하여 끝이 없으리
綿綿相繼玉山宅　　끊임없이 서로 이어지는 옥산장씨 가문에
和氣融融午日遲　　화목한 기운 넉넉한데 대낮의 해가 더디 가네

부림 홍명우 缶林 洪明佑

更修華搆不拘時　　좋은 집 다시 고치면 시기에 구애 없고
蕭灑欄干如舊宜　　시원한 난간은 예전과 같이 적절하네
邂逅登臨多士屐　　해후하여 오르는 것은 여러 선비들의 나막신이요
懃慇酬酢主人巵　　정답게 술을 나누는 것은 주인의 술잔이구나
青松出壑風聲在　　푸른 솔에는 골짜기에서 나온 바람 소리 있고
碧海臨門沆濤期　　문에 임한 푸른 바다는 큰 파도의 기약 있네
如許名區難再見　　이와 같은 명승지는 다시 보기 어려우니
區區行色日遲遲　　구구한 행색에 해가 더디 지는구나

방예 장인호 傍裔 張寅濩

海上山高七印時　　바닷가에 산은 높아 일곱 관인 걸 때에
清陰槐與竹相宜　　맑은 그늘 느티와 대는 서로 잘 어울리네
鴻恩北宸今千載　　북쪽 대궐 큰 은혜는 지금에서 일천 년 전
鷰賀東風復一巵　　동풍에 제비도 축하하니[287] 다시 한 잔 올리네
後仍慶壽其來自　　후손들이 생신을 축하하러 곳곳에서 오고
多士絃歌亦有期　　많은 선비 거문고 맞춰 노래함은 또한 기약 있음이라
一帶活源亭下水　　한 줄기 흐르는 샘은 정자 아래 물이 되어
獨輸清碧故遲遲　　맑고 푸름을 혼자 싣고 천천히 흐르는구나

287) 제비도 축하하니 : 원문의 '연하(燕賀)'는 제비가 사람이 집을 지으면 제 집도 생겼다 하여 서로 기뻐한다는 뜻으로, 타인(他人)이 집을 지었을 때에 마음으로 기뻐하며 축하(祝賀)함을 이르는 말이다.

참봉 서흥 김시동 參奉 瑞興 金始東

高亭印月幾來時	높은 정자에 비친 달이 몇 번이나 왔던가
□有雲仍肯搆宜	□[288] 후손들이 이어 지음이 마땅하네
大壯經營龜協筮	대장괘[289]로 경영하니 거북 점괘대로 길하고
斯干讌飮酒盈巵	중수하여[290] 잔치하니 술이 잔에 가득하네
山川所過皆生彩	지나간 산천 모두 새로 빛이 나고
棟宇維新若合期	기둥과 집 새롭게 고치니 기약을 맞춘 듯하네
始識孝先餘慶在	비로소 알겠노라, 효에 앞서 남는 경사 있으니
槐陰庭畔日遲遲	마당가 느티 그늘에 해가 느릿느릿

신해년 9월 전 군수 박제범 辛亥 梧月 前郡守 朴齊範

鑿開慳秘昔何時	아끼고 감춘 땅을 열었던 것이 옛 어느 땐가
地僻雲深大遯宜	땅은 궁벽하고 구름은 깊어 은거하기에 마땅하네
頭戴一天藏草幕	머리는 한 하늘 이고 초막에 몸을 감추었고
膝環七子壽花巵	벼슬아치 일곱 아들 꽃잔으로 헌수하였네
遺墟起閣山增色	남긴 터에 누각을 지으니 산은 경치를 더하고
遠客携簫月與期	멀리서 온 나그네 퉁소 잡으니 달이 기약한 듯 함께 하네
那得烟霞分半許	안개 노을 반 남짓 나누기를 어찌 얻겠는가
超然物外共棲遲	초연히 인간 세상 밖에서 함께 놀고 쉬나니[291]

---

288) □ : 원본에 한 글자가 누락되어 있다.

289) 대장괘 : 원문의 '대장(大壯)'은 대장괘(大壯卦)로 64괘의 하나이다. 진괘(震卦)와 건괘(乾卦)가 거듭된 것을 말한다.

290) 중수하여 : 원문의 '사간(斯干)'으로 『시경』「소아(小雅) 사간(斯干)」에 주나라 여왕(厲王)이 포학하게 굴다가 체(彘)로 쫓겨나 죽은 뒤에, 그의 아들 선왕(宣王)이 즉위하여 정치를 개혁하고 덕정(德政)을 펴서 중흥을 이루었는데, 선왕이 새 궁실을 낙성한 것을 축하한 내용이 나온다.

291) 놀고 쉬나니 : 원문의 '서지(棲遲)'는 놀고 쉰다는 뜻으로, 은거하여 편안하게 노니는 것을 말한다. 『시경』「진풍(陳風) 형문(衡門)」에 "형문의 아래여 쉬고 놀 수 있도다. 샘물이 졸졸 흐름이여 굶주림을 즐길 수 있도다.[衡門之下 可以棲遲 泌之洋洋 可以樂飢]"라

개인문집에 수록된 중수차운시

최재휘[292] 崔在翬, 칠인정 중수시에 다시 차운함[更次七印亭重修韻]

增其舊制適其時　　옛 제도를 늘였으니 시대의 필요에 맞추었고
壓水環山地理直　　물을 굽어보고 산을 두르니 지리에도 바르네
也知後世經營策　　알겠구나, 후세에 천하를 다스릴 계책은
回憶當年慶壽色　　당시 생신 축하하던 광경을 생각하는 것
七子壻臨多後福　　아들과 사위 일곱이 오니 후손의 복이 많고
六兒郎偉應前期　　상량문의 노래는 앞날의 기대에 부응하네
澄潭印月千秋白　　맑은 못에 찍힌 달은 천추만세에 하얗고
穿石微流故故遲　　돌을 뚫은 작은 물줄기는 천천히 흐르는구나

(『회와유고(悔窩遺稿)』)

고 한 데서 온 말이다.

292) 최재휘(崔在翬) : 1843~1920. 본관은 영양이고 자는 명서(明瑞)이며 호는 회와(悔窩)이다. 경주에 살았으며 성품이 총명하고 문장가로 이름이 있었다. 문집『회와유고』가 있다.

7. 홍의공묘도입석시운 興義公墓道立石時韻
(『칠인정실기』 수록)

18세손 태유[293] 十八世孫 泰維

曠世未遑表墓門	오랫동안 묘소에 표석 세울 겨를이 없었는데
螭頭一片耀邱原	비석 머리 한 조각이 묘소 언덕에 빛납니다
遺風凜凜寒松老	남긴 풍모 늠름하듯 찬 소나무 늙어가고
懿蹟昭昭野稗存	아름다운 사적 환하게 야담으로 전해오네
冠冕如雲來駿士	높은 관원 준걸 선비 구름처럼 몰려오니
牲粢多漏愧孱孫	잔약한 후손은 제물이 미약해 부끄럽습니다
如今復絶春秋義	요즘처럼 춘추의 의리가 다시 끊어진 형편으로
回首先天未敢言	옛날 일을 되돌아보면 감히 말도 못합니다

행의금부도사 서흥 김규화[294] 行義禁府都事 瑞興 金奎華

玉山世世赫尊門	옥산장씨 대대로 빛나는 높은 가문
賢祖履藏負坎原	어진 조상 자취 묻히신 남향의 언덕
海濱守節千年後	바닷가에 수절한 지 천년이 지나니
麗代遺風一壑存	고려의 남은 풍모 한 골짝에 남았구나
斧堂生色趨紳士	묘역[295]에 새빛 남은 선비들이 달려온 일

---

293) 장태유(張泰維) : 1845～1915. 자는 치일(致一)이고 호는 천재(泉齋)이다. 장필홍(張佖弘)의 손자이며 장윤옥(張潤玉)의 아들이다. 일찍부터 명망이 높았고 수직 통정대부에 임명되었다. 미추(眉秋) 장두표(張斗杓)의 아버지이다.

294) 김규화(金奎華) : 1837～1917. 본관은 서흥이고 자는 문직(文直)이며 호는 소초(小楚)이다. 거주지는 고령(高靈)이며, 아버지는 김석보(金錫輔)이다. 1874년에 증광시(增廣試) 진사(進士) 3등(三等) 6위로 합격하여 의금부도사를 지냈다. 이후 경상남도 창녕군 고암면에 살았다. 저서로는 『소초유집(小楚遺集)』이 있다.

295) 묘역 : 원문의 '부당(斧堂)'은 봉분(封墳)을 이르는 말로, 『예기(禮記)』「단궁(檀弓)」에, 자하(子夏)가 말하기를 "옛날에 공자께서 말씀하시기를 '내가 보건대, 봉분하는 것을 마치

雨露增思愴子孫	봄가을[296]에 사모가 더함은 자손들의 슬픔
昭昭當日自靖義	당시에 지조를 지킨 의리가 자세히 쓰였으니
過者寒山堪可言	차가운 산을 지나는 자가 할 말이 있으랴

교리 여강 이중구[297] 校理 驪江 李中久

屋社西風拜羨門	서풍에 나라가 망하자[298] 동방의 신선[299]을 찾았는데
穹然牲石耀荒原	둥그렇게 깎은 돌이 거친 언덕에 빛나네
孤忠不死東溟在	죽지 않는 외로운 충성 동해에 있고
芳躅如生草幕存	생생한 고운 자취는 초막에 남았구나
襟佩濟蹌來彦士	푸른 옷깃[300] 철렁이며 선비들 모여오고

마루처럼 쌓아 올린 것이 있고……도끼날처럼 위가 좁게 쌓아 올린 것도 있었으니, 나는 도끼처럼 하는 것을 따르겠다.' 하였다.[昔者, 夫子言之曰, 吾見封之若堂者矣.……見若斧者矣, 從若斧者焉.]"라고 한 데서 온 말이다.

296) 봄가을 : 원문의 '우로(雨露)'는 『예기』「제의(祭義)」에 "서리와 이슬이 내리면 군자가 밟고서 반드시 슬픈 마음이 생기니, 이는 날이 추워져서 그런 것이 아니다. 또 봄에 비와 이슬이 내려 땅이 축축해지면 군자가 밟고서 반드시 두려운 마음이 생겨서 마치 죽은 부모를 만날 것 같은 생각이 들게 된다.[霜露旣降, 君子履之, 必有悽愴之心, 非其寒之謂也. 春雨露旣濡, 君子履之, 必有怵惕之心, 如將見之.]"라고 한 데서 온 말이다.

297) 이중구(李中久) : 1851~1925. 본관은 여강이고 자는 정보(正甫)이며 호는 자운(紫雲)이다. 회재(晦齋) 이언적(李彦迪)의 후손으로, 사간원 정언 이재립(李在立)의 손자이다. 외숙 김흥락(金興洛)의 영향을 받았다. 1888년 왕명으로 급제하여 홍문관 부교리를 역임하고 귀향하였다. 이후 애국계몽운동과 국채보상운동에 중진으로 참여하였다.

298) 나라가 망하자 : 원문의 '옥사(屋社)'는 망한 나라의 사직(社稷)에 지붕을 설치함을 말하는데, 『예기(禮記)』「교특생(郊特牲)」에 "천자의 대사에 지붕을 덮지 않아 서리·이슬·바람·비를 직접 맞게 하는 것은 천지의 기운이 서로 통달하게 하기 위한 것이다. 이 때문에 망한 나라의 사직에는 지붕을 만들어 하늘의 양기를 받지 못하게 한다.[天子大社, 必受霜露風雨, 以達天地之氣也. 是故喪國之社屋之, 不受天陽也.]"라고 한 데서 온 말이다.

299) 동방의 신선 : '선문(羨門)'은 옛날 선인(仙人)인 선문자고(羨門子高)를 말하는데, 진 시황(秦始皇)이 일찍이 동해(東海)에 노닐면서 선인 선문의 무리를 찾았다 한다. 『사기(史記) 진시황본기(秦始皇本紀)』

300) 푸른 옷깃 : 원문 '금패(襟佩)'는 옷깃과 패옥으로, 공부하는 선비를 가리킨다. 『시경』「자금(子衿)」에, "푸르고 푸른 그대의 옷깃이여, 아득한 나의 그리움이도다.[青青子衿, 悠悠我心.]", "푸르고 푸른 그대의 패옥이여, 아득한 나의 그리움이도다.[青青子佩, 悠悠我思.]"라고 한 데서 온 말이다.

心香澆奠幾雲孫　　정결한 향과 제물 후손은 몇몇인가
千秋卓節人臣式　　천추에 높은 절개 신하들의 모범이 되니
却對寒山未敢言　　다시 찬 산을 보니 감히 말을 못하겠네

창녕 조효준 昌寧 曺孝濬

曠百詢僉自一門　　한 문중이 수백년간 여러 현인께 물어서
謹修牲石護荒原　　삼가 돌을 깎아 거친 언덕을 보호하네
我朝日月天中到　　우리 왕조 일월이 하늘 가운데 이르고
故國春秋地上存　　이전 나라 춘추는 땅 위에 남았구나
彝好攸同欽士子　　윤리를 함께 좋아하여 흠모하는 선비들과
孝思不匱有賢孫　　효심의 사모가 끝없는 어진 후손 있구나
眇余外裔參瞻拜　　못난 나도 외손으로 우러러 참배하니
與有榮光可勝言　　함께 하는 영광됨을 말로 할 수 있으랴

서산 류양욱 瑞山 柳瀁郁

螭文爛爀斧堂門　　용 무늬 찬란히 빛나는 묘소의 문
邀速衿紳上梓原　　초청받은 선비들이 언덕을 오르네
雷首淸風高節倂　　뇌수산[301] 청풍과 나란한 높은 절개
永州鑪步舊墟存　　영주의 철로보[302] 옛 자취가 남았네
寒山一片題公筆　　한산 한 조각 돌에는 공정한 글 적혔고
香火千年裕孝孫　　향화 일천 년에 효성스런 손자 많구나
遺風遙欽高蹈地　　멀리서 유풍을 흠모하여 높이 걷는 땅

---

301) 뇌수산(雷首山) : 수양산(首陽山)을 말한다. 무왕(武王)이 은(殷)나라를 정벌하자, 백이(伯夷)와 숙제(叔齊)는 이를 부끄럽게 여기고 의리상 주나라의 곡식을 먹을 수 없다고 하여 수양산에 숨어서 고사리를 캐 먹다가 마침내 굶어 죽었다.

302) 영주의 철로보 : 철로보(鐵爐步)는 철공소(鐵工所)를 말한다. 당나라 유종원(柳宗元)의 「영주철로보지(永州鐵爐步志)」에 "전에는 철공소가 있었으므로 철로보라 하였지만 지금은 철로가 없는데도 그대로 철로보라 하니 이름만 있고 실제는 벌써 없어졌다."라고 하였다. 『유하동집(柳河東集)』 권28

海東明月恨無言	해동의 명월은 말이 없어 안타깝구나

전정자 월성 최현필[303] 前正字 月城 崔鉉弼

松京名節玉山門	송도에 절개로 이름난 옥산장씨 가문
趯勒貞珉草幕原	공들여 깎은 비석 초막 언덕에 섰구나
古榭雙槐王氏蔭	옛 정자 쌍괴수는 왕씨(王氏)의 음덕[304]이요
遺風千載伯夷存	천년에 전하는 풍모는 백이(伯夷)만 남았네
簪纓繼世文兼武	관직이 이어지니 문관 무관 다 있고
忠孝傳家祖有孫	충효가 전하는 집 그 조상에 그 자손
擧目又看人自獻	눈을 들어 자정(自靖)하던 이들[305]을 바라보니
魏榆他日石應言	후일에 위유(魏榆) 땅에서 돌도 응당 말을 하리[306]

---

303) 최현필(崔鉉弼) : 1860~1937. 본관은 경주이고 자는 희길(羲吉)이며 호는 수헌(修軒)이다. 최진립(崔震立)의 후손으로 경주에 살았다. 1891년 別試 병과로 문과에 급제하여 승문원 부정자를 지냈다. 관제가 변경된 후에는 벼슬할 뜻을 버리고 고향으로 돌아와 독서로 즐거움을 삼았다.

304) 왕씨의 음덕 : 송나라 태종(太宗) 때 병부 시랑(兵部侍郎)이었던 진국공(晉國公) 왕호가 재상의 덕망이 있었으나 직언(直言)했던 까닭에 끝내 재상이 되지 못하자, 뜰에 세 그루의 회나무[三槐]를 심고 "내 자손 가운데 반드시 삼공(三公)이 되는 이가 있을 것이다." 라고 했는데, 진종(眞宗) 때에 그의 아들인 위국(魏國) 문정공(文正公) 왕단이 재상이 되었다. 『고문진보(古文眞寶) 후집(後集)』 권8 「삼괴당명(三槐堂銘)」

305) 자정(自靖)하던 이들 : 자정(自靖)은, 은(殷)나라 태사(太師)인 기자(箕子)가 주왕(紂王)의 서형(庶兄)인 미자(微子)에게 "스스로 의리에 편안하여 사람마다 스스로 선왕에게 뜻을 바칠 것이니, 나는 떠나가 은둔함을 돌아보지 않겠다.[自靖, 人自獻于先王, 我不顧行遯.]"라고 한 데서 온 말로, 본래는 스스로 의리에 맞게 처신하여 그 처지를 편안하게 여긴다는 뜻인데, 후세에는 은둔하여 지조를 지킴을 가리키는 말로 많이 사용하였다. 『서경(書經)』 「미자(微子」)

306) 돌도 응당 말을 하리 : 『춘추좌씨전』 소공(昭公) 8년 진나라 평공(平公) 때에 위유(魏榆) 지방에서 돌이 말을 하였다. 진후(晉侯)가 사광(師曠)에게 묻기를 "돌이 무엇 때문에 말을 하였는가?" 하니, 사광이 대답하기를 "돌은 말을 할 수 없습니다. 잘못 들은 것이 아니면, 정신이 돌에 씌어서 말을 한 것일 듯합니다. 국가가 공사를 일으키는 것이 때에 맞지 않아서 원망이 백성들의 마음에서 발동하면 말 못 하는 사물이 말을 한다고 합니다. 지금 궁궐이 사치스럽고 민력이 고갈되어 백성들이 목숨도 부지할 수 없게 되었으니, 돌이 말을 하는 것이 당연하지 않겠습니까." 하였다.

18세손 태흠[307] 十八世孫 泰欽

儼立龜趺屹墓門	엄연히 선 거북받침 묘소 앞에 우뚝하고
靑靑幕草復荒原	거친 언덕에 초막의 풀이 다시 청청하구나
風霜歲暮松楸老	풍상에 해가 저무니 송추[308]도 늙었는데
海月時明氣像存	바다에 달은 때맞춰 뜨는 기상이 남았구나
自靖遺墟傳野稗	지조를 지킨 유허에는 옛 이야기 전해오는데
未遑追謚慨孱孫	아직도 시호를 못받아 개탄하는 잔약한 후손
悠悠百世公論在	유유한 백세 후에도 공론은 있을 것이니
信筆從今略述言	문장가들은 이제부터 그 말씀을 서술하리

19세손 두표[309] 十九世孫 斗杓

風寒松社閉深門	찬 바람 부는 제단[310] 깊은 문을 닫았고
懿蹟茫茫草沒原	좋은 자취 아득하게 언덕 풀에 묻혔네
採薇高歌山獨立	채미가(採薇歌) 높이 부르던 산만 홀로 서 있고
畵蘭孤節土尙存	난초 그리던 외로운 절개 땅은 아직 남았네
禮從乎古來多士	예법은 옛날을 따라서 많은 선비 모이고
事至于今愧後孫	고사는 지금까지 전해져 후손들은 부끄럽네
信墨煌煌光石面	미더운 글 휘황하게 석면에 빛나는데
由玆杞宋可徵言	이제부터 옛날 일[311]도 증명할 말 있겠네

---

307) 장태흠(張泰欽) : 1871~1940. 자는 윤중(允中)이고 호는 취연(翠淵) 또는 복재(復齋)이다. 천자가 단아하고 향학의 정성이 있어서 곽종석(郭鍾錫)과 장석영(張錫英)의 문하에 수학하였다. 왕복서한과 유집이 있다.

308) 송추(松楸) : 소나무와 가래나무로, 옛날 선산(先山)에 이들 나무를 많이 심었기 때문에 선영(先塋)을 가리키는 말로 쓰인다.

309) 장두표(張斗杓) : 1877~1920. 자는 자건(子建)이고 호는 미추(眉秋)이다. 장윤옥(張胤玉)의 아들로 나서 장인옥(張仁玉)의 후사를 이은 장태용(張泰容)의 아들로 나서 생가백부 장태유(張泰維)의 후사를 이었다.

310) 제단(祭壇) : 원문은 '송사(松社)'이다. 사직(社稷)의 제단을 세우면서 사에는 각각 토질에 알맞은 나무를 심는다. 그러므로 옛날에 송사(松社) 백사(柏社) 율사(栗社) 역사(櫟社)라는 이름이 있었다. 그 중의 하나이다.

회덕 황상욱 懷德 黃相旭

百世遺芳興義門	백세에 아름다운 명성의 홍의공 문중
凜然爽氣曠山原	늠름하신 기상이 산 언덕에 환하구나
藏修久持神其佑	은거 학문 오래 지키니 신명이 도우시고
杖鉢依如像必存	가르침이 의연하시니 모습도 있으신 듯
樂石遺音登顯刻	소중하신 유언 말씀 비석에 올렸으니
鬱金主鬯繼來孫	울창주[312] 든 주손[313]이 후대까지 이어지네
追先宿念憑誰感	추모하는 숙원을 누구와 함께 감탄하리
一片草岑若有言	한 조각 풀 언덕도 할 말이 있는 듯해

인천 채진우 仁川 蔡鎭禹

賁隧英名彰德門	묘소의 영명한 명성이 덕문을 드러내고
忠魂陟降奄荒原	충혼이 오르내리는 거친 언덕을 가렸네
歌薇一曲山長立	채미가 한 곡조에 산은 길이 우뚝하고
壟草千年幕尚存	언덕 풀은 천년에도 초막은 보존되었네
冠盖觀臨欽仰士	고관들은 와서 보고 선비들은 흠앙하며
蘋藻隨節孝賢孫	철따라 제물을 올리는 효성스런 후손들
哲如海嶽留餘誌	바다와 산악같은 명철이 읍지에 남았고
片石能成萬口言	한 조각 돌이라도 능히 만인의 말이 되리

---

311) 옛날 일 : 『논어(論語)』「팔일(八佾)」에 "공자가 말씀하기를, '하(夏)나라의 예법은 내가 말할 수 있으나 그 후손의 나라인 기(杞)나라에서 충분한 증거를 대지 못하며, 은(殷)나라의 예법을 내가 말할 수 있으나 그 후손의 나라인 송(宋)나라에서 충분한 증거를 대지 못함은 문헌이 부족하기 때문이다. 문헌만 충분하다면 내가 내 말을 증거댈 수 있을 것이다.'라 하였다.[子曰 : 夏禮, 吾能言之, 杞不足徵也, 殷禮, 吾能言之, 宋不足徵也, 文獻不足故也, 足則吾能徵之矣.]"라고 한데서 유래한 말이다.

312) 울창주 : 검정 기장으로 빚은 창주(鬯酒)에 울금향(鬱金香) 풀을 달여서 섞은 술로, 종묘 제향의 강신(降神)에 쓰인다. 『예기(禮記)』「교특생(郊特牲)」

313) 주손 : 원문의 '주창(主鬯)'은 울창주(鬱鬯酒)를 맡았다는 뜻으로, 울창주는 종묘(宗廟)에서 제사지낼 때에 태자(太子) 또는 세자(世子)가 올리므로, 태자 또는 세자를 이르는 말로도 쓰임.

오천 정규일 烏川 鄭奎一

表請嗣賢謹躋門	비문 청하는 후손들이 삼가 문에 오르더니
丹溪片石復靈原	한 조각 단계석이 묘소에 다시 섰네
秋蓮鐫柱高形老	가을 연꽃 기둥에 새겨져 높은 형상이 늙어가고
山栢經霜孝涕存	산 잣나무 세월을 겪어도 효성의 눈물은 남았네
車馹南州雲集士	남방에서 수레 달려와 구름처럼 모인 선비
簪纓古宅世傳孫	고관의 옛 집에서 대대로 전승한 후손
龜頭迄擎媧天碧	거북 머리 높이 드니 여와(女媧)[314]의 하늘 푸르고
耀篆瓊琚壯萬言	빛나는 글씨 아름다운 글 장하신 만언 비문

안동 권대진 安東 權大震

興州聞族有華門	흥해에 이름난 씨족에 빛나는 가문 있어
一石能高萬古原	한 조각 비석이 만고의 언덕에 높이 섰네
宇宙囂塵明哲保	온 세상 어지러울 때 명철하게 지키시어
山河壯氣義忠存	산하같은 장한 기운에 충의가 보존되었네
公議攸同今世士	공공한 의논에 한 뜻을 가진 요즘의 선비
孝心無愧迺家孫	효심에 부끄러움 없는 바로 그집 자손들
敬讀先生平日事	선생의 평소 말씀을 공경히 읽어보니
子雲百代是知言	백대의 자손들이 바로 말을 아는 군자들[315]

314) 여와(女媧) : 중국 고대 전설상의 임금 중 하나로, 복희씨(伏羲氏)의 여동생이다. 여와씨가 오색의 돌을 갈아 터진 하늘을 메우고, 자라의 발을 잘라서 사극(四極)을 세우니 땅이 평정되고 하늘이 완전하게 되었다고 한다. 『회남자(淮南子)』

315) 말을 아는 군자들 : '지언(知言)의 군자'라는 뜻으로, 말의 이치를 잘 알아서 그 진의를 잘 파악하는 사람을 이른다. 공손추(公孫丑)가 부동심(不動心)할 수 있는 방법에 대해 물었을 때, 맹자(孟子)가 "나는 말을 알고 나의 호연지기를 잘 기른다.[我知言, 我善養吾浩然之氣.]"라고 대답한 데서 온 말로, '지언'에 대해 주희(朱熹)는 "마음을 다하고 성을 알아서 천하의 모든 말에 대하여 이치를 궁구하여 그 시비득실의 소이연을 아는 것이다.[盡心知性, 於凡天下之言, 無不有以究極其理而識其是非得失之所以然也.]"라고 설명하였다. 『맹자』「공손추 상(公孫丑 上)」

16세손 석홍[316] 十六世孫 奭弘

禾黍悲歌遵海門	망국의 슬픈 노래[317]로 바다 입구를 따라[318]
首陽高躅又麗原	수양산 높은 발길이 또 고려봉에 올랐네
槐軒日月貞忠老	칠인정 일월 속에 충정은 늙어가도
草幕春秋舊國存	초막의 춘추에는 옛 나라가 남았었네
公服當年思勝主	공복으로 임종하며 옛 임금[319]을 그리더니
俎豆今日拜孱孫	제사하는 오늘날은 후손들이 배례하네
却恨丹心難畵得	안타깝게도 일편 단심은 그리기 어려워
龜頭銘實頌嘉言	비석에 사실을 새겨 좋은 말로 칭송하네

17세손 찬규[320] 十七世孫 贊奎

遵海當年不出門	바닷가로 오신 당시 동구에 나가지 않다가
麗朝忌日曲江原	고려의 국기일에는 곡강언덕에 오르셨지
儒林追獎尊師仰	유림은 추모하여 스승으로 존앙하며
邦國興替大義存	나라의 흥망에도 대의가 있다 하였네
草幕高風遺後世	초막의 높은 풍모 후세에 남기셨으니
槐軒密葉係殘孫	느티 정자 빽빽한 잎은 잔손에 이어졌네

316) 장석홍(張奭弘) : 생몰년 미상. 자는 윤필(胤弼)이다. 장응곡(張應斛)의 손자이며 장영학(張永學)의 아들이다.

317) 망국의 슬픈 노래 : 기자가 주(周)나라로 조회하러 가는 길에 은나라 도성 터를 지나다가 폐허가 된 궁궐터에 벼와 기장이 무성히 자란 것을 보고 슬퍼하여 부른 「맥수가(麥秀歌)」에 이르기를, "보리 이삭이 이미 자랐고, 벼와 기장도 무성하네. 저 교활한 아이는, 나와 뜻이 맞지 않았네.[麥秀漸漸兮, 禾黍油油. 彼狡童兮, 不與我好兮.]"라고 하였다. 은나라 유민(遺民) 중에 이 노래를 듣고서 울지 않는 이가 없었다고 한다. 『사기(史記)』 권38 「송미자세가(宋微子世家)」

318) 따라 : 필사문에는 辶+尊으로 쓰여 있다. 사전에 수록되지 않았고 용례가 없는 글자이지만, 문맥과 음가로 보아 '遵'에 해당될 것으로 보인다.

319) 옛 임금 : 필사본에는 이 부분에 두 글자를 일부러 덮어 쓴 흔적이 있다. 확대해 보니, '勝'자를 쓰고 그 위에 가로획을 덧칠한 듯하다. '勝'자라고 보고 번역했다.

320) 장찬규(張贊奎) : 『인동장씨 홍해파보』에는 '燦奎', '瓚奎'는 있는데 '贊奎'는 없다. 개명이 있었던 듯하다.

一片西山銘實蹟	한 조각 서산(西山)의 명[321]이 실제로 쌓여서
光登輿誌頌嘉言	그 빛을 여지(輿誌)[322]에 실어 좋은 말로 칭송했네

321) 서산의 명 : 중국 송나라 때의 학자 진덕수(眞德秀, 1178~1235, 호 西山)의 경의재명(敬義齋銘)으로, 그의 문집인 『서산문집(西山文集)』 권33에 수록되어 있다.

322) 여지(輿誌) : 칠인정이 있는 홍해에서 발행된 읍지를 가리킨다. 구체적으로는 1929년본 『영일읍지(迎日邑誌)』에 장표의 사적과 칠인정에 대한 기록이 잘 실려 있다.

번역책임자

김윤규, 문학박사, 한동대학교 명예교수
『석주유고』 (공, 독립운동기념관, 2007)
『백하일기』 (공, 독립운동기념관, 2011)
『서산선생문집』(공, 한국국학진흥원, 2016)
『제산일기』 (단, 한국국학진흥원, 2023)
외 번역서 15건

번역참여자

포항고전연구소 선임연구원
김형록, 진복규, 김시종, 전인철, 천경화, 권용호

칠인정 七印亭,

그 푸른 역사와 문헌

초판 1쇄 인쇄일 2025년 7월 15일
초판 1쇄 발행일 2025년 7월 30일

지은이	인동장씨 흥해파 문서
역 주	김윤규 외
펴낸이	한선희
편집/디자인	정구형 이보은 박재원 안솔비
마케팅	정찬용 정진이
영업관리	한선희 근지은
책임편집	정구형
인쇄처	으뜸사
펴낸곳	국학자료원 새미(주)
등록일	2005 03 15 제395-3240000251002005000008호
	경기도 고양시 덕양구 권율대로 656 원흥동 클래시아 더 퍼스트 1519, 1520호
	Tel 02)442-4623 Fax 02)6499-3082
	www.kookhak.co.kr
	kookhak2010@hanmail.net
ISBN	979-11-6797-255-2 *93810
가격	28,000원

부록 칠인정문헌 영인본
七印亭文獻 影印本

영인본 편집 범례

1. 칠인정 문서의 실제 모습을 보여주기 위해 영인본을 제시하였다.
2. 문서 자체의 보존상태에 따라 훼손되거나 결락된 경우도 있다.
3. 『七印亭實紀』에서 입향조에 관한 내용이 아닌 것은 제외하였다.
   『七印亭實紀』에서 『七印亭韻』에 중복된 것은 제외하였다.
4. 『族案』에서 서문이나 절목은 가능하면 수록하였다.
   『族案』에서 명단 부분은 본문에 인쇄되어 있으므로, 양식만 예시하였다.
6. 『儒案』에서 명단 부분은 본문에 인쇄되어 있으므로, 양식만 예시하였다.
7. 『尋亭錄』은 방문자의 중요한 기록이므로 가능하면 전량을 수록하였다
8. 『七印亭韻』은 영인본 전량을 제시하였다.
9. 타 문집이나 자료에서 발견한 관련 문헌들의 영인본은 제시하지 않았다.

七印亭實紀

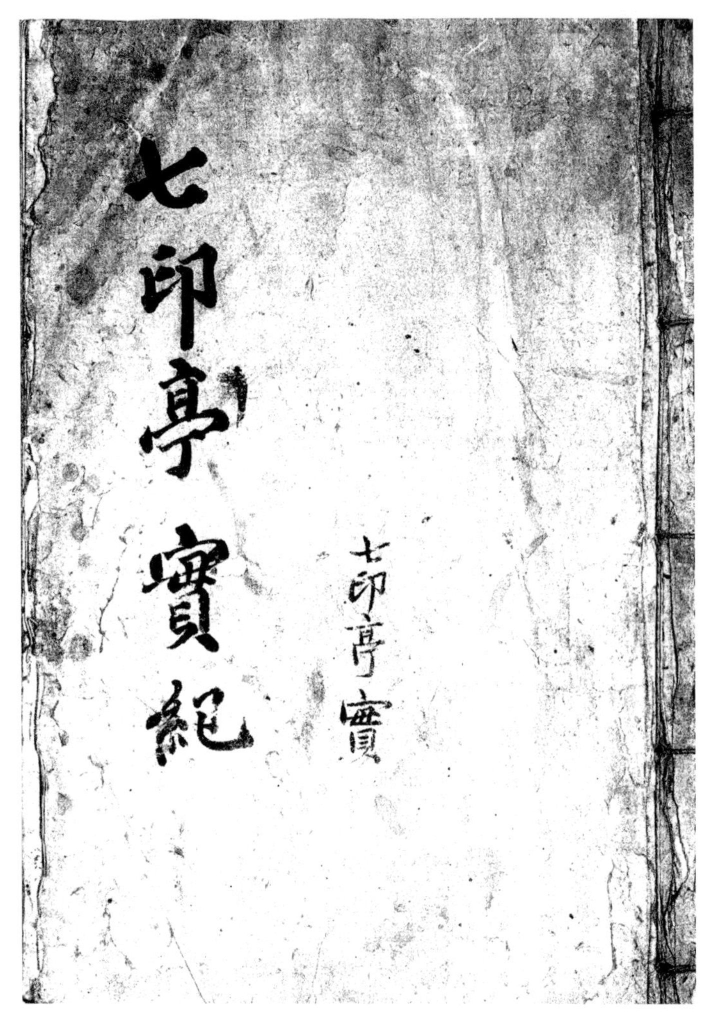

1. 입향조에 관한 내용이 아닌 것은 제외하였다.
2. 『七印亭韻』에 중복 수록된 것은 제외하였다.

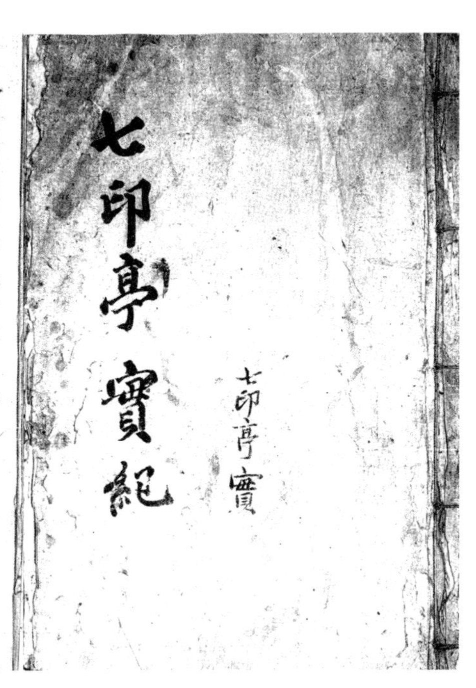

興義公草幕齋舍重建記

古語曰根深而枝茂源遠而流長興義衛保勝郎將高麗太
師公諱貞弼之後而三重大匡神虎衛上將軍金用十世孫也
諱善全吾衛將軍諱霦校尉諱國伸御史諱信元文科諱世主
直長諱溫中郎將諱漢琦通禮院祗候諱瑞孫神虎保勝諱彪興
義公及我太祖龍興擧妻子入興海治之禱陰山下築草
亭仍號草幕時宗公德寧府尹安世有太祖潛邸之舊
而屢降手札徵召不起公亦以自靖之義遁海而處其節
則有似乎伯夷之隱西山其義則無異於仲連之蹈東海也
身爲同僚之孫子無不仕之義故命子而仕之奉化縣監乙瑞
連林察訪乙海淸河縣監乙浦雲峰縣監乙河于奉常少尹

柳延慶康津縣監李范主簿同正李玄寶婿也四子三婿一時佩印稱
觴於公之膝宴掛印於庭槐時人名之以七印亭前所稱根深而枝
茂源遠而流長也某年月葛賁于寢室葬于草幕洞子向原配
太原崔氏陪提點仲卿之女墓同封由來五百餘年草屋五六
間將覆歲值歉荒每頹風雨乙巳春易之以開屋仍名舊號
請記於予不可以昏耄辭略加隱括之如右
宗後學崇政大夫行工曹判書兼知經筵春秋館知義禁府
事[illegible]
[illegible]
[illegible]

先祖興義衛保勝郎將遺事

府君諱彪姓張氏上祖高麗開國佐命功臣
太師古昌君圃隱先生諱貞弼也蓋我張氏
系出中國諱伯翼五世而至圃隱先生以道
德文章顯于中朝爲翰林學士後以直諫爲
當國者所忤竄于東國卜居蘆田郎今之仁
同府在高麗時爲玉山圃隱先生當麗祖刱
業之初建大勳於邦家錄功臣爵太師封玉
山府院君子孫因居焉勳閥事蹟詳載於傳先
祖文康公旅軒先生諱顯光譜系三世有諱

之贒郎世所稱松溪先生生五子封玉山完山順天丹陽蔚珍五世有諱敬官吏部尚書謚定懿公事載麗史可徵九世有諱尙謙光祿大夫知樞密事有五子而三子亦有受封君興山花山結城是也凡八派而貫仁同者圃隱先生之宗裔也語載結城宗公判決事累五譜序其後有諱金用官至三重大匡神虎衛上將軍生諱善金吾衛上將軍生諱震校尉生諱國伸内史令生諱信元及第仕至二品生四子長諱世林奉御直長郎文康公十四世祖也次諱百林次

諱世圭真長令同正寔府君高祖次世樟令同正曾祖諱溫中郎將祖諱漢琦通禮院判府事考諱瑞𤢅神虎衛保勝散員以元順帝至正九年己丑生府君于玉山舊第郎麗忠肅王十八年府君與權文忠公近諸贒登洪武己酉科時權文忠公年十八府君年二十一以少年科咸稱之洪武辛亥拜門下注書尋拜興義衛保勝郎將府君常曰國家辛頭陀入内之後邦綱稍紊王政遂弛朝臣在重任者不得逃其責矣自是不復有仕進之意及洪武甲寅遂

有洪崔之變李仁任等倡立辛禑府君見國本瀕危退修玉山初第遂夫我 太祖膺天受命府君與宗公德寧尹忠貞公諱安世俱有自靖之心忠貞公以 太祖潛邸之交累降玉札徵之不應府君挈妻子入嶺南之義昌郡(興海舊號)縛草亭于郡西禱陰山下以耕樵自晦每遇前朝國忌必登山痛哭望松京四拜嘗漁釣至曲江登高麗峰彷徨四眺吟黍離詩遂望海大哭而歸終身不出門有四子命之仕本 朝四子皆以府君之晬日佩印而來有三壻亦同時掛印

于亭前雙樹槐此亭之所以名七印也因奉觴稱壽府君輒愀然曰我生之日卽麗代也而今國破君亡未克效死苟延性命今日此事爲人子榮親之道則足矣而但吾心之感慨又倍於親沒之時何以壽爲因泣下滿座爲之於邑不已及其考終也具公服端坐戒諸子曰我家自太師公仕麗朝厚蒙國恩亦越我不肖粗紹先業惟以事君一念爲吾終身符噬夫國步蹇屯天命有歸吾將安適乎則效古人蹈東之

義以終吼吾素志也今則死矣當以舊服
謁先王於地下矣爾等旣委質於新　朝
亦惟以吾先世事麗之心爲心則人臣之
節盡矣而家業抑勿墜矣言訖遁肰易簀
葬于郡西草幕洞午向之原府君聘太原
崔氏門下侍中陪提點仲卿女淑夫人墓
同封四子長諱乙濟奉化縣監次諱乙河
雲峰縣監次諱乙海重林察訪次諱乙浦
清河縣監三壻奉常大夫軍器少尹柳延
鳳康津宰李浥令同正李玄實乙濟子允

文以大靜縣監從　上討海寇爲原從扈
聖功臣女適曲江萬戶黃浚乙河一子忠
節乙海無嗣乙浦二子長自寧參奉次貴
寧李玄實二子長甫欽景泰丁丑與錦城
大君殉節於順興任所　贈吏曹判書諡
忠莊公次甫欽進士允文三子長孟智訓
鍊參奉次仲智司直次季智訓將忠節二
子長德亨參奉次德利自寧二子順智義
智貴寧一子弛孟智三子希載忠順衛希
浩忠贊衛希軾進士一女權達忠德亨一

子良德利一子善道順智一子漢老弛三子
漢佑漢沈漢佐希載一子友顏一女李鬱
進士希浩二子倫參奉憲參奉希軾一子
湛鳴予府君以貞亮之德弘毅之度生際
迍邅綱紊政弛之歎忠　君愛國之誠屢
發於言辭而羣凶方且稔慝寸膠不能救
濁河故竟未大厥施　泉所謂見機
而作府君有焉　聖朝之龍興也復遵海
而東不屑屑於祿利以從吾所好噫至今
近五百禩矣家藏文獻蕩肰無徵只七印

二字至今揭在亭楣上以之爲羹墻二株
庭槐尚依舊不改餘陰滿庭子孫必愛護
焉對植焉每指之曰吾先祖之所種又因
而名之曰七印樹自掛印後三百三十七
年乙丑八月爲風雨所折其旹蘖漸暢今
成數十圍　正廟丁巳重繕亭仍舊號而
右曰慶壽堂右曰孝友齋事在府君之外
孫吏判李忠莊公實記及本郡邑誌今得
謹按古牒而敢次敍姓系官閥志事梗槩
如右以俟當世秉筆之君子云後孫熡奎

謹書

七印亭實紀卷之上

記

七印亭記

昔伯夷叔齊不食周粟採薇歌不見於經
孔子曰求仁得仁又何怨乎吾斯之信焉
夫周之粟仁者之粟其朝亦聖人之朝也
伯夷以一身立萬世君臣之大防故不肯
立其朝食其粟其義止於伯夷之身而已
吾未知伯夷叔齊子若孫之爲如何而世世
不食周粟豈其心哉其心蓋曰君臣之義

不可廢吾殷人也不可以食周粟吾子孫
周人也不仕於周無義矣然後見清者之
量而周德之盛亦可見也哉 聖朝之龍
興也應天順人萬物咸覩士莫不願立於
其朝獨二三義士不肯若吉冶隱元耘谷
保勝郎將張公彪亦隱於興海之檮陰山
下縛茅亭以終身其心蓋伯夷心而豈
聖朝非仕國哉故冶隱使其子仕張公有
四子命之仕乙濟知奉化縣乙河知雲峰
縣乙海知重林郵乙浦知清河縣奉常少

尹柳延鳳康津宰李滉主簿令同正李玄
實其婿也永樂七年秋四子三婿稱觴於
懸弧之日皆佩印而來掛於庭前雙槐樹
亭之名七印以此乙濟子允文討海寇爲
功臣生孟智仲智皆有官亦爲三世七印
然及公世而爲一時盛事掛印之樹在樹
亭亭特立於遺墟爲人所愛惜比跡甘棠
歲乙丑秋拔於風雨距掛印時三百三十
七年於是十二世孫雲翰有翰十三世孫
鎬澣鈛更植樹且曰不可無亭鋭意肯構

材旣集鎬澣卒歲鑄與再從弟沆鎔鍾而
成之丁巳春也亭因舊號而左曰慶壽堂
右曰孝友齋求記於景羲盖據當日之跡
傳之爲張氏家法則堂若齋可顧而景羲
之三致意者公之大節也但七印皆 聖
朝恩澤而公以勝國遺臣坐享淸福自悻
悻者言之將麾而去之恐其浼已惟淸者
求仁得仁無怨之量不然身有同僕之操
子無不仕之義各從其所宜恢恢容晭時
七印於範圍之內而不害爲冶隱耘谷吾

以是知我朝 祖宗之聖而公亦爲當世
節義之士也獨怪夫世之談節義者惟吉
元二君子是尚未有及公豈顯晦有數歟
吾故表而出之以告遊斯亭者盖春秋闡
幽之義也歲辛未孟秋上澣英陽南景羲
記

七印亭重修記

道京師東走千里而遠曰曲江濱于大海
㠀島繚天禱山被地瀜淑之氣蜿蜒扶輿
絶埃壒想意者高蹈自靖之士必棲遲終老

於其間而吾宗人七印亭張氏先祖興義
公諱彪實表表著稱者也公於我先祖
忠貞公爲懿親而秉節同當麗社之屋公
挈妻子入海上縛草幕數間安於斯而壽
享大耋其亦心終始如一日爲勝國完臣
命其子出仕明朝追公稱壽之辰四子三
壻同時佩綬掛若若於庭前雙槐樹門楣
光景千載之下猶可欽賞而况後景之繼
有三世七印者乎然則亭名七印非徒當
日之志盛事而已抑亦來武之符祥休也

而貫非興義公嘉謨義方垂裕覃施之子
孫並皆優於學而恢於罷稱百里職也
必矣曷不盛矣乎粤余釋褐初逶迤登斯
亭歎叙花樹諸宗并醇恪篤行通津倅心
學鳴於詞而乘風破浪者也與我情好深
歷歷說七印古事指板上紅霞而浪讀之
俛仰之頃已洽六十星霜有時念及茫然
若劉阮之說天台過境而余適以板輿就
遠府之養有休休皤髮者二人帶古家色
摳刺而拜乃曲江宗人敬弘泰維也叙寒

暄畢輒復跪曰先亭歲久頹圮衆子孫同心竭力治之則已無廢後觀爲宜信筆而衛寒涉遠余曰賢哉諸君嗣守之難古人所歎而諸君能之乎顧今澆俗雖力足以綽綽於先事猶置而泛視者何限獨張氏不拘歎匱舊起葺修此可以範楷於遠近矣遂不以昏聵辭拭廢研撰叙顚末而抑又有張氏吉慶之運其將與亭俱新財黃金腰紫綬者不翅七人於他日矣如我不信盍視庭樹之繁陰也宗後學崇政大夫原任工曹判書義禁府事弘文學士錫龍記

草幕齋舍重建記

古語曰根深而枝茂源遠而流長與義衛保勝郎將高麗太師公諱貞弼之後而三重大匡神虎衛上將軍金用十世孫也諱善金吾衛將軍諱震校尉諱國伸內史令諱信元文科諱世圭直長諱溫中郎將諱漢碕通禮祗侯諱瑞孫神虎衛保勝諱彪興義公及我　太祖龍興挈妻子入興海治之禱陰山下縛草亭仍號草幕時宗公德寧府尹安世有　太祖潛邸之舊而屢降　玉札徵召不起公亦以自靖之義遁海而處其節則有似伯夷之陟西山其義則無異於仲連之蹈東海也身立固窮之操子無不仕之義故命子仕之奉化縣監乙濟重林察訪乙海清河縣監乙浦雲峰縣監乙河子也奉常少尹柳延鳳康津縣監李浥主簿令同正李玄賓壻也四子三壻一時佩印稱觴於公之晬宴樹印於庭槐時人名之以七印亭前所稱根深而枝茂源遠而流長也其年易簀于寢室葬于草幕洞午向原配太原崔氏陪提點仲卿女墓同封由来五百餘年草屋五六間守護歲値歎荒每頹風雨乙巳春易之以開尾仍名舊號請記於予不可以昏耄辭略加隱括之如右宗後學崇政大夫行工曹判書兼知經筵春秋館知義禁府事同知成均館事弘文提學者社堂上宮內部特進官錫龍記

上樑文

七印亭上樑文

壽又多子人間完福之家貴而榮親海上勝宴之地而江山不改其舊惟臺樹重建于今盖自鼻祖上將軍至山世貫遠至贊孫興義衛海郡移居臨水背山莫地理若晝耕夜讀有天翁知由來世德之有源宜其邀福之永享有四男三壻之貴並策名於清朝為一時百里之官齊稱壽於晬日皂盖驂翩於梓里榮動溪山彩服羅列於

萱堂慶祝海屋遂將七顆腰印掛在雙樹庭槐既洩洩融融為子止孝何累累若若以吾名亭德門貴人上應北斗星象遐鄉晟事後傳南國風謠歷數世而重襲其遺芳即故址而無沓乎嘉號物理之盛衰固有悠悠三百年間世業之保守惟勤綿綿幾十代後嗟乎人非而物是顛木之由蘖尚存漢歇山高而水清故家之雲仍自在家詩而戶禮門闌僅重恢之幾世遠蹟陳墟落起求慕之肆後裔蕆揮前烈於舊址

經始新亭仍貫如之何不必圭臬之卜吉茍完而已矣斯可堂搆之述先烏斯翬斯五樑之制度寔亢古有今有七印之亭號因循桑亦必葺舊田無至變海槐有繼植新陰亦可復滿庭斯為孝道之適追亦斯榮塗之重闡草幕中善行既積曾已三壯之供厨芸編上學業方勤何難五馬之繫樹無聲而聽笛裔百代興懷有翼然臨洞壑一倍生色茲陳張老之頌庸助僮穴之工兒郎偉抛樑東烏島蒼蒼印海中鰲山

如舞羣龍戲朝日照之光彩籠兒郎偉抛樑西檮蔭鎮邑羣山低古菴金神光照井崇蘭繞庭叢竹齊兒郎偉抛樑南兄山對立兄江湛如盖如麾遠相拱有雲其上青於藍兒郎偉抛樑北長川繚繞陽山側古槐垂陰清晏堂絃誦儒化莫非極兒郎偉抛樑上洞天窈窕雲日朗屋角林梢鳴聲聞子烏母鵲知其養兒郎偉抛樑下桑麻十里旋閱野源泉流遠灌平田每年登熟曾孫稼伏願上樑之後海山如畫草木長

香滿堂襟紳無非克家之筆胄盈門簪紱
揔是需世之英才奉歡庭闈家家列五鼎
而養出遊京國人人佩六印而歸勉後輩
之善繼書承覽斯亭者起敬起孝貧憲大
夫前行兵曹判書兼知義禁府春秋館事五
衛都揔管權攇撰

啓狀

請謚 啓狀

右謹 啓 臣 矣段 臣 矣身等伏以飅善闡
幽士林之公議褒忠奬節國家之睟典是

是白乎所周表商容之閭朱廷陶潛之謚
勝國遺臣尚矣不泯而至若 本朝之 貤贈麗
士者如文靖公李穡靖平公柳珣文簡公趙
狷忠靖公禹玄寶等諸賢枚不可勝舉而
不以囚僕而疏之亦不以官微而略之以
爵以謚彰其節義者蓋欲樹風於昭代奬
忠於後人也 臣 矣身等以麗朝一義之見
漏於褒典事畧足千里齊籲於 羽旌之
下爲白齊故 高麗興義衛保勝郎將張
彪即高麗開國功臣太師貞弼之後而三

重大匡柳虎衛上將軍金用之十世孫也
奕世勲閥詳載於故先正臣文康公張顯
光譜系是白如乎張彪當運訖之時退修
玉山私第及我 太祖膺天受命前朝忠
義之士散而之四或入 杜門洞或渡碧瀾
津或来於首陽或隱於細牧而張彪與其
宗孫忠貞公安世俱有自靖之心是白乎
所安世以 太祖潛邸之舊累徵不起彪
挈妻子入嶺南之興海郡結草幕于禱陰
山下以耕樵自晦而每遇前朝國忌則必

登山痛哭望松京四拜嘗漁釣至曲江登
高麗峰彷徨四眺不禁滄桑之淚遂望海
大哭而歸終身不出洞門有子四人皆以
親命出仕 本朝亦不敢以周粟歸養是
白如乎我 太宗即位九年己丑之秋四
子三婿以彪之晬日佩綬咸集稱觴爲壽
彪愀然不樂曰我生之日即麗代之春秋
也而今國破君亡不能效王蠋之死苟延
苟延性命是日之悲痛又倍於親歿之後
何以壽爲因泣下霑襟滿座皆爲之感慨

悽惻又其臨終日具公服而坐戒其子孫
曰我家十世仕麗享蒙國恩不幸又此而
遭黍離之感我當以舊服謁先王於地下
矣爾等旣妻贄新朝當竭力於事　君以
吾先祖事麗之心爲心勿墜家聲也言訖
而卒後人名其居曰草幕洞號其里曰士
逸村子孫因其址而亭焉以志晬日之事
而扁之曰七印亭故判書臣權儼作標頌
而揭之事在郡誌此載故贈吏曹判書忠
莊公臣李甫欽實記中甫欽以彪之外孫

殉節錦山彪之孫允文從上討海冦以原
從勳守大静縣究其勳節之所自来則彪
之遺訓也蓋彪之貞忠卓節炳如日星雖
伯夷之採薇文山之樓宋何以加此若論
其挈家入海則曹義生掛冠杜門之義也
望哭國忌則金五倫朔望哭拜之禮也里
名草幕及士逸者邊甫之勿屈村金淪之
不降里申晏之排祿洞一也教子出仕者
吉再蔡貴河金英庇李遂生之志同焉臨
終公服者亦趙承甫朝衣斂殯之心也由

是觀之則張彪之烈血忠膽均是不朝峴
義士而此等諸賢擧蒙顯襃是白乎矣獨
彪湮沒於空山荒草之中至今無稱焉寔
緣海堧之僻遠雲仍之衰替而其在樹風奬
節之道寧不慨然欽惜哉　臣矣身等生長
鄒魯之鄉沐浴堯舜之化粗識忠貞之爲
義節義之可尚而尤於張彪赫赫可記之
蹟不欲埋光而鏟彩是白乎等以乃敢相
率齊顲於　法駕之前爲白去乎伏乞
聖慈俯賜鑑諒麗朝保勝郎將張彪　特

贈爵諡以爲襃忠奬節之地伏蒙　天恩
爲白良結望良白去乎詮次　善啓向教
是事望良白内卧乎事是亦在謹　啓

興義公墓道碑銘并序

公姓張氏諱彪王山之世也高麗開國佐命功臣太師諱
貞弼之后三重大匡神虎衛上將軍諱金用之十世孫也
大匡公生諱善金吾衛上將軍生諱震校尉生諱國伸
內史令生諱信元文科官至二品生諱世圭今同正寔公
高祖曾祖諱溫中郎將祖諱渼琦通禮院事考諱瑞孫神
虎衛保勝散員以忠肅王十八年己丑生公于王山舊第幼
容貌俊秀聰慧明敏舞勺之年讀伯夷傳感歎曰萬古君臣
大義自是立焉後之臣子不幸當伯夷之世不有伯夷之心者
容何立於世乎公之炳炳大節蓋自幼少蓄積也及長魁偉傑
傲而一動一靜悉遵規矩人不敢犯與權文忠公近登洪武
己酉科文時年二十一辛亥除門下注書興義衛保勝郎將時辛
旽出入宮禁國綱頹圯王政日紊公憤惋無仕進意至甲寅
有洪崔之變李仁任等謀立辛禑公遂棄官南歸及我
太祖龍興公有蹈海之志義入昌郡檮陰山下結草爲幕晦
跡細樵每當麗朝國忌必登山望松嶽終日痛哭四拜漁
釣至曲江登高麗峰彷徨下淚焉四子三壻俱仕我 朝
公晬日同來獻壽掛印於亭前雙槐公愀然不樂曰我爲
亡國大夫何忍受汝輩觴乎遂泣下沾襟滿座亦爲之悽然
及其臨終具公服戒子孫曰我受國厚恩不幸至此當以舊
服謁先王於地下汝等旣委質新朝竭力王室勿墜家聲
言訖而終以遺命葬於草幕洞負坎原配太原崔氏培提點仲
卿之女婉順有婦德墓同封生四男長乙濟奉化縣監次乙
河雲峰縣監次乙海重林察訪次乙浦清河縣監三女柳延鳳軍
器少尹李浥康津縣監李玄實今同正乙濟子允文以
大靜縣監從 太宗討海寇錄扈聖功臣女萬戶黃澄乙
河子忠節乙濤無嗣乙浦子自寧參奉貴寧李玄實子
甫欽歸大田爲 莊陵死節 贈吏判謚忠莊甫欽進士曾玄
以下多不盡載嗚乎公之貞忠大節與冶隱耘谷同一心轍足
以廉頑立懦於百世之下而南瘢庵景羲七印亭記權業
西樞杲頌道儒請謚疏狀已備述之矣日公之後孫泰欽
持胄孫斗寅所撰家狀跋涉十舍請以顯詩我固非其人而
景仰高風不敢以辭謹撮以敍之係以銘銘曰
孰不好懿鮮能爲忠利誘勢怵遂喪其衷烈烈惟公早判魚
熊迺全天界物莫我奪時惟王國凜如一髮志在存綱義功
罔僕蹇蹇匪躬膽血沸赤迺受其敗迺遯于鄉飲晦自靖我獻
我王喬梓并輝百世彌炳刻之貞珉爲人臣式

通仕郎行義禁府都事瑞興金奎彝謹撰

神道碑銘 幷序

公姓張氏諱龍本玉山之世也高麗開國佐命功臣太師諱貞弼
之后三重大匡神虎衛上將軍諱金用之十世孫也大匡公生諱善
金吾衛上將軍生諱震校尉生諱國伸 文康 內史令生諱信元文科官
至二品生四子長諱世林奉御直長今同正寔公十四世祖次諱百林參
奉次諱世圭直長今同正寔公高祖次諱世樟今同正曾祖諱溫
中郎將祖諱漢琦通禮院判府事考諱瑞孫神虎衛保勝散員
以元順帝至正九年己丑生公于玉山舊第是高麗忠肅王十八
年也幼而容貌端雅聰慧明敏舞勺之年讀伯夷傳感
歎作序曰萬古君臣大義自是立焉後之臣子不幸當伯夷
之世不有伯夷之心者容何立於世乎想彙之義公之所以大節
蓋自幼少蓄積也及長儀形魁偉傑傲倜儻不羈一動靜懋
遵規矩人不敢犯公與權文忠公近登洪武乙酉文科公年二十以少年
登科人皆稱賀不已洪武辛亥除門下注書與義衛保勝郎將嘗
歎曰辛頑䧺八關之後國綱頹地王政日紊在朝重任之人不能排擯斥
去安能逃其責耶擊節憤慨不復有仕進之意及洪武甲寅有弑逆
變李仁任[illegible]倡立辛禑公見國事日非綱紀日頹棄官南歸修玉山舊第
及我太祖龍興公有蹈海之志挈妻子入義昌郡禱陰山貊尨鎮移寓冶隱
栗谷同一心轍山縹野細每跡窮懷每當高麗朝國忌必入山望松嶽終日痛哭
四拜漁釣至曲江登高麗峯彷徨躑躅不忍下自不禁黍離之歎滄桑之淚杜

門屏廢復不見自四子往往仕於本朝嘗戒曰吾家自太師公仕麗厚蒙國
恩汝曹亦紹述先輩以忠於君爲終身之符四子三壻同時佩符適當晦日
同來拜節於亭前瞻槐桶觥獻壽乃太宗即位九年公輒愀然不樂曰我生
於麗今爲高國大夫何忍受汝輩之觴乎遂淚下沾襟滿座亦爲之悽然悵
及其臨終具公服而戒子孫曰我受國厚恩不幸及此當以舊服謁先王
於地下汝等既委質新朝竭力王室勿墜家聲言訖而終以遺命葬于杖
僊之所卽郡西大陽山麓負坎原配太原崔氏培提點仲卿之女婉順有
婦德墓同封生四男三女長乙濟奉化縣監次乙河雲峰縣監次乙海重林參
訪次乙浦清河縣監女柳廷鳳奉常少尹李混康津縣監李玄[illegible]
令同正嗚乎公之貞忠大節亘百世不朽而南嶽景羲七印亭記
葉西巖樑頌道儒諡狀已備悉矣日公之後孫泰欽持由
孫斗寅所撰家狀跋涉十舍之地請碑銘我非其人老蓋
不敢當是役而景仰高風大義不敢以辭謹叙家狀
槩序次如右係之以銘曰
忠爲國紀寔扶綱常烈烈張公罔僕沉藏山同國跡登臨永傷歲
五百懿跡蒞蒞謹考家乘用闡遺芳凡百過者視此銘章

昭陽赤奮若仲春下澣通仕郎行義禁府都事瑞興金奎萃謹撰

立石告由文

於維我祖運値麗季罔僕自靖耘治同志哭臨國忌遂埜崧陽潛蹤海曲䎱耜相羊年代曠遠墓道無刻春雨秋霜遺裔愴惻載磨樂石揆吉以竪券臺生色庸寓遐慕載禋載瀦陳薦精虔不騫不崩於永斯年

嘉善大夫行同知中樞府事張公墓碑

吝一豆之羹而睨所識之窮之而不救挾天下之富而忍同胞之顚連而莫省者今古滔滔皆是也人之生性于仁而以事物爲一禮雖

其來有蔚溉根之食凡百卿大夫視此所刻

通政大夫前議政府參贊弘文館 經筵官兼侍講院 書筵官

苞山郭鍾錫謹撰

草幕齋記

直郡西十里禱陰之下有山曰草幕故高麗保勝郎將張公先生衣冠之藏蓋在其上當麗社既屋公以罔僕之義棄官南歸隱居華山結草爲幕幕山之得名自此始也嘗聞公自

八山之後矣死長往足跡不復出山外一步地一草幕洞天與[illegible]之首陽晉之紫桑匹美齋先有特志肚激熱悲憤自任則想當登高望崧岳而痛哭蓋其心卽杜門諸賢[illegible]之心而其得處窮山孤守貞苦則抑又難矣公旣晦[illegible]於斯畢命於斯則體魄之托豈容舍此而他求也哉官其孝子慈孫之克體遺志奉而封樹於一局咫尺之內堪輿吉運又不謀而叶此則天有以相之俾忠臣之後世受其蔭也今巡山上下而居者皆公雲仍也賢而一草一木罔非自家愛護之所及則未知杜門諸賢亦盡有是乎齋舍之草創凡四間而舊無記

之十八世孫泰欽氏謁嗚於丙洛丙洛何敢焉而每想公之名節之風實有曠世山仰之感久矣今因是役附名楯端固已榮矣而且竊伏念人之大倫惟忠與孝是身保勝公以忠一字爲基礎坏璞於前而後承追述之孝無愧爲名祖家人此丙洛所以眷眷樂道而又不特附名之榮已也傳曰未忠於孝孝之於忠自古一致也宜乎張氏之後世濟其美肯搆而肯堂也

歲辛酉秀葽節下澣永嘉後人權丙洛謹記

族案

1. 『宗稧案』도 성격상 족안에 포함하여 수록하였다.
2. 각 『族案』에서 서문이나 절목은 가능하면 전량을 수록하였다.
3. 각 『族案』에서 명단 부분은 본문에 인쇄되어 있으므로, 양식만 예시하였다.

中宗稧案重修序

宗而修稧實由於奉 先裕昆之義也
粤我入鄉 始祖有庭下七綏之慶歷
三世簪纓繼繼何其盛哉今我雲仍零
替旣無文獻之譔述又乏爵祿之榮享是
亦門運時數之所關耶 世代漸遠派序

旣分而昔在中葉爲慮後裔之漸疏又
恐 香火之或闕歲壬寅略收斗穀辦
備位畓十餘斗以爲 祭奉先祖以下
諸墳山及四時祭需之具而財力旣少尙
未成樣在丙戌先伯父若諸從父與吾先
考一心合議別立新規 香火則輪回自

備本位畓穀物則逐年取殖至丁酉秊
間土廣財殖用是而爲四節之奠 墓
祀之羞推餘而爲送終之賻奬學之資
玆豈非奉 先裕昆之義耶凡吾諸
宗勿隳 先緖其各惕念曾子曰愼終追
遠民德歸厚程叔子曰收宗族厚風

俗今吾宗稧其亦厚之本也從今以後上
述 先代之志下裕後進之業永久遵
行永久敦睦則亦豈非厚之至耶玆於
修葉之日書諸卷首聊以相勉云爾

歲癸酉二月十八日後孫應杰序

序次

仙 張銑 文卿 壬戌
仙 張錫 仲永 壬辰
仙 張應復 來彥 壬申
仙 張應杓 範五 辛巳
仙 張應杰 儒伯 癸未

仙 張應稷 穉盛 乙未
仙 張應箕 星伯 己亥
仙 張應卨 寶敍 壬寅
仙 張應益 命若 丙午
仙 張應旭 西顯 丙午
仙 張應心 次野 壬子

仙 張祖學 士剛 甲戌
仙 張敬學 士極 庚辰
仙 張淵學 甫顏 戊子
仙 張啓學 而守 庚寅
仙 張龍學 雲叟 甲午
仙 張賢學 [illegible] 甲午

仙 張時學 丙說 甲午

仙 張志學 穉能 戊戌

仙 張仁學 春伯 己亥

仙 張東學 寅伯 辛丑

仙 張守學 丙約 辛丑

仙 張觀學 伯謙 壬寅

仙 張思學 敬之 癸卯

仙 張誠學 子敬 丙午

仙 張孝學 丙興 庚戌

仙 張敦學 子厚 癸丑

仙 張道弘 公俊 己亥

張泌弘 文蕤 戊申

仙 張毅弘 重遠 戊申

仙 張載弘 景厚 癸丑

仙 張濟弘 君楫 乙卯

仙 張德弘 汝潤 乙卯 改智弘

仙 張志弘 成之 乙卯

仙 張應軫 甲午

原

仙 張敏學 季好 甲寅

仙 張洛弘 撑中 乙卯 改祖弘

仙 張範弘 汝極 丁巳 丁亥育〻

仙 張璧弘 重玉 辛亥 己卯育〻

仙 張萬弘 汝一 癸亥 改麟弘

癸巳正月 日節目

門物前殘故自今爲始初喪時例三兩貳戔定是遣中第則一兩貳戔定爲去乎并無至親第服者則隨所入許給事

丁酉六月 日

門物前殘無條故自今爲始初喪時例一兩五戔貳戔定是遣中第則勿爲取論事

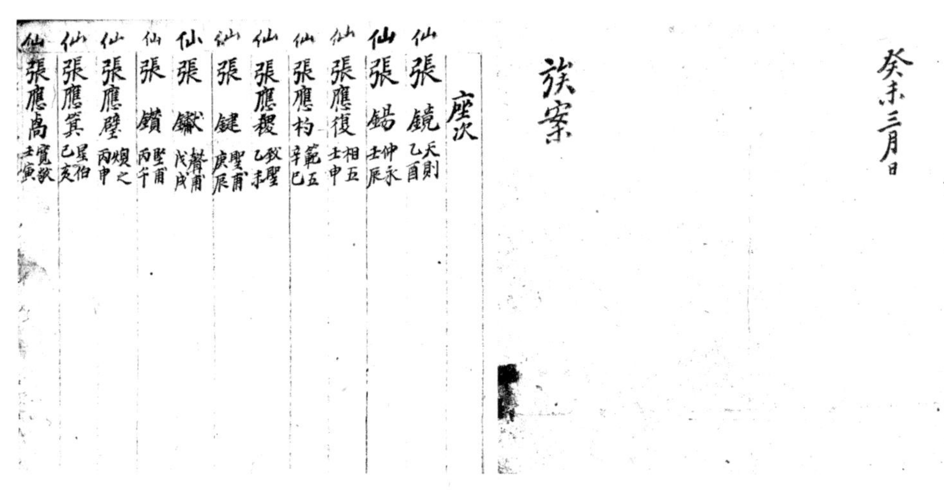

癸未三月日

族案

座次

仙 張鏡 天則 乙酉
仙 張錫 仲永 壬辰
仙 張應復 相五 壬申
仙 張應杓 範五 辛巳
仙 張應稷 敘聖 乙未
仙 張鍵 聖甫 庚辰
仙 張鏦 聲甫 戊戌
仙 張鑽 堅甫 丙午
仙 張應璧 煥之 丙申
仙 張應箕 星伯 己亥
仙 張應禹 寬叔 壬寅

仙 張應益 命若 丙午
仙 張應旭 而顯 丙午
仙 張應璞 琢之 己酉
仙 張應弼 賢伯 辛亥
仙 張應心 次野 壬子
仙 張應赫 孝卿 乙卯
仙 張應昊 成應 丙午
仙 張淵學 用顏 戊子
仙 張啓學 用理 庚寅
仙 張龍學 雲叟 甲午
仙 張時學 而恍 甲午
仙 張志學 致能 戊戌
仙 張守學 而約 辛丑
仙 張觀學 伯淵 壬寅
仙 張思學 致慎 癸卯
仙 張孝學 而興 庚戌
仙 張誠學 子敬 丙午
仙 張敦學 子厚 癸丑
仙 張敏學 聖瑞 甲寅
仙 張心學 在中 甲子
仙 張一學 貫之 乙丑
仙 張道弘 公俊 己亥
仙 張毅弘 仲遠 己酉 改斗弘
仙 張俶弘 文叔 己酉

仙 張正弘 周遠 辛亥
仙 張載弘 景厚 癸丑
仙 張德弘 汝潤 乙卯 改奎弘 改智弘
仙 張祖弘 景叔 乙卯
仙 張志弘 成之 乙卯
仙 張範弘 汝魁 丁巳
仙 張宇弘 稱玉 戊午
仙 張達弘 汝遠 庚申
仙 張宅弘 安之 庚申
仙 張萬弘 汝一 癸亥 改奭弘
仙 張宙弘 稱洪 壬戌
仙 張規弘 汝達 乙丑 改性弘

戊戌 以庶孫之譜自退故削
仙 張應齡 甲午
仙 張應坤 乙酉
仙 張應宗 庚戌
張思五 癸亥 以庶孫之譜自退故削
原 癸未三月日
仙 張海弘 景涵 癸亥 甲申正月追
仙 張應龍 文恒 丁巳 甲申八月追
仙 張應斛 景[illegible] 丁卯
仙 張潤學 德章 庚申 改在學 改鎭學

仙 張海學 乙巳 乙酉正月日
張思一 丁卯 乙酉三月日 以庶孫之譜自退故削
仙 張應穆 彦仲 戊午
仙 張應鵬 彦萬 辛未
仙 張程學 而彦 壬戌 丙戌三月日
仙 張周學 文汝 戊辰
仙 張聖學 仁卿 甲戌 戊子正月日
仙 張遠弘 汝大 庚午 己巳三月日 改奭弘
仙 張顏學 辛未 庚寅正月日
仙 張潤玉 德章 壬申
仙 張籌學 子運 庚申 [illegible]
仙 張宓弘 偉昊 戊辰

仙 張溫玉 和彦 丙寅
仙 張曾學 景[illegible] 乙丑
仙 張泂學 壬申
仙 張殷學 汝仲 癸酉 甲辰正月日
仙 張南弘 景軒 丙子
仙 張義弘 汝仁 乙亥
仙 張烈弘 景涵 辛巳
仙 張成玉 而膺 辛巳 改秉玉
仙 張琪玉 [illegible]汝 己卯
仙 張九弘 汝[illegible] 辛巳 改齡八
仙 張鼎弘 君寶 丙戌
仙 張璣弘 寧遠 戊辰

仙 張南玉 星老 壬午 改壽玉
仙 張夏學 成國 庚辰 繼吉
仙 張道學 一字 己巳
仙 張振翼 君舒 辛未 改奎 君章
仙 張性學 天以 己巳
仙 張渙弘 景滌 甲戌 改漸弘
仙 張瓚弘 光之 己卯
仙 張徹弘 通以 甲戌 改喆弘
仙 張恭弘 士運 戊子
仙 張文玉 景来 庚寅 改福玉 改字瑞五
仙 張振玉 聲大 癸未
仙 張宇玉 敬老 丁亥 改崙玉
仙 張東玉 士仁 己卯
仙 張悘弘 釋之 庚午 丁未正月 日
仙 張炳奎 汝琢 丁巳
仙 張應瓚 文玉 辛巳
仙 張安學 士仁 庚午
仙 張在學 士明 癸酉
仙 張斗學 士輔 庚辰
仙 張聖學 士翼 丙戌 辛亥正月 日 改鍊學
仙 張瀅弘 景活 戊寅 壬子正月 日
仙 張南圭 汝秀 甲申
張玄玉 光達 戊子 改現玉 以重 改演玉
仙 張禮學 文彦 丁亥 甲寅正月 日

張元學 善長 辛卯
仙 張瑛八 英玉 癸巳
仙 張仁玉 德允 戊戌
仙 張大奎
仙 張華玉 君賢 戊戌 乙卯正月 日
仙 張相玉 景章 癸巳
仙 張家學 甲申 戴老 丙辰正月 日 仁同
仙 張鉉學 己丑 戴奎
仙 張蘊玉 甲申 華汝
仙 張斌玉 壬辰 箕瑞
張寅弘 戊戌 正叔 改永弘
仙 張元玉 庚寅
元玉 庚寅
衡玉 辛巳 士中
奉奎 己亥 文伯
大弘 己亥
元弘 丙戌
天學 辛卯 大一 西部
震弘 甲午
錫弘 亥 丁巳正月 日 改[illegible]弘 以府陵嫡故削
舜玉 辛卯 重聖 庚申二月 日
啓玉 丁亥 敬潤
龍輪 壬寅 文五
興龍 辛丑 景叔
了悳

仙 張武弘 世丙 己亥

仙 張相弘 保卿 癸卯

仙 張蘭學

仙 張繼弘

原

仙 張敏弘 敬進 丁亥 鍾鐵不納

仙 張涮弘 庚寅 鍾鐵不納

仙 張聲玉 丙遠 辛丑

仙 張昇運 乃現 甲辰 改泰鎮

仙 張斗玉 參陽 乙巳

張貞弘 元善 癸卯

張祚運 致一 乙巳 改泰維

張友弘 景叔 辛丑 改敬弘

仙 張駿玉 文叔 丁未 戊辰二月 日

張仁圭 聲叔 庚子 改振圭

張載圭 士安 戊申

張復運 致循 壬子 改泰客

仙 張錬玉 聲五 丁未

仙 張龍圭 顯五 丁未

仙 張德圭 聖有 庚戌 改沙奎

仙 張達玉 明世 丙午

張錫弘 庚戌

仙 張復奎 大圭 辛亥

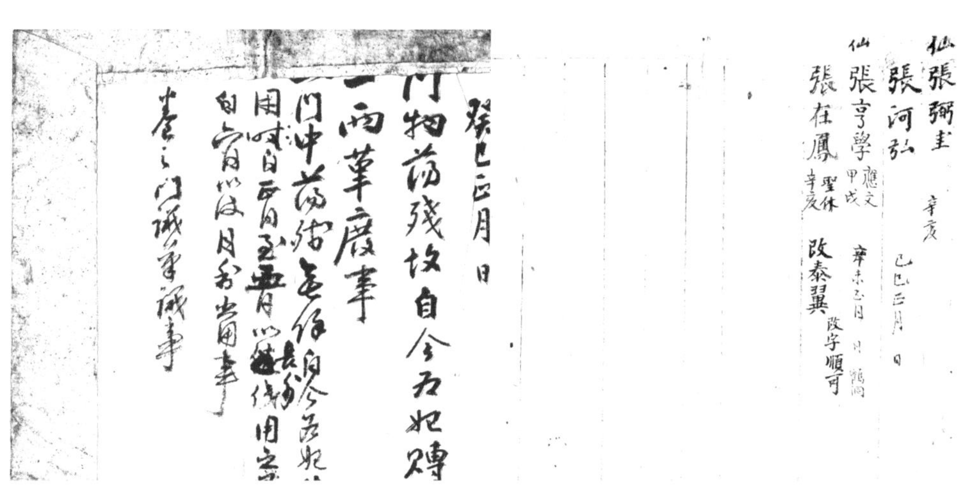

仙 張彌圭 辛亥

仙 張河弘 己巳正月 日

仙 張亨學 應文 甲戌

張在鳳 聖休 辛亥 改泰翼 改字順可

癸巳正月 日

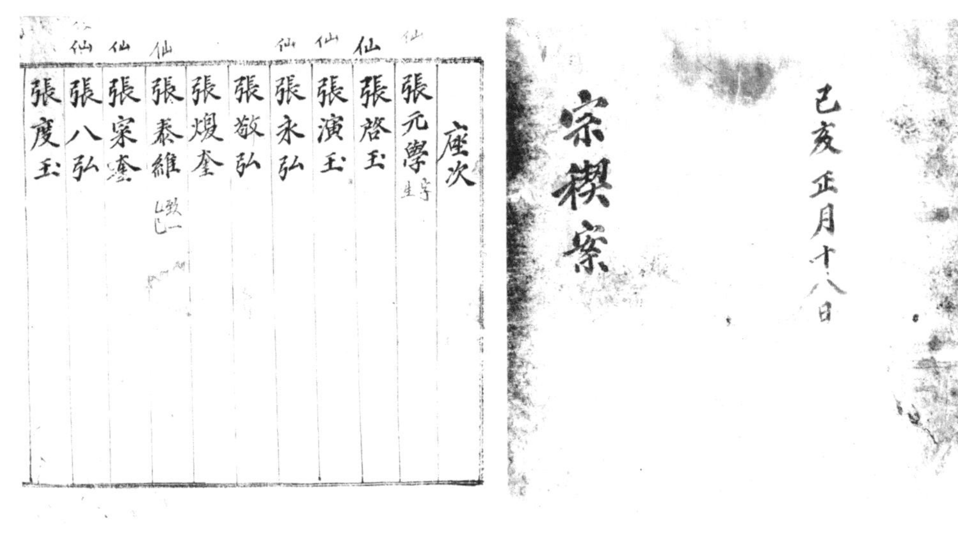
己亥正月十八日

宗稧案

座次

張元學 生 字
張啓玉
張演玉
張永弘
張敬弘
張燰奎
張泰維 致一 乙巳
張宲奎
張八弘
張度玉

張聲玉 改成玉
張頀奎 周翰 戊申
張泰錡
張泰着 安重 庚戌
張定奎
張泰順
張疇玉 周老 癸丑
張根弘
張瀚弘
張毅弘
張秀玉
張泰濬 舜九 甲寅 改泰振
張鳳玉
張根玉
張正玉
張璟玉
張泰祐 改泰埻
張泰模 德賢 己未 改泰郁
張敬玉
張常奎 舜賢 乙卯
張泰敦
張泰成 舜璞 壬戌 改泰權

張泰祺
張順弘
張龜玉
張泰潤
張錫燁 元翼 甲子 改斗寅
張載弘 改禎弘
張泰鎣
張璿玉
張泰墠
張升玉
張容圭

張泰暉 成瀷 戊午
張泰軫 允伯 丁卯 改泰文
張軾弘
張晩弘
張烱玉
張斗璨 建七 辛未 改斗衡
張泰欽 允中 辛未
張瑞玉 改大玉
張泰鍾
張周玉
張泰熙 順則 庚午

張泰宙 大賢 戊辰 改泰億
張疇弘 繼之 [illegible]
張泰相
張待顯 嘉彥 辛未
張鳳漢 台輔 癸酉 改斗翼
張斗杓 子建 丁丑
張斗元 改斗彬
張斗模
[illegible] 以讒田先塋位畓詐欺事削
張錫斗 南七 戊寅 改斗錫
張泰賢

張斗轍 星七 己卯
張斗墨 應泉 乙卯
張泰重
張璣奎 景元 乙丑
張斗碩 璟八 辛巳
張五玉
張琢玉
張泰俊
張斗表 極汝 壬午 庚戌十月十八日
張斗南 極中 戊寅
張泰楨 周一 辛未

張泰玄 聖殷 丙戌
張志觀 太淑 辛卯
張春峻 聖觀 丙申
張斗鵬 南擧 戊子
張斗滿 辛巳
張斗誠 允一 乙酉
張桂弘 聖礎 辛巳
張斗基 子益 癸巳
張志瓛 明峻 癸巳
張玉
張周玉

張志源 漢余 辛丑
張志鐵 仁元 戊戌

原

丁卯正月 日

族案

重修族案節目

一座目節次一遵舊案三冊例規準行事

一舊案記載氏名現今生存重複記錄事

一今甲子族譜中先祖 興義

公雲裔無論遠近依願謄錄事

一附案錢每員貳拾戔式爲定而但初記者收入事

一此案敦宗族厚本意而若或反戾門規爲祖先得事罪則大宗中回議削案聲討事

座次

張斗寅 字元翼 生甲子

張逸弘

張疇王

張昊奎

張泰暉

張翊弘

張泰權

張泰寬

張燦奎

張泰一

張泰文

張岱顥

張泰欽

張泰鍾

張修王

張斗彬

張大王

張斗七

張泰甲

張斗運

張泰根

張斗曄

張泰樅

儒案

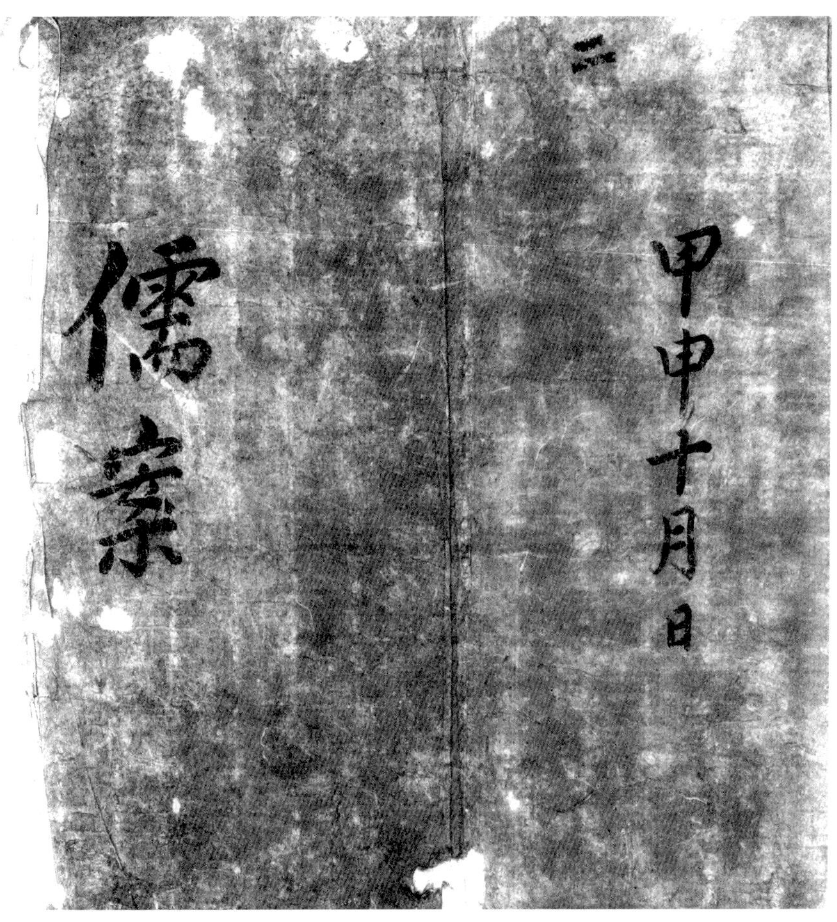

각 『儒案』에서 명단 부분은 본문에 인쇄되어 있으므로, 양식만 예시하였다.

二

甲申十月日

儒案

儒案

崔宗錫

鄭基迒

李成彙

張緯天

張鎔

陳弘德

鄭光爀

鄭相振

陳舜繼

李翔龍

李顥彙

陳舜模

李琥

張濤

陳舜元
李奎徵
陳舜後
張在天
李斗應
張應天
黃禹昌
張遇翼
柳壽演
鄭焜

張銖
李仁棠
蔡啓元
李珙
張義天
張範天
李箕應
柳壽海
李遂煒
張景天

李遂馨
崔基錫
李允卿
李邑蕃
蔡思默
鄭[火秀]
李思義
李[王翟]
柳苑
金宗鍊

李好仁
李遂馥
鄭相夏
鄭相禮
李遂烱
琴會心
蔡思沉
蔡啓亨
柳宜常
[illegible]貟祖

蔡宗說

張銑

蔡思喆

蔡思齊

李成龍

李學老

李益華

原

六

儒案

辛丑二月日儒案

陳師德
鄭 烋
鄭碩弼
李奎應
黃胤憲

蔡思赫
李仁源
陳基德
李敏考
張 泂
李詞源
陳舜相
李敏秀
張應復
陳厚德
張應禄
李孝源
柳寅禄
張應奎

李琈
鄭羽弼
蔡埥
李琨
李軫應
李基孝
張應禎
張應祜
李敏亨
李珏
李敏惇
張應烋
李敏迪
崔慶岳
柳寅徽

鄭相稷
李星應
李貞德
鄭翼弼
柳寅徵
鄭震弼
崔慶岱
李師龍
李汝綱
張思敬
張思軒
李彥龍
張九翰
柳寅喆
陳履德
李敏澈

蔡思煐
李宅魯
陳東弼
鄭宅休
金宗訦
蔡思裕
李遇春
李思惇
辛脩德
李瑞龍
李種德
權得正
辛宅衡
李廷新
金胄海
官 原

尋亭錄

『尋亭錄』은 방문자의 중요한 기록이므로 가능하면 전량을 수록하였다.

鄭佶
柳稷
柳寅徵
陳厚德
崔慶基
鄭澱
陳基德
李基大
李基元
李東應

鄭任鶴
李起瑄 永川
趙胤振 仁同
趙鉉明
趙鉉眉
洪文周 義興
鄭致翰
鄭鎮漢 永川
李中久 慶州恩行

李鼎益 慶州
李孝源
李萬源
李宅中
柳稶
李宅運
蔡思珏
李宅鼎
權寧 義城
李宅師

張濬相 仁同
孫周永 慶州
金萬淵
金晴洛 安東
張敏喜 仁同
宋泰欽 星州
李貞和 慈仁
孫達洙 大邱

李宅觀
鄭傅翊
鄭禹翊
孫書九 慶州
柳光烈
申膺洛 盈德
南景義
南景愚
蔣逸民
蔣逸彦 慶州

張義表
張運表 仁同
張時休
張履遠
張錫晃 仁同
李章奎 義城
鄭致五 永川
李東久 慶州
李錫英
李能泓

陳東蓘
鄭迪休 永川
孫星岳 慶州
鄭夏源 永川
陳東傑
柳穰
柳稃
柳秀
李宅敏
李一源

李穀榮
李章淵 柒谷恩行
張極模 仁同
張有相 仁同恩行
李能馥 慶州恩行
姜遠馨 柒谷恩行
李相檍 柒谷恩行
張昌遠 仁同
孫秀馹 公故
張斗柱 仁同

黃鍾律
黃鍾禹
楊始元
李老祥 慶州
鄭夏濟 永川
李達仁
鄭漢弼
柳秉
鄭相禹
李孝相

孫濟翼 慶州
丁啟燮 榮川
丁佰燮
李用華 義興
洪晚倫 義興
李永源 永川
李春陽 義城
洪宅鳳
崔尚汶 義興
金厚鍾 義城
李錫光 慶州

崔宗洛 慶州
金洛寶 盈德
孫鍾恊 慶州
南有鳳 寧海
權燦
孫鍾諭 慶州
李基元
李宅鎮
鄭東潤 永川
閔基[illegible]

皇甫洪 長鬐
李泰九 仁同
李在九
李基鎬 聞慶
金炳駉 安東
朴秀曉 咸陽
張道漢 平海
張東壽 仁同
鄭秉洪 居昌

申麟趾 盈德
金汝鍊
申範錫
申坤
申玲
申麟萬
趙瀜錫 青松
趙基孚
申伯重 盈德
申瀜錫

張有鎮 安東
張景根
鄭之彥 英陽
司諫 黃鍾岐 奉化
李德奎 蔚珍
張泰鉉
張敦鉉 仁同
金鍾晄
金東七 安東

申在重
鄭夏瑋 永川
權彩雲 慶州
張有齡 仁同
金龜寶 盈德
權尚徹 延日
李萬協
李仁興 永川
陳師錫 延日
皇甫禕 長只

孫秀東 慶州
柳道赫 尚州
孫蘭秀 尚州
孫秀暻 慶州
張錫鼎
張 憲 仁同
李時來 尚州
孫文秀 尚州
李鍾鎬 豊基

皇甫福
李之翰 慶州
李元祥
孫鍾岱
李樹榮
孫星近
張周爕 仁同
申曆慶 盈德
趙鍪 本倅居京
黃景憲 慶州

張九鏞 安東
張榮睦 仁同
張福樞 仁同

李載珪 永川
鄭夢弼 慶州
楊始永
李之元
權龍休 延日
權達休
李鼎儼 慶州
李淵祥
張奎 仁同
李震國 清河

吳致壽 慶州
張洛龜 醴泉
張以濟 仁同
張彥鐸
趙宗文
申塈 盈德
李宲祥 慶州
鄭夏汲 永川
蔡必彥 延日
蔣世春 慶州

蔡必邦 延日
李元根 慶州
李在鎬 京畿
張聖[illegible] 清道
李宅元 慶州
辛宅貞
權宗溥
張致榮 京畿
李命寶
朴祥五 慶州

張壽璧 仁同
李達源 慶州
李愽源
李之源
崔世命
李在榮
李宗學
孫永復
李流錫
張宜汲 京畿

李東爍 東郡
李達源
權虎秉 本倅新寧
金洪韻 永川
鄭裕道
金禹鍊 盈德
權奎秉 新寧
申壕 盈德
李春祥 慶州
張昌德 仁同

張羽邦
張羽振
申錫奎
申鼎勳 義城
張彥矩 仁同
張國模
申漢相 盈德
張鉉武 京畿
鄭若欽 長呂
李運埴

金泌璟 義城
金最重 慶州
李奎凝
李秉元
李度祥
辛宅魯
張晉龍 仁同
張五案
李貞增
金致一

南魯陽 慶州
張應龍 密陽
李根祥 慶州
孫鍾韻
孫鍾健
李淵祥
李禮祥
李愽祥
李瓚祥
李在坤

李在基
辛宅夏
李禹晃 開寧
張翼星 仁同
張國敬
張彦赫
張錫漢
張世漢
張晉龍 重尋
張彦矩

申膺鼎 盈德
權東楫 慶州
張[illegible]樞 仁同
李在正 慶州
金河晶 善山
李陽燮 開寧
趙萬煜 青松
趙升煜
趙永煜
趙基秀

李元燮 永川
李蓮祥 慶州
韓元鎭 居京
河鉐
趙基臣 青松
張有豊 仁同
張澄
張興燮
張甫燮
孫相昊 慶州

申○大○元○ 寧海
張○天○鶴○ 仁同
張○大○周○
孫 張○禹○永○
張仁籌
張○昱○
俞○膺○熅 本倅居宗
張遇石 仁同
張箸籌
張○浩○能
張○益○祥

李樹敎
李 竪 慶州
張石籌 仁同
張守正
張光五 比安
張守義
張時漢 仁同
張○斗○模
張○有○鍾○
張秉哲 星州

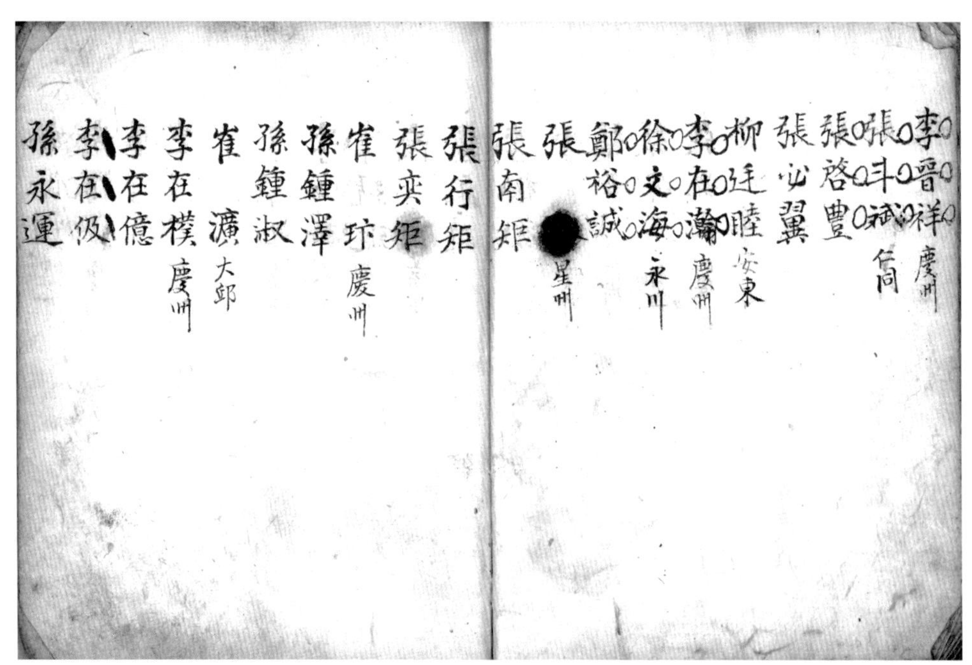
李○晉○祥○ 慶州
張○斗○斌○ 仁同
張○啓○豊○
張必翼
柳廷睦 安東
李○在○瀚○ 慶州
徐○文○海○ 永川
鄭○裕○誠○
張 星州
張南矩
張行矩
張奕矩
崔玠 慶州
孫鍾澤
孫鍾淑
崔濱 大邱
李在樸 慶州
李在億
李在伋
孫永運

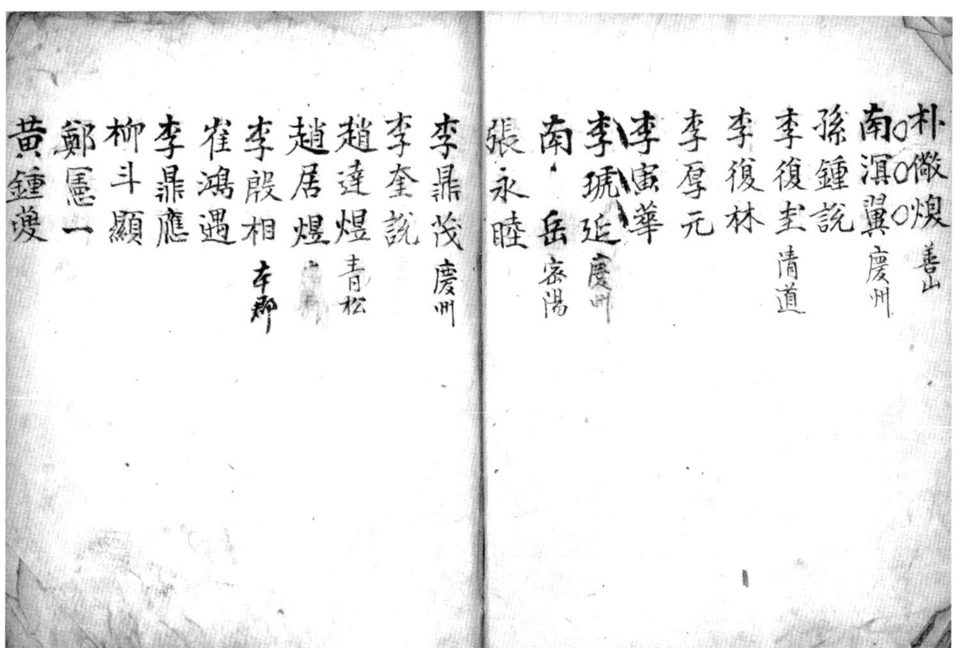
朴徽煥 善山
南溟翼 慶州
孫鍾說
李復圭 清道
李復林
李厚元
李寅華
李琥延 慶州
南岳 密陽
張永睦
李鼎茂 慶州
李奎說
趙達煜 青松
趙居煜
李殷相 本鄕
崔鴻遇
李鼎應
柳斗顯
鄭憲一
黃鍾渙

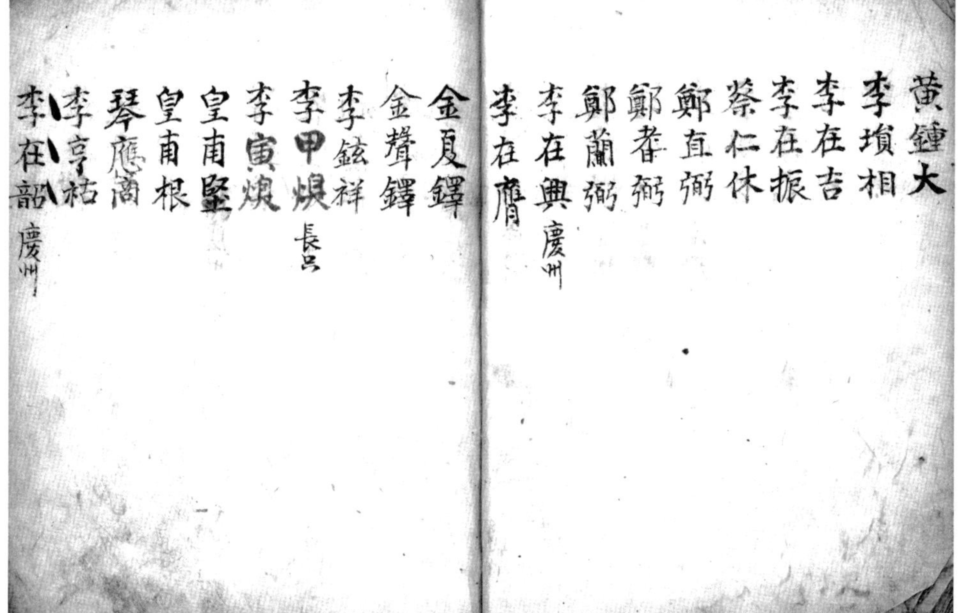
黃鍾大
李塤相
李在吉
李在振
蔡仁休
鄭直弼
鄭耆弼
鄭蘭弼
李在興 慶州
李在膺
金夏鐸
金贊鐸
李鉉祥
李甲煥 長呂
李寅煥
皇甫堅
皇甫根
琴應商
李亨祜
李在韶 慶州

李在七
李在瓆
張東翼 仁同
鄭周顯 長鬐
李在信 慶州
孫鍾泰
崔雲八 善山
趙基仁 仁同
金鳴成 善山
李在立 慶州

孫志曾
孫相煜
孫永獻
孫永晉
孫宅祚
孫永燮
張龍達 仁同
張濱植 居京
張俊英
李龍在 慶州

李能燮
李能亨
李休永
權斐煥
李弼永
權致斂
李樹文
李奎凝 重尋
金時益
李樹章

孫周九
孫星休
柳汝模
柳汝楷
趙海振 仁同
曺秉圭
張洙燮
李在赫 慶州
李潕祥
蔣周瀾

李在龍
蔣周永
曹重海
蔣周雲
李在演
金南壽 仁同
張世鐸
吳碩濦
全孟春
李廷祥 慶州

孫星佐
孫星佶
孫相宅
孫相定
李能憲
李能坛
孫宗元 永川
李在寬 慶州
孫友錫 永川
孫健錫

張尚奎 長興
孫鍾述 慶州
洪之遠 軍威
李在龜 慶州
李在儀
李在信
權致能
李在奭
李能麟
金性淵 延日

任致湜 慶州
孫星佑
孫永澤
孫相倫
孫相宇
任必學
孫永進
李能德
李能容
李魯振 義城

鄭禮暾 永川
孫宗龜
孫宗圭
孫宗柱
孫秀鵬 慶州
孫顯謨
孫相懲
孫周祚
孫永瓚
孫永穆

孫永旻
孫永極
張龍瑞 仁同
楊瑞雨
李裕祥
李道祥
李書祥
李說祥 慶州
李在巖
李在勳

趙宅祐 青松
趙象祐
李琮杓 永川
李枝華 慶州
金時鐸
孫晉奎 永川
李能柄 慶州
金養鎮 青松
李湜
李澂 [illegible]

孫鍾元 慶州
孫鍾權
孫永準
權萬運
李豊祥
李在三
蔣世玉
申弘軾 盈德
朴勉奎
朴龍祐 義興

李曾衡 清河
金淑根 山清
孫永謨 慶州
李哲修
孫星伯
申達道 盈德
申以道
孫星沂 慶州
趙始穆 仁同
趙宗元

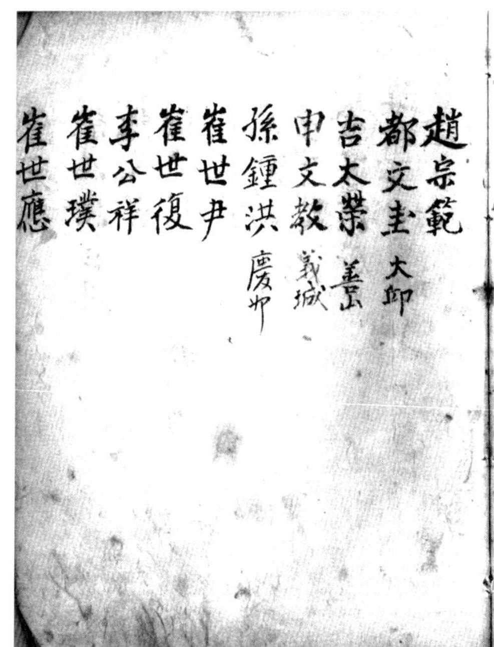
趙宗範
都文圭 大邱
吉太業 善山
申文教 義城
孫鍾洪 慶州
崔世尹
崔世復
李公祥
崔世璞
崔世應

李寀祥
張以睦 仁同
張天翼
張文灝
都永籌
李能錫 慶州
金亨贊
金亨億 慶州
李斆日
張希道 仁同
孫[illegible]勳 仁同

張與灝 仁同
張源鶴 改源杓
李琮杓 永川
李熙祚
申得龍 盈德
琴聲一 長[illegible]
孫永老 慶州
孫永晉
孫永咸
孫永德

孫之九 慶州
申曾道
申程道 盈德
李翼春 慶州
申弘軾 盈德
張允昭 仁同
張載緯 慶西岳
張遊灝 仁同
皇甫檍 長只
張錫模 仁同

張浚源 仁同
李在謇 慶州
李在喬
金晟昊
張龍元 仁同
鄭致禎 慶州
鄭鑌 永川
李能臧 慶州
權致慱
權致憼

李恭慶
金龍喜 楊州
李能亨 恩行
鄭基元 永川 恩行
奇範 慶州
孫星瀧
孫星浚
孫永琥
柳春澤
權暻運

柳進鳳 安東 恩行
鄭箕錫 永川
李濟教
金騏鎰
辛恭成 慶州
權致克
洪秉衍
李在善
崔永基 慶州 泗上
權永休

鄭在撛 花谷
張錫駿 仁同 恩行
李楨赫 永川
李在城 慶州
李在謇
李乙祥
南復夏 青松
張弘奎 醴泉
孫鍾聖 慶州
孫相瓚

李達昌 長鬐
吉義榮 善山
韓基昊 清州
李在時 慶州
李載楨 清河
李在欽 慶州
李能愚
李能善
李能栻
李能河

權興運
鄭文益 宜寧
魚命九 清州
張南九 醴泉
李啓華 慶州 恩行
張龍翼 仁同 恩行
孫益祚 慶州
李德樹
金遠鎭 安東
趙基民 青松

金麟祥 善山
權曾烈 慶州
朴堯春 盈德
吳尚立 慶州
張軫璞 仁同
崔世坤 慶州
李在瀾
張東益 星州
權宜運 慶州
權東均 永川

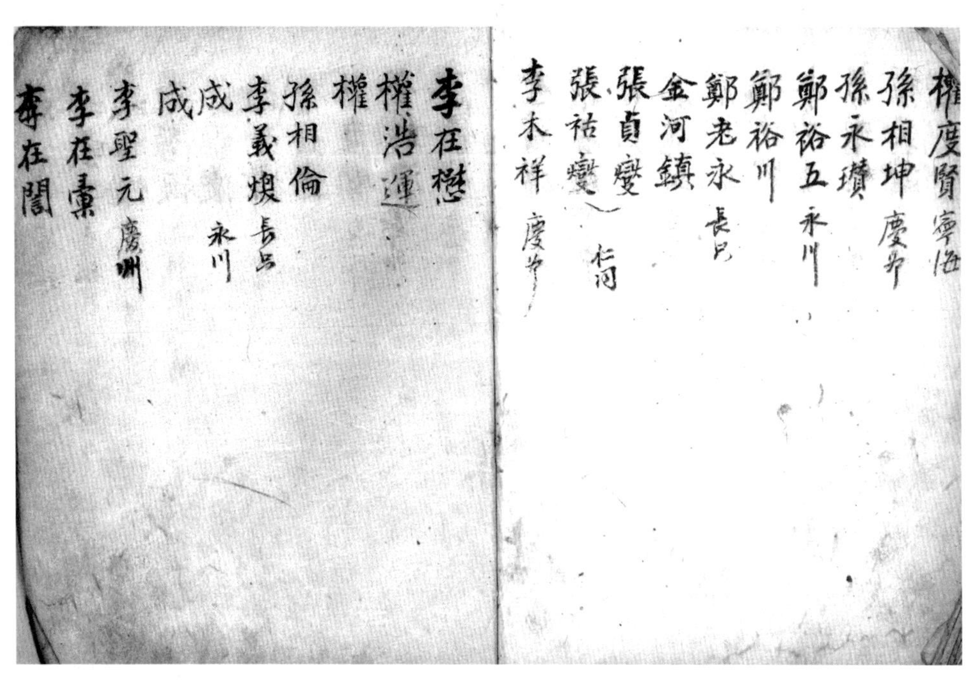
權度賢 寧海
孫相坤 慶州
孫永瓚
鄭裕五 永川
鄭裕川
鄭老永 長鬐
金河鎭
張貞燮
張祐燮 仁同
李木祥 慶州
李在樾
權浩運
權
孫相倫
李義煥 長鬐
成 永川
成
李聖元 慶州
李在稟
李在闇

南公壽 寧海
南義永 青松
徐宅俊 慶州
徐亮俊
徐覺俊
南有燐
權致炳
皇甫彬 長鬐
金琪演 春川
陳義 慶州
崔振華 善山
李能咸 慶州
孫星佾 慶州
金奎漢
金光福 新寧
金鳴漢
張龍興 仁同 恩行
張仁達 仁同 承旨
李在成 慶州
張福秦 仁同

孫相璞 慶州
成宗濂 永川
金
李相牧 蓀谷
孫永明
孫相奭
孫秀昌 慶州
孫晋錫
孫晋遠
孫晋孝

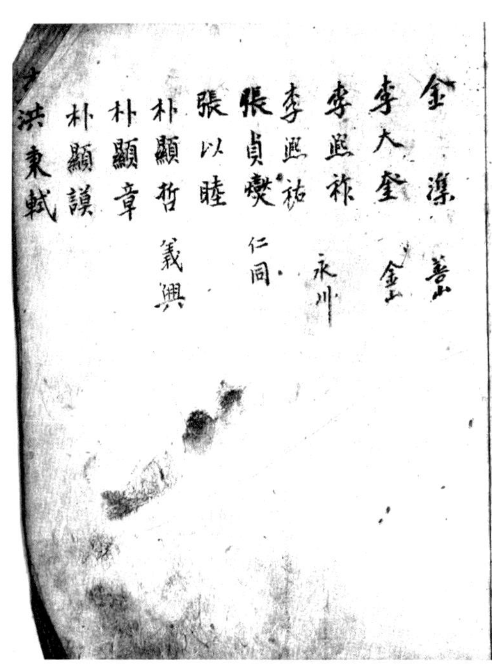
金濼 善山
李大奎 金山
李熙祚 永川
李熙祐
張貞燮 仁同
張以睦
朴顯哲 義興
朴顯章
朴顯謨
洪東軾

崔世顯 慶州
李能佑 慶州
孫健錫 永川
李奎璇 花城
李賢在
李脩 慶州
金 慶州
張茂杓 仁同
張軾遠 仁同
鄭龍憲 永川

李 慶州
趙基任 青松
南春樺 青松
金道熙 安東
南春楹 青松
金亨漸 慶州
金相灐
孫友永 思行
李能夾 思行
李在圭 慶州 思行

李慶祥 慶州 恩行
李在原 慶州 恩行
孫永烈 慶州
孫永珏
崔龜壽
崔世郁
崔世東 慶州
李裕祥 慶州
李在瓚
李在懋

權致能
李徽永
權致克 慶州
權致欽
徐元海
張斗雲 仁同
權致璜 慶州
權致懿
李 慶北
李

李鼎
李鼎運
金
孫奎瓚
孫肇奎 永川
張有璞 仁同
張瑛燮
張龍璣
宋錫來
李奎楠

權斐煥
李奎凝
李禮祥
黃東觀 慶州
李在協
李在懋
金琪 延日
金應燮
金在東 新寧
金孟晉

主倅 南萬里 義城
張教赫 仁同

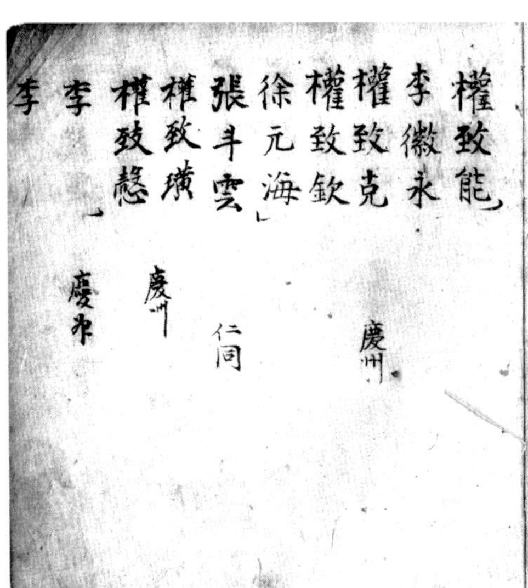

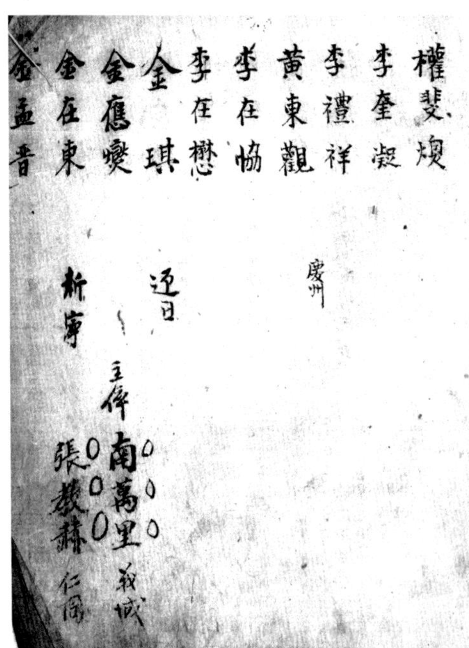

張錫浩 仁同
張有鉉
李述祥
李在閤 慶州
李在耕
李能默 永川
金鎭臣
金鎭昺
金鎭翕
申永粲
本義城居安東

李基赫
李春赫
李道彬
李容圻 慶州
李中和
李斗和
曺東瑨
曺喜安 永川
曺喜宇
張九燮
張景泰 安東

張希直 仁同
李瑾
張慶遠 大邱
張柄翼 仁同
南朝河 寧海
鄭來謙
崔世烈 慶州
孫永烈
辛永洙
辛養中

金濟東
金疇洛
張潤異 醴川
李正學
鄭顯載 慶州
金疇洛 李沚
張潤異 仁同
金晉壽 安東
張佑睦 仁同

張斗華 仁同
張聖瀚 仁同
張鳳樹
崔世覺 恩行 慶州
鄭基休
鄭裕翰 永川
鄭裕麟
李憙久 慶州
李南壽 慶州
李東壽
朴來軾 善山

張鴻九 仁同
張敎憲
張宜遠 仁同
張潤異
金疇洛
張學洙
鄭宇載
孫永洛
許鑁
李在山 安東

壬寅正月 日

尋亭錄

尋亭錄

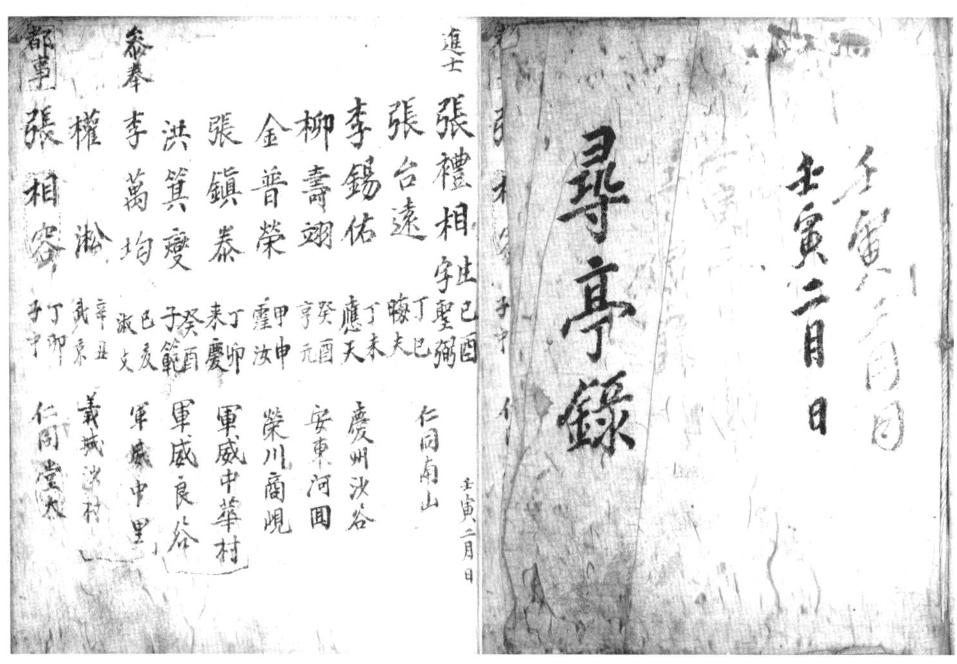
尋亭錄

壬寅二月 日

進士
張禮相 字聖弼 己酉 仁同南山
張台遠 丁巳 晦夫
李錫佑 丁未 應天 慶州汶谷
柳壽翊 癸酉 亨元 安東河回
金普榮 甲申 奎汝 榮川商峴
張鎭泰 丁卯 來慶 軍威中華村
洪箕燮 癸酉 子範 軍威良谷
李萬均 己亥 汝文 軍威中里

參奉
權淞 辛丑 武京 義城汶村

都事
張相睿 丁卯 子中 仁同堂太

壬寅二月 日

本倅 朴準成 戊申 京畿

郡守 張吉相 丙子 仁同 吳山 安淸河

張軏遠 乙亥 敬來 仁同 竹谷

張永八 辛亥 景欽 仁同 長谷

司果 張永一 壬戌 天卿

司果 張斗學 戊午 景汝 仁同 華池

張奎相 甲戌 廉七 仁同 星州 泉上

參奉 張奎熡 己未 亨俊 京畿 泥洞 三品

朴泰炳 乙丑 奎七 義城 氷山 癸卯正月日

張瀅相 甲子 君敬 仁同 新月

本倅 趙重翊 丙子 京畿

張潤鉉 癸丑 天卿 仁同 真平

張遠 己巳 汝卿 仁同

李斗玉 辛未 孟七

張錫熙 辛丑 播叟 仁同 覺山

洪載九 己卯 範五 義興 清洞

洪璟燮 庚辰 景玉

李源道 辛未 文吾 [illegible] 川平

朴疇植 戊寅 欽九 義興 梨亭

洪章燮 乙酉 子成 義興 大谷

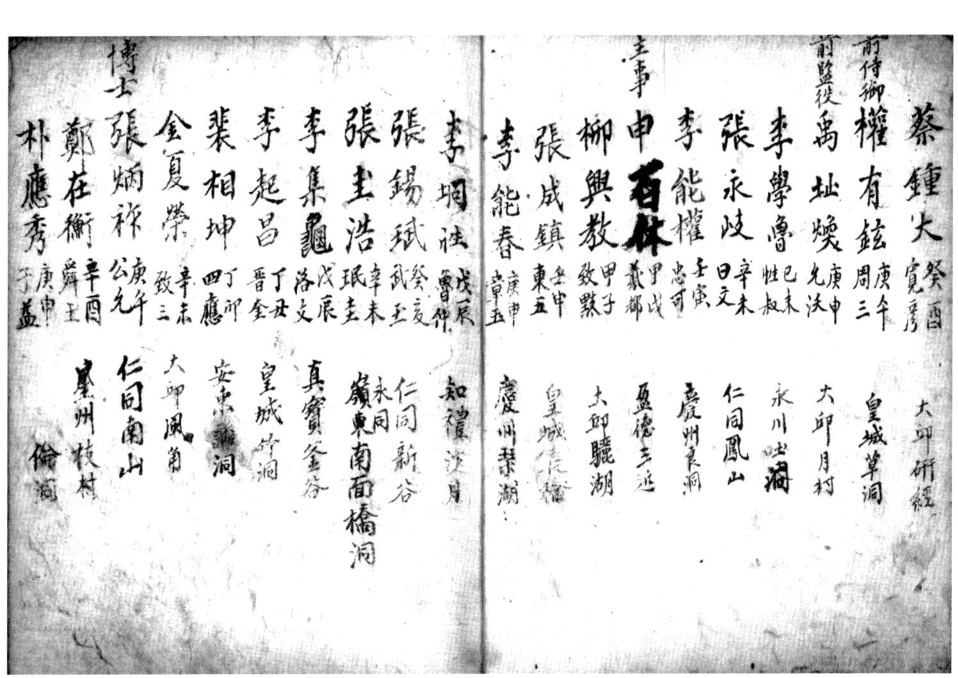

蔡鍾大 癸酉 寬彥 大邱 研經

前侍御 權有鉉 庚午 周三 皇城 草洞

前監役 禹址燠 庚申 允沃 大邱 月村

李學魯 己未 性叔 永川 [illegible]洞

張永岐 辛未 日文 仁同 鳳山

李能權 壬寅 忠可 慶州 良洞

主事 申百休 甲戌 羲卿 盈德 三近

柳興敎 甲子 致默 大邱 驪湖

張成鎭 壬申 東五 皇城 [illegible]

李能春 庚申 章五 慶州 琴湖

李垌洙 戊辰 魯伯 知禮 沙月

張錫珷 癸亥 武玉 仁同 新谷

張圭浩 辛未 珉圭 永同 嶺東 南面 橋洞

李集龜 戊辰 洛文 真寶 釜谷

李起昌 丁丑 晉金 皇城 竹洞

裴相坤 丁卯 四應 安東 [illegible]洞

金夏榮 辛未 致三 大邱 鳳岡

博士 張炳祿 庚午 公允 仁同 南山

鄭在衡 辛酉 舜玉 星州 枝村

朴應秀 庚申 子益 倫洞

金道鉉 癸亥 貫吾 高靈佳谷
朴春翰 庚申 明仲 仁同三鶴洞
張善鶴 乙丑 應遠 聞渚
金東鎭 丁丑 震維
金思鎭 戊寅 謹夫 榮川 龜坮
金世榮 己卯 士顯
主倅 鄭肅朝 皇城
趙敬祜 庚子 汝欽 青松 前村
都事 孫濈錫 戊戌 明汝 永川 梨谷
柳晉宣 丙午 君倬 盈德 三溪
李能紳 戊申 公善 慶州 禾岱
李元休 己酉 晦叔 盈德 道川
韓曉愈 庚辰 文益 慶山 百陽
都東圻 壬午 君可 大邱 西村
孫晉河 辛亥 舜若 慶州 良洞
張景根 戊午 聖晦 安東 春坡
洪承益 戊辰 舜相 順興 斗谷
司果 張龍圭 甲寅 雲吾 仁同 若木
主事 張基璿 癸亥 平賓 京畿 南壯洞

李章夏 庚申 元直 蔚山內面
呂師範 丙寅 龜瑞 慶山 松下里
張東燮 丁亥 子心 永同 南面 楊亭
慈仁 郡守 時 金榮淑 丙子 士輝 松學
主倅 尹奎善 壬子 陽根
叅奉 李泰魯 戊申 又賢 大邱 霞亭
張基夏 庚辰 遠寧 仁同 角山
權重植 甲寅 慶元 安東 道洞
洪萬鍾 壬戌 君善 皇城 格洞

金萬周 甲戌 景祚 丁未二月
金榮周 辛巳 景仁 安東 龜尾
朴昇東 丁未 義初 丁未三月
叅奉 朴最東 辛亥 樂汝 大邱 黔洞
朴海鎭 丁未 德一
朴海勳 癸丑 命學
朴海鉉 乙巳 有吉 大邱 臺巖
李圭晟 戊午 文秀
曺東夏 丁卯 景行 慶州 菁西
孫晉蕃 癸酉 錫汝 琴湖

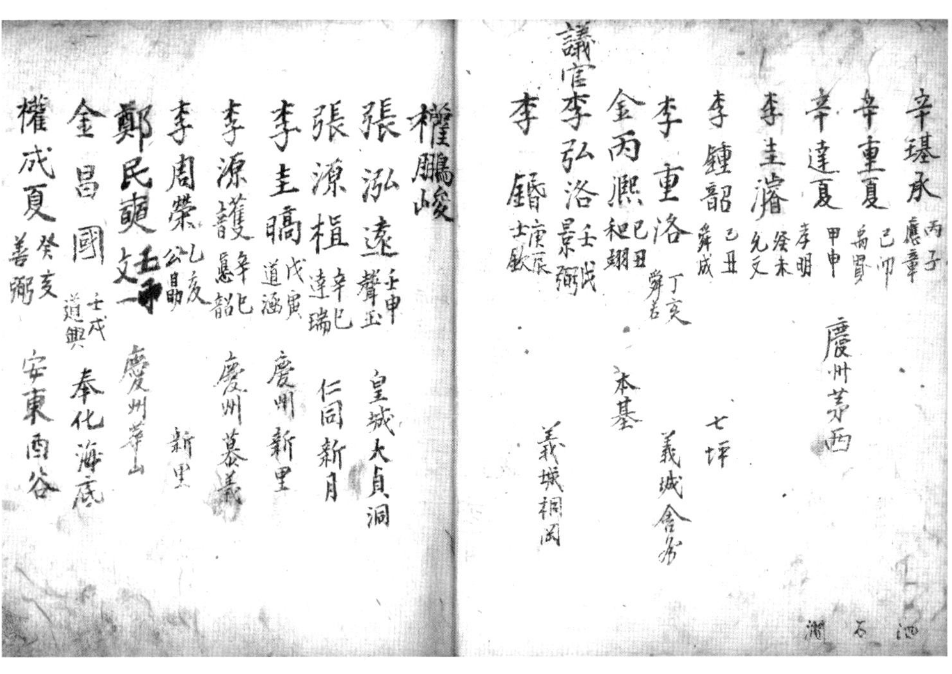

辛璂承 丙子 應章
辛重夏 己卯 禹賢
辛達夏 甲申 孝明 慶州 芳西
李圭濬 癸未 允文
李鍾韶 己丑 舜成 七坪
李重洛 丁亥 舜吉 義城 舍谷
金丙淵 己丑 和翊 本基
議官 李弘洛 壬戌 景卿
李鏞 庚辰 士欽 義城 桐岡

泗石潭

權鵬峻
張泓遠 壬申 聲玉 皇城 大貞洞
張源植 辛巳 達瑞 仁同 新月
李圭晧 戊寅 道涵 慶州 新里
李源護 辛巳 處韶 慶州 慕義
李周榮 乙亥 公勗 新里
鄭民奭 壬午 慶州 華山
金昌國 壬戌 道興 奉化 海底
權戌夏 癸亥 善鄉 安東 西谷

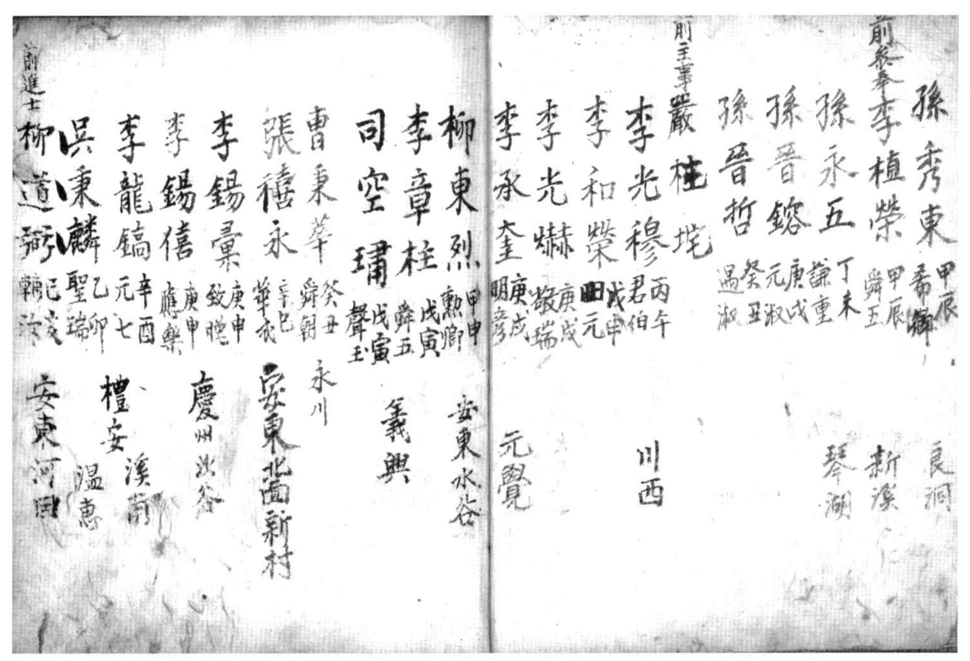

孫秀東 甲辰 希卿 良洞
前參奉 李植榮 甲辰 舜五 新溪
孫永五 丁未 謙重 琴湖
孫晉鎔 庚戌 元淑
孫晉哲 癸丑 禹淑
前主事 嚴桂垙
李光穆 丙午 君伯 川西
李和榮 戊申 畊元
李光爀 庚戌 敬瑞
李承奎 庚戌 明彦 元覺

柳東烈 甲申 勳卿 安東 水谷
李章柱 戊寅 舜五
司空璿 戊寅 聲玉 義興
曺東莘 癸丑 舜朝 永川
張禧永 辛巳 華永 安東 北面 新村
李錫彙 庚申 致晩
李錫僖 庚申 應樂 慶州 冰谷
李龍鎬 辛酉 元七 溪南
吳秉麟 乙卯 聖瑞 禮安 溫惠
前進士 柳道衍 己亥 韓汝 安東 河回

李能修 庚子 德汝 慶州良洞
柳鶴榮 辛丑 天擧 安東河回
李翼久 乙亥 漢老 德洞
李景久 戊申 賢可 德洞
孫暻秀 戊申 暻五 鶴洞
鄭德一 癸卯 聖威 本部
柳權重 丙申 公愿 校村
宋啓欽 丙辰 元達 榮川松湖
權錫奎 甲子 禹玄 新寧秋山
趙鏞純 丙戌 順翩 青松安德

趙鏞球 順端 庚寅
孫達準 德老 丁亥 慶州良洞
趙鎮容 聖居 乙酉 英陽注谷
姜灝 德汝 甲寅 安東法田
申晶錫 重叔 戊申 盈德道川 進士 香奉
權來羽 性伯 丙辰 寧海玉琴
趙誠基 允敬 庚寅 英陽道溪
洪鳳燮 德輝 己酉
洪麟燮 角夫 庚申 義興清洞
張希道 國翰 丙辰

李淳赫 戊子 瑛彦 慶州開谷
主倅 朴齊範 甲辰 致洪 來同
李聖久 乙巳 致德 慶州深洞
張相晃 丁丑 聲玉 蔚珍永陽
張柄愚 辛亥 子省 仁同覺山
金在權 甲子 夏賢 善山餘谷
申達均 癸酉 景益 善山長川
金時國 丙戌 台賢 安東川前
李程久 癸酉 賢伯 慶州良洞

宋宗翼 丙辰 景説 星州 高山亭
李炳久 辛亥 幕堂
校理 鄭顯載 癸亥 聚星 慶州菊堂
李周孝 辛卯 春瑞 蔚珍永陽
權錫翰 辛亥 可善 永川立巖
曺相徽 庚戌 舜五 慶州茅坪

李基升 德煕 辛亥 碧珍人 永川 土洞
李道厚 明可 乙卯 元覺
參奉 李學魯 性叔 己未 土洞
癸丑五月六日尋宿
許鉀 忠汝 己卯 善山 林隱
李承馨 柒谷 硯東 小莱
崔廷華

李中業 廣初 癸亥 禮安 下溪
孫晉昌 克文 壬戌 慶州 儉堂
孫晉洙 伯淵 己巳 琴湖
孫晉瓘 聖奎 庚午
孫晉蕃 錫汝 癸酉
尹道辰 建五 戊寅 禮安 下溪
張漢相 汝良 庚戌 仁同 南山
柳仁模 聖庚 辛亥 軍威 梧山

李能瑰 尹卿 庚午
李大源 致邦
李泰坤 平應 癸丑 義城 桐園
張基相 德圭 戊申 仁同 南山
張教殷 汝尹 己亥 仁同 眞平
許垸 石潤 辛巳 善山 林隱
張永彙 而吉 丁巳 仁同 礪溪
李震榮 瑞涵 庚申 七谷 梅院
張應灝 善淑 丁巳 仁同 倚很

前正字 崔鉉弼 義吉 庚申 慶州 九黃 龍
朱在鑣 子化 壬戌 慶州 廣明
鄭民爽 文一 壬子 慶州 華山
權大禹 舜翊 壬子 安東 春陽
張啓勲 明可 癸未 仁同 黃
前奉事 張龜相 公訥 戊午 仁同 新谷
李潤久 德然 癸卯 慶州 深洞
鄭致溫 君明 辛酉 永川 龜尾

洪斗欽 庚戌 乃以

洪明佑 丙辰 德可

洪友欽 丁巳 益三

洪泰修 癸亥 大仲 義興大栗

權錫洪 癸亥 範五 永川立岩

鄭載祺 甲子 德應 橫溪

前參奉 張昌洙 戊辰 善明 仁同中里

朱相朝 癸酉 任卿 蔚珍城山

朱相進 戊戌 聖奎 星州智水洞

權錫瓚 戊寅 宗瑞 永川立巖

李泰坤 癸丑 平應

李和坤 戊午 平仲 義城梧洞

李尙坤 壬戌 賢卿

張敬薰 戊午 建五

金永圭 壬戌 永集 醴泉大心洞

張鉉濟 乙亥 君楫 蔚珍古城

李榮鎬 辛酉 景敦 禮安宜仁

李觀鎬 乙丑 周完 下溪

李東洛 辛未 羲叔 河陽釜谷

許鎭宇 辛酉 聲振

金栢鉉 丙辰 永怡 高靈佳谷

鄭郁和 乙卯 聖賓 星州柳村舊沙川坊

鄭在憲 乃允 永川棗田

鄭基璵 丁巳 德祖

尹成鶴 壬辰 舜九 咸鏡南道定平郡龍山

姜大鎬 甲午 安東郡 晉州

金楨澤 庚午 明重 永川大元堂

張弼相 戊子 武卿 仁同虎山

張忠五 庚寅 武弦 長鬐

張龍昇 甲戌 震邦 榮州鹿洞

卓榮鎬 丙寅 雨應

卓基武 辛巳 士有 安東九水

徐載協 戊子 和重

孫璋燮 己丑 章五 柯川 忠清南道論山郡連山面長田里

金相仁 乙酉 永祚 杞溪

李源植 生丙子 字乃謙 禮安溫惠
李台會 生丙午 字又賢 全義人
鎭海令 張相岐 乙卯 鳳來 仁同角山
張相璥 戊午 聖佐
張在煥 庚申 厚卿 仁同栗里
參奉 許墻 丁巳 容卿 靑松德洞
進士 許墉 庚申 崇卿 聞寧芝川
李用久 乙未 春七 神光宜竹洞
張基翼 癸亥 翼元 漆谷枝川面蓮池洞

李能誠 己卯 舒仲 慶州良佐
南浩良 丙子 養叔 盈德元邱
金亨圻 丙寅 安東法田
李鉉庸 丙子 舜慶 英陽石保
李義稙 戊辰 聖和
李道來 辛未 明淑 安東蘇湖
李弼來 庚辰 聖賚
張寅濩 甲子 聖賓 仁同躬山
前參奉 金始東 庚申 允中 昌寧昌樂

李鍾彥 乙卯 殷永 杞溪寓
李圭怙 丙辰 敬彬 杞溪
南孝承 丙寅 伯順 盈海佳山
張斗楗 丁巳 胤七 仁同臨洙
李相昇 丁卯 明遠 漆谷達西
白赫遠 壬戌 景馨 盈德道川
白樂遠 丙寅 順日
李貞雨 辛酉 和叔
張志洵 辛巳 稀圭 仁同新谷

鄭淵在 乙卯 泰潤 永川新川
李奎煥 甲戌 公職 全義人 居靑松地境
柳道庠 己卯 養仲 豊山人 居河回
張之遠 戊寅 聖久 仁同吳山
前進士 黃鎭台 、 慶州甲山
朴源秀 乙亥 德民 寧海元邱
朴載慶 乙亥 君善
張瑨達 甲申 建重 仁同竹田
朴鳳秀 壬戌 景羽
朴寬秀 甲子 大淑 寧海元皐

張繼遠 善九 己卯 仁同吳山
張麒燮 誠可 庚辰 安東春坡
張秉慤 乃玉 壬辰
張武植 根弼 丙寅 仁同中里
張濬植 舜文 壬辰
張永轍 仁同省谷
柳喆佑 仲謙 乙亥 義城龜尾
鄭鎮業 永源 壬戌 永川林皐面仙源
鄭道和 達夫 辛未
張一相 子壽 丁酉 仁同角山
朴坤復 元雷 丙申 慶州花川
李源益 允謙 丁酉 深洞
崔鳴鎬 鳳暉 庚子 馬坪
南友淳 叔友 丁卯
南典淳 景天 甲辰
南龍佑 義瑞 癸酉 義城點谷面尹谷
張武應 敬守 辛未 仁同中里
李善求 元汝 辛未
李會求 文伯 壬午 安東蘇湖

許璉 器汝 丙子 元河陽河陽面金谷
張壽熙 殷一 丙戌 仁同角山
李中啓 永禹 庚辰 禮安遠村
張炳斗 元參 辛未 仁同吳山
金鎮洙 明玉 庚辰 善山夢臺
蔡洪穆 洛汝 戊寅 松鶴
張右遠 智卿 乙亥 仁同角山
孫夏翼 天卿 戊子 慶州琴湖
李源護 殷弼 己丑 良洞
李齡鎬 康叟 癸巳 禮安溫惠
李天馥 敬初 丙申 安東蘇湖
尹桉 士安 戊寅 達城郡多斯面汶山洞
張斗燁 季文 壬午 仁同新洞
張建植 中極 戊戌 鳳山
李大淳 毅德 己亥 忠南扶餘郡石城面縣北里
李浩百 雲卿 戊子 大邱南山町
許大由 孟謙 庚子 河陽金湖
吳圭錫 武如 丁未 迎日盤谷
孫國鎬 士彦 壬子 慶州花山
李鍾澤 復初 辛未 醴泉郡虎鳴面宗山洞

李源浩 庚寅 養直 安東郡禮安面浮浦

洪寬修 澤 戊戌 舜敎 軍威郡缶溪面大栗

前郡守 張稷相 癸未 致文 仁同吳太

張世東 壬寅 仁同南山

張元愚 壬辰 天瑞 仁同板岑

金熙秀 丁酉 昌寧昌樂

南炳基 丁亥 用賓 寧海槐市

李正赫 辛卯 叙五 慶州山坐

李鎭奎 壬辰 翼晟

李鎭達 戊戌 仕進

李鉉文 戊子 士奎 寧海巽洞

權泰源 辛卯 元卿 寧海松川

孫晉洪 辛卯 允元 慶州琴湖

孫承翼 癸巳 敬中 良洞

孫榮秀 戊戌 光孟 永川倉上

李錫璪 癸巳 王賢 良洞

張昌熙 庚子 敬肖 仁同長谷

張仁植 己酉 大卿

七印亭韻

1. 『七印亭韻』은 중요한 창화기록이므로 가능하면 전량을 수록하였다.
2. 타 문집이나 자료에서 발견한 창화시의 영인본은 제시하지 않았다.

題詠[illegible]

一派吾宗七印亭晚年踏惜訪東青箬隣嶺
赫山為玉杖隱逍遙石作屏古宅琴書千載
址華楣孝友百年庭雙槐分蔭分花樹慶
壽主高與福星

仁同張有學

敬次七印亭韻

大海東頭歷小亭靈區物色畵中青竹枝亂𩙪風生院
槐蔭入軒月映屏七組紫名相業地一家詩禮共傳
庭奕世緣幸得登臨日起看朗天雉德星

金寧金晃錫拜稿

北斗以南七印亭曲江秀氣滴嵐青百年泉石安心處
萬朶槐花雅洽庭一門紫氣高陽社九曲幽居是隱
屏一簞一花遺後晩逢人猶說降奎星

蔚珍尹鼎漢

先祖遺墟起是亭亭前華樹至今青
盤渦水石雅鳴瑟疊嶽烟霞繞
作屏細柳仁風重客駟巷循堂影慶
庭聲斑後進作孝友名齋義衛悅靈
何忝聚星

十三代孫恩敬

吾祖當年締草亭亭前槐樹亘千春
青村疑復洞高仙里山似重環大隱
屏七鏡身織留勝蹟幾檮臨望謹
先庭恭惟赫赫簪纓集上應文明
北斗星

青山舊宅起斯亭亭後青山舊
古青孤竹風清成翠幔三槐[illegible]
擁蒼屏雲仍幸得藏修地鄉里咸
稱孝友庭慶身當若偏感慕起南
極老人星

十四代孫應杰

樹印榮名揭此亭溪山物色四圍青
泉藏古壁泓泓碧雲擁遺墟疊疊
屏好韻風來脩竹院芳[illegible]香入西
槐庭揮孫來獻雅衣無拜慶身當
北斗七星

十五代孫敬學

叢松茂竹擁孤亭 華幕槐陰未了
青雨還於煙開寶鑑 春回遠宙展
蒼屛至今臨堅三間 屋依舊尊城七
印庭皆猶仍存 棲息詠德門爭覩
羅文星

白雲深處傲思亭 從倚危欄眼拭
青花葭於山開錦帳 鳥鳴深林擁歌
屛從今地闢文章洞 自古人傳孝友
庭豊嶽界高埋寶物 能光夜
井牛星　生員烏川鄭

窈窕煙山開小亭 華門百代舊趣
名家內史趙閣巷 圍室全材作翰
屛愛日識深暉 日彌光衣勝似彩
衣庭錦槐古里傳遺響 海上何年
乘德星　進士驪江李淲益

碩士敬夫詠古亭 嶠南華閥玉
山青自時孝友齋名揭 今日風聲翠
四屛盛代豪聲遺 板木後來述子
劉新庭可憐好事 稱餘恨南極纏
空一老星　月城孫應復

寫慕先塋起是亭 海山幽靈走合
青塘園聽於仍為鑑 羅列檻前
自作屛七印爭傳愚築閣 百年
追感射鶴庭 何時更續聲纓遺
績煌耀日星　十五代孫愚學

桁縣七緩如君亭 幾百年來子
青井水清臨風後 檻摩山蒼八無
中屛聊好華績傳 今世不改槐陰
滿古庭窓於山塘開 寶鑑中大
庭□文星　十五代孫時學

追先肯搆數間亭 依舊復槐陰堆
青門槐山塘開寶鑑 峯環錢疊作
雲屛遺芬古說紫親 席晤盛編多献
壽庭七緩家聲難 復繼堪憐吠雨
最零星　十五代孫守學

吾先掛印始名亭 開地槐陰不改青
細柳臨煙風外幕 層巖列峀畫中
屛壽鶴於賀絃歌 此齋称萬傳孝
友庭少子登斯多 舜慕何時更覩
耀文星　十五代孫思學

世値曾佇七印亭重新今日[illegible]册
青槐蔭不改三公樹山色仍開罨畫
屏東國風謡時父老南州詩禮繼
家庭華樑舊賀新莊慶更無窮
年壽福星　烏川鄭夏源

草亭遺址創新亭依舊松篁不改
青遠色雲聲喧復遙逕山色畫中
屏塵埃淨掃絃歌地孝友當時樹
謨庭清夜登臨興感意悠然指點
滿天星　安東權[illegible]

簪纓舊宅尚餘亭槐樹長今百代
青[illegible]聲華車馬路且時盛事無
圖屏爭稱家聲賓朋席[illegible]四[illegible]三子
姝庭其印七芳仍以瑞至今枝上
應極星　咸安趙觀煜

張公先壇有是亭遺環十里眾山
青風吹柳竹陰遮户外吐雲霧氣
作屏七印争傳同子壻百年稍說
娛家庭故人玄英吾注與異日花心
玩聚星　進士驪江李鼎儼

十室鄉中七印亭留々遺蹟入間編書
至今遠閣談華胄從古名區勝畫屏
佩篆已多黃廟樹顯豈龍畢翠
[illegible]庭正直張老善其頌美事同珪
聚星

草亭洞深有丁亭輪焉仍作古[illegible]
青美談海邑傳芳後[illegible]錢雲孫帳
翠屏慕宗遺墟成小閣慶修喬木
[illegible]家庭華楣揭字閣斗高歷南
天照輝星　慶州陳東[illegible]

峯回路轉有高亭今古遊人能指
槐下泉流清瀉琴備竹翠[illegible]
屏印何異々稱鶴地槐是蓀々[illegible]
庭也識曲江由來直門[illegible]
耀文星　驪江李鼎寬

東風歸有丁亭曲江雲白海山
青晨鐘[illegible]師[illegible]君庭夢秋分
海老屏世業豈徒傳墨帳閑情不
好讀黃庭至今為恨其緣薄指點中
天徧德星　驪江李翊祥

南州勝事起斯亭 一抹家山春
青野老傳云是篆 核宮嬌綠曲
逕雲屛風飄 翠華蓋賢賜鼓日暎
芳不宇下庭 從此五家多福地 名章
世世應奎星　具樺
台老相傳七印亭 上摩雲氣至今
青華噉右載 雲仍繼勝事於 模左右
屛銅煌紫綬 交橫常槐庭 春晴
又聞庭也石多日 連枝會太史奏
三垂道星　姜[illegible]
憶昔繁華慶壽亭 家聲不忝
邇春叢墻宮燕 烟霧室杖履留痕
水石屛前古意風 孤竹節百年喬木尚
槐庭堪欄此賢 胥襟懷月印澄潭
點七星　驪江李之翰
蕭灑溪山一古亭 至今綿葉舊[illegible]
青溪流觸石鳴 寒玉列齒有軒居
畫屛七綬金章華世閥 百年詩禮好
門庭同賞舞彩如親覩 楣額煌煌
揆壽日星　咸安趙居煜

草萊山家結七亭 為憐雙桂至今
青翠枝枝更 盡華蓋密葉春濃
展畫屛一世簪纓同樂地 百年詩禮舊
趙庭家聲累代天隈運第貝門楣
耀海日星
百年立竪翼翼亭 不改江山面面春
樹色鞠紅風不緩 嵐光凝泊石畫中屛
多時七印齊稱壽 今日雙槐更閱
庭訓櫻並將君子華 舊家誰
續炳如日星　外裔永陽李[illegible]
野家恭賢七印亭 豈風描在海山
勝遊尊檀文章洞 幽境山環錦繡
屛華軒肇闊 懸弧節老樹重光掛
萬庭永日凭欄 懷古讀獨文之應
北極日星　外裔慶州陳東傑
異華爭傳七印亭 汗山秀色古今青
兒孫葉在琴書福 花斗信濃頌禱
屛萬石君名 昵奮宅以龍才子併茵
庭一門諸第榮 親地舞綵餘儀
耀極日星　主倅安東權虎秉

華額爭呼七印亭 古槐繁樹至今
青衍階洄瀰渡渥珊羽尺閣園
墨嶂屛一代榮光多子姓百年
光輝明家庭也安種玉藍田瑩室
賓輝化列日星
瑞山柳秀
枝擲今人之屛亭脩竹松四面青
庭前清風歡笑叢 武帝間情好
雲屛多章騷客爭詩筆筆友
寶孫自滿庭 天運在環 張氏源流
庭家明日星
漢陽趙
張氏遺墟起一亭 長松脩竹四時
琴鳴流水洄高宅 銅主屢變無作
屛多世繁華 七印綏流孫承葉二
槐庭騷客詩人多善頌聲花北斗
庭羅星
寶山李在鎬
七葉綏槐肇是亭 千秋今幾時
素經聲入戶鳴如玉 山勢臨軒西似
屛石階前世業多 探赫赫古宗
庭聊知國績遠東國家世多年壽
福日星
新裔高敬與學範

華幕遺墟起小亭 環槐葉葉至
今青壇開半畝 清如鏡 山列屛
屛氣作屛一世簪纓傳古宅 百
年花樹會斯庭 進修子壻探鶴席
也此春天壽福星
十六代孫載弘
古宗華幕起先亭 槐樹高軒帶舊
青 正聞弦聲鳴入戶 積依山勢列如
屛 詩孫興然稱鶴席 處客詩詠
寫庭 七印世業克難復 繼述慨想之時
辰日星
十六代孫德啓
桑月蘧蘧訪古亭 百年修繕
蘊青 枝綢宅邑去焰海 回世山留
臨滄屛 懸綏家聲詩架樹雜
班伏 載枯香庭 靡聽夜話添燈花
不覺東天已曉星
驪江李岳祥
問柳尋槐更是亭 傍先遺蹟蒼苔邊
青 綬多歲歲光閣 里峰自重重作無
屛 有氏八龍洛後世 藩家三亂舞
於庭 千秋影事 燁燁重表蒙輝文
明如斗日星
仁同張晋龍

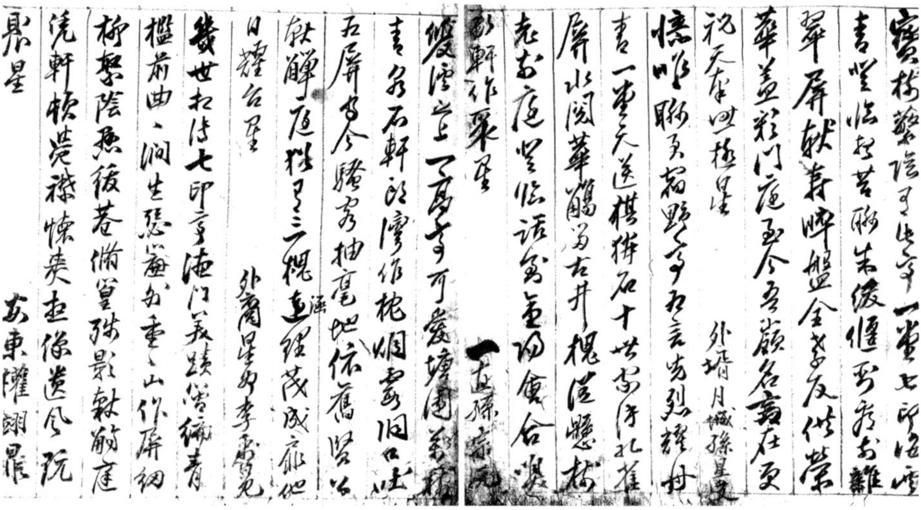

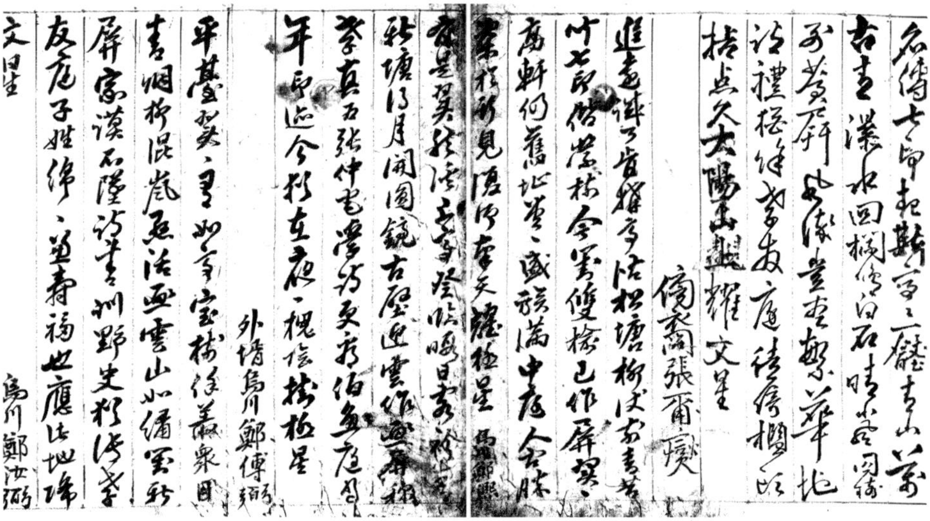

花樹壇邊立小亭 題名七印字
書青 壇額畫庭心 神鏡堅而春
秋錦繡屏 岡諸當年稱壽地 花
傳昔日舞斑庭 追惟草幕多佳
憾 拱仰中天繞北星

十三代孫鍇

採薇山麓印名亭 忠孝相連竹汗
書 留々學孫家寶樹 變々腰玉國
藩屏繁陰 宛在稱觴 揭切兩難
賡舞彩庭 履檻肯構 顏後地居
然 三百歲周星

牓裔張某

草堂前中有一亭 爲人愛惜幾百年
書 山圍別界成蒼壁 雲助奇觀作
畫屏 翟鍱延齡爭獻壽 斑斕彩
舞競趨庭 雲丹不報 仙平地早
役南天瞻極星

稽山宗人張敬昊

七印風傳一小亭 古查新隸幾回
書 高山載役爭環壁 性迹猗歟可
列屏 後世子孫觀感處 當時昆季勸
酬庭 舊家餘慶從茲卜 拈點天
南有極星

稽山宗人張之南

草幕深々印揭亭 追思 先祖我
衿青 曲江晃藻明時寡 聖世慈蓮
睥日屏 爲語溪歌 簪綬地 槐蔭功
業子孫庭 堪憐殘裔登臨夜 難
復南天幽極星

十四代孫寅睦

緬仰遺扁七印亭 先天影事洛雲
青 春餘老木垂陰庇 雨洗層雲翠
屏 供支日彩 族名吾嶺 世々華軒耀德
星 上洞闌文章成草幕 家傳孝友
馨 石蘭庭

閔致慶

翼然高起是仍亭 哭拈闌干雙樹
青 七印當年爭獻壽 匹休 王國永
爲屏 將占碩果根培地 同有三槐蔭
滿庭 秉筆諸賢擱佳韻 按來多感
落晨星

進士驪江李在韶

異事曾聞七印亭 登堂瞻慕眼
生青 讀成水石精神骨 興入烟雲
造化屏 孝友至今君子宅 清芬依
舊海山庭 高名百世人咸仰 厥數
分明斗北星

李秀慶

百年遺址百年亭自作君家世
壇青羅五峯山踈栖竹檻園納月
滿張屛長生然賀三第決榮祿
重光七綬庭孝友仁門餘玄表在
雲仍從此不零星　主倅李能鎬

宿館名亭曾入方澤山一面拭眸青
新開屋宇居何陋太陸林泉志猶
屛皓月澄潭是世累緣泫紅葉侍
情庭遺風百代為餘慶爭為南
亘壽星　漢陽趙

一面澤山多此亭澗松園竹古今青
檻前百花粧雕閣雲外千峯列
画屛當日登臨猶壽地後人惟仰
舞斑庭　聖恩多豈疑孫日七亭
煌煌應七星　善山吉太榮

以顯祖宗特立亭金章紫綬常雲
青軒前澗響生虛壑檻外山光繞
翠屛佳木成陰祠後院今苗及裔
滿中庭千年不朽嘉名錫仰彼蒼
空如斗星　永興宗人尚奎

遠客來登海山亭千年花樹至今青清
名烈烈留丹篆節伝伝擁翠屛多謝
吾宗編印蔭勿隳先業學詩庭從知瑞
氣東南聚孝友家中總處星　宗人張源鶴

千年草幕一高亭亭樹葱以欝
不變青風軒前芳澤猶照月庭
前山石立屛新百賢源承佳業
四三華印耀門庭所寺人物同
為壽自此相傳度幾星　靈山辛瀅

有如七印翼然亭伝舊雲山
處青前澤前漪清有石為林屛
嶂繞五屛足徵隱德鴻名爪可
慕遺風鯉對庭皆指從成鏡
勝景須應疑照少微星　鄭禹

張氏舊墟築小亭寸晚從此竹
金青雲古樹出石點畫澤上山
回帶疊屛百代清風鳴鈴珮七
賢遺躅光槐庭世情不但求名
利吾子讀書祝壽星　楊州後金龍喜

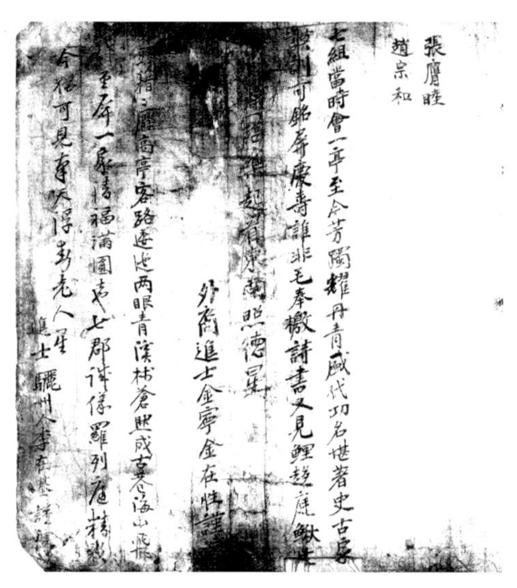

張膺睦
趙宗和
七組當時會一亭至今芳躅耀丹青感代功名堪著史古家
聲引可銘壽康壽誰非毛奉檄詩書又見鯉趨庭欲[illegible]
[illegible]起有東蘭照德星
外裔進士金寧金在性謹
[illegible]相過高亭客路逶迤兩眼青深林蒼然成古今海山飛
[illegible]至屛一聚清福滿園七郡偉羅列庭精[illegible]
今猶可見事天浮萬老人星
進士驪州人李[illegible]謹[illegible]

七印亭韻

嶠立烟霞物表亭前賢遺躅韓
朱青石泉源溯紙葉[洛]第榛基
敷晦木屛遲趣琹書悳魏楹純
忱杖履坐堯庭家法孝友毋亭
壽常極少微同有星　壯洞金炳奭

擅名七印一高亭山勢四圍抱水
青絶頂金於紅樹壁懸崖半是白
雲屛萬古讀趨塵累愧未晩
林韻花庭言夜聯床談笑罷浹
胡明禮仰宸星　蓮洞金時默

草模洞中筮此亭翠於林下古今青
溪流櫟亦如鋪練山翁聰亦作画
屛龜藻龜莖稱壽席金枝玉
葉舞班庭仁人烈士天伸佑常極
照臨拱七星　外裔驪江李在善

百世流芳一小亭園松塢卉四今
青去深花皆仙語坤僻巖雪
白畫屛椽墻遺風宜孝幕忠
烈餘英詠蘭庭賢人杖履坐臨處
[經]攀翅林泉第模星　宗人義城張奎永

七印遺芳揭一亭 照人赫赫勝丹書
園粧竹木開靈壁 山吐煙霞繞彩
屛羅杏鶴眠雲亿海 踏來仙跡月
迎庭主翁世世傳無替 基址千年
迴衆星 昌寧曺聖淵

碧當方塘一小亭 中書工畫展丹書
溪樵坪僻鄰大海 屋喜山深列作
屛晚蒼黃以爲同 處士繁陰綠樹
等王庭班衣七綬 爲年祝瑞彩
分明瞭極星 月城孫奎顯

七印掛名七印亭 世世槐蘗蔭梯
雲孝賢門孝讀詩當壁 聖之
値遊画出屛十里 山明天子坤 三春
花發古人庭 修休百代能如許 師家
奎墟聚五星

百世流芳七印亭 高覩不是愛丹青
題名當壁掛紅袍 濃影隨雲捲翠
屛寶樹謝家春上桶 班衣萊舞
月星庭重重盛族 世忠孝榮壽嶠
照極星 京城上黨魚命九

滄滄溪上翠松亭 丹桂栽培含晚
香水崇清琹三四世 雲歸繡幅
暮吟屛賢孫百代 能傳家肯構
千秋洒掃庭坤毓 精靈長不老
久明古彩照奎星 永陽李宅潞

逸士村還七綬亭 傳家孝友故
鍾青專城勝事 雲傾蓋蹈海清
標月上屛丹葉 參差留篆跡槐
陰隱映郎苔庭 遺孫肯搆無窮
慕爭似高陽聚德星 屛山客李世燁

專城餘慶立斯亭 四男三婿第雲
青欲聽幽禽多種樹 將看翠壁
不張屛松含琴韻 鳴從院月剗
印形照踏庭遊客 臨軒追往蹟
方知此地應文星

澗水聲邊一小亭 掛印槐樹玉令
青巷柔栗里先生 柳山似武夷
大隱屛忠孝高名 傳史筆詩書
遺業闢門庭遊人 坐說當年事
鍾得東天幾箇星 月城李亨一

沿溸溪入到斯亭水白方塘梧葉
青風古家聲七印樹韻餘景物
萬山屛軒楣今日輝煌閣草
幕當年茂鬱庭蹈海居濱高
尚志精靈如在天星 驪江李在謇
志喜當年木假亭枝枝春色帶
長青沿江一曲恩浮海列宙千
層繞隱屛鬱鬱古槐王相業叢
叢寶樹謝公庭前塵已邈雲仍在
累累餘痕度幾星 驪江李在公

張氏西山一草亭松陰猶帶舊時青雨
餘溪澗鏘鳴琴雲陰峯巒列畫屛物性魚
潛揚柳澤家聲鵠峙竹模庭詩篇已
備前人述愧我今來白髮星
永陽李殷相

名茲七印起吾亭壁熖南山不老青今
爾無壇行華宴依然遺跡畫雲屛尊
賢蔭裏蘭風盛孝友家中樹老庭孫竹
風聲常在在賢孫延壽髮星星
安東權

先賢遺址起高亭依舊山河老柏青結
構海濱蹈殞節懸楔金印映長屛家
傳忠孝當年蹟慶蔭雲仍後日庭風能
華軒今始到清天雨霽復明星
安東權

三百年來更起亭遺風尚在樹陰青
金塘月印磨如鏡玉洞花粧畫作屛
世久鐫銘忠誼日地餘鸞鵠舞斑庭
當時太史知誰是應熖南弟見幾
星
安東林榮萬

一區草谷數間亭爲是青山不老青
畫鳥高飛隣曽海秋雲幾疊隱來屛
從知天命歸眞主何況榮光蔼孝庭
百世遺風追慕地寒塘夜印極南
星
英陽南熙穆

地僻千年屹一亭歲寒松栢至今青
池清月白開明鏡樹綠花紅作畫屛高
躅同潛龍伏宅榮光共耀鯉趍庭傳家
孝友流餘慶重待他辰會弁星
烏川鄭基權

海國名勝七印亭大陽山色幾千年青
相思先聿攀珠樹堪列文章展疊
屏洞遠歸雲挨短竹潭深明月餅
虛庭雲仍百世淳風在此地分明興
福星大江亭
傍裔前參奉信同張福遠

掛印遺墟結小亭蟠駐湖氣海山
青清流水露無終琴絕磬風連自畵
屏守栈光聲孤竹里傳家餘蔭兩槐
庭後昆孫繼前躅跡知是萬門
應德星七
慶州金基軫

遵海行尋七印亭主翁授禾荷編
青草幕當年留懿蹟寶章聯輝
擁歌屏泉石改觀重構日新仍世奇峯
鶴庭馬閭尊年稱九十世在倫照之
介星
驪江李述祥

七緩條聲在此亭緣深線路卧谷
青曲欄長鬧遊客棚處屋年舖
主人屏一域林影風古宅百年花樹
蔭前後孫子連綿多秀士斗之南
畔聚奎星
本倅鐵城李鍾完

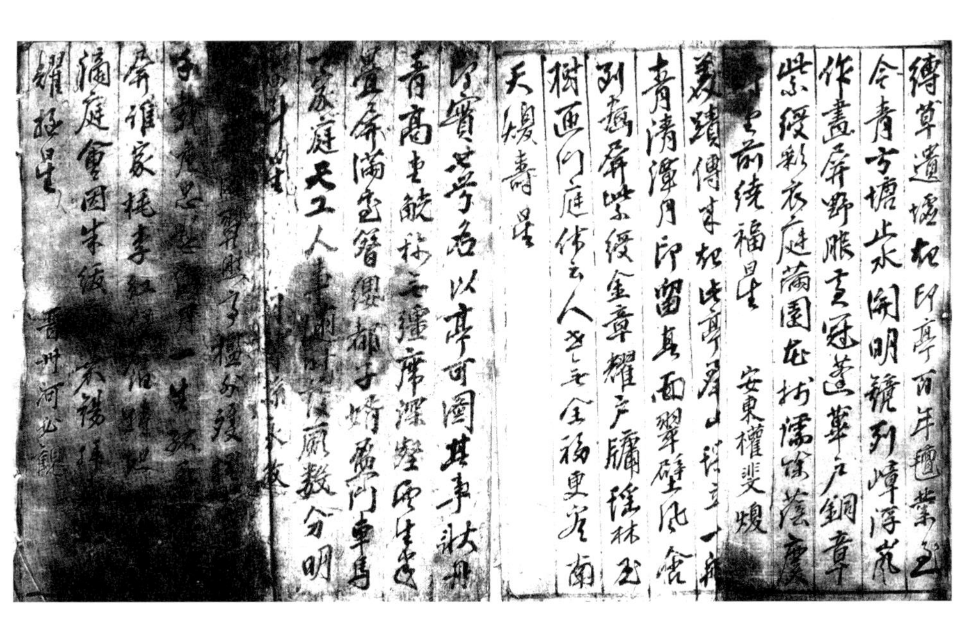
縛草遺墟起印亭百年遺業之
令青方塘此水開明鏡列嶂浮嵐
作畫屏野雁重冠蓋華户銅章
紫綬彩衣庭蘭園花樹儒餘蔭慶
世前績福星
安東權斐熄

義蹟傳來起此亭屛山環立一舟
青清潭月印留真面翠壁風含
列嶽屛紫綬金章耀户牖鍾林丞
樹通門庭傳云人之無全福更寔南
天熄壽星

何實其亭名以亭可圖其事狀冊
青高書館移之鍾席深聲風生處
叠屛滿室簪纓都子婿庭門車馬
一家庭天工人事[illegible]數分明
[illegible]星
[illegible]
子[illegible]
屛雅家耗李紅[illegible]
繡庭會圖朱綬[illegible]
耀極星
晉州河必鎭

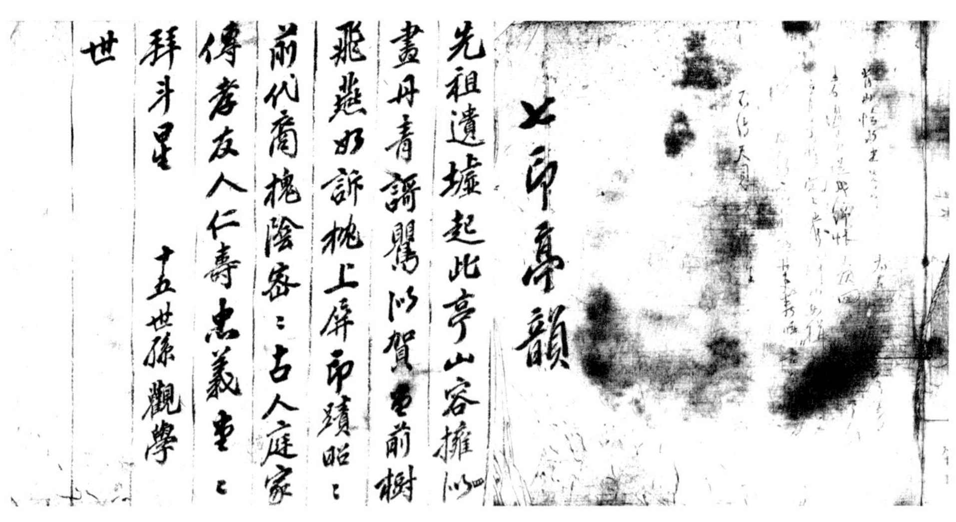

七印亭韻

先祖遺墟起此亭山容擁似
畫丹青謌鸎以賀當前樹
飛燕如訴桃上屛印蹟昭々
前代裔槐陰密々古人庭家
傳孝友人仁壽忠義重々
拜斗星 十五世孫 觀學
世

草幕當年揭印亭江山不改
古今青滄桑洗物麗峰
溪香木遺芬血篆屏
儒士清風猶舟里歸晉
好蔭雨槐庭裔孫慕仰先
天績汝嶽精靈應徵星
十四世孫應禹

芳名七印作斯亭猶有寶遺百
世青近水清塘開月窟羣山繞屋
展雲屏人間喬木同依舊地遠峰
巒獨秀庭種德君家餘蔭在江
聲夜夜耀奎星 前參奉月城金濂永
復溪九曲數間亭遺蹟煌煌野碑
青滄海嘗前留義地碧山依舊當
佔屏雲何滿壑中間洞花樹同春上

下庭追慕高麗峰上溪至今烈烈
耀天星 十六代孫永弘
今日登斯誰也亭遙遙花樹海東青
樫皎淡水桃邊鍾磬將群鳥鉄處
屏種德綿長遺蔭地扁扉湛渝好
家庭願言無忝於千萬上有奎奎
七極星 傍裔張義達
月入前塘印古亭一窓雲攤西山青

簪纓舊蹟來味欲舞餘痕掩翠
屏三世榮名登野碑七貢邑盖耀門
庭孝友家風張仲在他時冠弁會奎
星 南平文鳳来
四子三郎七印亭張公名節共
山青栽培已厚三公樹孝友相
補百壽屏全嶺許多名氏葉
曲江第一此門庭檻外方塘盡水

活至今流照在天星 進士密陽孫瑾秀
陟屺瑠璨刻記亭慕仰逍風竹管
青山畝方塘開室鐵一區林壑自
成孝簪纓法蹟先天樹孝友諸
孫更壽庭継継乘仍傳句替嘉
謨以燕翼張星 十六代孫敬弘
龍飛昭代翼斯亭亭上千今
錦樹青墨後馳芬高識位碧

山留延桐開孝神藏勝地雲
深洞鳥語先天露下庭慶壽
家中人孝友篤看後日弁此
星 仁川蔡必壽
詩禮東鄉孝友亭山林峰
島賀丹青健寶日會堂高
榻歸寄時臨列畫孝錦後
千年除古樹賢孫百代芳

孫庭層軒於休徵出彩鎮
天中耀壽星 永川皇甫升
背闕今來七印亭名區路轉樹陰
青形容傘立三光開畫出楣題
九疊孝家對四方陳公榻冠成子教
謝家庭觀於海大文於此借同規模
落成星 漢陽趙鉉明
覲海歸裝上是亭規模宏闊冠全春

青樹植千年愛此寶山環四面畫
如孝簪纓耀揚稱所世孝友導行
老髦舊庭終日登臨無限意更高高
瑞開何星 漢陽趙鉉喬
百世遺芳七印亭九點宗存盡丹
青險濱猶有何連月郡國萬春
江老孝家地林壤勿福綠傳家
孝悌開門庭清朝喬德題璿額

千載昭然而壽星　閬湖金鎮成
携家移寓上小亭吹角篆聲多
淸香文章百世傳林切雞金千年
去此庭樑參高山流水響吟佇備
傳蔽花落離云碧石柳青槐景文比
在精一點星
四言晩悠七印亭先賢遺躅舊
山青相繞水石鳴琤琴洞澗奇霰

盡疊奇樹鼓淸風條喬木舞蹤
華翩蒲趨庭敎言孝孝承菊蔡不
隱家聲石斗星　星山李海根
大海東頭壓小亭靈區物色畫中
青竹枝乱礌風生院槐落入軒月映
屛七組榮名相崇地一家詩禮北傳
庭黃緣奇傳豈臨日起我洞天
耀流星　金寧金晃錫

四斗以南七印亭光江秀色滿嵐
青百年泉石安心處萬葉槐花種
滄庭一門紫荊高蹈社九曲遂居隱
屛一草一花遺澈宅逢人攬說
降登星　蔚珍尹鼎漢
一派吾宗七印亭晩年嗟惜訪東
青簪纓綿赫山為玉杖屨逍遙石
作屛右宅琴書千載址華楣孝友

百年庭殘槐餘蔭分花樹慶壽堂
高照福星　傍齋張有學
東頭舊歷高亭奇跡逶迤雨眼
青綠樓台照成古巷海山飛似作
重屛一家清福滿園地七郡誠儀
羅列庭精彩至今樣可見南天[illegible]
動老人星　進士驪州李在基
七組當時會了亭至今芳躅耀丹

青雲代功名堪著史衣家漢訓
可餘屏慶壽雖非毛奉檄詩書
又見鯉趨庭鯫生幸得望龍光起
秀東南照洛星　外裔進士金寧金在性
麟海歸節懶上亭三槐樹老禁煙
青溪聲遠度鳴琴瑟山氣嶂峨
綠畫屏孝友名齋修坤閣文章蘇
世舊家庭滿園花竹恒春日種德
之堪照福星　傍裔張璡煥
地全節處起高亭雲木參天亘古青
五百年前事業嘉而三户外勝山屏
氣西儀筆先生板海如清風吹入庭
慶壽堂高南極近月明遠夜卧
秀星　外裔昌寧曺東曦
亭得高山山得亭至今並峙仰彌
青思代郡堪懷德義登堂撫松侍
軒屏圍守西山伯叔鄭太闕東土子孫

庭仙覺影古三槐在不必纏虛上庭
星　上日
架壑緣崖起一亭東寒松桂入簾
青令人立志清風竹遇遊追思大陸
屏七印二千石太守護槐五百年家
庭詠吟慶壽堂中老也屬少微
自有星　烏川鄭勲一
擇仁爲里又擇亭一株種陰未了
青滿壇閣書晴檻畫欄無槐竹
衆咸稱　恩綸輝郵綱金綬佩筆
有光孝友庭概分人家皆古俗冑堂
有璧發東星　上旨
岩年槐樹擁孤亭從第綱纔奉青
妙華清風傳古蹟林泉秀色展
蘇屏苔以子婿孫觴相續世光耀於庭
庭郁祝箕裘傳句頭澤今基道臨
奎星　十六代孫泰維
大海東遊上是亭亭奇景樹仍青

一枝葉千年交翠郁溪山一洞壓
書扁勝閑孫忠餘緒春清孰文
忠懇趙庭晩節門戶皆昌大節見
遺墟聚德星　後孫 采泰 欽

七印當年揭此亭海山湖氣至
今青籠鎖漢水依回襟洞裡奇
岩俯分屛酸代清風拔孫升亭吾
亡餘蔭植槐庭四子三孫祿綿
泗遺史名傳聚德星　順興 李貞和

海上起名亭自家中業青風泗
長流水山窮多疊屛人氣佳靈地
槐陰滿古庭何時耀(煌)七印泉
稱星　月坪孫 仁秀

高閣嶒崚七印亭張公樓石盡丹
青東包大海丘疊水西開奇峰
自分屛文章半世遊酬此名字
古時灑掃庭後生自此仁無存
通向此辰祈福星　一直孫 達洙

七印當時起此亭海山淋氣至
今青雲仍皆攀登修地秋芳
幾多數疊屛遺蹟尚傳藏
當年陰性待植槐庭諸孫繼先
天事爽氣千秋財此居　十八代孫 泰容

巍巍潭上一高亭瘦斤孫勝不
耐齊太古星樓張刈筆盡數重擧
當時後屛是今忠孝傳家範也
出鑽纓楷留庭一自東來是後數
汝堪情花樹半寒星　傳齋進士 張志淵

先賢遺蹟仰名亭依舊松篁歷歷
青此日聯簪聯棟宇忠年七印坊
軒屛慣閑炒熏留蒼春歸視槐
陰文滿庭懷如蔭修修依孫千秋海
曲耀奎星　月坪孫 晉昌

名立東西闊此亭偶然尚自拭眸
青出(起)今遺蹟傳畫色懷者芳訃
蔡法庭(天朗)峯雲奇樹苞山明地勢

繞此屛逢迤嶺抽般勤意滿庭
諸家山野居　傍裔注書張志馥
羊[illegible]帶道坂起小亭　松篁猶帶舊
時青　芳壇月白好此繞源壑春生畫
作屛　清韻古傳朝野史　餘陰不改子
孫庭　豈悠悠歲月年事盡收丁寧
家牛星　十九代孫斗杓

積陰山下翼然亭　蕭蒲藏歌義
古青　檻外雞槐盤舊蔭猶是疊惶

石列華屛多出宗　歎傳至德斑斕
瞻秀步趨庭門　闕繁衍鄉族首
每懷蔡恍[illegible]檻星　瑞山柳在重

海山源[illegible]一高[illegible]　無海山来了青
澗水臨軒鳴玉琴　善山[illegible]　李[illegible]
屛千年秘[illegible]採[illegible]十至鄉中
孝友庭華祝[illegible]真莫事天掌
極[illegible]星人[illegible]　十八代孫泰文
古家規範有[illegible]亭[illegible]程雲[illegible]

一望青畫在溪聲　海不息東西山
勢立此屛　芳春迤日晴生[illegible]
子秋月滿庭　多少賢[illegible]勵讀學丁
寧天[illegible]文星　月坡孫永五

聆[illegible]前賢達此亭　高聲長[illegible]海天
青光風霽月三[illegible]社　好[illegible]名花一[illegible]屛
霞彩遥[illegible]紅入[illegible]樹陰挾日碧登庭
叶[illegible]絃誦園烟霞[illegible]數話列羣[illegible]
星　善山金濟東

萬姓同歎七印亭　風情檻外樹
青青護傍水合魚龍窟　萬
麓山来花鳥屛　五百年前
英壽席　三千里內有名庭
君家何樂真堪美　子子孫
孫吐福星　安城李基鶴

毅子始登七印亭　耀耀名磬節四時
青水石千年[illegible]鼓[illegible]風雲[illegible]
歸屛遺躅好[illegible]山仰地芳蘭不雜

草生庭回思當世遊嬉歸稼物先
覺夜星　月城崔羽儀

掛印槐枝印以亭曲江春色大陽青
洞水轉是鳴玉石峰並缺處補雲
屛雲月光風渾此地宝簪朱紱耀
遺庭賢淺袁年真氣像方壞清
撤世天星　豊川任時宰

山下清溪〻上亭七員銘
經營吾祖起斯亭淮事叢
槐樹〻青蒼海東為開此址
陰山西自蹊如屛當集併湖瞽

纓蹟百世相傳孝友庭慶壽
簪纓今哉聲天疆尚看光
人星　十八代孫 泰根

借問何年立此亭家聲高也海
東青光風霽月臨華楊流水奇
岑益盡遊屛細雨时晴松柏花香
奋武敬菊蘭遊七賢去休餘
依絕誦咒孫列似至　傍齋張柄喬

曲江西有翼然亭遺蹟傳播尚此青
一園蘭郁生凜氣数株槐樹比軒
屛範圍守古詩書業模訓如今
孝友庭存契律〻基祭承聯知
壽極應雙星　密陽朴泳棣

山下村居水上亭傳來儒素
舊蹟青藏銘存警顯西旌汾
盡怡神對叠屛十里烟雲從
間附一園花竹渡齋庭出人

七印豈嫌後名重孝承傳什
呈
金窩 金在憲

當年志表以名亭花樹吾宗信
是靑孝友慕先傳舊鉢箴銘
歆後作新齊義篤事二扶綱
定茲說華三傳福庭繼繼靈仍
留幼習中來寶印會好呈
僑齋 張度鉉

玉峀東邨壓小亭追看古蹟
拭眸青挹海村佳辰劉旋晚山樓
出闌雲屛滿地槐陰千古孫先
天印月七家庭繼繼文瀾流自
潤曲江秋色映奎星
僑齋 張敎殷

十年重到古家亭壁上舊題
尚帶青百世嘉謨貽燕翼一
生秋夢繞雲屛由來謝樹餘
英福歸祀王槐好門庭貫躅

結徑欽仰如今後人代慶福
呈
錦城後人 朴載萬

天下非無擇勝亭孰與(如)張氏
述追靑清操特守友用座佳景
偏多秋景屛前槐茁留德蔭
彬彬詩禮訓家庭煒煌七印斯亭
久永無臨壽福呈
月城 孫萬翼

光貫遺躅詩明亭孝友家風
自追靑史敵方壇裡月一
區雲屛畫中屛名傳七印休
餘妙手植三槐蔭滿庭敎呈
君能繼後學主人料理說呈
咸安 趙性鎬

卜得名區築此亭亭前花樹爛
紅青長流九曲歸瀛海西峀千重西
立屛裝出學而人有異見絃之誦又好

家庭世守想儀容時事七綬煌煌炳
日星

立馬斜陽七印亭千年物色四山青

月城孫秀恒

事君不陟清風節遐世源流大極原
松影猶新蓋植日槐陰依舊彩揚庭
登臨淮續還多感此地分明耀
德星

安東權尙鎭

園深露殘起新亭印樹陰陰有古
青花石載培同李氏溪山窮宛居
除廓賓朋許此風添席子姓味絕
學友庭鄉閑潑生輝艷仰廟
楣上應極躔星

瑞山柳濬郁

松下露叢竹下亭雲衣撲帶
光江青數濱爰淨掛亭眼碧豆
添晴辰畫屛明時七印文生繡清
出三穗蔭滿庭從領煙霞多紫
賢由來杖屨會如星

驪江李錫彙

驪江李錫彙

晚有此地一區平百日花紅樓仰書樓
寺貴寒蛛影畫山根繞屋心陰存
新諧華墨為炙續置屋濃香滿
客庭閑道家聲清似水留後學經
古人星

月城金沂文

鳳飽芳名晚上亭千年樹色尚留青
四子三郎當日景西山東海古風庭
水碧池塘涵月印峰粧鄉落繞雲屛
摩挲板面鉛黃筆華躅如今拜
北星

平山申和植

追想先賢詠古亭為中慕草
今然書來海明輝懸月魄西山
露色繞雲屛老松裏橋圖畫卷
叢菊芳蘭暎晚庭聖恁悵
英秀節爽氣千秋射斗星

驪江李光三

海東天畔起高(孤)亭七印掛痕古木青簪
纓華閥名鄉社杖屨遺墟列曲屛晋
士清風悕栗里魏公餘蔭滿槐庭曲江
春色繁花樹慶壽堂前耀極星

安東權在夏

七耦榮名儆一亭海邦萬口自丹青
曲墻繞樹通遙逕疊嶂橫欄似陣
屛高想前人同壽域寂懷今日讓
書庭古家祢懿無量在庭々重
回振北星

巴陵后人李在紳

九曲溪邊七印亭張公請額海東
青半畝池塘開寶鏡一村花樹繞
蒼屛詩家語計諸書案林上芳
名孝友庭多夏高書長然壽南天
回照老人星

安東權大翼

七綬榮名說小亭萬栢百尺正青
青松江月化千秋氣積善雲回紫疊

屛書恩傳宗公藝宅名班玉子
華庭滿年敎壽無多孫長流繩
繩居福星

月城孫泰永

秋日訪來七印亭芳貫高栽松
岑青遠連明月滄溟水孫竹清
風炊幕庭澗石崔嵬遺基礎
栢杉層岸繞山屛紫水西儀筆鋪
張復爽氣接天動斗星

清安李永疇

名籍海東七印亭當時物色玉
今青疇花古洞三分畫山擁翠
欄萬疊屛長以詩書眞事業
傳於孝友好家庭村多耆老望
時宗庭々天南耀極星

僑商張龍珏

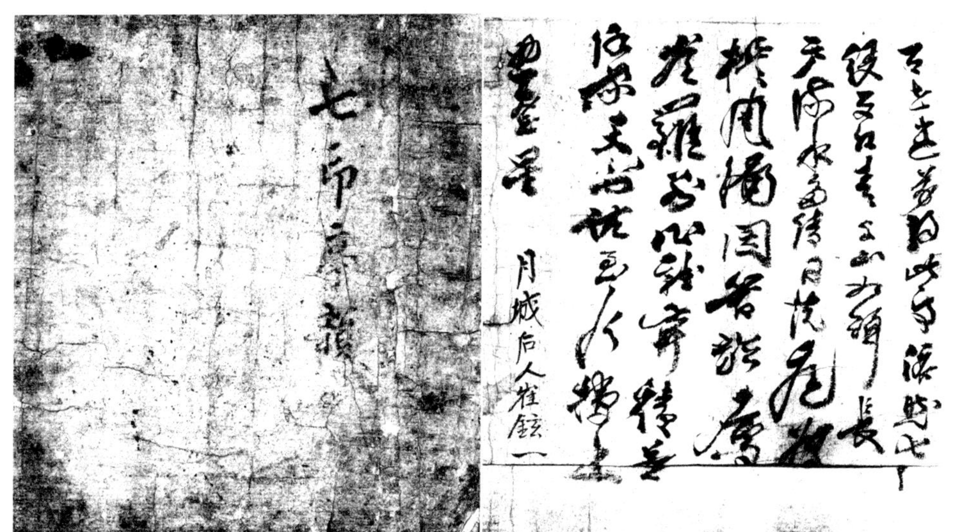
七印亭韻

月城后人崔鉉一

匹馬來登七印亭
古家模範入眸青
蘿牖竹扉幽館近右畔
山似隱屛故意迎人恒
來帶釋重報舊慣趁
庭政知條舊依依來復見
東天聚德星 李倅南萬里

掛印遺墟構一亭小谿條
白四山青西崗杜甫千間
屋常慕歐陽八疊屛百
世箕裘賢子姓滿床經
籍古門庭遠方冠蓋延
訪靈壁閣中聚德星
前郡守鄭晟儉
郡距西南有古亭素稱
勝畫丹青煙霞一面開成
山嶂千尋擬似屛車馬皇
々多客庭文章濟々繼家
庭叟看九世同居誼和氣
濃々幽福星
李倅朴準成
王考當年陪此亭陪楣
好丹青松江古府分洞口詩

岳餘枝作畫屛累色門欄
多潤風嘉賣杖僂樓盈
庭追思昔日東床事白首
忠也曙色星

驪江后人李能修

榮親七印特名亭百世楣顔更
拭青樓樹西風吟澗壑岩花垂
壁分雲屛清座李石餘深洲
簃垂玉階霞滿庭知子江李
文藻宅也應無照朗陵星

安東權永羽

攜杖晚登七印亭張公淋氣
至今青五百佳年名揚地雨
三峰多過文屛流鶯在候賓出
還樹語鶯慣人每下庭清風
寄日
也彬彬帶活水方壤永照星

洪璟燮

嵩巖高立翼巖亭掛遠墟戶
樹得青半畝源頭止水鑑數
重山東好雲屛見叢塗兆追
思地肯搆尚趨學禮庭駐馬
行人皆必式至今清況福來星

懷德黃相爀

禱陰十里一高亭符重雙
槐樹又青總間梧月金秀
價繼於雲山自在屛四畧三
惜日時節百子千孫永祚庭
詩禮家中多英壽南星曜
斗極耀奎星

李鍾鎬

倦後尋暑晚登亭高曉山斗
只應青玉澗峰傍絃上韻葩
岑巖立畫中屛忠孫百世清風

坡樸秋一家孝友庭子階七印
堪扶栽美壽齒日發星辰

一善金道鉉

高亭遠景此亭下槐陰成行
青壇含光閑明幾山雨雪峰
列畫屏居士住名高孝閥光
貫遠承訓詩庭華承而今子承
海煌々七印綠如星 月城金相鏞

望怯何處不高亭七印貴名
一葉青槐清凉千古巷濟
山猶鄉席新屏景畫是日花
修絕忠孝書年新舞庭更新
雲孫作美舊德嗟竟夕起看
星辰

蒼海白月照高亭千古雲山一株
青孝友並榜古完文章多士盡

新屏經書百代名垂帛舞新
齒時福滿庭竹芝槐陰美遠到
今南斗動文星 高城李時采

七印曾同七印亭々台古但
天青翠垂蕃花修池山水澄
光畫新屏百年地勢雲生欄
千里紅藤亭立庭遠望 瓊樓
何處是重回白月動文星

高城孫文秀

莊江光詠主人亭栽植切何樹
蔚青翁島遺詩新舞濱
山自在迴圍屏燭節學仙新
菊完書籍剩於玉蘭庭右
右細蓋名高斗直新行擢署
七星 月城孫晉洙

仙区曾少有名亭海路望怯眼

亭青山樹交陰深似出雲含
彩引如屏擁嗟聖代勝陶唐名
賢妃忠滿庭半畝塘高白
月李麗風前笑參星　月城孫晋濂

閒遊海外訪名亭仁里風光萬樹
青雲山渚後開眞界石壁當前繞
翠屏家子世情傳揚主人寬厚
風遺庭相遺蹟依然舊堦燭
紅燈一點星　月坡孫濟翼

七緩燈儼古亭堂雙賀肯丹
青山露高風傳曹海水雲清
翩然除屏照躍將身在星里肇
基肯然種槐庭鄉生不替進賢
聖勝李多今五百星
南陽洪承益

百世流芳七印亭晩來爲恨拭

時青風於斯亦清於水亦作寒
松翠作光照遺謨給後昆
從美孝淑庭視覺名正元有
主門楣昌大自奎星
金義李泰曾

袖引清風出此亭依依雙子耀身
青門過十里無量海山立千年遠
化之衣簪纓楣上彩書滅花樹陰
垂庭不墜八樓三旌貴也淺東方
聚五星
趙敬祜

七印當時遺此亭至今榮耀殺問青
桐楊柳當簷月山水猶靈後人屏遺旌皇
恬追來雲仍繩繼子思庭前江春色
年年此來華門德福星　慶州斗東
東亭前義志事遺躅千秋此史青敦良
後孫吟出第顏夢魂應見疊雲屏

四壁筆翁次古韻一區槐蔭滿亭庭從
茲積累根於子孫頌當年降福星

判書 昌寧 成壽鎭

七印當年起此亭復槐依舊自青々小壙
添雨開明鏡短欄凝雲列畫屛謹守箕裘
嵩也開相傳詩禮古家庭一門全義無全孝
偏得東方五福星　軍威 洪箕燮

爲愛林泉特起亭三槐七印映相青臨東
柳巷蓮齋曾於世書傳休翰府秘後昆
皆詩禮宅先先八足子孫庭富慕世風望
子孫瞻看海月幾經星　軍威 張鎭泰

此地如何得此亭先生遺躅耀丹青方壙
活水重磨鏡古洞雲山穀幀屛開寧千年
餘舊義亭槐三相繞前庭從知此處仁門
在日月煌々應斗星　裴璇燦

靈逼上尊一高亭百世芳名載史青佳山麗水
開仙境雲霧和烟活畫屛四滿花樹連層
生面先槐松繞砌庭光前遺躅依然立內槐
遍天無七星　金季鄒

槐樹三還七印亭張公筆此永隨青大義
臨東生海月嘉謨貽後耀雲屛四時遊客
皆[illegible]百世榮孫子孝庭[illegible]
遠勿々物色總移星　真城 李基鎬

七印古家有是亭千松義井雨交
青堂連王氏三槐植洞闢歐翁八疊
屛大海西原從水石如江內畔設門
庭文菽手藝承先永貴飾文章
爛日星　韶州 南萬喆

七印遺墟七印亭復槐中葉至今
青義添仙壽臨滄海峰樹呪榮
繞翠屛當年侍飮前龍宅他日言
詩孔鯉庭子友移忠賢太守吳平

報答愛民星　　僑齋任同張永八
蔭山嵓畤下有亭叢千雙槐氣轉青
厚澤猷長根植妙作陰洛滿英軒扉
松含忠孝無窮節日白古今不改
庭傳孫承先遺蹟來接書林業
慶星　　十八代孫㑥顯
今日幸登七印亭一生常仰拭眸青
擬因北石緣仙界採伏峰巒列畫屏
蓋昔名賢玉帛來邁遠蔭蘇家庭
妙知其無窮賢庭庭奎星照
福星　　載寧李中鐸
為訪遺墟到此亭槐陰翳
翳籠煙青亂水循階縠疊
玉群山擁下盡城屏清風
猶在巖陵瀨寶樹常生詠
民庭蘭壽無窮繞書耽更

名他日聚奎星　　寧海申泰宗
有此名區有此亭满園樓
竹玉含青小塘光面清如
鏡遠障交翁翠作屏市
讀煌煌垂澈朵槐陰密密
霞若庭流知福護綿綿
在何見高門照極日星
寧海申百休
曲江城外闢斯亭地重
林泉蔭舊青萬樹交陰
清滿屋千雲近嵓翠成
屏家傳事業圖書壁銅
佩榮名孝友庭生晚吾
生佩仰久文明聯氣繞
奎星　　議官李弘洛

一霄孫學寄山亭亭上嘉溪野
史青寒氣近户邊傾桃李樹前
拜自作薛李德謂尋恩崇復道
心灘會誦黄庭啣江千年風流
地冠蓋相連宗繪星

永陽后人崔在翬

收拾遺芳盡哉亭海山多年不
朦青千絕大義同耘治七宗
舉材搥輸屏西西流聲苗
欽使童童樹新復趋庭雲
孫縣我傳家實相對秋風
白髮星

昌寧曺東華

重修韻

追懷先亭樹印時遺仍切碧
舊趾宜百年花樹播根地七
後簪纓蔓壽危庭植復槐尚
手澤月明東海係襟相至今儒
立清風下華悅係孫繼繼遲

十六代孫敬弘

重新露谨賸多時七印華
楣合六宜揮筆詩人石路
易真遊客飭金危松桂故林
芳蹈五賢裘清泉液仍朋吟
泉倫千晴檻上事去忘歸日
新蓮

前郡守驪江李邁久

斯亭營纔已多時花樹今春
肯構宜繩墨從規仍舊制
壇座呈彩澄華危亥選獻

賀爾年事孝友流傳承世朋
庭礎保君生前蹟修孫追
懷出在筵
十九代孫 斗寅
先亭記憶創亭時百代吾
宗勿替宜遠仍謹守絃誦
楊上曾經敬賢學友詣已老松
槐半古蒼新栽蘭葉滿前
欣訖從東風進感慕更看晴
日八斗筵 十八代孫 泰欽
經始斯亭幾度時承繼手栽
宜增至此都料手告厥詩堂中
落花偏彩輝煌傳不忘脂漢遠大
保無斯樂風與月採真安忘却門
前在筵 咸安 趙敬祜
先亭不記幾年時爲說前賢擬傳此宜

南日聚華堂在家後人歌詠活堂花醉
亦已生在君栽水月長留不差斯山厨最
厚君子從学俠遊節此筵 韓曉愈
問斯君子當參時業畫清樂主人宜
見月當思前哲后聞楷門碑不忘花拾起
種樹多情景春升為國至後斯玄西山
慎今此地長合傳爲故筵筵 都東圻
興廢由來自有時追先啓後
相宜從知古意生文藻多笑
退姐此齋色皓月前澄海影
子蒼松蓬戶此心欣歡生亭
詩廣緣但芳草華扁
却恨筵 申泰宗
輪奐還如華構時古槐陰映讀
庭宜風含舊韻琴雷檻月來
清光新八道花樹延雲多獻

能相坊之多自如踊躍必有義
墻數白首笠輕軒坡淹庭
外裔昌寧曺東曦

此亭興慶蘇益閥時貴歸前光在
後宜補國多年拖紫綬榮親闈
日奉華苑記文述德前人留芳
淸風後世期麗信雲孫遵勿替
海天瑞色滿庭
外裔昌寧曺孝潘

登亭回憶七印時簪笏榮名百世宜
怡親昔日賢人志萬歲當年
孝子花依澗〻槐竹舊深滿庭
明月有前期晩生後到多追尋
永陽后人李章桂

去日依稀繞竹庭
七印高亭挂昔時由來忠實兩
松宜篇前杖忘嶸枝葉繁於洞裡
茂盛花槐碧千年追慕代月明來

海陸前期歲世識名賢遺躅地在
生堪愧此行庭 軍威后人司空埔

節夜直遙天古亭〻家遺蹟畫
丹青百年花樹名臣地萬古山林左
右原出千風淸君子宅〻槐陰窓
主人庭晩生記憶由來事而在逕
〻無數星 海州后人吳宗根

尋山勝日又尋亭印月依然古樹靑
斑戍五色〻萊服春暖千年壬壽府
水靜時來去杖院祥亭爭峙碧梧
庭想得洋〻絃誦聲海天方見耀文
星 漢陽后人趙鎭容

晩泊遊節七印亭〻柳松排雲
青蘸光晴洛開明鏡列勢會巒
繞華屛夜郭寒琮修還濃春深
異多下點庭煌〻朱紱爭趍地在
照老年福壽星

進士姜瀩

倚印來倚夕陽亭俯瞰郊垧眼忽
青醉酌濃濃霧萬斛奎花疊疊
錦千屛鰂魚好子遊涂洙禽多抑
人下古庭三弟牙戩造在紫重發着
印月耀南星　上舍奉中晶錫
山下有泉泉上亭百年遺業至今青
春流映碧開雲錦暮靄蒸紅
展畫屛晩日漫遊尋竹院餘陰

在汝祀槐庭扁名七印君今谷潭月
分明照壽星　安東后人權永羽
七印芳名華一亭海山秀色入欄
青巡潭蘸月寒仍壓碧樹和烟
彬繞屛韻士朋常在庭佳採[illegible]
子滿趍庭壺家於今郵易到雅樗
南照少微星　漢陽后人趙誠基
印樹蒼蒼己古亭百年風韻

綠軒青滿壑松影潭是水倚
潭山影印頡頏崔巍蓮上壽延
暇芙鷺鷗呈祥翠一庭老菊
猶梅憑笑道餘紅餘白幾霜星
安東后人權相鎬

斯亭興廢不關時創建博
修理合宜暎日堆隱[illegible]八
戶清宵醉酒月興花爰
居處安承先系肯播肯當
遠後明庭畔槐陰德未了
雲仍修覽盍遑遑
十九代孫斗杓

先祖餘陰遠後時增修舊制
事隨宜既優盛世業　是
綴信懷當年懿壽危自此
年年風雨惠洋今渡待子

羨胡恩網更頌晃印曲海
閭春朝瑞日遲 上仝
華蓋瞻翎此箇亭雙槐春色
信生青花簇相樂垂紅綬絲
登增輝作翠屛一代芳名清
後嗣七人榮貴共趨庭高
麗峰下曲江宅印月煌煌聯
德星 瑞興金奎華
無邊明月又㙜高高下雙槐一
色青多傳石硐三分琴雲也奇
岩半是屛七綬當年斑舞地
諸孫今日耕漁庭大陽山屹麗
峰翠輝濃對倚七斗星
十代孫[illegible]弘
海南寵晃海東亭墨綬雙槐
舊蒼青濃兩如春青山圍住处 新綠
華[illegible]屛古書清風言笑世七

共日恩孝友庭屹立兹鄕書来
梧千秋[illegible]月澄霜星
[illegible]鄭奎一
寶壽古跡到名亭海色連天
幽屋青滿堂清書真法[illegible]軒
印綬花雲屛其樂百世樹樓宅
萬壽千年如昔庭一家仙區難
西渭況是吾人白髮星
[illegible] 李泰坤 本貫[illegible]城
七印當年有一亭作來始見
舊鑑青方壇活水開明鑑如
檻曆齊隱翠屛花樹春光
同祖地名園霸壁古家庭
衰存堂前忠孝頻南天樞宿
映奎星
倭齋 仁同張永彙
東來偶上七印亭肯子賢孫
古鑑青大海迷茫撲一帶遠

山谷草繞重屏早聞名區來
竹杖徐看餘蔭滿槐庭門楣
靈彝煌〻字識得分明無極
呈
廣陵 李震榮
凱肯爲訪入斯亭慶壽堂前花樹
青蒼松保竹欄前風流水高山海外
屏峯合皆稱七印後人仍行之一
家庭和起情容爲色態小池花
最後同呈
傍齋 仁同 張應顯
細想當年七印亭四亭三墳並符春
忠孫孫千風餘韻春掩殘槐翠作
屏百忍遺漢宜子姓中丞舊葉蔭
门
門庭生原隣壞欽名久携上晴欄
後已呈
前正字 月城 崔鉉弼
草幕有光起印亭心丹先後一天
香重四日月園傾蓋獨係盡秋之憧屏

尚按堂底厰法處〻談笑殖之庭前
謝無疆南極下祥雲隱聲步
衛呈
烏川 鄭民爽
此園何時假一時新巻重緣正相宜鳩
材若義還增世鴻恭依遐又就庇
假使百修同後志貴今子後左蔭功形印
形亭形老收禧陰山下日遙〻 前从
掛印當年此亭老槐春色七枝
青寒溶繞碑吟誦琴疊峰
連雲列画屏古代相承賢子姓東
南行有大門庭晩生風把堂怪頤
把玄千今後已呈 永嘉后人 權丙洛
此道東南掩是亭青山依舊只
應青小流鏘奏仍須琴瑟齒懷
圍
杷自作屏鄭重行章贊士友閭
旋禮節將家庭堂悟忌却香衛

竟也淺欄頭揭口呈

安東后人權錫瓚

述事創始各一時 新仍其舊兩
相宜 勉爾諸生勤守業 傳音河岑
欄跡庇繞壁青山 擒景物豈稍
活水春心期 一宿何能傾素抱 庭
除立馬故遲遲

前人

千古煌然七印亭 海東遺史至今青
南來地望銘金石 北採天恩作翰屏 客
明海口紅流篆 槐常春風綠滿庭 集
軒然牧齒年事也 是儀精倚斗星

金林洪友欽

亭又如新樹已時 不忘志者頗名宣 拜
極花發春回樹 蒼月斗圓影滿庭 百世
美牆追有一區 棣永無期 締相
繼玉山它和志 千日遲

前人

祝欄四月覓仙亭 係舊玉山一般青
牧斧羊開華蔚海 三千里造雲屏 槐陰
長夏涼生戶 紅照清秋月滿庭 也識
雲仍追慕地 倚頭顧色慢如星

金林洪明佑

百修亭構不拘時 篤灑欄干如舊宜 邂
逅登臨多士伎 慇懃酬款主人危 書松
也壑風聲在 諸海時何流澤期 如許
名區難再見 區區紅色口遲遲

前人

海畔山回有此亭 長思樹
印樹青青 尊翁卓節扶綱
紀 賢子良材作翰屏 往事
傷心同世局 遺經傳脈在家
庭 獨憐末裔無新子 虛送流
年暫似星 進士許墉
東風引我上斯亭 向向 諸
宗拭眼青 百世動名忠義

也一區泉石畫圖亭棟甍
修舊追先志孝友貽謨昌
厥庭松木依為人愛惜回思
樹印應移星　儒齋張相岐

一山中闢有高亭細路縈
深葛竹青雞犬長時寬巷陌
策麻作家繞室亭亭滄海
追想後之光松年多影滿
庭七印遺墟生曠感騰輪
浩翊觀移星　參奉許埔

七印當年署此亭登臨詞
客眼猶青一溪流水層層碧
兩岸重巒幅幅屏已從聲
仲介子賜更窮詩兒繼家
庭不堪盡白美墻慕海上
名區聚德星　儒齋張在煥

七印曾聞今上亭熱燈讀
史史青青春水滿塘明川鏡
映花花香松畫好亭屏書歸揚
輝光日月詩書多將古家
庭鄉山衡衡歸何處後庭
相思點點星　儒齋張相鎬

當年七印此為亭白首勝
臨海嶽青稱美譽仲同賦
畢扶綱常義爭書屏春風
兩岸芳花松流水一溪環亭
庭猶作因人曾擅世曲江千載
耀文星　儒齋張在煥

大陽山下碩人亭四子三亭蘇
葉青青花落芳懷仁原錦雲
連疊嶂翠閣屏先天常踴
藏書室滿竹藥塔種德庭

想像一曲同七印曲江百里
映奎星　　申朝漢
爲子孫世世躅倚高亭月白沙明
嵩梧青小洞蠲後水噴玉平
巒環繞自成蔭依稀蒼巖三
螺室昌大其門四子庭前枝　亢
且終達及承麻玉之會戊星
咸安趙性台
七印遺墟一州亭玉今精彩
四山青塘源水月開真界地
梧林金置遠亭蔭芳躅老年高
瑞海槐陰百玉綠盈庭清風不
還千古裏庭立雲衡發之星　仍
倚齋張寅濩
海上山高七印村清陰槐與竹昧
宜鴻　恩世襄今千載舊蹟東
風後一庭試仍孝壽其來自多士
往彰之有明一帶活源之亭下小榴

輸清碧好庭之　前人
一印猶難況七亭楣額煌耀
丹青由來簪組承家世所以聲
望當盡蔭五柳將知元亮宅
三槐不如晉公庭毓生郎恨
望悵晚如偉青年聚德白生
寧海申瑯休
七印同來紀一亭曲江知是海
雲青備還古里輝蓮華光
用清朝作論蔭八鳳呈祥前
民宅三槐合德魏公庭非知感
会天文動應有奎躔降福星
參奉瑞興金始東
高亭印月幾來時有雲仍皆擁
宜大壯經營遍協筮期千遊竹
松盈庭山川設置此生彩棟宇維
新玄合期始澤孝先餘英在槐
陰庭畔日遲之　前人

草莽名坊闢此亭 縉東遺躅海
山青 精忠直氣麾旌史 德行光射
作翰屛 新標七印先生户 舊蔭
三槐綠滿庭 保守賢孫追慕
以壽遐 當日奉圖呈

月城 孫秀東

重修靈辟舊園亭 大嶺東頭
一點青 鄕黨從之聞竹運 賢人
來矣繞雲屛 四男三婿稱地 七印雙
槐耀户庭 駿何馬耳遊此處 湖西
漢漢曲江呈

烏川 鄭鎭佰

蒼翁幽幽一疊亭 七賢芳躅至今青
木蔭龍遺 存蔭群巒羅立繞雲
屛 孝友餘風佳子姓 詩書傳古好家庭
自笑洛濱遊荷子 其然詩大 斯貴毛
呈

冶峴 宋宗翼

僕誰孝友壽於亭 繞膝仲仲章
戲宗青大樂 魂還張洞琴棋合
環擁四山屛 毗陵舊墨存 知政
靈壁鞏圖 是參庭 老史當年
豈奏否 嗟茲此地 可叔祥呈

月城 崔載斗

海門曾聞有斯亭 一葉吾家此
地青 栽花近水紅粧面 種竹傍
山翠滴屛 百年歷歷於派祖
七後煌煌鼓壽庭 承襲遺謨
稱孝友 孫支子姓列如呈

傍商玉山 張基相

掛印遺墟 翔小亭亭 柵本面
青 壽青 雙溪水石清 生擘九曲峰
巒繞 作亭 存峰 遠朝家 卿巻
修從幽待種槐庭 屛孫至繁

羹墻慕継蹟花々度幾星
二十代孫志凧

名擅嵩喬南七印亭老槐蔚々至今
青蒼滾々春盛琴九孤實々畫
作屛忠義杜門先日月聲纓草谷
古家庭碩治文章孫繼述也在天
上照奎星
英陽南長夏

千古芳名七印亭々環山水北
長青寒松鼻亦中間色疊
嶂層巒左右屛紫綬掛痕
猶愛樹責槐遺澤滿陰庭
堂好亭也有亭獨華度風霜
幾度星
務安后人朴鳳秀

半畝方塘一笠亭中峰秀色
出雲青苔覆溪山許品更杏羅
花樹畫圖屛最愛葉枝同古
奎更看花月照空庭起頌雲孫
多有據中間具歷半霜星
僑齋張繼遠

靈區到處有名亭一上高欄拭
眼青水滿方塘明作鏡山圍數疊
翠作屛聲纓綿福同垂綬
詩禮餘風不墜庭卜地古居
花樹祖古家華閥照奎星
僑齋仁同張永轍

晚代堂懷七印亭至今遺跡
海山青遠通筆烏頭不勝虛
左右張孫畫屛萬尚松長
風雨畧三株槐樹子孫庭墍

想像當朝光爽底方塘上家
斗星
柳喆佑

九月望後七印亭古家送範
一逸青千年種德世篤樹
四面環山畫裡謳林蕙名
詩史丹專遍泉石好門庭
後孫慕仰先賢蹟曠歲
修出發上星
英陽南曲淳

家新七印有高亭林葉蟠根
世世青戶納溪光並皓月軒臨岳
色展蒼彝琴書歡響留傳
几響鵠至祥時古庭共賀諸
孫能繼述壽輝多慶家南星
英陽南龍佑

三世聯芳並七印亭遺芳絶仰國世
醉青長川近戶鳴琴光色稱當
軒映畫屏深百代遺風環古里千
年餘蔭滿穩庭也知溪畔悠
久庭蘂壽世前降壽星
英陽南友淳

左海東頭此一亭大陽山色擎
天青曾將薇蕨佳仙窟更遠
雲霞作隱屏樹雙雙槐垂蔭
地煌煌七優舞斑庭至今餘韻
流無盡孝友世中耀德星
鑿闢慳秘昔何時地僻雲深大
幽宜頭戴一天藏草幕膝環七
壽花苞遺墟起閣山增色生容
蕭月與期那得烟霞兮半許
超然物外共棲遲
辛亥梧月 前郡守朴齊範

七印胡爲乎一亭兮明洼蹟拭眸青
寶樹四枝挺特地標梅三實盡誰
屏鷺尾河兮歸八海圭稜山揖上之
當庭地靈人傑詳詩史納幣古郁
堂弁轉星
月城孫秀暻

勝國遺臣有一亭 雲仍世世賛趍
青溪轂入戶如鳴玉 山色連簾似
隱屏 隸蘭神說如君筆掛石櫳
陰當滿庭遺海 西風多少前論襟
會吐弁城星
朴昇東

七浦歸人七印亭 曲岑曲水眼前
青 遁簷松竹環成幕 滿壁圖書
隱屏長世遺嚴社 里兒童譔 樸
樽學家庭相傳十世連綿 久櫳於
於沛福星
參奉 頊天 朴最東

一巷寬於七印亭 美楣畫樹入眸青
曲沼澄清開照鏡 峯山疊複屏
重重遺後千孫守 護地豈時立延
佳月庭張家老少 俱賢秀喜看
東鄉有德星
朴海勳

觀海歸仍居此亭 支柯松柏滿園

青方壞月印重磨鏡 喜當雲龍
秀疊屏義東治耘 埋收圍慶後
蘭玉謝階庭古今 嗣守祖錯大蒼
涌海前贊秉星
曹東晟

古木槎枒七印亭 麗亭高啄入雲青
溪當曲檻轂清霽 雨過蒼嵐錦
作屏雲後猶香驚 此於楣前德態
鳩趍庭達坪鍛禮 無御安為
於門蹄福星
李圭晟

道峯山下起斯亭 此日登臨眼忽
青清溪碧水成琴 操絶壁
雲列錦屏幽居 羅代千年園
勤守先人百世庭 揭名七印
終留意孝友家中 曉斗星
辛重夏

一曲礎溪枝一亭 今的佳蹟八丹

青松竹數叢中活畫雲山半
疊作新屏晚於逍遙遊者杖都
勤追遠主人庭相傳無一脈無忝七
印遺基照斗星　　李達夏

七印起此亭聲名竹史書新扁
修趾濕晴山作畫屏業遂
古案芝蘭秀高庭百世休
蔭在昭昭映福星　　辛璡承

大陽有一亭曲欄耀丹青逢甫
晴光當平林翠繞屏貞忠追
勝園亭友繼家庭詠海參斯
派興邦一環德星　　李圭濬

偶於一步上於亭七印顯名萬古青
脩竹風清猶飲澗層巒石立露
中原三千里於文章地五百年國子
友庭(?)(?)董中有塋僑軒閒(?)

星々

李重洛
山水清綠始於亭棄逍節
存撓未善孝心一代朱案
紋儉漁千年家住屏花
嶽糕煌前日頻梖治不
改舊時庭至今風範
仍將積感華庭拱斗
冶城 宋啓欽

南州名勝一高亭雲物成眞
古色青佳蜀何年煌斗即後
昆當世闢門屏方池鑿一石奧涵
水老樹分陰烏下庭孝友賢風
如復見今來遺韻美霜星
月城李廷雨

靈區勝地不空亭七印高名(芳)
百代青萬子孫謨書在壁揮
山澗餘暉成麻軒迎小氣添
生廉門將槐陰翠滴庭偏悵
當以老々京好到今年應[illegible]
霖呈 驪江 李源護

勝地擅名七印亭先賢遺躅
仰山青方塘澄水開明鏡清吐蘚
粧頒刻畫之軒晚節松蒼史識[illegible]
清陰槐各壽(孝)翁庭堂性曉憶當
年事濟々衣冠[illegible]介呈
月城 孫夏翼

七絃高標擅一亭拜煌地秘水
山青蒼餘子猶餘舊日蔭而槐
楼檻濃庭詩賦前賢能情述風
劉幽雅自成麻主人詞翰無淸久
天以奎精拜呈日生 烏川 鄭恭浩

天畔空林翼有亭淋漓花里
煥丹青老槐垂柳綠々蒼巒峰
丑崖清々舒暮讀朝耕々社檜東
一堂七印傳家庭至今仁孫庭
修賀菜壽杯端爛毫呈
月城 孫永明

海國超々世有亭百年詩禮
繼錦青天晴島嶼來遠帆
雲宿嚴幽綠翠々舒古檜花
深負外岩老槐陰滿昧公
庭東仁遠篤名遺蹟追憶
古村張源呈 許小庵

高麗臣張公處忠不事二姓退居曲江顯隱於斤
其地積氏一方有亭士遂村集爲公構而扁之曰
七印亭公之孫(畫)四男三婿同時佩印故於庭前
槐樹五本爲曠世勝蹟有所可錄之句爲頌
而頌以安先海史公千里之志余不可無一語也
張時杓

世承青公當々若作此亭歆篇集中漏草故其孫太遠
今春奉余集中草之故於此續書耳

遺芬千載報恩亭物後從存[illegible]

青峰處皆稱爲以印使筵帳未倫
爲齋孫臣忠國累世賢婿將門子
在庭大陸來潤今古登斯爾盛
浦參呈　　備後府右遠林稿
七印當年花次[illegible]秀
入望青煙霧帳幕開仙境錦
繡江山一西畫之軒滿架詩書賢子
弟一門孝友屬[illegible]名精早
植三槐我在之軒頭自古
呈　　月城崔基榮
小澗方塘之上亭始看張氏舊
趾青峰出翻疊特雙地村落環
園以泄之軒倘憶當年縱點宅欽
惟七印龜檔庭梧軒閱叔[illegible]
映翁以書付照稽呈　　月城崔錫遠
卒經五百此新亭軒子雙槐不

路青月照前塘開一鏡雲添清
峰繞千之軒就門半掩山川史靈
鍾園子孝友庭七綬移能傳勝事於
今從程程南呈　　烏川鄭允浩
張氏園弘題古亭趣然晚有欽祺衍
青松環綴月通明鏡窮照沈雲撥
翠之軒七綬光榮滿左海雙槐遠
蔭亭高庭寶憶勞仰名書稱並
薰事付照書呈　　曲江崔演暉
七綬輝煌華一亭阿翁遺芬懿發跡史傳青
水法方塘開寶鑑山田洞府展雲屛
迷墟草幕遂高世特地槐陰已滿庭
至今苞壽堂前宮指說天南有
程呈　　密陽朴綏坤

謹次七印亭韻

興海高名七印亭
登臨此日草青々
潺流溪澗醒塵枕
竣立峰巒作亭屛
德積祖先光在後
榜聯子女貴盈庭
賢孫齊力巍然建
百世千秋永有星

부록

칠인정문헌七印亭文獻 영인본影印本

영인본은 원본의 편집차례에 따라
책의 뒷부분으로부터 시작됨